高等学校"十一五"规划教材

U1005879

管理数量方法

主　编　周禄新

副主编　韩天锡　魏雪丽

西北工业大学出版社

图书在版编目(CIP)数据

管理数量方法/周禄新主编,韩天锡,魏雪丽副主编.—西安:西北工业大学出版社,2006.9(2021.4重印)

ISBN 978-7-5612-2131-0

Ⅰ.管… Ⅱ.①韩…②周…③魏… Ⅲ.管理学:数学 Ⅳ.C931.1

中国版本图书馆CIP数据核字(2006)第108673号

出版发行:西北工业大学出版社
通信地址:西安市友谊西路127号 **邮编**:710072
电　　话:(029)88493844 88491757
网　　址:www.nwpup.com
印 刷 者:兴平市博闻印务有限公司
开　　本:787 mm×960 mm 1/16
印　　张:20.125
字　　数:438千字
版　　次:2006年9月第1版 2021年4月第14次印刷
定　　价:50.00元

前言

项目管理作为一门学科和一种管理方法最早出现在20世纪40年代的美国，它是伴随着实施和管理大型项目的需要而产生的。项目管理由于其独特的管理模式、管理方法和管理理念，可以有效地提高项目投资的效率，保障项目在预算范围按时完成和提高项目的质量，以及在预防和控制风险等诸多方面起到至关重要的作用。项目管理已经成为了国际上管理中的两大基本管理模式之一。美国著名的《时代》杂志把项目管理评为21世纪最具前景的“黄金职业”。当前，我国经济持续快速发展，每年都有大量的项目启动，在各种项目上的投资达数万亿元，基本上涵盖了经济、文化、科教、国防等所有重要领域，我国GDP的主要成分是由项目拉动的。项目管理在发达国家已经发展成为一门成熟而规范的学科，但在我国，项目管理是近年来管理学科发展的一个新的领域，刚刚起步，项目管理人才十分紧缺，无法满足社会各个层次的需求。2004年经国家自学考试委员会和天津市自学考试委员会批准，天津理工大学担任高等教育自学考试项目管理(独立本科段)专业主考校，并在全国率先开展项目管理专业的办学和推广工作，开创了我国项目管理本科专业教育的先河。

提高教学质量，教材要先行。《管理数量方法》是为适应高等教育自学考试的特点，适应以职业为导向的专业课程体系编写的。从项目管理的专业课程，如项目成本管理、项目质量管理、项目风险管理、项目时间管理等，重点强调项目管理时刻关注的是质和量的统一，质是通过量表现出来的，质变是通过量变发生的，所以要了解事物的质就要把握事物的量。因此本书力图体现数学的工具性，使学习者掌握必要的解决实际问题的定量手段和方法，形成定量研究科学的意识，同时也是适应科学、包括项目管理本身由定性走向定量，日益精确的趋势。本书内容注重应用，艰深的数学理论较少涉及，这也是本书的特点。

全书共计10章，内容丰富，涉及统计学、运筹学、时间序列、预测与决策等方面的定量方法。其中第1,2,3,4,9章是统计学的内容(第1章是描述统计，第3,4,9章是推断统计，第2章是它们之间的桥梁)；第7,8章是属于运筹学的基本方法；第5章是时间序列的知识；第6章是经济管理中常用的指数分析；第10章讲述多种决策方法。在选材上尽量做到具有前瞻性、科学性和实用性，并增加了例题分析与案例介绍，以提高学生的应用能力。第2章内容可以根据学生基础知识的储备情况或学时多少删节部分内容，也可根据后面的章节的需要做简要介绍。本书可以作为经济管理类本科教材用书，也可供专业技术人员参考。

全书内容由周禄新审定，韩天锡拟定写作大纲并审校了全部内容。第1,3,5,6,9章由魏雪丽编写；第7,8章由周禄新编写；第2,4,10章由韩天锡编写。在本书出版之际向所有对本书的编写出版给予帮助和支持的专家、老师和工作人员表示衷心的感谢！孙贤伟教授、孙晓辰博士、罗经国、王彦霞硕士仔细阅读了本书的原稿，提出了许多有益的建议，对于完善本书原稿起了很好的作用；赵莉琴、毛钺老师对本书出版给予了关心和支持，并做了很多具体工作，在此，一并深表谢忱。

由于编者水平有限，书中难免存在错漏或不妥之处，恳请读者指正。

编　者

2006年9月

目　录

第1章 管理统计基础

管理统计学是关于宏观经济和微观企业现象的数量表现、数量关系、资料的搜集、整理、描述、推断和分析的方法论学科。也就是说,其研究对象是运用于宏观经济和微观企业现象的数量方面的统计方法。

统计是认识社会的有力武器,统计信息是社会经济信息的主体。人们要从事经济研究和各种社会经济管理活动,势必要对社会经济现象进行统计和调查研究,以达到认识事物的特征及其规律性的目的,进而做出正确的决策。这是一项严密科学的工作。在完成每项统计任务时,一般需要经历三个不同而又密切相连的基本环节,即统计调查、统计整理和统计分析。这三个环节虽然各有其相对独立性,但又相互渗透,常常是交叉进行的。任何环节出现偏差和失误,都会影响整个统计工作的质量。因此学会运用统计工具,掌握基本的统计方法是非常必要的。本章将介绍数据资料的搜集、整理、描述和最基本的统计分析内容,统计推断和进一步分析的其他内容,将在以后的章节中阐述。

§1 数据的搜集与调查误差

1.1 统计中的几个基本概念

1.统计总体与总体单位

统计总体简称总体,是指客观存在的、具有某种共同性质的众多个别事物的集合。构成总体的这些个别事物称为总体单位。

总体可以分为有限总体和无限总体。总体所包含的单位数是有限的,称为有限总体;总体所包含的单位数是无限的,称为无限总体。

2. 统计标志

统计标志简称标志,是说明总体单位属性或特征的名称。从不同角度考察,每个总体单位可以有许多特征,如每个职工可以有性别、年龄、民族、工种等特征,这些都是职工的标志。

标志表现是标志特征在各单位的具体体现。职工的性别是“女”,年龄为32岁,民族为汉族等,这里“女”“32岁”“汉族”就是性别、年龄、民族的具体体现,即标志表现。

标志按其性质可以分为品质标志和数量标志。品质标志表示事物的质的特性,是不能用数值表示的,如职工的性别、民族、工种等。数量标志表示事物的量的特性,是可以用数值表示的，如职工的年龄、工资、工龄等。

3. 变量与变量值

可变的数量标志称为变量。变量的具体表现就是可变的数量标志的不同取值，称为变量值(亦即标志值)。例如，工资就是一个变量。某企业各个职工的工资分别为 1 000 元、1 020 元、1 500 元等，都是工资这一变量的不同取值，即变量值。

变量按照其取值是否连续，可分为连续变量和离散变量。如果变量的取值是连续不断的，即在任意两个不同数值之间可以取无限多个不同的数值，则称之为连续变量。例如，人体的身高、体重等都是连续变量。如果变量的所有可能的取值至多有可列无限个，则称之为离散变量。例如，职工人数、企业数、机器台数等都是离散变量。

1.2 数据资料搜集的含义、要求和途径

数据资料搜集是根据统计任务的要求，运用科学的调查方法，有组织、有计划地取得统计分析所需的数据资料的活动过程。

任何统计研究都是从对被研究现象和过程的一定资料的搜集开始，统计数据是统计分析和研究的基础，统计工作的质量在很大程度上取决于统计调查的质量，如果调查工作组织的不好，搜集的数据资料不准确或残缺不全，就会影响人们正确认识客观事物的真相，有时甚至会将人们引入歧途。同时，在瞬息万变的信息社会里，能否及时获取所需信息，也是搜集统计数据资料时必须予以重视的问题，因此，统计数据的搜集必须准确、及时、全面和系统。管理统计学首先要研究获取既能符合研究分析需要，又能真实反映客观实际的统计数据的方法。

获取统计数据资料有两种途径：一是通过统计调查获取原始资料，二是通过已经公开出版或发表的各类出版物搜集次级资料。原始资料是指通过统计调查，向被调查单位直接搜集的尚待汇总整理而保持原始状态的第一手资料，它是进行统计整理和统计分析的基础。所谓次级资料是指已经加工整理、能在一定程度上说明总体现象特征的统计资料。次级资料主要是公开出版或公开报道的数据，当然也有些是尚未公开出版的数据。可以提供次级资料的出版物，大致可分为政府的、法人的和国际的三类。其中，政府出版物是取得统计信息的主渠道，如中国统计出版社出版发行的《中国统计年鉴》《中国统计摘要》《中国农村统计年鉴》《中国工业经济统计年鉴》《中国物价统计年鉴》《中国劳动工资统计年鉴》《中国城市统计年鉴》《国民收入统计资料汇编》《全国城镇居民家庭收支调查》等。还有其他政府机构及研究所公开出版或发表的统计资料。法人组织的出版物，是指那些众多信息中心、咨询机构等编辑出版的统计数据，或通过各种新闻媒体传播的统计信息。国际组织的出版物包括联合国等较有影响的五大国际组织每年出版发行的统计出版物，也有世界各国政府等组织出版的统计出版物，如《联合国统计年鉴》《世界发展报告》《世界经济展望》《美国统计摘要》《日本统计月报》等。显然，次级资料的搜集通常较为容易，而且任何次级资料都是在原始资料的基础上加工整理得到的，因此，统计调查的基本任务就是取得反映调查对象各个单位的原始数据资料。下面着重介绍原始数据资料的搜集方法。

1.3 原始数据资料的搜集

原始数据资料可以通过组织多种形式的统计调查来获取。为了准确及时地搜集原始数据资料，就应该根据不同的调查对象和调查目的，采取各种不同的调查方式和方法。

1.3.1 统计调查的方式

常用的统计调查方式有：定期统计报表制度、普查、抽样调查、重点调查和典型调查。下面简要介绍这几种方式。

1. 定期统计报表制度(Statistical Report Forms)

定期统计报表制度是一种按照国家有关法规规定的统一表式、统一指标内容、统一报送时间和程序，由调查范围内的所有调查单位自下而上逐级定期向国家各级领导部门提供统计资料的一种调查方式。例如，税务管理部门每月都要填报税收情况表，以便上级机关掌握税收情况，据此制定和调整税收政策。

定期统计报表是我国统计调查的一种重要的组织形式。与其他统计调查方式相比，它具有如下优点：第一，按国家法规，在规定范围内的各单位必须按要求填报报表，保证了数据资料的全面性和连续性；第二，由于从调查内容、表式到时间都是统一规定的，从而保证了资料的统一性和及时性；第三，根据规定，必须按原始记录填报报表，这有利于基层单位建立起原始记录，从而使数据资料的来源和准确性有可靠基础。但这种调查方式也有不足之处，其不足之处主要在于：第一，在经济利益多元化的条件下，有些单位为了本单位的利益可能瞒报、虚报某些数据，影响资料的质量；第二，如果上级机关向下布置的报表过多，会增加基层单位负担。

定期统计报表按填报周期的不同，分为日报、周报、旬报、月报、季报、半年报和年报。填报周期的长短与报表内容的繁简、报送时间的快慢密切相关。一般而言，报告周期越短的报表，内容越简明，越强调报送时间的迅速；报告周期长的报表，内容可以详尽一些，报送时间可以宽松一些。

2. 普查(Census)

普查是调查组织者为了详细了解某项重大问题的有关情况而专门组织的一次性全面调查。一般用于国情国力的调查。例如全国人口普查、工业普查、农业普查和第三产业普查等等，都是为了摸清和掌握上述各方面有关国情国力详细的基本情况，由国家组织的全面调查。

普查的特点在于，它比任何其他调查方式所获得的资料更全面、更系统、更详尽。例如，1985 年我国举行的第二次全国工业普查，包括工业生产的全部要素，投入产出的全过程。这次普查资料极为丰富，仅国家一级就出版了 42 册，2.3 万页的资料，并建立了大型工业统计数据库。但因其涉及的面广，调查内容多，需动用大量人力、物力、财力和时间，准备和组织工作复杂繁重，所以不宜频繁进行。

在普查中，一般应注意以下几个问题：

(1)规定统一的调查标准时点。确定资料所属的标准时点，是为了避免因调查时点不一致而发生资料的重复或遗漏现象。例如，我国 1990 年第四次人口普查的标准时间是 1990 年 7

月1日零时，全国各地区的人口数都是这一时点上的数字，合计全国总人口数为113 051万人。不论登记的时间是在规定的时点以前或者以后，都必须按标准时间的实际状态调整，以取得标准时间上的准确数字。标准时间一般定为调查对象比较集中、相对变动较小的时间上。

(2)规定统一的普查登记的时期。普查时期的确定，应考虑普查任务特点和实施的条件，一般选择在被调查现象变动最小或者最适宜进行普查工作的时期。普查范围内的调查登记工作应同时进行，尽可能在最短期限内完成，以期在方法上、步调上一致，保证普查资料的准确性和时效性。

(3)统一规定普查项目。普查项目应简明，尽可能以少而精的普查指标取得必要的数据。同一类型的各次普查，其普查项目应相对稳定，以便于历史资料的对比研究。

(4)规定统一的汇总程序和时间，规定严格的质量控制标准和检验方法。

(5)普查尽可能按一定周期进行，以便对其所取得的资料进行动态分析和比较，从中发现某些变化规律和趋势。至于普查的间隔时间究竟要多长，则应根据普查的目的和调查的条件来确定。如一些国家规定每十年进行一次普查，人口普查、工业普查、商业普查、农业普查等在一个年代中均匀分布。我国过去的普查工作是不定期的，但我国的统计制度已做了相应的规定，今后我国的普查将规范化、制度化，即每逢年份的末尾数字为“0”的年份进行人口普查，每逢年份的末尾数字为“3”的年份进行第三产业普查，每逢年份的末尾数字为“5”的年份进行工业普查，每逢年份的末尾数字为“7”的年份进行农业普查，每逢年份的末尾数字为“1”或“6”的年份进行全国基本单位的普查。

3.抽样调查(Sampling Survey)

抽样调查是一种非全面调查方法，是统计制度规定中最基本的常规的统计方法。它既可以为国家宏观统计所使用，又可以运用于许多微观场合。

抽样调查就是按照随机的原则从被研究现象总体中抽取少量的单位作为样本，进行统计观察，并根据对样本调查所获得的数据资料推断总体数量特征的一种调查方法。

抽样调查自19世纪末20世纪初以来，在世界各国的统计实践中得到了广泛的运用。与全面调查形式相比，抽样调查具有方便、灵活，节省人、财、物力，能及时提供调查结果资料等诸多优点。与其他非全面调查形式相比，抽样调查具有如下两个特点：一是排除主观因素的影响，按随机原则抽取样本单位，样本单位对总体具有代表性，样本数据资料可用于推算总体数量特征和数量表现。而其他非全面调查都需选择代表性单位，不具备推算总体数量特征的条件。二是抽样误差可以事先计算并加以控制。抽样调查的结果用于推断总体数量特征，不可避免地会产生误差。但抽样推断的理论基础是概率论，它不仅可以估计出抽样推断误差的大小，而且可以通过一定方法控制这些误差，保证抽样推断结果达到预期的可靠程度。

抽样调查的特点决定了它的适用范围，归纳起来有：①不可能进行全面调查的场合。例如，具有破坏性的产品质量检验，如显像管、电子管、灯泡等的寿命检验、汽车轮胎里程检验等。②不必要或难以进行全面调查而又必须取得总体数据的现象。例如，个体工商业营业状况调查，城市居民家庭生活情况调查，江河湖海中生物种类和数目的调查，等等。③对普查资料进行修正、补充的场合。普查涉及面广，工作量大，容易产生登记性误差，即出现重复登记或遗漏现象。通常，可以在普查完毕之后，做一次小规模的抽样调查，将抽样调查的结果同原来的普查资料进行核对，计算出差错比率，然后以其作为修正系数，对普查资料进行必要的修正。

根据总体的不同特点，抽样调查又可采用简单随机抽样、分层随机抽样、系统随机抽样、整群随机抽样等不同的形式。这些内容将在第3章第5节中做更详细的介绍。

4. 重点调查(Focal Point of Survey)

重点调查是调查组织者为了了解被研究现象的基本情况，在被调查总体中选出一部分重点单位进行调查的一种非全面调查方法。所谓重点单位，是指这一部分单位在全部单位中只占一小部分，但其在所调查的数量方面占有较大的比重。例如，对首钢、鞍钢、武钢、宝钢等几个大型钢铁企业进行调查，就足以对全国钢铁产品的品种、质量和产量等情况做出基本分析。这些大型钢铁企业的集合，就是重点单位。重点调查的关键是正确选择重点单位。挑选重点单位应遵循以下两个原则：一是被选做重点单位的单位数占总体单位数的比重要较小；二是重点单位被调查的标志值之和占总体相应指标值的比重较大。

重点调查的优点在于调查单位少，节省人力、物力和时间，调查项目可相对多一些、详细一些，且可进行较深入的研究。它的不足之处在于不能完整地反映或推算现象总量的全面数据，只能了解现象的基本情况。

可见，当调查任务只要求掌握现象总体的基本情况，不要求掌握全面数据，而部分重点单位又能集中反映所研究项目和指标时，适合采用重点调查方法。

5. 典型调查(Typical Survey)

典型调查是从被调查总体中有意识地挑选个别或少数具有代表性的单位，进行深入细致的调查研究的一种非全面调查方法。典型调查中的首要问题是如何正确选择典型单位。所谓典型单位，是指客观存在的同一事物中在某个方面具有代表性，不仅能反映总体的外部特征，而且能深刻地反映出事物的本质、内在联系及其发展趋势的代表单位。一般来说，典型单位是根据调查目的和要求，在对被研究对象进行分析研究的基础上，有意识地挑选出来的。

借助于典型调查，易于掌握个别单位的具体情况，具体了解现象发展变化的原因和规律，总结经验教训，在全面调查中发现的问题可通过典型调查做出深入说明，补充全面调查的不足。但典型调查中典型单位的确定带有主观性，同时用典型资料不能对总体的数量特征做出精确的推断。

以上各种调查方式各有特点，应根据研究需要和实际条件灵活地结合应用各种调查方法。从宏观层面上看，我国现行的统计制度规定，宏观信息的取得将主要借助于普查和抽样调查。它规定以周期性的普查为基础，以经常性的抽样调查为主体，补充以定期统计报表、重点调查和典型调查等统计方法。

1.3.2 搜集资料的方法

不论采取何种方式进行调查，在取得统计资料时，都有一些具体的搜集数据资料的方法。数据资料的搜集方法归纳起来可分为观察实验法、报告法、问卷调查法、访问法和卫星遥感法。

1. 观察实验法

观察法和实验法是调查者通过直接地调查或实验以获取数据资料的一种方法。

观察法是指调查人员亲自到现场，对调查对象进行实地观察、计数和测量，以取得资料的一种调查方法。如对商品库存的盘点、农作物产量的实割实测调查；对工业产品质量或设备性能的现场测定检验；对马路上车流量的观测等。这种方法的优点在于所搜集到的资料比较真实可靠；其缺点是需要花费大量的人力、物力和时间。同时，对于历史资料的搜集，无法直接进行观察和计量，因此，还要利用其他的方法获取所需数据资料。

实验法是指在所设定的特殊实验场所、特殊状态下，对调查对象进行实验以取得所需数据资料的一种调查方法。例如，新产品的市场实验，企业让消费者免费使用某种新产品，以得到消费者对该新产品看法的数据资料。

2. 报告法

报告法就是以各种原始记录和核算资料为基础，由调查单位按照有关规定和隶属关系，逐级向上提供统计资料的方法。我国目前各企事业单位填报的统计报表就是采用这种方法逐级上报的。如果原始记录和核算工作健全，各个企业和单位能遵守统计制度和法规，采用这种方法可以保证取得可靠的资料。

3. 问卷调查法

问卷调查法就是以问卷形式提问，由被调查者自愿回答的一种搜集资料的方法。实施问卷调查的步骤为：①明确调查目的；②确定调查内容；③设计问卷调查表；④实施调查。问卷调查法的关键是问卷的设计。问卷必须精心设计，问题要提得简明、准确，否则会影响问卷的回收率和答案的质量。

4. 访问法

访问法就是调查者向被访者提问，根据被访者的答复以取得资料的一种调查方法。此种方法根据不同情况又可进一步分为直接采访法和通讯采访法。例如，在市场调查中较为盛行的派访员（即调查者）与被访者通过面对面的交谈从而获得所需数据资料的方法就是直接采访法。有些情况下，为了获得比较可靠的调查结果，调查人员事先设计好标准化的问卷或表格，在实施调查时对被访者进行有顺序地依次提问，并由受访者做出回答，这实际上也是一种问卷调查。通讯采访法通常采用的是电话采访、邮寄问卷等形式。此外，访问法根据一次采访中同时被通讯访问的人数的多少，还可以分为个别询问、开调查会和自填法。个别询问法又称派员法，即在调查过程中，由调查人员对被调查者逐项询问，及时纠正资料的差错；同时对调查项目有统一的理解，因此可以保证调查资料的准确性和一致性。这是人口普查中常用的方法，但需要花费大量的人力和时间。开调查会法就是邀请熟悉情况的人员座谈，调查者和被调查者共同商讨，相互核对，深入了解实际情况，取得较为可靠的资料。自填法就是调查机构把调查表分发给被调查者，要求填好后送还。这种方法可以节省人力和时间，但调查资料的质量与被调查者的政治觉悟和文化水平有关，常因对调查的问题及其要求的理解不一致而受到影响。如果调查的问题不复杂，对调查结果并不要求过于精确，而被调查者为数不多，则在一定条件下，自填法可以作为一种辅助的调查方法。利用访问法搜集统计资料，最关键的是要有高素质的访员和设法争取被访者的配合。

值得注意的是，有些情况下访问法和问卷调查法之间没有明显的界限。

5. 卫星遥感法

卫星遥感法是一种利用卫星高度分辨辐射技术提供统计所需的各种空间资料的方法。目前此种方法在气象研究、环境监测、农业统计中已得到很好利用。随着科学的进一步发展，卫星遥感法的运用将会越来越广泛。

1.4 调查误差

统计调查的目的是取得能准确反映客观现象实际状况的统计资料。但是，不论采用什么途径或调查方法，搜集到的数据资料总会由于种种原因而存在一定程度的误差。调查误差的产生可以归结为两类原因，由此形成的两种调查误差称为登记性误差和代表性误差。

登记性误差是由于调查过程中有关环节上的工作不准确而引起的，如计量错误、记录错误、计算错误、抄录错误、汇总错误等都可以导致登记性误差。另外，调查者或被调查者有意识地弄虚作假、虚报瞒报所造成的误差也属于登记性误差。在任何统计调查中都有可能出现登记性误差。不过对于非全面调查一方面由于参加的人员少，调查员有条件接受比较严格的培训，另一方面涉及的调查对象也少，因此对于非全面调查而言登记性误差比全面调查相对要小，但非全面调查却存在全面调查所没有的代表性误差。

代表性误差是指用总体中的一部分单位的数量特征来估算总体的数量特征时所必然产生的误差。例如，一地区有两万户居民，抽其中 200 户进行收入情况调查，求得人均收入为 950 元，把 950 元视为整个两万户居民的人均收入水平，就会产生代表性误差。显然，这种误差产生的原因在于所调查单位对总体的代表性。代表性好，误差就会小；代表性差，误差就会大。

主观上讲，统计调查误差为零是最理想的结果，然而实践中常常做不到这一点。一般是着眼于减少统计调查误差，使其缩小到最低限度或可以接受的限度。

防止和减少登记性误差，需要做好下面两个方面的工作：

首先，要正确制定统计调查方案，包括明确调查对象的范围，说明调查项目的具体含义和计算方法，选定合理的调查方法，以使调查人员或填报人员有一个统一的依据。

其次，要抓好调查方案的实施工作。包括加强统计调查人员的业务培训，提高对统计调查工作重要性的认识；搞好统计基础工作，建立健全计量工作、原始记录、统计台账和内部报表等，使统计调查具备稳定、可靠的资料来源；对调查资料加强审核工作，发现问题及时纠正。

为防止因弄虚作假所产生的登记性误差，应从建立健全统计法制入手，使上上下下都认识到，弄虚作假、虚报瞒报是一种犯法行为；同时教育统计人员敢于坚持原则，同一切弄虚作假的行为作斗争，维护统计数字的真实性。

关于代表性误差的防止，如是用重点调查、典型调查和非全面统计报表的结果估计总体，调查前要多加研究，使选出的调查单位具有较高的代表性；如果是抽样调查，则需要严格遵守随机原则，保证足够的样本容量，选择适当的抽样调查方式方法，以控制误差的范围。有关问题将在后面章节作详细介绍。

§2 数据的整理与描述统计

2.1 数据整理的意义和内容

统计调查取得的原始数据资料，仅仅说明各单位的具体情况，是分散的、不系统的，是反映事物的表象、事物的某一侧面或外部联系的感性材料。要实现对现象总体的数量方面的规律性认识，就必须对这些数据资料进行加工整理，使之系统化、条理化，成为能够反映现象总体特征的数据。

例如，对某班40名学生某次考试成绩按试卷登记得到如下资料：

64	70	89	64	56	95	98	79	88	88
78	89	60	78	68	79	79	95	68	60
78	89	100	50	75	84	78	64	78	85
85	79	70	84	68	75	89	75	78	75

这些调查数据是对个体数量标志值的登记，必然呈现为分散的、凌乱的状态，因为对总体的调查是从个体入手，从而得到原始资料的自然状态。必须从大量的、分散的原始数据中加工整理，得出能够反映总体特征的综合性数据，才能显示出该现象的特征和发展变化规律。

数据资料的整理简称统计整理，就是根据统计研究的目的和任务，将调查取得的大量原始资料进行科学的分类（或分组）和汇总，为统计分析提供系统化和条理化的综合统计资料的工作过程。统计整理实现了由个别单位数量标志表现向总体数量特征的综合过渡，为统计分析提供了前提保证。统计整理工作的质量，直接影响对社会经济现象准确的数量描述和数量分析。

2.1.1 统计分组

统计研究的任务除了需要对总体进行整体分析外，还要对总体的各个不同组成部分进行分析，以便补充、丰富和深化对总体的认识，因此，统计分组是统计整理的基础。

2.1.2 统计汇总

统计汇总是在统计分组的基础上，选择适当的汇总组织形式和具体方法，按分组要求对原始资料分组汇总，计算各组单位数、合计数、各组指标值和综合指标值，使原始资料转化为综合统计资料的过程。其作用在于反映出研究对象的全貌及分布状况。统计汇总是统计整理的中心内容。统计汇总的组织形式有逐级汇总、集中汇总和综合汇总三种。统计汇总技术主要有手工汇总和计算机汇总两种。

2.1.3 编制统计表

以简明扼要的表格形式表述统计分组和汇总的结果，反映社会经济现象在数量方面的具体表现和有关联系。统计表是统计整理的有效表现形式。

2.1.4 绘制统计图

为了使数据次数分配的特点更加一目了然，需要绘制次数分配图。次数分配图能够突出地显示出只靠阅读数据不易看出的重要特征和数量关系。常用的次数分配图有直方图和次数分配多边形图(也称折线图)。

2.2 统计分组

2.2.1 统计分组的意义和作用

统计分组就是根据统计研究的目的和任务，将总体所有单位按一定的标准划分为若干部分或组，使组与组之间具有差异性，而同一组内的单位保持相对的同质性。例如，社会产品按其经济用途分为第一部类和第二部类，即生产资料的生产和消费资料的生产；在工业部门内，根据年产量或投资额等将工业企业划分为大型、中型、小型企业三组；要研究人口的状况和问题，将人口按性别、民族、职业、文化等特征分成一个个的小组。通过统计分组，可以区别现象在质的方面、在数量上以及在空间上多个方面的差别。

对总体中所有单位在质量上、数量上、空间上存在的差异进行分析，进一步认识事物的本质特征及其发展规律。可见，统计分组不仅是统计整理的基础，也是使认识深化的重要手段，已成为统计研究中最基本的方法之一。

统计分组的作用主要有以下四个方面：

1.将分散的、凌乱的统计资料系统化，显现出总体特征与实质

对一个统计总体的调查是从个体入手的，因此通过统计调查所得到的统计资料是个体的、分散的、凌乱的，例如前面的40名学生考试成绩的调查资料。这样一批数据有共性的一面，因为它们都是同一标志(考试成绩)的具体体现，即总体的同质性；同时又有个性的一面，因为它们在数值上各不相同，即差异性。现将其分组整理(见表1-1)。

表1-1 某班学生某次考试成绩分组表

考试成绩/分	考生人数/人	人数比例/(%)
60以下	2	5
60～70	8	20
70～80	16	40
80～90	10	25
90～100	4	10
合　计	40	100

通过分组整理可以清楚地看到现象总体的特征：优秀的占10%，良好的占25%，中等的占40%，及格的占20%，不及格的占5%。

统计分组实际上就是按个体之间差异予以归类，属于同一组的个体差异缩小，甚至消失，

而不同组之间的差异明显、突出了。这样，杂乱无章的一批数据因此变得有条理、系统化了，现象总体的特征与实质显现出来了。

2.区分社会经济现象的类型

利用统计分组，可以根据统计研究的目的，将现象区分为各种性质不同的类型，来研究各类现象的数量差异和特征以及相互关系。例如，企业按所有制形式划分为国有企业、集体企业和其他经济类型企业，在此基础上，统计这三个类型组企业的有关指标数值，并加以比较分析，就可以反映出不同类型企业的数量特征及相互关系，充分揭示出各类企业的本质及其发展规律性。

3.研究现象的内部结构

利用统计分组，计算出各组占总体的比重，可以分析总体内部构成情况，表明部分与总体、部分与部分之间的发展变化关系。例如，表1-2不仅表明各个时期农业、轻工业、重工业结构的特征，而且也表明了各个时期农业、轻工业、重工业比例的变化，从而反映出我国工农业总产值中农业、轻工业、重工业比例逐步趋向基本协调的发展过程和趋势。

表1-2　我国工农业总产值构成

分类＼年份	1952(%)	1957(%)	1965(%)	1970(%)	1975(%)	1980(%)	1985(%)	1990(%)	1991(%)
农　业	56.9	43.3	37.3	32.5	28.2	27.2	27.1	24.3	22.4
轻工业	27.8	31.2	32.3	31.1	31.6	34.3	34.3	37.3	37.9
重工业	15.3	25.5	30.4	36.4	40.2	38.5	38.6	38.3	39.7

资料来源《中国统计年鉴》1992年。

4.揭示现象之间的依存关系

一切社会经济现象都不是孤立的，而是相互联系、相互依存、相互制约的。例如，施肥量与亩产量，商品销售量和商品价格，工业企业中劳动生产率与产量之间都存在一定的依存关系等。利用统计分组法研究社会经济现象的依存关系时，是将总体按某一个标志进行分组，观察其他标志与这个分组标志的联系情况。例如，研究商品销售额与商品流通费用率之间的依存关系，可将商店按商品销售额的多少分组，再计算出每个组的商品流通费用率，借以说明两者之间的依存关系(见表1-3)。

表1-3　某地区1996年部分商店的销售额与商品流通费用率情况

商店按商品销售额分组/万元	商店数/个	商品流通费用率/(%)
100以下	12	9.7
100～300	10	8.6
300～500	13	7.5
500～700	9	6.5
700～900	8	5.7
900以上	5	5.4

从表中可以看出，随着商品销售规模的扩大，其商品流通费用率相应降低，两者表现出负依存关系。

以上统计分组的四个方面的作用往往是相互联系、相互补充的，在分析某个具体问题时，可以同时实现。

2.2.2 统计分组的方法

要充分发挥统计分组的作用，必须在正确的理论指导下，进行科学的分组，统计分组的关键是分组标志的选择、各组界限的划分及分组体系的确定。

1.分组标志的选择

分组标志是将统计总体划分为各不同性质的组的标准或依据。由于同一研究目的和任务并不是只有一个分组标志可供选择，因此就有一个选择分组标志的问题。正确选择分组标志是保证统计分组科学性的前提，关系到能否正确反映总体的数量特征及其变化规律，要在诸多可供选择的标志中选取能反映总体特征的标志，必须遵循以下原则：

第一，必须紧紧扣住统计研究的目的，选择统计分组标志。同一个研究对象，由于研究目的不同，需要采用的分组标志也就不同。例如，在工业生产统计中，当研究的目的是为了分析不同规模的企业生产情况时，应该选择产量或生产能力(反映企业规模的指标)作为分组标志，具体分组我国规定根据“大中小型工业企业划分标准”，依企业生产规模划分为特大型、大型、中型和小型四个类型。钢铁企业划分标准如表 1－4 所示。

表 1－4

类　型	特大型	大　型	中　型	小　型
年产量/万吨	150 以上 (生产用固定资产原值 10 亿元以上)	60～150	30～60	30

当研究的目的是为了确定工业内部比例及平衡关系时，就要按部门分类，划分为重工业和轻工业或冶金、电力、化工、机械、轻工等工业部门。

第二，在对被研究现象进行分析的基础上，抓住具有本质性区别及反映现象内在联系的标志作为分组标志。在总体的若干标志中，有的标志能够揭示总体的本质特征，是有决定性意义的重要标志；有的则是非本质的、无足轻重的标志。只有选择能够说明事物本质的重要标志作为分组标志，才能得出触及问题实质的重要分组。例如，研究国民经济的现状、发展和平衡关系时，按所有制进行分组、按国民经济部门进行分组等，都是重要的分组。

第三，结合研究对象所处的具体历史条件或社会经济发展的条件，选择分组标志。因为能够反映现象本质的重要标志，具有条件性、地区性和历史性，所以某一个标志在一定时间、地点、条件下，可以作为最重要的标志，但时过境迁，可能失去其重要意义。例如，为了研究工业企业规模与劳动生产率等因素之间的关系，需要按企业规模进行分组。而反映企业规模的标志有职工人数、生产能力、固定资产价值、产值等，究竟应选择其中哪种标志作为分组标志，须视具体条件而定。在技术不发达或劳动密集的条件下，适宜用职工人数的多少来表示企业规模的大小；反之，在技术进步的历史时期或技术装备比较先进的条件下，就应考虑采用固定资产价值或生产能力等作为分组标志。同时还应注意，即使处于相同的历史条件下，在不同经济部门或生产部门中，由于它们的经济发展条件、生产性质、经营方式的不同，也应该分情况，选择不同的分组标志和组别。例如，在我国已进入改革开放的今天，有些农作物产区仍然处在粗放经营的条件下，可用耕地面积表示生产单位的规模；而具有集约生产特点的地区，则要选用产值的多少来反映生产单位规模的大小。可见，选择分组标志不能千篇一律，一成不变，而要依一定的时间、地点、条件为转移，考虑研究对象所处的历史条件，选择分组标志才有现实意义。

2.分组方法

分组标志确定以后，分组的方法取决于分组标志的性质(即是品质标志还是数量标志)。

(1)按品质标志分组的方法。品质标志是以事物的性质属性来表现的标志(如性别、民族、职业、所有制等)。按品质标志分组就是选择反映事物属性差异的品质标志为分组标志，并在品质标志的变异范围内划定各组界限，将总体划分成若干性质不同的组成部分。例如，人口按性别、民族、职业分组；工业企业按所有制、经济部门、管理系统分组等。

按品质标志分组有些比较简单，其分组标志一经确定，组名称、组与组之间的性质界限和组数也就随之而定，不存在组与组之间的性质界限区分的困难。例如，人口按性别分为男和女两组、按民族分为56个组等。而有些情况下，这类分组相当复杂，主要问题在于组与组之间的性质界限不易划分。例如，统计城乡商业零售额时，怎样划分城乡分界限是比较复杂的问题。这种情况下要根据研究任务的要求，经过事先分析研究，规定统一的划分标准或分类目录。在我国的统计工作实践中，对重要的品质标志分组，编有标准的分类目录，例如《工业部门分类目录》《工业产品目录》《主要商品目录》等，以统一全国的分类口径，便于各个部门掌握和使用。

(2)按数量标志分组的方法。数量标志就是以数量的多少来表现的标志(职工人数、工资额、产量、销售额等)。按数量标志分组就是选择反映事物数量差异的数量标志为分组标志，并在数量标志的变异范围内划定各组界限，将总体划分成若干性质不同的组成部分。例如，企业按生产规模划分为特大型、大型、中型和小型四组，人口按年龄分组，学生按成绩分组，等等。按数量标志分组常常用来分析某种指标的变动及其在各组的分布情况。按数量标志分组的结果，形成变量数列。在统计整理和统计分析中，广泛应用变量数列，借以观察某种指标的变动及其分布情况。变量数列的编制涉及变量值的多少、变化范围的大小、变量的类型等问题，以及相应地确定组数、组限和组距等方法，将在下文中详细介绍。

3.分组体系

在统计研究中，为了全面认识某一社会现象，常常运用多个分组标志对总体进行分组，形成一系列相互联系、相互补充的分组体系。

进行统计分组时，由于采用分组标志数目的不同，就有简单分组与复合分组之分。

(1)简单分组。简单分组就是总体按一个标志进行的分组。例如，某校学生按学科分为理科组和文科组；某校学生按性别分为男生组和女生组；某校学生按某科成绩分为 60 以下，60～70，70～80，80～90，90～100 等五个组。对同一总体选择两个或两个以上的标志分别进行简单分组，就形成平行分组体系。例如，对某校学生分别按学科、性别、某科成绩进行简单分组，即形成平行分组体系（见表 1-5）。

表 1-5

按学科分组	按性别分组	按某科成绩分组
理科	男生	60 以下
		60～70
		70～80
文科	女生	80～90
		90～100

（2）复合分组。复合分组是对同一总体选择两个或两个以上标志层叠起来进行分组。复合分组形成的分组系列称为复合分组体系。例如，对某校学生性别、某科成绩两个标志进行复合分组，可以得到复合分组体系（见表 1-6）。

简单分组如果包含两个或两个以上标志，这些标志之间是平等关系，无主次之分。复合分组中的标志之间不是平等关系，建立复合分组体系时，应根据分析的要求，在选择分组标志的同时，确定它们的主次顺序。主要标志在先，辅助标志在后，分组结果表现为层叠式。复合分组标志不宜过多，一般最多不超过三个，以防组数过多，冲淡主题。

表 1-6

按性别分组	按某科成绩分组
男生	60 以下
	60～70
	70～80
	80～90
	90～100
女生	60 以下
	60～70
	70～80
	80～90
	90～100

2.3 次数分配数列

2.3.1 次数分配数列的概念和种类

次数分配数列又简称分配数列或统计数列，是指在统计分组和汇总的基础上所形成的反映总体单位数在各组的分布状况的数列。编制次数分配数列，可以反映总体单位数在各组的分布状况和特征，是进一步分析总体平均水平和变异程度的基础，是统计分析的重要内容。

1.根据分组标志类型的不同，分配数列分为品质数列和变量数列两种形式

(1)品质数列。按品质标志分组编制的分配数列，称为品质数列。例如，某大学在校学生按性别分组，可编制成如表1-7的品质数列。

表1-7　品质数列示例

按性别分组	学生人数/人	学生数比例/(%)
男性	2 340	55.32
女性	1 890	44.68
合计	4 230	100.00

编制品质数列，只要根据统计研究目的，正确选择分组标志，确定分组标准，则事物性质的差异可以明显地表现出来，也就容易划分总体中各组的性质界限，因此，在通常情况下，品质数列能够较准确地反映总体单位的分布状态和特征。

(2)变量数列。按数量标志分组编制的分配数列，称为变量数列。例如，某班学生按某次考试成绩分组，可编制成如表1-1所示的变量数列。变量数列的编制方法比较复杂，将在下面作详细介绍。

分配数列包含两个构成要素：一是各组名称或变量值，即用来分组的品质标志名称或按大小顺序排列的数量标志的具体数值；二是总体单位在各组中出现的次数。次数有两种表现形式：一是以绝对数形式表现的次数，又称为频数；二是以相对数形式表现的次数，即各组次数占全部次数的比例，称为比率或频率。

2.根据分组标志的时空差异，分配数列分为空间数列和时间数列两种形式

(1)空间数列。空间数列是按与空间有关的标志进行统计分组和汇总所形成的分配数列。其特点是所描述的现象都是在同一时间不同空间的分布状况，如表1-8所示的数列。

表1-8　若干国家1980年谷物产量及人口数资料

国别	谷物产量/万吨	人口数/万人
美国	26,995	22,776
印度	14,049	66,250
法国	4,767	5,388
加拿大	4,148	2,404
巴西	3,322	12,192
英国	1,948	5,633

(2)时间数列。时间数列又称时间序列或动态数列，是按与时间有关的标志进行统计分组和汇总所形成的分配数列，其特点是所描述的现象都是在同一空间不同时间的分布状况，如表

1－9 所示的数列。

表 1－9　我国人口情况表(年底数)

年　份	人口数/万人	年　份	人口数/万人
1952	57 482	1990	114 333
1965	72 538	1992	117 171
1978	96 259	1993	118 517
1980	98 705	1994	119 850
1985	105 044	1995	121 121
1988	109 614		

资料来源:《中国统计年鉴》(1996 年),中国统计出版社,第 69 页。

2.3.2　变量数列的编制方法

1.变量数列的种类及其应用条件

变量数列依每组包含变量值的多少,可分为单项式变量数列和组距式变量数列两种。

(1)单项式变量数列。单项式变量数列是以每个变量值作为一组,按各组顺序简单排列编制的变量数列。例如,某公司销售某种商品的销售量与销售员的情况如表 1－10 所示。

表 1－10　某公司某种商品的销售量与销售员的情况

日销售量/个	销售员/人、频数	比率/(%)、频率
6	3	12.5
7	6	25.0
8	8	33.3
9	4	16.7
10	3	12.5
合计	24	100.0

一般说来,在分组变量值呈离散型且变量值不多,变动幅度比较小的情况下,可把每一个变量值列为一组,编制单项式变量数列。

(2)组距式变量数列。组距式变量数列是将整个变量的取值范围划分为若干个区间,把每一个区间内所有值归为一组,按各组顺序排列编制的变量数列。如表 1－1 和表 1－3 所示的数列。在变量值较多,且变动幅度较大的场合,无论是离散型变量还是连续型变量都适合编制组距式变量数列。

2.组距式变量数列的编制方法

单项式变量数列的编制方法较为简单,只要掌握了所要分组的资料的变量值个数,即可确定分组的组数,单项式变量数列也随之确定,因此,统计学中有关变量数列编制方法的重点是介绍如何编制组距式变量数列。

对于组距式变量数列，有几个比较重要的基本概念需要读者理解和掌握。

(1)组限：组距式变量数列中，表示相邻两个组界限的变量值称为组限。其中各组最大值称为上限，最小值称为下限。相邻两个组的组限既可以是连续的，也可以是不连续的。

相邻两个组的组限如果是连续的(或称重叠的)，其中有一个数值作为两个组共同的界限，如表1-1的按考分分组，称为连续式组距。连续型变量只能采用连续式组距。离散型变量也可能采用连续式组距。在采用连续式组距编制变量数列的场合，当某单位的变量值恰好等于共同界限的那个值时，必须严格遵守“上限不在内”原则，将该单位归入作为下限的组内。例如，60分的学生应归入60～70分的组，70分的学生应归入70～80分的组，依此类推。

相邻两个组的组限如果不是连续的，则称为间断式组距。例如，若规定学生的考试成绩按“四舍五入”的原则取整，则表1-1可改成间断式组距数列，如表1-11所示。

表1-11　某班学生某次考试成绩分组表

考试成绩/分	考生人数/人	人数比例/(%)
0～59	2	5
60～69	8	20
70～79	16	40
80～89	10	25
90～100	4	10
合计	40	100

间断式组距的相邻两组之间的界限十分明确。离散型变量适合采用间断式组距。必须注意，对于同一个变量数列应采用同一种形式的组距。

(2)组距：本组上限与前组上限之差或本组下限与前组下限之差称为本组组距。连续式组距中，由于前组上限就是本组下限，故

$$连续式组距=本组上限-本组下限$$

(3)等距数列和异距数列：等距数列是各组组距都相等的组距式变量数列。各组组距不都相等的组距式变量数列称为异距数列。在具体进行分组时采用哪一种，取决于现象的性质和研究目的。一般原则是，凡是变量值分布比较均匀的场合，均可采用等距数列。例如，学生按成绩分组以10分为组距。等距数列的优点是，编制工作简便省事，由于组距对各组分布数值的多少不产生影响，便于各组之间直接进行比较分析。异距数列适于变量值分布不均匀的场合。当所研究的对象呈不均匀分布的状态时，科学的做法是在分布比较密集的区间内采用较短的组距，而分布较稀少的区间内使用较长组距。例如，某储蓄所定期储蓄存款账户分组资料采用的就是异距数列方式(见表1-12)。

对于异距数列，为了消除组距不同的影响，往往通过分配密度来进行各组之间的比较。分配密度的计算公式是

$$分配密度=\frac{本组分配的指标值}{本组组距}$$

当各组分配的指标值为次数时，上式又称为次数密度；当各组的分布表现为频率时，上式则为频率密度。

表 1－12 某储蓄所定期储蓄存款账户分组资料

定期储蓄金额/元	户数/频数	次数密度＝次数/组距
3 000 以下	410	0.205
3 000～5 000	850	0.425
5 000～8 000	730	0.243
8 000～10 000	225	0.113
10 000～15 000	142	0.028
15 000 以上	43	0.008
合计	2 400	

(4)开口组：在实践中，常会遇到首末两组用“××以下”及“××以上”等不确定组限形式表示的开放式组距数列。这种形式统计上称为“开口组”。原则上通常不宜设置开口组，只有在出现个别单位变量值过大或过小，不设置开口组将会出现空白组的情况下才予以使用。为进行统计分析，也要假定开口组的组限，并计算其组中值。开口组的假定组限分别以相邻组的组距为依据确定。即

$$首组假定下限 = 首组上限 - 邻组组距$$

$$末组假定上限 = 末组下限 + 邻组组距$$

但这种假设有时也会遇到一些问题。例如，西瓜按质量分为 3 kg 以下，3 kg～8 kg 和 8 kg以上三个组，其中间一组的组距为 8－3＝5 kg。首末两组分别以 5 kg 为依据，确定的假定组限为

$$首组假定下限 = 首组上限 - 邻组组距 = 3-5 = -2(\text{kg})$$

$$末组假定上限 = 末组下限 + 邻组组距 = 8+5 = 13(\text{kg})$$

首组假定下限为负值，这显然与实际不符。因此，当计算出的假定上、下限超越实际可能极限值时，为避免出现脱离实际的情况，统计上规定将假定的上、下限定在极限值上。如上例，首组假定下限应为 0 kg。

(5)组中值：组距式变量数列的每个组都包含了若干或无数个变量值，这为统计处理和计算造成了一定的困难。为便于统计分析和计算，基于组内分布均匀或对称这样一种假设，则以各组的组中值作为该组所有变量值的代表值。组中值是各组变量范围的中间数值。其计算公式为

$$对于闭口组：组中值=\frac{上限+下限}{2}$$

$$对于开口组:组中值=上限-\frac{邻组组距}{2}=下限+\frac{邻组组距}{2}$$

(6)全距:全距是总体内变量最大值与最小值之差。即

全距 = 最大值－最小值　或　全距 = 末组上限－首组下限

了解和掌握了上述六个基本问题,就可按以下程序编制组距式变量数列(以某班某次考试成绩为例):

1)将数据从小到大顺序排列,求出全距。某班40名学生某次考试成绩的数据按从小到大顺序排列如下:

50,56,60,60,64,64,65,68,68,68,70,70,75,75,75,
75,78,78,78,78,79,79,79,79,79,79,84,84,85,86,
88,88,89,89,89,89,95,95,98,100

则本例　　全距=100－50=50(分)

从排序数据可以看出:学生成绩集中在60～80之间。

2)确定组数,求出组距。组距式变量数列的最大特点是把各组内部单位的次要差异抽象去了,而把各组之间的差异突出出来,容易看出各组分配的集中趋势和结构状况。但它的缺陷是,掩盖了各组内部的真实情况。例如,成绩在70～80分之间的学生有16人,这16人中可能大多数偏于70分或大多数偏于80分,也可能集中在75分左右或均匀分布在70～80分之间,所有这些情况都被掩盖了,只能将各组内分布情况视为均匀分布来对待。要尽可能真实地反映事物的本质特征,就要科学地确定组距的大小和组数的多少。组数过多或过少都达不到正确反映客观事实的目的,一般分5～15组为好。组距大小与组数的多少之间有着相互制约的关系:组距大,组数就少;组距小,组数就多。在全距一定的情况下,组距和组数中一个确定了,另一个也就随之而定了。实践中,究竟先确定哪一个,没有固定模式可参照,必须根据统计研究的具体要求和对资料的了解情况,结合实践经验灵活掌握和运用。

如果数据分布比较均匀、对称,即中间数值次数多,大小极端值次数少,考虑用如下美国的斯特奇斯提出的公式确定组数:

$$组数=1+3.322\lg n$$

其中n为总次数。组数确定后,就可进一步用以下公式确定组距:

$$组距=\frac{全距}{组数}=\frac{全距}{1+3.322\lg n}$$

这只是一个经验公式,3.322也是一个经验数。实践中,应结合被研究现象的实际情况加以应用。例如,本例中$n=40$,则

$$组数=1+3.322\lg 40=6.3$$

可考虑分6组,从而

$$组距=\frac{全距}{组数}=\frac{50}{6}=8.3$$

一般来说,组数必须是整数,并且为便于计算,组距尽可能取5或其倍数。考虑到本例中

原始资料表现出不及格、及格、中、良、优等各组的性质特点，因此，确定组距为 10，故而分组结果最终为 5。

3)选择适当的组限。确定组限时，可把略低于数据中的最小值的整数作为第一组的下限，或把数据中的最小值放在第一组的中间。如本例中的最小值 50 分为第一组的下限。要注意第一组的下限不要低于数据中的最小值太多。同理可确定最大组的上限。同样，最大组的上限也不要高于数据中的最大值太多。这样，本例最终分组结果为：50～60，60～70，70～80，80～90，90～100，共 5 组。

4)归类汇总并计算各组频数。根据组限和组距，把各组的单位数归在一起，加总它们得出各组频数，并计算出频率，即可得出所需的组距变量数列。如表 1-1 所示。

2.3.3 累计频数和累计频率

在编制变量数列过程中，有时为了分析和研究问题的需要，通常编制累计频数和累计频率。编制方法有以下两种。

1.向上累计法

向上累计法是指从第一组的下限开始，将各组次数累计相加直到某组为止的各组频数之和，表明到该组上限为止标志值以下的累计频数。将累计频数除以频数总和就得到累计频率。

2.向下累计法

向下累计法是指从最后一组的上限开始，将各组次数累计相加直到某组为止的各组频数之和，表明到该组下限为止标志值及以上的累计频数。其累计频率的求法与向上累计法相同。仍以某班学生成绩为例，如表 1-13 所示。

表 1-13　某班学生某次考试成绩累计次数分配表

成绩/分	顺序代号	频数/人	频率/(%)	向上累计			向下累计		
				累计频数	累计频率/(%)	累计顺序代号	累计频数	累计频率/(%)	累计顺序代号
50～60	A	2	5	2	5	A	40	100	E+D+C+B+A
60～70	B	8	20	10	25	A+B	38	95	E+D+C+B
70～80	C	16	40	26	65	A+B+C	30	75	E+D+C
80～90	D	10	25	36	90	A+B+C+D	14	35	E+D
90～100	E	4	10	40	100	A+B+C+D+E	4	10	E
合计		40	100						

在经济分析中，用累积次数分配研究问题的例子很多，如著名的洛伦茨曲线。洛伦茨曲线是美国经济学家洛伦茨(M. B. Lorentz)在 20 世纪初提出的描述收入分配性质的图示方法，其形状如图 1-1 所示。

显然，如果一个国家的收入完全按人头平均分配，那么同样的人口百分比，就应该占有同样的收入百分比，则同样的累积人口比例对应同样的累积收入比例，这时的分配曲线就如图中对角线，反映绝对平均的收入分配。如果一个国家的收入分配是绝对不平均的，那么曲线就与横轴和右纵轴重合。一般来说，任何一个国家收入的分配既不可能是绝对平均的，也不可能是绝对不平均的，而是处于两者之间，如图 1-1 中的曲线。曲线越靠近绝对平均线，收入分配就越平均；曲线越远离绝对平均线，收入分配就越不平均。这种不平均的程度可以通过基尼系数来测算，用 A 表示曲线和绝对平均线之间区域的面积，用 B 表示曲线和绝对不平均线之间区域的面积，基尼系数的计算公式为

$$基尼系数 = A \div (A + B)$$

如果基尼系数 = 0，则表明该国的收入分配是绝对平均的。

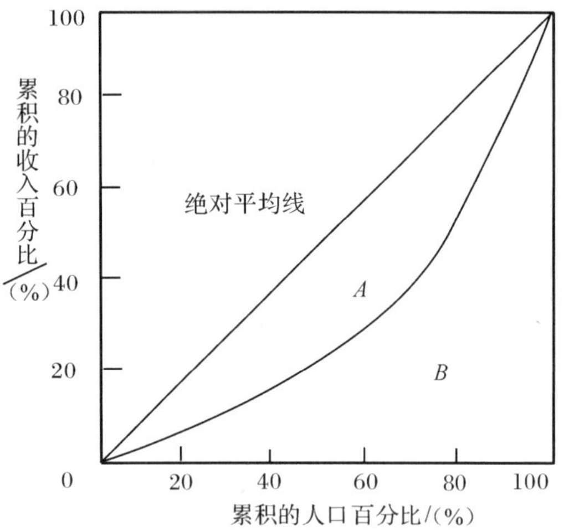

图 1-1　洛伦茨曲线图

2.4　变量次数分配的图示

2.4.1　等距数列次数分配的图示

以表 1-13 某班学生某次考试成绩次数分配为例，说明直方图和次数多边形图的绘制方法。

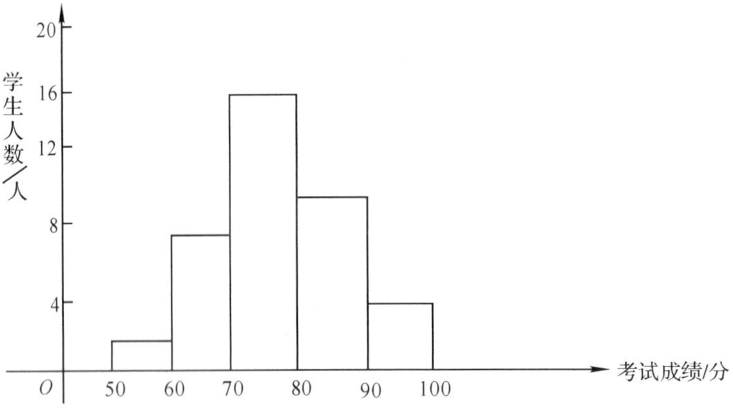

图 1-2　学生某次考试成绩的频数分配直方图

1. 直方图(Histogram)

直方图是用矩形的宽度和高度来表示频数分布或频率分布的图形。在平面直角坐标中，以横轴表示变量值，纵轴表示频数或频率，这样，各组与相应的频数或频率就形成了一个矩形，

即为频数分配直方图或频率分配直方图。例如，根据表 1 - 13 的分组数据资料绘成的频数分配直方图如图 1 - 2 所示，频率分配直方图如图 1 - 3 所示。

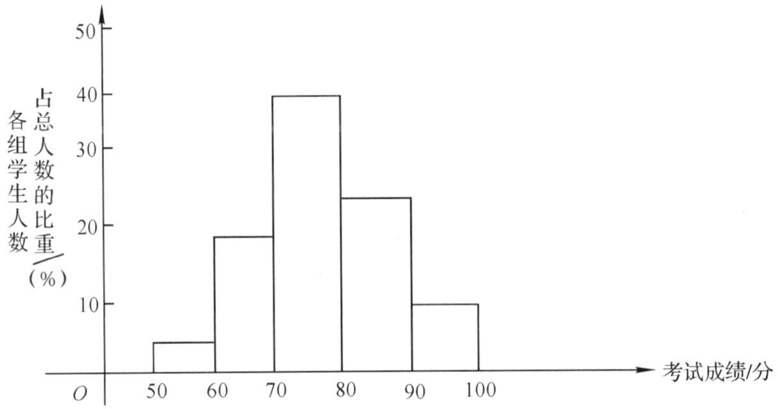

图 1 - 3　学生某次考试成绩的频率分配直方图

依据直方图可以直观地看出学生的成绩及其人数的分布状况。

2. 次数多边形图(Frequency Polygon)

次数多边形图也称频数折线图，它是用线段连接各组组中值与次数相交的点所形成的图形。例如，根据表 1 - 13 的分组数据资料绘成的次数多边形图如图 1 - 4 所示。

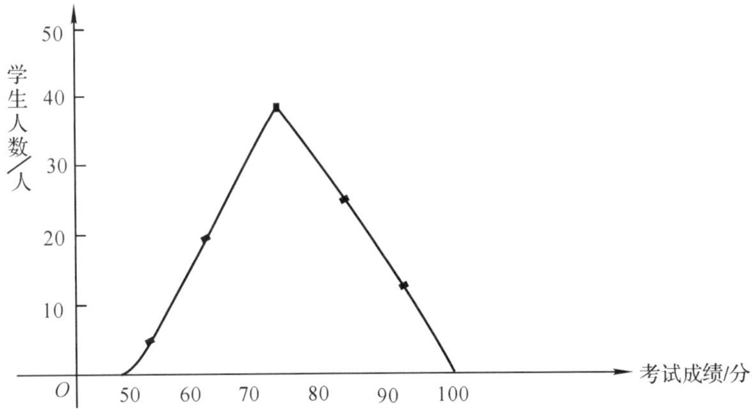

图 1 - 4　学生某次考试成绩的次数多边形图

2.4.2　异距数列次数分配的图示

对于等距分组的数据，可以用矩形的高度直接表示频数的分布。如果是异距分组数据，用矩形的高度来表示各组频数的分布就不再适用。这时，可以用矩形的面积来表示各组的频数分布，或根据频数密度来绘制直方图，从而准确地表示各组数据分布的特征。实际上，无论是等距分组数据还是异距分组数据，用矩形的面积或频数密度来表示各组的频数分布都更为合适，因为这样可使直方图下的总面积等于1。比如在等距分组中，矩形的高度与各组的频数成比例，如果取矩形的宽度（各组组距）为一个单位，高度表示比例（即频率），则直方图下的总面积等于1。在直方图中，实际上是用矩形的面积来表示各组的频数分布。例如，根据表1－12的分组数据资料绘成的直方图和次数多边形图如图1－5所示。

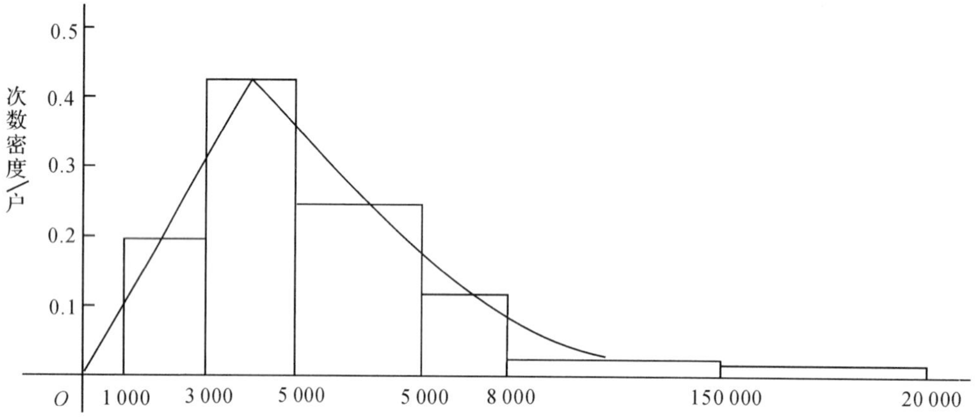

图1－5　据表1－12的定期储蓄存款账户异距分组的直方图和次数多边形图

当对数据所分的组数很多时，组距会越来越小，这时所绘制的折线图就会越来越光滑，逐渐形成一条平滑的曲线，这就是频数分布曲线。分布曲线在统计学中有着十分广泛的应用，是描述各种统计量和分布规律的有效方法。

§3　统计指标

经过统计分组、汇总后的数据不再是凌乱的、杂乱无章的、仅仅说明个别事物特征的资料，而是能够反映总体某些数量特征的规范有序的数据，即它们已是一些统计指标了。为了更全面地对总体特征进行描述，还需要进一步计算其他种类的统计指标。统计指标是统计学中最重要的基本概念之一。统计正是用统计指标来对总体的现状、发展变化、内部结构及它与外部的数量关系进行计量描述、分析研究的，统计指标在经济分析和管理决策中占有重要地位。

3.1.1　统计指标的概念

1. 统计指标的概念

在现实生活中，人们对统计指标有着两种不同的理解和提法。一种观点认为，统计指标是指一定社会经济现象总体某种数量特征的概念或范畴。例如粮食产量、国民生产总值、劳动生产率、国民收入等。另一种观点认为，统计指标是说明社会经济现象总体数量特征的名称和数值。例如，1996年我国国内生产总值为67 795亿元，全社会劳动生产率为9 902元。根据统计理论界的探讨和实际生活需要，我们认为，关于统计指标的两种理解都是正确的。一般在讨论统计理论和进行统计指标设计时采用第一种含义，但对数据进行加工整理、分析研究时所说的统计指标都是指后一种含义。

为了正确理解统计指标的含义，必须对统计指标的构成要素及其特征有所认识。对于一个统计指标，如果按上述第一种观点理解，它是由指标名称、指标计量单位和指标计算方法三个要素构成。其中指标计算方法隐藏于指标背后，指标本身无法表现出来，它有一系列制度和方法的规定性。如果按第二种观点理解，统计指标则由六个要素构成，即除了前三个要素外，还包括指标的空间限制、时间限制和具体数值。例如，我国 1996 年国内生产总值为 67 795 亿元，即包含了上述六个要素。

2.统计指标的特征

统计指标具有以下三个特点：

(1)总体性，即统计指标说明的是总体的数量特征，它是由个体数量特征汇总或整理加工后得到的数值，是对许多个体现象的数量特征进行综合的结果。所以任何统计指标都是综合指标。

(2)数量性，也就是说形成指标的现象必须是可以用数量来表现的。统计指标是社会经济范畴，但不是任何社会经济范畴都可以当做统计指标。诸如所有制、商品、生产力、生产关系，虽然是重要的社会经济范畴，却因它们不能直接表现为数量，就不能称之为统计指标。任何统计指标都可以用数量来表现，即统计指标具有数量特性。

(3)具体性和抽象性，统计指标的数值都是具有一定实际意义和内涵的数值，它的形成都必须经过从个别到一般的过程，通过各个别单位数量差异的抽象化，来体现总体的综合数量特征。拿地区总产值来说，各个企业产值的差异不见了，各种不同产品的差异，同一产品不同型号的差异也不见了，显示的是该地区总产值的一般水平，因此任何统计指标都具有具体性和抽象性特征。

3.统计指标和统计标志的区别和联系

统计指标和统计调查及统计分组中的统计标志是两个既有区别又有联系的概念。

两者的主要区别是：①各自说明的对象不同。标志是说明总体单位特征的，即总体单位是标志的承担者；而统计指标是说明总体特征的，即它的承担者是总体。例如，一个工人的工资是数量标志，全体工人的工资总额是统计指标。②两者的表现形式不同。标志有不能用数值表现的品质标志和能用数值表现的数量标志两种；而统计指标都是能用数值表现的。

两者的联系是：①统计标志是形成统计指标的基础，没有统计标志便没有统计指标。一方面对于数量标志，将一个总体中所有反映总体单位某个特征的标志加以汇总，即得反映这个总体该项数量特征的统计指标。例如，一个企业的工资总额是该企业每个职工工资的汇总数；另一方面对于品质标志，只有将其某种表现所对应的单位进行总计时，才形成统计指标。例如，企业职工的民族是品质标志，对表现为汉族的职工相加总便得到汉族职工总数。②同一社会经济范畴随研究范围的变化可在统计指标和数量标志之间变换角色。例如，在研究某地区企业工资水平时，某个企业的工资总额是数量标志，而要研究该企业的工资水平时，它的工资总额就变成了统计指标。

3.1.2 统计指标的种类

统计工作要求对具有许多不同特征的社会经济现象总体进行各种综合和分析，这就带来了统计指标的多样化。统计研究中对于不同类型的统计指标所用的统计处理方法也不同，所以有必要对多样化的指标进行分类。

1.按所反映的现象总体的内容不同统计指标分为数量指标和质量指标

(1)数量指标。数量指标是反映社会经济现象的总体规模、总体水平或工作总量的统计指标。如人口总数、职工总数、企业总数、工资总额、国民生产总值等。它表现为绝对数，其数值随总体范围大小而增减。

(2)质量指标。质量指标是反映社会经济现象相对水平或工作质量的统计指标。如人口密度、出生率、死亡率、出勤率、劳动生产率、人均收入、单位产品成本、资金利税率、人均国民生产总值等。它表现为相对数或平均数，其数值不随研究总体范围大小而增减。

2.按表现形式不同统计指标分为总量指标、相对指标和平均指标三个类别

(1)总量指标。总量指标是用来反映社会经济现象在一定条件下的总规模、总水平或工作总量的统计指标。总量指标用绝对数表示，故也称绝对指标，它是一种最基本的统计指标，可以说明现象总体的广度、发展结果以及生产或工作的总成果等。例如，2001 年 3 月 5 日朱镕基同志在九届全国人大四次会议上所作《政府工作报告》中指出：2000 年我国国内生产总值达到 89 404 亿元；粮食产量达到 9 850 亿斤；农村居民人均纯收入和城镇居民人均可支配收入分别达到2 253元和 6 280 元；进出口总额达 4 743 亿美元；外汇储备达 1 656 亿美元。这些都是总量指标，都是利用绝对数说明我国 2000 年国民经济发展的总体规模、总体水平和全国人民的生活水平。

总量指标按其所说明的总体的内容的不同，又可分为总体单位总量和总体标志总量。总体单位总量是总体内单位数目之和，它说明总体本身规模的大小。总体标志总量是总体内各个单位具有的标志值之和，它说明总体数量特征的规模。例如，某企业有职工 1 000 人，某日共生产 5 000 件产品。这里总体单位总量是 1 000，它说明该企业的规模；而 5 000 是总体标志总量，它是每个工人日产量之和。

总量指标按其反映的不同时间状况，可以分为时点总量和时期总量。时点总量指标反映被研究现象在某一时刻的数量，如人口数、库存量等。时点总量指标的特点是其数值在时间上不能累计。时期总量指标反映被研究现象在一段时期内的发展全过程的总数量，如出生的人口数、产值等。时期总量指标的特点是其数值在时间上可以累计。

总量指标是认识客观现象的起点，社会经济现象总体的基本情况通常表现为总量，它是实现宏观经济调控和企业经营管理的基本指标，而且它还是统计计量描述的基础，将总量指标进一步计算就可以得到其他的统计指标。

(2)平均指标。平均指标是反映总体各单位某一数量标志一般水平的统计指标，它表现为平均数。利用平均指标可以使原本不可比较的现象变得可比。例如，由于可耕地面积不同，不

同地区的粮食总产量不便直接对比说明两地的粮食生产情况，通过平均亩产量就可以进行对比。

(3)相对指标。相对指标就是社会经济现象中两个相互联系的指标数值之比，用来反映某些相关事物之间数量联系程度的综合指标，表现为相对数。常用的相对指标有计划完成相对指标、结构相对指标、比较相对指标、比例相对指标、动态相对指标和强度相对指标六种。

计划完成相对指标，是以现象在某一段时间内(如旬、月、季或年)的实际完成数与计划任务数对比，借以表明计划完成程度的综合指标。一般用百分数表示，基本计算公式如下：

$$\text{计划完成相对指标}=\frac{\text{实际完成数}}{\text{计划任务数}}\times 100\%$$

若计划数为总量指标，计算公式为

$$\text{计划完成相对指标}=\frac{\text{实际完成总量}}{\text{同期计划总量}}\times 100\%$$

若计划数为相对指标，计算公式为

$$\text{计划完成相对指标(提高率)}=\frac{100\%+\text{实际提高率}}{100\%+\text{计划提高率}}\times 100\%$$

$$\text{计划完成相对指标(降低率)}=\frac{100\%-\text{实际降低率}}{100\%-\text{计划降低率}}\times 100\%$$

例如，我国第一个五年计划规定基本建设投资总额为 427.4 亿元，5 年内实际累计投资额为 493 亿元，亦即完成计划的 115.3%$\left(=\frac{496}{427.4}\times 100\%\right)$。

再如，某企业 A 产品的产值计划要求增长 10%，该产品的单位成本计划要求下降 5%，而实际产值增长了 15%，实际单位成本下降 3%，则计划完成相对数为

$$\text{产值计划完成相对指标}=\frac{100\%+15\%}{100\%+10\%}\times 100\%=104.55\%$$

$$\text{单位成本计划完成相对指标}=\frac{100\%-3\%}{100\%-5\%}\times 100\%=102.11\%$$

以上两个结果都大于 100%，然而其计划完成相对指标的经济意义是不同的，若产值计划完成程度大于 100%，说明超额完成计划；若小于 100%，则说明没有完成计划。相反，对于单位成本计划完成程度若大于 100%，说明成本比计划提高了，没有完成计划；若小于 100%，则说明成本比计划降低了，超额完成计划。

因此，如果计划规定的任务是提高率，结果比值越大，表明完成计划越好；若计划规定的任务是降低率，计算结果越小越好。

在企事业单位或在整个国民经济范围内，都经常应用计划完成相对数作为监督和检查计划的工具之一。

结构相对指标就是在分组的基础上，以各组(或部分)的单位数与总体单位总数对比，或以各组(或部分)的标志总量与总体的标志总量对比求得的比例，借以反映总体内部结构的一种综合指标。如男性人口数或女性人口数与总人口数对比，得到人口的性别结构。结构相对指标一般用百分数、成数或系数表示，可以用公式表述如下：

$$结构相对指标=\frac{总体某部分或组的数值}{总体全部数值}\times 100\%$$

研究社会经济现象总体时，不仅要掌握其总量，而且要揭示总体内部的组成状况的数量表现，亦即要对总体内部的结构进行数量分析，这就需要计算结构相对指标。

比较相对指标就是将不同地区、单位或企业之间的同类指标数值作静态对比而得出的综合指标，表明同类事物在不同空间条件下的差异程度或相对状态。比较相对指标可以用百分数、倍数或系数表示，其计算公式可以概括如下：

$$比较相对指标=\frac{甲地区(单位或企业)某类指标数值}{乙地区(单位或企业)同类指标数值}\times 100\%$$

例如，两个同类型的工业企业，甲企业全员劳动生产率为 18 542 元/人·年，乙企业全员劳动生产率为 21 560 元/人·年，则两个企业全员劳动生产率的比较相对指标为

$$\frac{18\ 542}{21\ 560}\times 100\%=86\%$$

在经济管理工作中，广泛应用比较相对指标，例如用各种质量指标在企业之间、车间或班组之间进行对比，把各项技术经济指标与国家规定的标准条件对比，与同类企业的先进水平或世界先进水平对比，借以找差距，挖潜力，定措施，为提高企业的经营管理水平提供依据。

比例相对指标就是将同一总体中某一部分数值与另一部分数值作静态对比而得出的综合指标，表明总体中各个组成部分之间的比例关系和均衡状况。比例相对指标一般用百分数或几比几的形式表示，其计算公式为

$$比例相对指标=\frac{总体中某一部分数值}{总体中另一部分数值}\times 100\%$$

例如，我国第四次人口普查结果表明，1990 年 7 月 1 日零时，我国男性人数为 584 949 922 人，女性人数为 548 732 579 人，则男女比例为 106.6%。又如，某校教学人员与非教学人员的比例为 9∶1。统计分析中，有时还要求用连比的形式表示总体中若干个组的比例关系。例如，1991 年我国工农业总产值中，农、轻、重的比例为 1∶1.69∶1.77，我国国民生产总值中，第一、二、三产业的比例为 1∶1.73∶1.02 等等。

在统计分析中，计算各种比例相对指标，反映有关事物之间的实际比例关系，有助于认识客观事物是否符合按比例协调发展的要求，参照有关标准，可以判断比例关系是否合理。在宏观经济管理中，这对于研究分析整个国民经济和社会发展是否协调均衡具有重要意义。

动态相对指标就是将同一现象的同一内容的指标在不同时间上的数值进行动态对比而得出的相对指标，借以表明现象在时间上发展变化的程度。一般用百分数或倍数表示，也称为发展速度。其计算公式为

$$动态相对指标=\frac{某一现象报告期数值}{同一现象基期数值}\times 100\%$$

通常，作为比较标准的时期称为基期，与基期对比的时期称为报告期。例如，1996 年我国国民生产总值为 67 559.7 亿元，1995 年为 57 494.9 亿元，则 1996 年的国民生产总值与 1995 年的国民生产总值对比，得出动态相对指标为 117.5%，它说明在 1995 年(基期)基础上 1996

年(报告期)国民生产总值的发展速度。

根据统计研究的任务以及需要说明的问题,可以选择不同的基期,例如选择相邻的上一期作为基期,也可以选择去年同期或者具有历史意义的时期作为基期。

动态相对指标在统计分析中应用很广,将在第4章时间序列中详细论述。

强度相对指标就是将同一时期的两个性质不同但有一定联系的总量指标数值对比而得出的相对指标,用来分析不同事物之间的数量对比关系,表明现象的强度、密度和普遍程度的综合指标。其计算公式为

$$强度相对指标=\frac{某一总量指标数值}{另一个有联系而性质不同的总量指标数值}$$

例如,我国土地面积为960万平方公里,1996年底人口总数为122 389万人,则

$$我国1996年末人口密度=\frac{122\ 389}{960}=127(人/平方千米)$$

利用强度相对指标来说明社会经济现象的强弱程度时,广泛采用人均产量指标来反映一个国家的经济实力。例如,按全国人口数计算的每人平均钢产量、粮食产量等,这种强度相对指标的数值愈大,表示一个国家的经济发展程度愈高,经济实力愈强。

统计指标还可以从其他角度做出更多的分类。如按计量单位不同可以分为实物量指标和价值量指标;按用途不同可分为观察指标和考核指标。可见同一指标可以从不同角度理解,也就可以从不同角度分类,各种分类都不是孤立、绝对的,而是相互联系、交叉的。

3.1.3 统计指标体系

由若干个相互联系的统计指标组成的一个指标系统称为统计指标体系。

任何一个统计指标都只能反映社会经济现象某一侧面的特征,说明一个简单现象的数量关系。而社会经济现象往往是错综复杂的,若要全面反映总体的各个方面及其发展的全过程,就需要把若干个只能说明现象的一个侧面的单个指标有机地结合起来,采用一套相互联系的统计指标,形成一个指标体系。如工业企业经济效益评价指标体系,它由反映产品产量、产值、销售、利润等多方面情况的几十项统计指标组成。

统计指标体系与统计指标一样,也可以从不同的角度进行多种分类。如按指标体系所反映的内容不同分为基本统计指标体系和专题统计指标体系,基本统计指标体反映社会经济发展的基本情况,人口统计指标体系、科技统计指标体系等属于基本统计指标体系,专题统计指标体系是就某一个专门问题而设置的,如企业经济效益评价指标体系等;按统计指标体系所实施的范围分为国家统计指标体系、地方统计指标体系、部门统计指标体系和基层统计指标体系等等。

§4 数据集中趋势的度量

在§2中讨论了将原始资料整理成分配数列的方法。通过分配数列,我们对数据的变化规律有了一个大致的直观的了解。但是进行宏观的或微观的经济管理,这种直观的了解是远远不够的。作为第一步,需要寻找几个最简洁又能充分描述数量特征的代表值,把数据分布的

规律表现出来。描述一个数据分布的情况，一般可以从两个不同的方面进行。其一是可以通过平均数、中位数、众数等平均指标来反映总体的一般水平或集中趋势(Central Tendency)，这些值被称为集中趋势度量。其二是可以通过全距、平均差、标准差和标准差系数等离散指标来反映数据间的差异大小程度，这些值被称为离中趋势度量。本节主要讨论平均指标。

根据统计指标所反映的社会现象或自然现象的内容不同以及人们在应用时的要求不同，通常使用的平均数有算术平均数、调和平均数、几何平均数、众数和中位数等。

4.1 算术平均数(Arithmetic Mean)

算术平均数是平均数中使用最广泛的一种，凡是现象总体中个体标志值之和等于总体的标志总量的，均可使用算术平均数来反映变量值的一般水平。其计算公式为

$$\text{算术平均数}=\frac{\text{总体标志总量}}{\text{总体单位总量}}$$

按其计算方法又分为简单算术平均数和加权算术平均数两种。

4.1.1 简单算术平均数的计算(Simple Arithmetic Mean)

简单算术平均数适用于未分组资料，计算公式为

$$\bar{x}=\frac{x_1+x_2+\cdots+x_n}{n}=\frac{1}{n}\sum_{i=1}^{n}x_i$$

式中：$\bar{x}$ 为算术平均数；x_i 为第 i 个单位的标志值($i=1,2,\cdots n$)；n 为总体单位总数。

例 1.1 据南方人才服务中心调查，从事 IT 行业的从业人员年薪在 40 000～55 000 元之间，表 1-14 的数据是 IT 从业人员年薪的一个样本。

表 1-14 24 名 IT 从业人员年薪资料表

49 100	48 600	49 950	48 800	47 200	49 900	51 350	54 600
49 300	51 200	51 000	49 400	51 400	51 800	49 600	53 400
48 700	50 300	49 000	49 800	48 900	48 650	51 300	51 900

计算 IT 从业人员的平均年薪。

解 根据公式计算如下：

$$\text{年平均薪 }\bar{x}=\frac{\sum_{i=1}^{n}x_i}{n}=\frac{49\,100+49\,300+\cdots+53\,400+51\,900}{24}=50\,214.58(\text{元})$$

4.1.2 加权算术平均数(Weighted Arithmetic Mean)

根据分组整理而形成的变量数列计算算术平均数时，可使用加权算术平均数来计算，其计算公式为

$$\bar{x}=\frac{x_1f_1+x_2f_2+\cdots+x_kf_k}{f_1+f_2+\cdots+f_k}=\frac{\sum_{i=1}^{k}x_if_i}{\sum_{i=1}^{k}f_i}=\sum_{i=1}^{k}x_i\left(\frac{f_i}{\sum_{i=1}^{k}f_i}\right)$$

式中：f_i 为第 i 组变量值(或组中值)x_i 出现的次数(频数)，称为权数。

例 1.2 以表 1-15 为例，计算人均日产量。计算表见表 1-15。

解

表 1-15 某企业 50 名工人加工零件均值计算表

按零件数分组	组中值 x_i	频数 f_i	xf_i
105 ~ 110	107.5	3	322.5
110 ~ 115	112.5	5	562.5
115 ~ 120	117.5	8	940.0
120 ~ 125	122.5	14	1 715.0
125 ~ 130	127.5	10	1 275.0
130 ~ 135	132.5	6	795.0
135 ~ 140	137.5	4	550.0
合　计		50	6 160.0

$$\text{平均日产量 } \overline{x} = \frac{\sum_{i=1}^{k} x_i f_i}{\sum_{i=1}^{k} f_i} = \frac{6\ 160}{50} = 123.2(\text{件})$$

这种根据已分组整理的数据计算的算术平均数就称为加权算术平均数。这时，算术平均数的大小，不仅取决于研究对象的变量值，而且受各变量值重复出现的频数(f_i)或频率($f_i / \sum_{i=1}^{k} f_i$)大小的影响，如果某一组的频数或频率较大，说明该组的数据较多，那么该组数据的大小对算术平均数的影响就大，反之则小。可见各组频数的多少(或频率的高低)对平均的结果起着一种权衡轻重的作用，因而这一衡量变量值相对重要性的数值称为权数。这里所谓权数的大小，并不是以权数本身值的大小而言的，而是指各组单位数占总体单位数的比重，即权数系数($f_i / \sum_{i=1}^{k} f_i$)。权数系数亦称为频率，是一种结构相对指标。

当然，利用组中值作为本组平均值计算算术平均数，是以各组内的标志值分布均匀的假定为前提的。计算结果与未分组数列的相应结果可能会有一些偏差，应用时应予以注意。在统计分析过程中，如果搜集到的是经过初步整理的次级数据，或数据要求不很精确的原始数据资料可用此法计算均值。如果要求结果十分精确，那么需用原始数据的全部实际信息，如果计算量很大，可借助计算机的统计功能。

如果是计算相对指标的平均数，则应符合所求的相对指标本身的公式，将分子视为总体标志总量，分母视为总体单位总量。

例 1.3 某季度某工业公司 18 个工业企业产值计划完成程度资料见表 1-16，计算平均产值计划完成程度。

表 1－16　某工业公司产值完成情况表

产值计划完成程度 /(%)	组中值 x_i /(%)	企业数 / 个	计划产值 f_i / 万元	实际产值 $x_i f_i$ / 万元
80 ～ 90	85	2	800	680
90 ～ 100	95	3	2 500	2 375
100 ～ 110	105	10	17 200	18 060
110 ～ 120	115	3	4 400	5 060
合计	—	18	24900	26175

$$\text{平均产值计划完成程度} = \frac{\text{实际完成产值}}{\text{计划产值}} = \frac{\Sigma x_i f_i}{\Sigma f_i} = \frac{26\ 175}{24\ 900} = 105.12\%$$

计划完成相对指标的计算公式是实际完成数与计划任务数之比，因此，平均计划完成程度的计算只能是所有企业的实际完成数与其计划任务数之比，不能把各个企业的计划完成百分数简单平均。

4.1.3　算术平均数的性质

算术平均数在统计学中具有重要的地位，它是进行统计分析和统计推断的基础。首先，从统计思想上看，它是一组数据的重心所在，是数据误差相互抵消后的必然性结果。比如对同一事物进行多次测量，若所得结果不一致，可能是由于测量误差所致，也可能是其他因素的偶然影响，利用算术平均数作为其代表值，则可以使误差相互抵消，反映出事物必然性的数量特征。其次，它具有下面一些重要的数学性质，这些数学性质在实际工作中有着广泛的应用（如在相关性分析和方差分析及建立回归方程中），同时也体现了算术平均数的统计思想。

(1) 各变量值与其算术平均数的离差之和等于零，即 $\sum_{i=1}^{k}(x_i - \overline{x})f_i = 0$。

(2) 各变量值与其算术平均数的离差平方和最小，即 $\sum_{i=1}^{k}(x_i - \overline{x})^2 f_i = \min$。

4.2　调和平均数（*Harmonic Mean*）

调和平均数是算术平均数的一种变形，在统计中具有相当的实用性。

4.2.1　调和平均数的计算方法

与算术平均数类似，调和平均数也有简单调和平均数和加权调和平均数两种形式，在加权算术平均数的计算公式 $\overline{x} = \dfrac{\sum_{i=1}^{k} x_i f_i}{\sum_{i=1}^{k} f_i}$ 中，若令 $x_i f_i = m_i$，则有 $f_i = \dfrac{m_i}{x_i}$，从而便得加权调和平均数的计算公式为

$$\bar{x}_H = \frac{m_1 + m_2 + \cdots + m_k}{\frac{m_1}{x_1} + \frac{m_2}{x_2} + \cdots + \frac{m_k}{x_k}} = \frac{\sum_{i=1}^{k} m_i}{\sum_{i=1}^{k} \frac{m_i}{x_i}}$$

称 m_i 为权数。特别地，当 $m_1 = m_2 = \cdots = m_k = m$ 时，则得简单调和平均数的计算公式为

$$\bar{x}_H = \frac{k}{\frac{1}{x_1} + \frac{1}{x_2} + \cdots + \frac{1}{x_k}} = \frac{k}{\sum_{i=1}^{k} \frac{1}{x_i}}$$

由于调和平均数也可以看成是变量 x 的倒数的算术平均数的倒数，故有时也被称做“倒数平均数”。当统计资料不便于直接采用算术平均数形式进行计算时，可利用加权调和平均数的形式计算。

例 1.4 假定有 A，B 两家公司员工的月工资资料如表 1－17 的前三列所示。试分别计算其平均工资。

表 1－17　两公司员工工资情况表

月工资 x_i/ 元	工资总额 m_i/ 元		员工人数 $f_i = m_i/x_i$/ 人	
	A 公司	B 公司	A 公司	B 公司
800	48 000	40 000	60	50
1000	70 000	40 000	70	40
1600	32 000	40 000	20	25
合计	150 000	120 000	150	115

在这里，平均工资作为“单位标志平均数”仍然必须是标志总量（工资总额）与单位总数（员工总数）之比。依据给出的月工资水平和工资总额的分组资料，可以首先用前者来除后者，得到各组的员工人数，进而加总得到全公司的员工总数（表中后两列），这样就很容易计算出两个公司各自的平均工资。将这些计算过程归纳起来，就是运用了调和平均数的公式。

现在计算 A 公司的平均工资，得到

$$\bar{x}_{HA} = \frac{\sum_{i=1}^{3} m_i}{\sum_{i=1}^{3} \frac{m_i}{x_i}} = \frac{48\ 000 + 70\ 000 + 32\ 000}{\frac{48\ 000}{800} + \frac{70\ 000}{1\ 000} + \frac{32\ 000}{1\ 600}} = 150\ 000/150 = 1\ 000(\text{元})$$

对于 B 公司，固然也可以采用加权调和平均数公式来计算其平均工资为

$$\bar{x}_{HB} = \frac{\sum_{i=1}^{3} m_i}{\sum_{i=1}^{3} \frac{m_i}{x_i}} = \frac{40\ 000 + 40\ 000 + 40\ 000}{\frac{40\ 000}{800} + \frac{40\ 000}{1\ 000} + \frac{40\ 000}{1\ 600}} = \frac{120\ 000}{115} \approx 1043.48(\text{元})$$

然而在这里，由于各组的权数（工资总额）相同，实际上并没有真正起到加权的作用。采用

简单调和平均数的公式来计算，可以得到完全相同的结果，而计算过程却大大简化了

$$\bar{x}_{HB}=\frac{3}{\sum_{i=1}^{3}\frac{1}{x_i}}=\frac{3}{\frac{1}{800}+\frac{1}{1\ 000}+\frac{1}{1\ 600}}\approx 1\ 043.48(\text{元})$$

4.2.2 由相对数或平均数计算平均数

例 1.5 设有某行业 150 个企业的有关产值和利润资料如表 1－18 所示。

表 1－18 某行业产值和利润情况表

产值利润率 8/(%)	一季度		二季度	
	企业数 / 个	实际产值 / 万元	企业数 / 个	实际利润 / 万元
5 ～ 10	30	5 700	50	710
10 ～ 20	70	20 500	80	3 514
20 ～ 30	50	22 500	20	2 250
合　计	150	48 700	150	6 474

表中给出的是按产值利润率分组的企业个数、实际产值和实际利润资料。应该注意，产值利润是一个相对指标，而不是平均指标。为了计算全行业的平均产值利润率，必须以产值利润率的基本公式

$$\text{产值利润率}=\frac{\text{实际利润}}{\text{实际产值}}\times 100\%$$

为依据，并选择适当的权数资料，适当的平均数形式，对各组企业的产值利润率进行加权平均。容易看出，计算第一季度的平均产值利润率，应该采用实际产值加权，进行算术平均，即有

$$\begin{aligned}\text{一季度平均产值利润率}&=\frac{\sum_{i=1}^{k}x_if_i}{\sum_{i=1}^{k}f_i}=\frac{0.075\times 5\ 700+0.15\times 20\ 500+0.25\times 22\ 500}{5\ 700+20\ 500+22\ 500}=\\&\frac{9\ 127.5}{48\ 700}=18.74\%\end{aligned}$$

而计算第二季度的平均产值利润率，则应该采用实际利润加权，进行调和平均，即有

$$\text{二季度平均产值利润率}=\frac{\sum_{i=1}^{k}m_i}{\sum_{i=1}^{k}\frac{m_i}{x_i}}=\frac{710+3\ 514+2\ 250}{\frac{710}{0.075}+\frac{3\ 514}{0.15}+\frac{2\ 250}{0.25}}=\frac{6\ 474}{41\ 893.3}=15.45\%$$

由上例可见，对于同一问题的研究，虽然算术平均数与调和平均数的计算形式不同，但它们的实际意义是相同的，计算公式也可以相互推算，计算内容和计算结果是一致的，它们都符合总体标志总量和总体单位总量的对比关系。采用哪一种方法完全取决于所掌握的实际资料。一般的做法是，如果掌握的是基本公式中的分母资料，则采用算术平均数，如果掌握的是基本公式中的分子资料，则采用调和平均数的计算公式。

4.3 几何平均数(*Geometric Mean*)

几何平均数也称几何均值,它是 n 个变量值乘积的 n 次方根。凡是若干个非负比率或速度的乘积等于总比率和总速度的现象都可用几何平均数来计算平均比率或平均速度。根据统计资料的不同,几何平均数也有简单几何平均数和加权几何平均数之分。

4.3.1 简单几何平均数(Simple Geometric Mean)

直接将 n 项变量值连乘,然后对其连乘积开 n 次方根所得的平均数即为简单几何平均数。它是几何平均数的常用形式。计算公式为

$$G=\sqrt[n]{x_1\cdot x_2\cdot x_3\cdots x_n}=\sqrt[n]{\prod_{i=1}^{n}x_i}$$

式中:G 代表几何平均数;$\prod$ 代表连乘符号;x_i 为各变量值;n 为变量个数。对于未分组原始资料,采用简单几何平均数来计算。

例 1.6 某流水生产线有前后衔接的五道工序。某日各工序产品的合格率分别为 95%,92%,90%,85%,80%,整个流水生产线产品的平均合格率为

$$G=\sqrt[5]{0.95\times0.92\times0.90\times0.85\times0.80}=\sqrt[5]{0.5\ 349}=88.24\%$$

例 1.7 某地区第八个五年计划中,各年工业总产值分别为上一年的 101%,104%,105%,106%,108%,则该地区的工业总产值的年平均发展速度为

$$G=\sqrt[5]{101\%\times104\%\times105\%\times106\%\times108\%}=105\%$$

4.3.2 加权几何平均数(Weighted Geometric Mean)

与算术平均数一样,当根据分组整理而形成的变量数列计算几何平均数时,可使用加权几何平均数来计算,其计算公式为

$$G=\sqrt[\sum_{i=1}^{k}f_i]{x_1^{f_1}\cdot x_2^{f_2}\cdot x_3^{f_3}\cdots x_k^{f_k}}=\sqrt[\sum_{i=1}^{k}f_i]{\prod_{i=1}^{k}x_i^{f_i}}$$

式中:f_i 代表各个变量值出现的次数。

例 1.8 某工商银行某项投资年利率是按复利计算的。20 年的利率分配如表 1-19 所示,计算 20 年的平均年利率。

表 1-19 投资年利率分组表

年　限	年利率 /(%)	本利率 x_i/(%)	年数 f_i/ 个
1	5	105	1
2 ～ 4	8	108	3
5 ～ 15	15	115	11
16 ～ 20	18	118	5
合　计			20

解 按公式计算 20 年的平均年利率为

$$G=\sqrt[20]{1.05^1\times 1.08^3\times 1.15^{11}\times 1.18^5}=114.14\%$$

即 20 年的平均年利率为 114.14% − 1 = 14.14%

对于简单几何平均数，有

$$\lg G=\frac{1}{n}(\lg x_1+\lg x_2+\cdots+\lg x_n)=\frac{\sum_{i=1}^{n}\lg x_i}{n}$$

对于加权几何平均数，有

$$\lg G=\frac{(f_1\lg x_1+f_3\lg x_2+\cdots+f_k\lg x_k)}{\sum_{i=1}^{k}f_i}=\frac{\sum_{i=1}^{k}f_i\lg x_i}{\sum_{i=1}^{k}f_i}$$

因此，几何平均数的对数是各变量值对数的算术平均数，故几何平均数也称对数算术平均数。

4.4 位置平均数

位置平均数，就是根据总体中处于特殊位置上的个别单位或部分单位的标志值来确定的代表值，它对于整个总体来说，具有非常直观的代表性，因此，常用来反映分布的集中趋势。常用的位置平均数有众数和中位数。

4.4.1 众数(Mode)

统计上把在总体中出现次数最多的标志值叫做众数。用 Mo 表示。统计中有时也用众数来作为现象一般水平的代表。例如，为了掌握集市贸易中某种商品的价格水平，往往用该商品最普遍成交的价格作为代表；商店在进货时，经常就某种商品销售量最多的尺码或规格，大量进货。

众数通常是按分组资料计算的。

(1) 当分组资料为单项式数列时，将次数出现最多的组作为众数组，该组的标志值为众数。

例如，某制鞋厂要了解消费者最需要哪种型号的男皮鞋，调查了某百货商场某季度男皮鞋的销售情况，得到资料见表 1－20。

表 1－20 某商场某季度男皮鞋销售情况

男皮鞋号码 /cm	销售量 / 双	男皮鞋号码 /cm	销售量 / 双
24.0	12	26.0	320
24.5	84	26.5	104
25.0	118	27.0	52
25.5	541	合计	1 200

从表1-20可以看到，25.5 cm的鞋号销售量最多，因此该组为众数组，鞋号25.5 cm就是众数。

(2) 若所掌握的资料是组距式数列，则首先确定众数组，然后按下列公式来推算众数的近似值：

$$\mathrm{Mo}=L+\frac{\Delta_1}{\Delta_1+\Delta_2}\times d$$

$$\mathrm{Mo}=U-\frac{\Delta_2}{\Delta_1+\Delta_2}\times d$$

式中：L—— 众数所在组下限；

U—— 众数所在组上限；

Δ_1—— 众数所在组次数与其下限的邻组次数之差；

Δ_2—— 众数所在组次数与其上限的邻组次数之差；

d—— 众数所在组的组距。

例 1.9 根据表 1-15 的数据，计算 50 名工人日加工零件数的众数。

解 从表 1-15 中的数据可以看出，最大的频数值是 14，即众数组为 120 ～ 125 这一组，根据公式得 50 名工人日加工零件的众数为

$$\mathrm{Mo}=120+\frac{14-8}{(14-8)+(14-10)}\times 5=123(\text{件})$$

或

$$\mathrm{Mo}=125-\frac{14-10}{(14-8)+(14-10)}\times 5=123(\text{件})$$

众数是一种位置平均数，是总体中出现次数最多的变量值，因而在实际工作中有时有它特殊的用途。诸如，要说明一个企业中工人最普遍的技术等级，说明消费者需要的内衣、鞋袜、帽子等最普遍的号码，说明农贸市场上某种农副产品最普遍的成交价格等，都需要利用众数。但是必须注意，从分布的角度看，众数是具有明显集中趋势点的数值，一组数据分布的最高峰点所对应的数值即为众数。当然，如果数据的分布没有明显的集中趋势或最高峰点，众数也可能不存在；如果有两个最高峰点，也可以有两个众数。只有在总体单位比较多，而且又明显地集中于某个变量值时，计算众数才有意义。

(3) 众数的特点。

1) 众数是以它在所有标志值中所处的位置确定的全体单位标志值的代表值，它不受分布数列的极大值或极小值的影响，从而增强了众数对分布数列的代表性。

2) 当分组数列没有任何一组的次数占多数，也即分布数列中没有明显的集中趋势，而是近似于均匀分布时，则该次数分配数列无众数。若将无众数的分布数列重新分组或各组频数依序合并，又会使分配数列再现出明显的集中趋势。

3) 如果与众数组相比邻的上下两组的次数相等，则众数组的组中值就是众数值；如果与众数组毗邻的上一组的次数较多，而下一组的次数较少，则众数在众数组内会偏向该组下限；如果与众数组毗邻的上一组的次数较少，而下一组的次数较多，则众数在众数组内会偏向该组上限。

4) 缺乏敏感性。这是由于众数的计算只利用了众数组的数据信息，不像数值平均数那样利用了全部数据信息。

4.4.2　中位数(Median)

中位数是将总体单位的某一标志值按大小顺序排列起来，形成一个数列，居于数列中间位置的那个值就是中位数。中位数用 Me 表示。中位数是一种位置性质平均数，其作用与算术平均数相近，也是作为所研究数据的代表值。在一个等差数列或一个正态分布数列中，中位数就等于算术平均数。当某现象不能进行严格的数学分析或不便于用算术平均数测定时，或在分布数列中出现了极端变量值(极大值或极小值)的情况下，往往使用中位数来反映现象发展的一般水平，因为中位数不受极端变量值的影响；如果研究目的就是为了反映中间水平，当然也应该用中位数。

确定中位数，首先必须将总体各单位的标志值按大小顺序排列，最好是编制出变量数列，其次确定中位数的位次，最后找出位次对应的标志值。一般有两种情况：

1. 由未分组的原始资料确定中位数

对于未分组的原始资料，首先必须将标志值按大小排序。设排序的结果为

$$x_1 \leqslant x_2 \leqslant x_3 \leqslant \cdots \leqslant x_n$$

则中位数位次为$\frac{n+1}{2}$，中位数就可以按下面的公式确定：

$$\text{Me}=\begin{cases} x_{\frac{n+1}{2}}, & n \text{ 为奇数} \\ \dfrac{x_{\frac{n}{2}}+x_{\frac{n}{2}+1}}{2}, & n \text{ 为偶数} \end{cases}$$

例如，9 位同学的统计学成绩分别为 3,3,4,4,4,4,4,5,5，则该数列的中位数位次为$\frac{9+1}{2}=5$，中位数 Me $=4$；若 10 位同学的统计学成绩分别为 3,3,4,4,4,5,5,5,5,5，则该数列的中位数位次为$\frac{10+1}{2}=5.5$，其相邻的两个变量值为 x_5 和 x_6，中位数 Me $=\frac{x_5+x_6}{2}=\frac{4+5}{2}=4.5$。

2. 由分组资料确定中位数

(1) 若资料为单项式数列，则中位数位次$=\frac{\Sigma f_i}{2}=\frac{n}{2}$，然后找出中位数位次$\frac{\Sigma f_i}{2}=\frac{n}{2}$所在的组，该组的标志值就是中位数。

例 1.10　某班统计学成绩分组资料见下表：

考试成绩 / 分	人数 / 人	累计人数 / 人
2	2	2
3	8	10
4	25	35
5	5	40
合计	40	

则中位数位次$=\frac{40}{2}=20$，由表中累计人数知第三组为中位数所在的组，故 Me＝4。

(2) 由组距数列确定中位数。首先按中位数位次$\frac{\Sigma f_i}{2}=\frac{n}{2}$确定中位数所在组的位置，其次按下列下限公式或上限公式确定中位数。

下限公式：
$$\mathrm{Me}=L+\frac{\frac{n}{2}-F_{m-1}}{f_m}\times d$$

上限公式：
$$\mathrm{Me}=U-\frac{F_m-\frac{n}{2}}{f_m}\times d$$

式中 Me—— 中位数；

L—— 中位数所在组下限；

U—— 中位数所在组上限；

f_m—— 为中位数所在组的次数；

d—— 中位数所在组的组距；

F_i—— 向上累计次数，即 $F_i=\sum_{j=1}^{i}$，$i=1,2,\cdots k$。

例 1.11 根据表 1-15 的数据，计算 50 名工人日加工零件数的中位数(见表 1-21)。

解

表 1-21 某企业 50 名工人加工零件中位数计算表

按零件数分组 / 个	频数 / 人	向上累计 / 人	向下累计 / 人
105 ～ 110	3	3	50
110 ～ 115	5	8	47
115 ～ 120	8	16	42
120 ～ 125	14	30	34
125 ～ 130	10	40	20
130 ～ 135	6	46	10
135 ～ 140	4	50	4

由表 1-21 可知，中位数的位置＝50/2＝25，即中位数在 120～125 这一组，$L=120$，$F_{m-1}=16$，$U=125$，$F_m=30$，$f_m=14$，$d=5$，根据中位数公式得

$$\mathrm{Me}=120+\frac{\frac{50}{2}-16}{14}\times 5=123.21(\text{件})$$

或
$$\mathrm{Me}=125-\frac{30-\frac{50}{2}}{14}\times 5=123.21(\text{件})$$

3. 中位数特点

(1) 中位数是以它在所有标志值中所处的位置确定的全体单位标志值的代表值，不受分布数列的极大值或极小值影响，从而在一定程度上提高了中位数对分布数列的代表性。

(2) 有些离散型变量的单项式数列，当次数分布偏态时，中位数的代表性会受到影响。

(3) 缺乏敏感性。

4.5 众数、中位数和算术平均数的比较

4.5.1 众数、中位数和算术平均数的关系

算术平均数、众数和中位数之间的关系与总体的次数分布状况有关。在次数分布呈对称的钟形分布时，算术平均数位于次数分布曲线的对称点上，而该点又是曲线的最高点和中心点，因此算术平均数、众数和中位数三者相等，如图 1-6 所示；当次数分布呈非对称的钟形分布时，由于这三种平均数受极端值影响程度的不同，因而它们的数值就存在一定的差别，但三者之间仍存在一定的关系。在尾巴拖在右边的右偏态分布中，算术平均数受偏高值的影响较大，其位置必然在众数之右，中位数在众数与算术平均数之间，即有 Mo < Me < $\overline{x}$，见图 1-7；在尾巴拖在左边的左偏态分布中，算术平均数受偏小值的影响较大，其位置必然在众数之左，中位数仍在众数与算术平均数之间，即有 $\overline{x}$ < Me < Mo，见图 1-8。

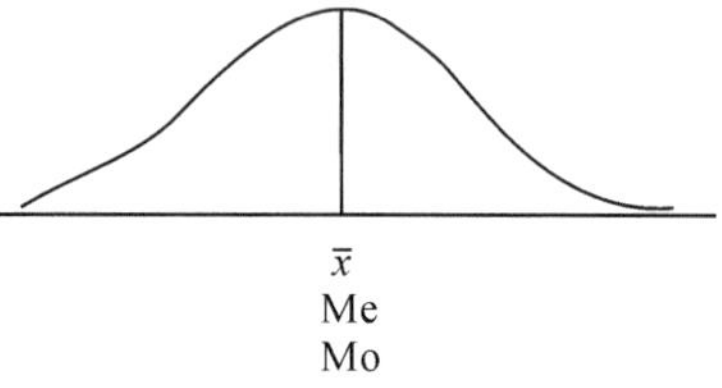

图 1-6 对称的钟形分布

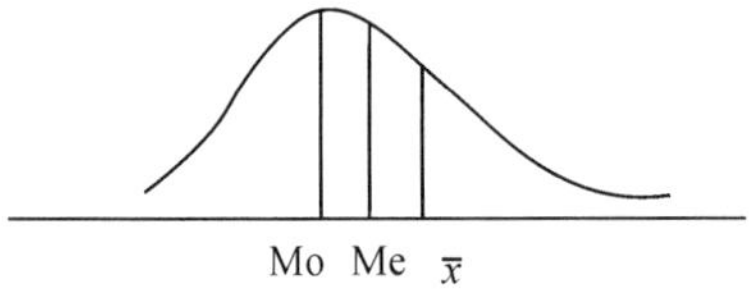

图 1-7 右偏态分布

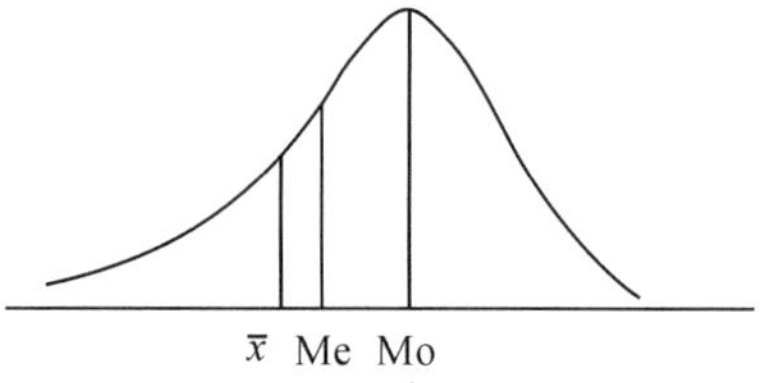

图 1-8 左偏态分布

在统计实务中，可以利用算术平均数、中位数和众数的数量关系判断次数分布的特征。此外还可利用三者的关系进行相互之间估算。根据英国统计学家卡尔 · 皮尔逊(Karl Pearson)的经验，在偏态分布的偏斜程度不大的情况下，不论右偏或左偏，三者存在一定的比例关系，即众数与中位数的距离约为算术平均数与中位数的距离 2 倍，据此得出如下经验公式：

$$\text{Me} - \text{Mo} = 2(\overline{x} - M_e)$$

由此可以得到三个推导公式为

$$\overline{x} = \frac{3\text{Me} - \text{Mo}}{2}$$

$$\mathrm{Me}=\frac{\mathrm{Mo}-2\overline{x}}{3}$$

$$\mathrm{Mo}=3\mathrm{Me}-2\overline{x}$$

利用上述经验公式，已知其中任何两个平均数之值，可以推算另一个平均数之值。例如，以表 1-15 的中的资料为例，已知 $\overline{x}=123.2$（件），$\mathrm{me}=123.21$（件），代入上式，得

$$\mathrm{Mo}=3\mathrm{Me}-2\overline{x}=3\times 123.21-2\times 123.2=123.23\text{（件）}$$

结果与例 1.9 中按公式计算的数值 123 非常接近。

4.5.2　应用

众数、中位数和算术平均数各自具有不同的特点，掌握它们之间的关系和各自的特点，有助于在实际应用中选择合理的测度值来描述数据的集中趋势。

算术平均数的含义通俗易懂，直观清晰，全部数据都要参加运算，它综合了每一个数据提供的信息，因此它是一个可靠的具有较强代表性的量。而且算术平均数具有各变量值与其离差平方之和为最小的良好的数学性质，适合于代数方法的演算。算术平均数是实际中应用最广泛的集中趋势测度值，最容易受极端值的影响；对于偏态分布的数据，算术平均数的代表性较差；资料有开口组时，按相邻组组距计算假定性很大，代表性降低。

众数和中位数是两种位置平均数，易理解，不受极端值的影响。任何类型的数据资料都可以计算，即使资料有开口组也不影响计算。当分布的偏斜度较大（意味着极端值的出现）时，算术平均数由于易受极端值的影响，不能很好地反映数据的集中趋势，这时应采用不受极端值的影响的众数和中位数。但众数和中位数不适于进一步代数运算，应用不如算术平均数广泛。有的资料众数根本不存在。当资料中包括多个众数时，很难对它进行比较和说明。

§5　数据离中趋势的度量

5.1　离中趋势的测定——变异指标

变异指标是反映总体各单位标志值的差异程度的统计指标，又称标志变动度。平均指标反映总体现象的某一数量指标的一般水平的同时，掩盖了总体各单位标志值的数量差异。如果不同总体的同一变量的平均数相同，该平均数对总体的代表性不一定相同。若总体中各单位的标志值集中分布在平均数附近，则其代表性就强，相反若总体中各单位的标志值差异比较大，分布比较分散，则其对总体的代表性就差一些。例如，两种股票的平均收益相同，但股票 A 的变动程度小，说明其收益波动较小，风险较小，平均收益的代表性较高；股票 B 的变动程度较大，说明其收益波动较大，风险较大，平均收益的代表性较低。如果投资者比较谨慎，就可以选择投资股票 A。因此，要对总体的特点有一个很好的了解，除了需计算平均数反映分布的集中趋势外，还需对它的另外一面即离中趋势或离散程度进行计量和分析。变异指标正是衡量平均数代表性强弱，反映总体各单位标志值的分散程度或离中趋势的指标。常用的变异指标

有:全距、平均差、方差、标准差和变异系数。其中标准差是最重要的变异指标。

5.2 全距(Range)

全距也称为极差,是指总体各单位的两个极端标志值之差,即

$$R=最大标志值-最小标志值$$

因此,全距(R)可反映总体标志值的变动范围。其值越大,说明总体标志值的变动范围越大;其值越小,说明总体标志值的变动范围越小。全距是计量总体各单位标志值的分散程度或离中趋势的一种最简单和粗略的方法。

例 1.12 有甲、乙两个学习小组的统计学考试成绩分别为

甲组:60,70,80,90,100　　　　乙组:78,79,80,81,82

很明显,两个小组的考试成绩平均分都是 80 分,但是哪一组的分数比较集中呢?

如果用全距指标来衡量,则有

$$R_{甲}=100-60=40(分)$$

$$R_{乙}=82-78=4(分)$$

这说明第一组资料的标志变动度或离中趋势远大于第二组资料的标志变动度。

在实际工作中,全距常用来检查产品质量的稳定性和进行质量控制。在正常生产条件下,全距在一定范围内波动,若全距超过给定的范围,就说明有异常情况出现。因此,利用全距有助于及时发现问题,以便采取措施,保证产品质量。在道·琼斯公司和我国国内的股市行情统计报告中广泛应用着最高值、最低值和全距,也就是股市行情中的当日最高价、最低价和一天内价格或一段时期内价格的变动幅度。

由于全距是由两端的数值决定的,所以它容易受极端值的影响,因而它往往不能充分反映社会经济现象的离散程度。在次数分配呈开口组的情况下,除非能够推算出所缺的上限或下限,否则无法计算。另外,如果总体的规模相差较大,比如说比较两个单位的收入多少差距时,如果一个单位的人数为 5 000 人,另一个单位只有 30 人,则不能用全距来简单比较。

5.3 平均差(Mean Deviation)

平均差是总体各单位标志值对其算术平均数的离差绝对值的算术平均数,以 A,D 表示。

在资料未分组的情况下,平均差的计算公式为

$$A.D=\frac{\sum_{i=1}^{n}|x_i-\bar{x}|}{n}$$

采用标志值对算术平均数的离差绝对值之和,是因为各标志值对算术平均数的离差之代数和等于零。仍以甲组学生统计学成绩为例,计算平均差如下:

$$A.D=\frac{|60-80|+|70-80|+|80-80|+|90-80|+|100-80|}{5}=12(分)$$

在资料已分组的情况下，要用加权平均差公式

$$\text{A. D}=\frac{\sum_{i=1}^{N}|x_i-\overline{x}|f_i}{\sum_{i=1}^{n}f_i}$$

例 1.13 某厂按月收入水平分组的组距数列如表 1-22 中前两列所示，计算平均差。

解 根据公式和列表计算，得到 $\overline{x}=\frac{\sum_{i=1}^{n}x_if_i}{\sum_{i=1}^{n}f_i}=\frac{55\ 800}{180}=310(\text{元})$

$$\text{A. D}=\frac{\sum_{i=1}^{n}|x_i-\overline{x}|f_i}{\sum_{i=1}^{n}f_i}=\frac{3\ 700}{180}=20.6(\text{元})$$

表 1-22

职工工资/元	职工人数 f_i	组中值 x_i	x_if_i	$x_i-\overline{x}$	$\|x_i-\overline{x}\|f_i$
250～270	15	260	3 900	-50	750
270～290	25	280	7 000	-30	750
290～310	35	300	10 500	-10	350
310～330	65	320	20 800	10	650
330～350	40	340	13 600	30	1 200
合　计	180		55 800		3 700

从以上计算公式可以看出，平均差综合反映了总体各单位标志值的变动程度。平均差越大，则表示标志变动度越大，反之则表示标志变动度越小，因此它可以作为衡量总体的离散程度的指标。这一指标含义明确，容易为人们所理解，计算也并不困难。它的缺陷在于，容易受极端值的影响，特别是绝对值的运算给数学处理带来了很多不便，使其在实践中的应用受到了很大限制，因而它在统计推断中作用不大，很少使用。

5.4 方差(Variance)与标准差(Standard Deviation)

方差和标准差是反映总体或样本变异程度的最重要、最常用的指标。方差是分布数列中各标志值与其平均数的离差平方的平均数，通常以 σ^2 表示。方差的计量单位和量纲不便于从经济意义上进行解释，所以实际统计工作中多用方差的算术平方根——标准差——来度量统计数列的各标志值之间的差异程度。标准差又称均方差，一般用 σ 表示。由于标准差的计量单位与平均数相同，易为人们所理解和接受，所以在统计分析中更常用标准差这一指标。方差和

标准差的计算也分为简单平均法和加权平均法两种。

对于未经分组整理的原始数据，方差的计算公式为

$$\sigma^2=\frac{\sum_{i=1}^{n}(x_i-\overline{x})^2}{n}$$

对于分组数据，方差的计算公式为

$$\sigma^2=\frac{\sum_{i=1}^{k}(x_i-\overline{x})^2 f_i}{\sum_{i=1}^{k}f_i}$$

其相应的标准差的计算公式为

未分组数据 $$\sigma=\sqrt{\frac{\sum_{i=1}^{n}(x_i-\overline{x})^2}{n}}$$

分组数据 $$\sigma=\sqrt{\frac{\sum_{i=1}^{k}(x_i-\overline{x})^2 f_i}{\sum_{i=1}^{k}f_i}}$$

例 1.14 有甲、乙两个射手，各射击 10 枪，成绩分别为

甲：

击中环数	8	9	10
频　　数	4	1	5

乙：

击中环数	8	9	10
频　　数	2	5	3

试比较两人的射击技术。

解
$$\overline{x}_{甲}=\frac{\sum_{i=1}^{n}x_i f_i}{\sum_{i=1}^{n}f_i}=\frac{8\times4+9\times1+10\times5}{4+1+5}=9.1(环)$$

$$\overline{x}_{乙}=\frac{\sum_{i=1}^{n}x_i f_i}{\sum_{i=1}^{n}f_i}=\frac{8\times2+9\times5+10\times3}{2+5+3}=9.1(环)$$

$$\sigma_{甲}=\sqrt{\frac{\sum_{i=1}^{k}(x_i-\overline{x})^2 f_i}{\sum_{i=1}^{k}f_i}}=\sqrt{\frac{(8-9.1)^2\times4+(9-9.1)^2\times1+(10-9.1)^2\times5}{10}}=$$

$\sqrt{0.89} \approx 0.94$

$$\sigma_{乙} = \sqrt{\frac{\sum_{i=1}^{k}(x_i - \overline{x})^2 f_i}{\sum_{i=1}^{k} f_i}} = \sqrt{\frac{(8-9.1)^2 \times 2 + (9-9.1)^2 \times 5 + (10-9.1)^2 \times 3}{10}} =$$

$\sqrt{0.49} = 0.7$

计算结果表明，甲、乙两人平均每枪击中的环数相同，但甲击中环数的标准差大于乙击中环数的标准差，说明乙的技术比较稳定，其击中的平均环数比较有代表性。

例 1.15 考察一台机器的生产能力，利用抽样程序来检验生产出来的产品质量，假设搜集的数据如下：

3.43	3.45	3.43	3.48	3.52	3.50	3.39
3.48	3.41	3.38	3.49	3.45	3.51	3.50

根据该行业通用法则：如果一个样本中的 14 个数据项的方差大于 0.005，则该机器必须关闭待修。问此时的机器是否必须关闭？

解 根据已知数据，计算 $\overline{x} = \frac{\sum_{i=1}^{n} x_i}{n} = 3.459$

$$\sigma^2 = \frac{\sum_{i=1}^{n}(x_i - \overline{x})^2}{n} = 0.0019 < 0.005$$

因此，该机器工作正常。

在计算方差和标准差的过程中由于要计算各个离差的平方和，所以计算起来比较麻烦，为简化计算，可对公式作如下变形：

$$\sigma^2 = \frac{\sum_{i=1}^{n}(x_i - \overline{x})^2}{n} = \frac{\sum_{i=1}^{n} x_i^2 - 2\overline{x}\sum_{i=1}^{n} x_i + n(\overline{x})^2}{n} =$$

$$\frac{\sum_{i=1}^{n} x_i^2 - 2n(\overline{x})^2 + n(\overline{x})^2}{n} =$$

$$\frac{\sum_{i=1}^{n} x_i^2 - n(\overline{x})^2}{n} = \frac{\sum_{i=1}^{n} x_i^2}{n} - (\overline{x})^2$$

关于分组资料，可用下式计算：

$$\sigma^2 = \frac{\sum_{i=1}^{k} x_i^2 f_i}{\sum_{i=1}^{k} f_i} - (\overline{x})^2$$

这样,直接计算数据值的平方和就简便多了。

例 1.16 就表 1-23 中的资料计算其方差和标准差。

表 1-23

组限	次数 f_i	组中值 x_i	组中值平方 x_i^2	$x_i f_i$	$x_i^2 f_i$
0 ～ 14	23	7	49	161	1 127
15 ～ 29	8	22	484	176	3 872
30 ～ 44	3	37	1 369	111	4 107
45 ～ 59	2	52	2 704	104	5 408
60 ～ 74	0	67	4 489	0	0
75 ～ 89	1	82	6 724	82	6 724
合计	37			634	2 1238

解

$$\frac{\sum_{i=1}^{k} x_i^2 f_i}{\sum_{i=1}^{k} f_i} = \frac{21\ 238}{37} = 574, \quad \frac{\sum_{i=1}^{k} x_i f_i}{\sum_{i=1}^{k} f_i} = \frac{634}{37} \approx 17$$

$$\sigma^2 = 574 - 17^2 = 285,\ \sigma = 16.88$$

方差和标准差与平均差一样,也是根据全部数据计算的,它们都是以离差来反映一组数据的差异程度,因此能准确地反映出数据的离散程度。所不同的是它们对离差的处理方式不同。方差和标准差是通过对离差进行平方来避免正负离差的相互抵消,这使得它在计算时不仅能够充分考虑所有数据的离散情况,而且避免了绝对值计算,使得数学上的处理更加方便。此外,方差在统计推断上具有较佳的统计与数学性质,这就使得方差成为实际应用中最重要的离中趋势度量。

5.5 变异系数(Coeficient of Variation)

上面介绍的各离散程度测度值都是反映数据分散程度的绝对值,其数值的大小一方面取决于原变量值本身水平高低的影响,也就是与变量的均值大小有关。变量值绝对水平越高,离散程度的度量值自然也就越大;绝对水平越低,离散程度的度量值自然也就越小;另一方面,它们与原变量值的计量单位相同,采用不同计量单位计量的变量值,其离散程度的度量值也就不同。因此,对于平均水平不同或计量单位不同的不同组别的变量值,是不能直接用上述离散程度的测度值直接进行比较的。为了消除变量值水平高低和计量单位不同对离散程度度量值的影响,英国著名统计学家皮尔逊·卡尔提出了离散系数的概念。离散系数也称变异系数,是前述各种变异指标与平均数之比,通常用百分比数表示,其中以标准差来计算的离散系数是最常用的离散系数,也称为标准差系数,它是一组数据的标准差与其相应的均值之比,是度量数据离散程度的相对指标,以 C.V 表示,其计算公式为

$$C.V=\frac{\sigma}{\bar{x}}$$

离散系数主要是用于对不同组别数据的离散程度进行比较，离散系数大的说明该组数据的离散程度大，离散系数小的说明该组数据的离散程度小。

例 1.17 某管理局抽查了所属的8家企业，其产品销售数据如表1-24所示。试比较产品销售额与销售利润的离散程度。

表 1-24 某管理局所属 8 家企业的产品销售数据

企业编号	产品销售额 x_1/万元	销售利润 x_2/万元
1	170	8.1
2	220	12.5
3	390	18.0
4	430	22.0
5	480	26.5
6	650	40.0
7	950	64.0
8	1000	69.0

解 由于销售额与利润额的数据水平不同，不能直接用标准差进行比较，需要计算离散系数。由表中数据计算得

$$\bar{x}_1=536.25(\text{万元})\quad \sigma_1=309.19(\text{万元})\quad C.V_1=\frac{309.19}{536.25}=0.577$$

$$\bar{x}_2=32.5215(\text{万元})\quad \sigma_2=23.09(\text{万元})\quad C.V_2=\frac{23.09}{32.5125}=0.710$$

计算结果表明，$C.V_1 < C.V_2$，说明产品销售额的离散程度小于销售利润的离散程度。

习 题 一

1.1 某地甲乙两个农贸市场三种主要蔬菜价格及销售额资料见表 1-25。

表 1-25

品种	价格 元/kg	销售额/万元	
		甲市场	乙市场
甲	0.30	75.0	37.5
乙	0.32	40.0	80.0
丙	0.36	45.0	45.0

试计算比较该地区哪个农贸市场蔬菜平均价格高？并说明原因。

1.2　某地区抽样调查职工家庭收入资料见表 1－26。

表　1－26

按平均每人月收入分组／元	职工户数	按平均每人月收入分组／元	职工户数
100 ～ 200	6	500 ～ 600	40
200 ～ 300	10	600 ～ 700	240
300 ～ 400	20	700 ～ 800	60
400 ～ 500	30	800 ～ 900	20

试根据上述资料计算：

(1) 职工家庭平均每人月收入(用算术平均数公式)；

(2) 依下限公式计算确定中位数和众数。

1.3　某企业 360 名工人生产某种产品的资料见表 1－27。

表　1－27

工人按日产量分组／件	工人数／人	
	7 月份	8 月份
20 以下	30	18
20 ～ 30	78	30
30 ～ 40	108	72
40 ～ 50	90	120
50 ～ 60	42	90
60 以上	12	30
合计	360	360

试分别计算七八月份平均每人日产量，并简要说明 8 月份平均每人日产量变化的原因。

1.4　某集团所属的三家公司 2001 年工业产值计划和实际资料见表 1－28。

表　1－28　　（单位:万元）

公司名称	2001					2000 年实际产值	2001 年比 2000 年增长率／(%)
	计划		实际		计划完成(%)		
	产值	比重／(%)	产值	比重／(%)			
A					97		9.3
A		31			111		
C	370		402				－0.8
合计	1900					1 500.0	

试填入上表所缺的数字,要求写出计算过程。

1.5 某制冷机公司计划在未来的5年内累计生产压缩机12 000台,其中,最后1年产量达到3 000台,实际完成情况见表1-29。

表 1-29 (单位:台)

时间	第1年	第2年	第3年	第4年				第5年			
				一季度	二季度	三季度	四季度	一季度	二季度	三季度	四季度
产量	2 000	2 300	2 600	650	650	700	750	750	800	800	850

试求:(1) 该公司5年累计完成计划程度?

(2) 该公司提前多少时间完成累计产量计划?

(3) 该公司提前多少时间达到最后一年计划产量?

1.6 某工业局全员劳动生产率的标准差为512元,标准差系数为8.4%。试求该工业局全员劳动生产率水平(要求列出公式和算式)。

1.7 某地区40家零售商业企业的月销售额资料见表1-30。

表 1-30 (单位:万元)

535	622	343	447	354	698	506	545	314	322
360	665	369	560	430	323	467	502	409	314
210	474	483	315	380	678	297	660	488	302
357	308	488	445	568	633	509	288	354	486

根据以上数据等距分成五组,并编制次数,比率分布表和绘制次数分布的直方图。

1.8 某企业雇用了30个临时工,每周的工资额(元)分别是:

106,99,85,121,84,94,106,105,110,119,101,95,91,87,105,106,109,118,96,128,91,97,105,111,111,107,103,101,107,106。

(1) 计算临时工工资额的极差,中位数,众数,平均工资额(保留2位小数);(2) 若将上述工资额按分组统计,组距为10元,第一组下限为80元,作出周工资额的频数和频率的分配表,频率分布直方图。

1.9 根据表1-31所示不等距分组资料绘制频数分配直方图。(频数密度=频数/组距)

表 1-31

按完成定额分组/(%)	组距/(%)	频数/工人数	频数密度
85～95	10	90	
95～110	15	200	
110～115	5	250	

续表

按完成定额分组 /(%)	组距 /(%)	频数 / 工人数	频数密度
115 ～ 130	15	340	
130 ～ 150	20	240	
150 ～ 200	50	80	
合计		1 200	

第2章　概率论简介

§1　随机事件与概率

1.1　随机事件及其运算

1.1.1　随机现象与随机试验

在自然界和人类社会中，有一类现象，在一定条件必然会发生或必然不发生，其结果是确定性的，这类现象可以通过微积分或经典数学来研究。还有一类现象，在一定条件下可能发生也可能不发生，其结果是不确定性的，这类现象称为**随机现象**。随机现象在一次试验中结果是不确定的，但在大量试验中却具有统计规律性，这就是概率论与数理统计研究的对象。

通过随机试验可以观察随机现象。满足下面条件的试验称为**随机试验**，简称试验。① 可以在相同的条件下重复进行。② 每次试验具有多种结果，试验前可以明确试验的所有可能结果。③ 进行一次试验之前不能确定哪一个结果可能会出现。

1.1.2　样本空间与随机事件

定义1　设随机试验 E，记 e 表示它的一个可能结果，那么它的所有可能结果全体所组成的集合称为**样本空间**记为 Ω，Ω 中的元素 e 称为**样本点**。

样本空间 Ω 的任一子集称为**随机事件**，简称事件，常用 $A,B,C,D,\cdots$ 表示。在一次试验中某事件 A 发生，当且仅当集合 A 中某一个样本点在试验中出现。Ω 中的元素所组成的单点集称为随机试验 E 的**基本事件**。Ω 作为一个事件是**必然事件**，仍记为 Ω。**不可能事件**就是空集 $\varnothing$。

1.1.3　事件之间的关系和运算

由于事件可以用集合来表示，必然事件是全集 Ω（又代表样本空间），不可能事件是空集 $\varnothing$，基本事件是 Ω 的元素所组成的单点集，一般事件是 Ω 的子集，因此事件之间的关系和运算可以用集合之间的关系和运算来表示。

(1) 事件的包含：事件 A 发生必然导致事件 B 发生，称事件 B 包含事件 A，记为 $A\subset B$ 或 $B\supset A$。显然对任何事件 A 有 $\varnothing\subset A\subset\Omega$。

(2) 事件相等：若 $A\subset B$ 且 $B\subset A$，称事件 A,B 相等，记 $A=B$。

(3) 事件的并(和)：两事件 A 与 B 至少有一个发生，也是一事件，称为事件 A 与 B 的并，记

为 $A\cup B$。类似，事件 $A_i(i=1,2,3,\cdots,n)$ 至少有一个发生，称事件 $A_1,A_2,\cdots,A_n$ 的并，记为 $\bigcup\limits_{i=1}^{n}A_i$。

(4) 事件的交(积)：两事件 A 与 B 同时发生，也是一事件，称为事件 A 与 B 的交，记为 $A\cap B$ 或 AB。类似，事件 $A_i(i=1,2,3,\cdots,n)$ 同时发生，称为事件 $A_1,A_2,\cdots,A_n$ 的交，记为 $\bigcap\limits_{i=1}^{n}A_i$。

(5) 事件的差：事件 A 发生而事件 B 不发生，也是一事件，称为 A 与 B 的差，记为 $A-B$。

(6) 互不相容事件：事件 A 与 B 不能同时发生，即 $AB=\varnothing$，称事件 A,B 互不相容。显然，必然事件 Ω 与不可能事件 $\varnothing$ 是互不相容的，基本事件之间也是互不相容的。

(7) 对立事件：若事件 A,B 满足 $A\cup B=\Omega, AB=\varnothing$ 即事件 A,B 必有一个发生但不能同时发生，就称 A 是 B 的对立事件，记为 $A=\overline{B}$(或 B 是 A 的对立事件 $B=\overline{A}$)，显然，$A\cup\overline{A}=\Omega$，$A\cap\overline{A}=\varnothing$，$\overline{\overline{A}}=A$。

事件之间的运算律和集合之间的运算律完全相同。

1) 交换律：$A\cup B=B\cup A$， $A\cap B=B\cap A$。

2) 结合律：$(A\cup B)\cup C=A\cup(B\cup C)$， $(A\cap B)\cap C=A\cap(B\cap C)$。

3) 分配律：$(A\cup B)\cap C=(A\cap C)\cup(B\cap C)$， $(A\cap B)\cup C=(A\cup C)\cap(B\cup C)$。

4) 德·摩根(De. Morgan)律：$\overline{A\cup B}=\overline{A}\cap\overline{B}$， $\overline{A\cap B}=\overline{A}\cup\overline{B}$。

1.2 随机事件的概率

1.2.1 频率与概率

随机事件在一次试验中是否发生是不确定的，但在大量重复试验中它的发生却具有统计规律性。浦丰(Buffon)等人做过多次掷硬币的试验，其统计结果见表 2-1。

表 2-1

试验者	投掷次数 n	正面 H 出现次数 n	正面出现频率 $f_n(H)=\dfrac{m}{n}$
德·摩根	2 048	1 061	0.518
浦丰	4 040	2 048	0.5 069
卡尔·皮尔逊	12 000	6 019	0.5 016
卡尔·皮尔逊	24 000	12 012	0.5 005
维尼	30 000	14 994	0.4 998

从上表可以看出抛掷硬币的次数较少时，正面出现的频率差异较大，但随着抛掷次数的增多，正面出现的频率越来越接近于常数$\dfrac{1}{2}$，这就是频率的稳定性，根据频率的稳定性给出概率的统计的定义。

定义 2　在条件不变的情况下，重复进行试验，事件 A 发生的频率为 $f_n(A)=\frac{m}{n}$，当 $n\to\infty$ 时，有 $f_n(A)\xrightarrow{p}p$（常数），称 p 为事件 A 的概率，记为 $P(A)$。频率显然满足以下性质：

(1) 对任一事件 A，有 $0\leqslant f_n(A)\leqslant 1$；

(2) 对必然事件 Ω，有 $f_n(\Omega)=1$；

(3) 若事件 A,B 互不相容，则有

$$f_n(A\cup B)=f_n(A)+f_n(B)$$

上述定义给出了事件 A 的概率 $P(A)$ 的统计描述，指出了 $P(A)$ 是客观存在的，但用这个定义并不能计算 $P(A)$。因为不可能做无穷次试验，一般当试验次数较大时常用频率作为概率的近似值。

1.2.2　古典概型

现在来讨论一类比较简单的随机试验。它们的特点是：① 样本空间的元素只有有限个。② 试验中每个基本事件发生的可能性相同。

具有以上两个特点的试验是大量存在的。以上模型称为**等可能概型**。这曾是概率论发展初期研究的主要对象，又称为**古典概型**。下面根据上述模型给出概率的古典定义。

定义 3　对古典概型，设试验结果共有 n 个基本事件，事件 A 中包含有 m 个基本事件，则事件 A 的概率为

$$P(A)=\frac{m}{n}=\frac{A\text{ 中包含的基本事件数}}{\text{基本事件总数}} \tag{2-1}$$

根据这一定义，可以对古典概型中事件 A 的概率进行计算。

概率的古典定义显然满足性质：

(1) 对任一事件 A，有 $0\leqslant P(A)\leqslant 1$；

(2) 对必然事件 Ω，有 $P(\Omega)=1$；

(3) 若事件 A,B 互不相容，则有 $P(A\cup B)=P(A)+P(B)$。

例 2.1　将一枚均匀硬币投掷三次，求正面出现两次的概率。

解　硬币投掷三次一共有 $2^3=8$ 种不同的结果，因此 $n=8$。

$\Omega=\{$(正正正)，(正正反)，(正反正)，(正反反)，(反正正)，(反正反)，(反反正)，(反反反)$\}$

设正面出现两次的事件为 A，则 $A=\{$(正正反)，(正反正)，(反正正)$\}$，$m=3$

故
$$P(A)=\frac{m}{n}=\frac{3}{8}$$

例 2.2　一批产品共 200 个，有 6 个废品。

求：(1) 这批产品的废品率；

(2) 任取 3 个恰有一个是废品的概率；

(3) 任取 3 个全部不是废品的概率。

解　$P(A_1)$，$P(A_2)$，$P(A_3)$ 分别表示(1)，(2)，(3) 中所求的概率，则有

(1) $$P(A_1)=\frac{6}{200}=0.03$$

(2) $$P(A_2)=\frac{C_6^1\cdot C_{194}^2}{C_{200}^3}=0.0855$$

(3) $$P(A_3)=\frac{C_6^0\cdot C_{194}^3}{C_{200}^3}=0.9122$$

1.3 条件概率

1.3.1 条件概率

前面讨论的都是无条件概率。在实际问题中，经常要遇到在事件 A 已经发生的条件下，事件 B 发生的概率，这就是条件概率，记为 $P(B/A)$。条件概率是概率论中一个重要概念。

例 2.3 某种试验共进行了 n 次，其中 A 发生了 n_A 次，B 发生了 n_B 次，A,B 同时发生了 n_{AB} 次。

A 发生条件下 B 发生的概率为

$$f_n(B/A)=\frac{n_{AB}}{n_A}=\frac{n_{AB}/n}{n_A/n}=\frac{f_n(AB)}{f_n(A)}\quad (n_A\neq 0)$$

从以上频率的计算，可以启发我们如何定义 $P(B/A)$。

定义 4 设 A,B 是两个事件，且 $P(A)>0$，称

$$P(B/A)=\frac{P(AB)}{P(A)} \tag{2-2}$$

为事件 A 发生条件下事件 B 发生的**条件概率**。

1.3.2 乘法定理

由条件概率定义，$P(A)>0$，有 $P(B/A)=\frac{P(AB)}{P(A)}$。由对称性，$P(B)>0$，有 $P(A/B)=\frac{P(AB)}{P(B)}$。可推出下面的乘法定理。

定理 1 （乘法定理）设 $P(A)>0$，则 $P(AB)=P(A)\cdot P(B/A)$。

设 $P(B)>0$，则 $P(AB)=P(B)\cdot P(A/B)$。

乘法定理可以推广到多个事件的情况。

若 $P(A_1A_2\cdots A_{n-1})>0$，则

$$P(A_1A_2\cdots A_n)=P(A_1)\cdot P(A_2/A_1)\cdot P(A_3/A_1A_2)\cdots P(A_n/A_1A_2\cdots A_{n-1})$$

例 2.4 市场上供应的灯泡中，甲厂产品占 70%，乙厂产品占 30%。甲厂产品合格率为 95%，乙厂产品的合格率为 80%。若 A 表示甲厂产品，则 $\overline{A}$ 表示乙厂产品，B 表示合格品，则

$$P(A)=70\%,\quad P(\overline{A})=30\%$$

$$P(B/A)=95\%,\quad P(\overline{B}/A)=1-P(B/A)=1-95\%=5\%$$

$$P(B/\overline{A})=80\%,\quad P(\overline{B}/\overline{A})=1-P(B/\overline{A})=1-80\%=20\%$$

例 2.5 设一只盒子中装有 10 支晶体管，4 支是次品，6 只是正品。在其中取两次，每次任

取 1 只，不放回抽样。问在第一次拿到正品的条件下，第二次再拿到正品的概率是多少？两次都拿到正品的概率是多少？

解 设第一次拿到正品为事件 A，第二次拿到正品为事件 B，则

$$P(A)=\frac{6}{10}$$

由于是不放回抽样，在第一次拿到正品后，盒中还有 9 个晶体管，其中还有 5 个正品。故在第一次拿到正品条件下，第二次拿到正品的概率为

$$P(B/A)=\frac{5}{9}$$

两次都拿到正品的概率为

$$P(AB)=P(A)\cdot P(B/A)=\frac{6}{10}\times\frac{5}{9}=\frac{1}{3}$$

1.3.3 全概率公式

定义 5 设 Ω 是随机试验 E 的样本空间，$B_1,B_2,\cdots,B_n$ 是 E 的一组事件，若

(1) $B_iB_j=\varnothing,i\neq j$；

(2) $B_1\cup B_2\cup\cdots\cup B_n=\Omega$，

称 $B_1,B_2,\cdots,B_n$ 为 Ω 的一个划分。

定理 2 若试验 E 的样本空间为 Ω，$B_1,B_2,\cdots,B_n$ 为 Ω 的一个划分，且 $P(B_i)>0\ (i=1,2,\cdots,n)$，$A$ 为 B 的任一事件，则

$$P(A)=\sum_{i=1}^{n}P(B_i)\cdot P(A/B_i) \tag{2-3}$$

这一公式称为**全概率公式**。

证 因为 $B_1,B_2,\cdots,B_n$ 为 Ω 的一个划分，故 $B_iB_j=\varnothing,i\neq j$。

所以 $(AB_i)(AB_j)=\varnothing,i\neq j$，且 $P(B_i)>0(i=1,2,\cdots,n)$。故

$$P(A)=P(A\Omega)=P\left[A(\bigcup_{i=1}^{n}B_i)\right]=P\left[\bigcup_{i=1}^{n}AB_i\right]=\sum_{i=1}^{n}P(AB_i)=\sum_{i=1}^{n}P(B_i)\cdot P(A/B_i)$$

全概率公式通常解决如 $P(A)$ 不好求，但能找到 Ω 的一个划分 $B_1,B_2,\cdots,B_n$，且 $P(B_i)$，$P(A/B_i)$ 或为已知或容易求得，那么可以利用全概率公式求 $P(A)$。

1.3.4 贝叶斯公式

设 $B_1,B_2,\cdots,B_n$ 为 Ω 的一个划分且 $P(B_i)>0\ (i=1,2,\cdots,n)$，对任一事件 A，有 $P(A)>0$，则

$$P(B_i/A)=\frac{P(B_i)P(A/B_i)}{\sum_{j=1}^{n}P(B_j)P(A/B_j)}\quad(i=1,2,\cdots,n) \tag{2-4}$$

称为**贝叶斯(Bayes)公式**。

证 利用条件概率，乘法定理及全概率公式，即得

$$P(B_i/A)=\frac{P(B_iA)}{P(A)}=\frac{P(B_i)P(A/B_i)}{\sum_{j=1}^{n}P(B_j)P(A/B_j)}\quad(i=1,2,\cdots,n)$$

贝叶斯公式常用于样本空间Ω有一个划分$B_1,B_2,\cdots,B_n$,的情况,且$P(B_i)(i=1,2,\cdots,n)$为已知,常称为**先验概率**,是在A还没发生之前就已知的,通常是经验的总结,需要求的则是在A发生条件下B_i发生的概率$P(B_i/A)$,这叫做**后验概率**,它反映了试验之后对各种"原因"发生的可能性大小的重新认识。

例2.6 (贝叶斯决策)为了判断一根木材是桦木还是桉木,通常采用先抽取它的某一个特征(例如平均亮度A),然后再根据这个特征作出判决,这是贝叶斯决策常采用的方法之一。以B_1,B_2分别记被检验的木材是桦木或桉木这一事件,它们的先验概率$P(B_1),P(B_2)$要根据以往经验确定,再通过实验确定$P(A/B_1)$及$P(A/B_2)$则由贝叶斯公式有

$$P(B_i/A)=\frac{P(B_i)P(A/B_i)}{\sum_{j=1}^{2}P(B_j)P(A/B_j)}\quad(i=1,2)$$

当$P(B_1/A)>P(B_2/A)$时做出决策,具有特征A的木材是桦木。这一方法称为**贝叶斯决策**。它在模式识别这一新兴学科中有重大应用(这里是大为化简了的模型)。

1.4 随机事件的相互独立性

1.4.1 两个事件的独立性

当$P(A)>0$时,可以定义$P(B/A)$,一般$P(B)\neq P(B/A)$。这说明A的出现对B的出现有影响,当$P(B)=P(B/A)$时,才可以认为这种影响不存在。因而,自然就会设想A,B是相互独立的。

定义6 设两个事件A,B,若$P(AB)=P(A)P(B)$,则称两个事件A,B相互独立。

例如,分别投掷两枚硬币,事件A表示甲出现正面,事件B表示乙出现正面,则A,B是相互独立的,事实上样本空间

$\Omega=\{$(正正),(正反),(反正),(反反)$\}$,这时

$$P(A)=\frac{2}{4}=\frac{1}{2},\quad P(B)=\frac{2}{4}=\frac{1}{2}$$

$$P(AB)=\frac{1}{4},\quad P(B/A)=\frac{1}{2},\text{显然有}$$

$$P(AB)=P(A)\cdot P(B),\quad \text{且 } P(B)=P(B/A)$$

关于独立性的几个结论:

(1)A,B相互独立的充分必要条件是

$$P(B/A)=P(B),(P(A)>0)\text{ 或 }P(A/B)=P(A),\quad(P(B)>0)$$

(2)A,B相互独立,则有A与$\overline{B}$;$\overline{A}$与B;$\overline{A}$与$\overline{B}$也相互独立。

1.4.2 三个事件的独立性

定义 7　设 A,B,C 是三个事件，若满足

$$\left.\begin{aligned}P(AB)=P(A)\cdot P(B)\\P(BC)=P(B)\cdot P(C)\\P(AC)=P(A)\cdot P(C)\end{aligned}\right\}\qquad(2-5)$$

则称三事件 A,B,C 两两相互独立。

定义 8　设 A,B,C 是三个事件，若满足

$$\left.\begin{aligned}P(AB)=P(A)\cdot P(B)\\P(BC)=P(B)\cdot P(C)\\P(AC)=P(A)\cdot P(C)\\P(ABC)=P(A)\cdot P(B)\cdot P(C)\end{aligned}\right\}\qquad(2-6)$$

则称三事件 A,B,C 相互独立。

上述结果可以推广到 n 个事件的相互独立性。一般地，设 n 个事件 $A_1,A_2,\cdots,A_n$，如果对任意的 $k(1<k\leqslant n)$，任意 $1\leqslant i_1<i_2<\cdots<i_k\leqslant n$，满足等式

$$P(A_{i_1}A_{i_2}\cdots A_{i_k})=P(A_{i_1})P(A_{i_2})\cdots P(A_{i_k})$$

则称 $A_1,A_2,\cdots,A_n$ 为相互独立的事件。

注意：上式共包含有 $C_n^2+C_n^3+\cdots+C_n^n=(1+1)^n-C_n^1-C_n^0=2^n-n-1$ 个等式，这些等式都成立时，$A_1,A_2,\cdots,A_n$ 才相互独立。

§2　离散型随机变量及其分布

2.1　随机变量

掷一枚硬币出现正面 H 或反面 T，可以定义一个函数。

$$X=X(e)=\begin{cases}1, & e=H\quad(\text{出现正面})\\0, & e=T\quad(\text{出现反面})\end{cases}$$

该函数的定义域是 $\Omega=\{H,T\}$，值域是 $\{0,1\}$。

这样就把样本点和数建立了对应关系，通过对数及数的集合的研究达到对样本点及事件的研究，从而把微积分等数学知识引入概率论。

定义 1　设随机试验 E 的样本空间 $\Omega=\{e\}$，如果对每一个 $e\in\Omega$，都有一个实数 $X(e)$ 与之对应，这样就得到一个定义于 Ω 上的单值实函数 $X=X(e)$，称为**随机变量**。随机变量常用大写字母 $X,Y,Z,\cdots$ 表示。

随机变量概念的产生是概率论发展史中的重大事件，它使概率论研究的对象由事件扩大为随机变量。下面把研究的重点放在随机变量及其分布上。按随机变量的取值情况可以分为两类：

(1) 随机变量取值为有限个数值或可列无穷多个数值，称这样的随机变量为**离散型随机**

变量。

(2) 随机变量可以取值于实数某个区间内的任一数，这种随机变量称之为**非离散型随机变量**。

非离散性随机变量范围很广，情况复杂，其中最重要的也是在实际中常遇到的是连续性随机变量。

2.2　离散型随机变量及分布律

设离散型随机变量 X 的所有可能取值为 $x_k(k-1,2,\cdots)$，X 取各个可能值的概率，即事件 $\{X=x_k\}$ 的概率为

$$P\{X=x_k\}=p_k \quad (k=1,2,\cdots) \tag{2-7}$$

其中 p_k 满足(1)　$p_k\geqslant 0 \quad (k=1,2,\cdots)$

(2)　$$\sum_{k=1}^{\infty}p_k=1$$

称式(2.7) 为离散型随机变量 X 的**分布律**(或概率分布,分布列)。

为了直观,分布律常常用表 2-2 来表示。

表　2-2

X	x_1	x_2	…	x_k	…
p_i	p_1	p_2	…	p_k	…

例 2.7　设在 15 只同类型的零件中有 2 只次品，在其中取 3 次，每次任取 1 只，作不放回抽样，以 X 表示取出的次品个数，求 X 的分布律。

解　根据题意 X 的所有可能取值为 0,1,2，只须求出 $P\{X=0\}$，$P\{X=1\}$，$P\{X=2\}$ 列成表格即可。

$$p_0=P(X=0)=\frac{C_{13}^3}{C_{15}^3}=\frac{22}{35}$$

$$p_1=P(X=1)=\frac{C_2^1C_{13}^2}{C_{15}^3}=\frac{12}{35}$$

$$p_2=P(X=2)=\frac{C_2^2C_{13}^1}{C_{15}^3}=\frac{1}{35}$$

可以看到　$p_k\geqslant 0,\quad k=0,1,2,\quad \sum_{k=0}^{2}p_k=1$

X 的分布律如表 2-3 所示。

表　2-3

X	0	1	2
p_k	22/35	12/35	1/35

例 2.8 （退化分布或单点分布）若随机变量 X 只取一个值 c，取 c 的概率显然为 1，这样的分布称为退化分布或单点分布，其分布律如表 2-4 所示。

表 2-4

X	c
p_k	1

例 2.9 （(0-1) 分布，又称两点分布）若随机变量 X 只取两个值，其分布律如表 2-5 所示。

表 2-5

X	0	1
p_k	$1-p$	p

称 X 服从 (0-1) 分布，例如掷硬币的试验，检验产品是否合格，新生儿性别登记都可用 (0-1) 分布来描述。

下文介绍两类用途很广的离散型分布 —— 二项分布与泊松分布。

2.2.1 二项分布

1. n 重贝努利试验

n 重独立试验：在相同条件下将随机试验重复进行 n 次，每次试验的结果互不影响，这样的试验称为 **n 重独立试验**。

贝努利试验：每次试验的结果只有两个，即 A 与 $\overline{A}$，$P(A)=p(0<p<1)$，这样的试验称为贝努利试验。将贝努利试验重复进行 n 次，称为 **n 重贝努利试验**，这是一种很重要的数学模型，有广泛的应用。

2. 二项分布

设 X 是 n 重贝努利试验中 A 发生的次数，X 的所有可能取值为 $0,1,2,\cdots,n$，下边求 n 重贝努利试验中事件 A 恰好发生 k 次的概率，记 $p_n(k)=P\{X=k\}$。

在 n 重贝努利试验中 A 发生了 k 次，有 $n-k$ 次 A 没发生，那么事件 A 在指定某 K 次发生，而其余 $n-k$ 次 A 没发生的概率为

$$p^k(1-p)^{n-k}=p^kq^{n-k}$$

现在要考虑的是 A 在 n 重试验中不论哪 k 次发生，都叫做 A 恰好发生了 k 次，由组合知识得到

$$p_n(k)=P\{X=k\}=C_n^kp^kq^{n-k}\quad(k=0,1,2,\cdots,n)\tag{2-8}$$

容易验证

$$p_n(k)\geqslant 0$$

$$\sum_{k=0}^{n}p_n(k)=\sum_{k=0}^{n}C_n^kp^kq^{n-k}=(p+q)^n=1$$

称式(2-8)为随机变量 X 服从参数为 n,p 的**二项分布**，记为 $X\sim b(n,p)$，当 $n=1$ 时，$P\{X=k\}=p^k q^{1-k}$，$k=0,1$，二项分布退化为(0-1)分布。

在应用二项分布时要注意服从二项分布的随机变量的数学模型是：只有两个结果的试验独立地重复进行 n 次，A 出现 k 次的概率。

2.2.2 泊松分布

在历史上，泊松分布是作为二项分布的近似，于1837年由法国数学家泊松引入的。数十年来，泊松分布日益显示其重要性，成了概率论中最重要的几个分布之一。

定义2 设随机变量 X 所有可能取值为 $0,1,2,\cdots$，取各值的概率为

$$P\{X=k\}=\frac{\lambda^k e^{-\lambda}}{k!},\quad k=0,1,2,\cdots$$

其中 $\lambda>0$ 是常数，则称 X 服从参数为 λ 的**泊松分布**，记为 $X\sim\pi(\lambda)$，易验证

$$P\{X=k\}\geqslant 0,\quad k=0,1,2,\cdots$$

$$\sum_{k=0}^{\infty}P\{X=k\}=\sum_{k=0}^{\infty}\frac{\lambda^k e^{-\lambda}}{k!}=e^{-\lambda}\sum_{k=0}^{\infty}\frac{\lambda^k}{k!}=e^{-\lambda}\cdot e^{\lambda}=1$$

数 λ 的含义将在§4加以说明。

泊松分布可以作为这样一种数学模型来描述：大量实验中，稀有事件出现的频数 $k=0,1,2,\cdots$ 的概率分布。例如：单位时间间隔内交换台收到的电话呼唤次数；一本书中某页印刷错误数；某车站单位时间内的候车人数；单位面积的布匹上的疵点数；某医院在一天内的急诊病人数；放射性物质单位时间内放射的 α 粒子数。可见，泊松分布在社会生活领域，运筹学和管理科学、物理学领域都有广泛应用。

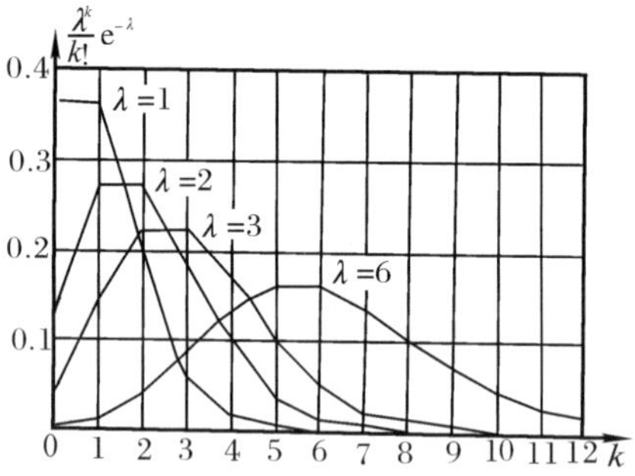

图 2-1

图2-1给出了 λ 取不同值时的泊松分布图。

2.3 随机变量的分布函数

前文研究了离散型随机变量的描述方法及分布律，其特点是随机变量取哪些值以及取这些值的概率。但对非离散型随机变量，关注的并不是取某一点的概率(实际上取任一实数的概率为零，在§3中将加以说明)，而是取某一区间 $P\{x_1<X\leqslant x_2\}$ 的概率，由于 $P(x_1<X\leqslant x_2\}=P\{X\leqslant x_2\}-P\{X\leqslant x_1\}$，故只研究 $P\{X\leqslant x\}$。

定义3 设 X 是一个随机变量，x 是任意实数，函数 $F(x)=P\{X\leqslant x\}$ 称为 X 的**分布函数**。

根据定义，对任意实数 $x_1<x_2$，有

$$P\{x_1<X\leqslant x_2\}=P\{X\leqslant x_2\}-P\{X\leqslant x_1\}=F(x_2)-F(x_1)$$

分布函数 $F(x)$ 是一个普通函数，它描述了 X 落在 $(-\infty,x]$ 区间上的概率。知道了一个随

机变量的分布函数,就可以求 X 落在任何区间的概率。从这个意义上说分布函数完整地刻画了随机变量的统计规律性。分布函数对离散型随机变量和非离散型随机变量都是适用的。

分布函数 $F(x)$ 具有以下性质:

(1) $F(x)$ 是 x 的不减函数。事实上对任意

$$x_1 < x_2, F(x_2) - F(x_1) = P\{x_1 < X \leqslant x_2\} \geqslant 0$$

(2)
$$0 \leqslant F(x) \leqslant 1$$

且
$$F(-\infty) = \lim_{x \to -\infty} F(x) = 0$$
$$F(+\infty) = \lim_{x \to +\infty} F(x) = 1$$

(3) $F(x+0) = F(x)$,即 $F(x)$ 是右连续的。

通过下面的例子来验证这些性质。

例 2.10 设离散型随机变量 X 的分布率如表 2-6 所示。

表 2-6

X	0	1	2
p_k	1/3	1/6	1/2

求 X 的分布函数,并求 $P\{X \leqslant \frac{1}{2}\}$,$P\{1 < X \leqslant \frac{3}{2}\}$,$P\{1 \leqslant X \leqslant \frac{3}{2}\}$。

解 当 $x < 0$ 时,
$$F(x) = P\{X \leqslant x\} = 0$$

当 $0 \leqslant x < 1$ 时,
$$F(x) = P\{X \leqslant x\} = \frac{1}{3}$$

当 $1 \leqslant x < 2$ 时,
$$F(x) = P\{X \leqslant x\} = \frac{1}{3} + \frac{1}{6} = \frac{1}{2}$$

当 $x \geqslant 2$ 时,
$$F(x) = P\{X \leqslant x\} = \frac{1}{3} + \frac{1}{6} + \frac{1}{2} = 1$$

故
$$F(x) = \begin{cases} 0, & x < 0 \\ 1/3, & 0 \leqslant x < 1 \\ 1/2, & 1 \leqslant x < 2 \\ 1, & x \geqslant 2 \end{cases}$$

$F(x)$ 的图像如图 2-2 所示。

$$P\{X \leqslant \frac{1}{2}\} = \frac{1}{3}$$

$$P\{1 < X \leqslant \frac{3}{2}\} = F(\frac{3}{2}) - F(1) = \frac{1}{2} - \frac{1}{2} = 0$$

$$P\{1 \leqslant X \leqslant \frac{3}{2}\} = F(\frac{3}{2}) - F(1) + P\{X = 1\} = \frac{1}{2} - \frac{1}{2} + \frac{1}{6} = \frac{1}{6}$$

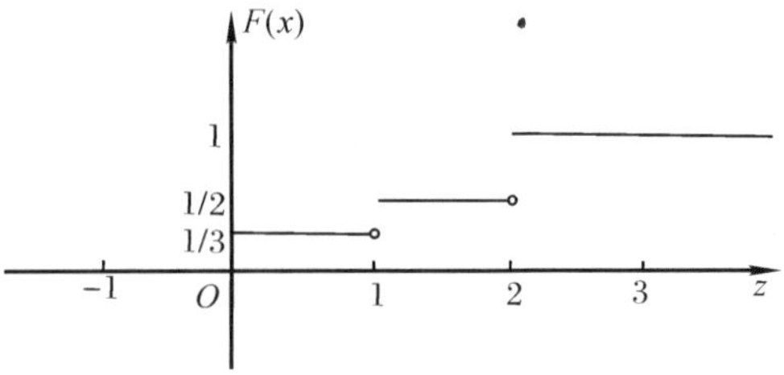

图 2-2

注意:(1)$F(x)$ 与 $P\{X=x\}$ 是不同的,如 $F(1)=\dfrac{1}{2}$,$P\{X=1\}=\dfrac{1}{6}$;

(2)$F(x)$ 是一条阶梯形曲线,在 $x=0,1,2$ 这些间断点处有跳跃值$\dfrac{1}{3}$,$\dfrac{1}{6}$,$\dfrac{1}{1}$;

(3) 一般离散型随机变量 X 的分布律为 $P\{X=x_k\}=p_k(k=1,2,\cdots)$,则由概率的可列可加性得到

$$F(x)=P\{X\leqslant x\}=\sum_{x_k\leqslant x}P\{X=x_k\}=\sum_{x_k\leqslant x}p_k$$

§3　连续型随机变量及其分布

3.1　连续型随机变量及密度函数

对离散型随机变量,可以用分布律来刻画其概率分布,对连续型随机变量利用密度函数来刻画其概率分布。

定义 1　若对随机变量 X 的分布函数 $F(x)$,存在非负函数 $f(x)$,使对任意实数 x 有

$$F(x)=\int_{-\infty}^{x}f(t)\mathrm{d}t$$

则称 X 为连续型随机变量,其中 $f(x)$ 称为 X 的**密度函数**(或分布密度,概率密度)。

密度函数的性质:

(1) $f(x)\geqslant 0$;

(2) $\int_{-\infty}^{+\infty}f(x)\mathrm{d}x=F(+\infty)=1$。

注意以下几个结果:

(1) 由定义显然有

$$P\{x_1<X\leqslant x_2\}=F(x_2)-F(x_1)=\int_{x_1}^{x_2}f(x)\mathrm{d}x$$

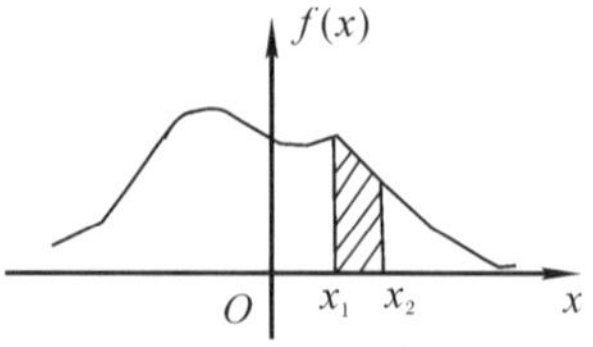

图 2-3

这一概率的大小恰等于图 2-3 中曲边梯形的面积。

(2) 由数学分析中关于对积分变上限求导的结果可知

$$F'(x)=\left[\int_{-\infty}^{x}f(t)\mathrm{d}t\right]'=f(x)$$

进一步分析有

$$f(x)=\lim_{\Delta x\to 0}\frac{F(x+\Delta x)-F(x)}{\Delta x}=\lim_{\Delta x\to 0}\frac{P\{x<X\leqslant x+\Delta x\}}{\Delta x}$$

这一结果表明 $f(x)$ 并不是 X 取值为 x 的概率，而表明在 x 点概率分布的密集程度，但是 $f(x)$ 的大小能反映出 X 在 x 附近取值的概率大小。因此对连续型随机变量用密度函数来描述其概率分布要比分布函数更直观。

(3) 连续型随机变量 X 取任一实数 a 的概率为零，即 $p\{X=a\}=0$，事实上对 $\Delta x>0$，由 $\{X=a\}\subset\{a-\Delta x<X\leqslant a\}$，有

$$0\leqslant P\{X=a\}\leqslant P\{a-\Delta x<X\leqslant a\}=F(a)-F(a-\Delta x)$$

在上式中令 $\Delta x\to 0$，注意到 X 是连续型随机变量，其分布函数 $F(x)$ 是连续的，即得 $P\{X=a\}=0$。由这一结果可知在进行连续型随机变量的概率计算时应注意

$$P\{a<X\leqslant b\}=P\{a\leqslant X\leqslant b\}=P\{a<X<b\}=P\{a\leqslant X<b\}$$

对连续型随机变量来说概率为零的事件不一定是不可能事件，可以将其看成是出现的机会非常小的事件。而概率为 1 的事件也不一定是必然事件，可以把这一事件看成出现机会很大的事件。

例 2.11 已知连续型随机变量具有密度函数

$$f(x)=\begin{cases}kx+1, & 0<x<2\\ 0, & \text{其他}\end{cases}$$

求系数 k，分布函数 $F(x)$，计算 $P\{1.5<X<2.5\}$。

解 由 $\int_{-\infty}^{\infty}f(x)\mathrm{d}x=1$，即 $\int_{0}^{2}(kx+1)\mathrm{d}x=1$，得 $k=-\dfrac{1}{2}$。

$$F(x)=\int_{-\infty}^{x}f(t)\mathrm{d}t=\begin{cases}0, & x<0\\ -\dfrac{1}{4}x^2+x, & 0\leqslant x\leqslant 2\\ 1, & x>2\end{cases}$$

例 2.12 若连续型随机变量 X 具有密度函数

$$f(x)=\begin{cases}1/(b-a), & a<x<b\\ 0, & \text{其他}\end{cases}$$

称 X 在区间 (a,b) 上服从**均匀分布**。

容易证明

$$f(x)\geqslant 0,\int_{-\infty}^{+\infty}f(x)\mathrm{d}x=1$$

根据密度函数的定义，易得均匀分布的分布函数为

$$F(x)=\begin{cases}0, & x<a\\(x-a)/(b-a), & a\leqslant x<b\\1, & x\geqslant b\end{cases}$$

图 2-4,图 2-5 分别为 X 服从(a,b) 区间上均匀分布的密度函数和分布函数的图形。

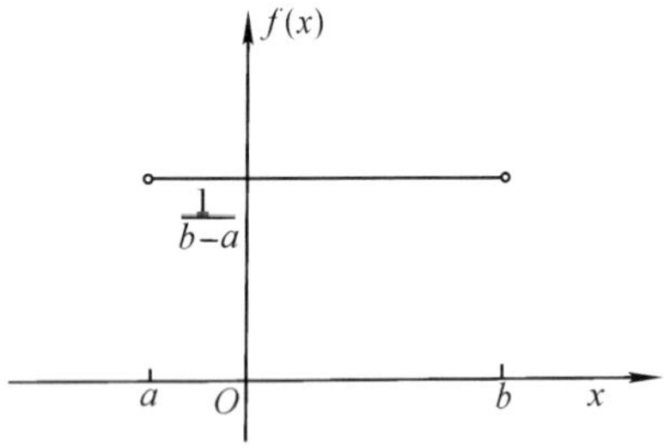

图 2-4

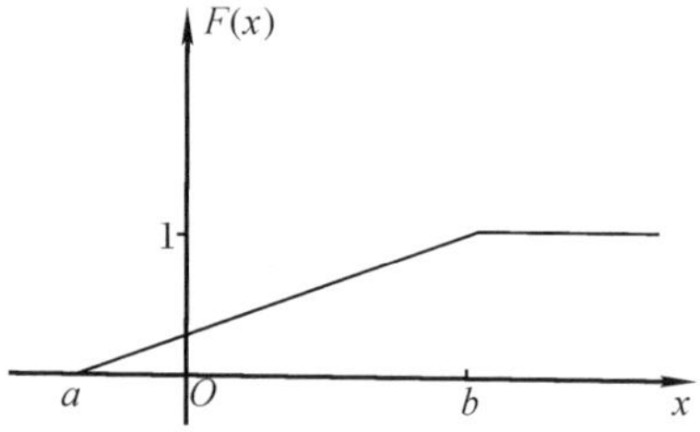

图 2-5

例 2.13 若连续型随机变量具有密度函数

$$f(x)=\begin{cases}\lambda e^{-\lambda x}, & x>0\\0, & x\leqslant 0\end{cases}$$

其中 $\lambda>0$ 为常数,称 X 从参数为 λ 的**指数分布**。

容易验证

$$f(x)\geqslant 0,\int_{-\infty}^{+\infty}f(x)\mathrm{d}x=1$$

它的分布函数为 $$F(x)=\begin{cases}0, & x\leqslant 0\\1-e^{-\lambda x}, & x>0\end{cases}$$

指数分布有重要应用,常用来作为各种"寿命"分布的近似。例如,无线电元件的寿命;动物的寿命;电话问题中的通话时间;随机服务系统中的服务时间等都常假定服从指数分布。

下面将专门介绍连续型随机变量中最重要的一种分布 —— 正态分布。

3.2 正态分布

3.2.1 正态分布及其性质

正态分布在概率论中起着非常重要的作用,在各种分布中居于首要地位。实际中的许多随机变量都近似服从正态分布。

例如人群身高的测量值;加工零件长度的直接测量值;学生考试成绩;青砖的抗压强度;测量的误差等,这些分布都具有"中间大,两头小"的特点。

正常情况下这种量可以看成是许多微小的,独立的随机因素作用的总后果,而每一种因素都不能起到压倒一切的主导作用。具有这种特点的随机变量一般都可以认为是服从正态分布。这一结论的理论阐述将在 §5 中介绍。

定义 2 若随机变量 X 具有密度函数

$$f(x)=\frac{1}{\sqrt{2\pi}\,\sigma}e^{-\frac{(x-\mu)^2}{2\sigma^2}},\quad -\infty<x<+\infty$$

其中 $\mu,\sigma>0$ 为常数，称 X 服从参数为 μ,σ 的**正态分布**，记 $X\sim N(\mu,\sigma^2)$。

其分布函数为

$$F(x)=\frac{1}{\sqrt{2\pi}\sigma}\int_{-\infty}^{x}e^{-\frac{(t-\mu)^2}{2\sigma^2}}\mathrm{d}t$$

特别当 $\mu=0,\sigma=1$ 时称 X 服从**标准正态分布**，记作 $X\sim N(0,1)$。

标准正态分布的密度函数记为

$$\varphi(x)=\frac{1}{\sqrt{2\pi}}e^{-\frac{x^2}{2}},\quad -\infty<x<+\infty$$

标准正态分布的分布函数记为

$$\Phi(x)=\frac{1}{\sqrt{2\pi}}\int_{-\infty}^{x}e^{-\frac{t^2}{2}}\mathrm{d}t,\quad -\infty<x<+\infty$$

图 2-6，图 2-7 分别是标准正态分布的密度函数和分布函数图形。

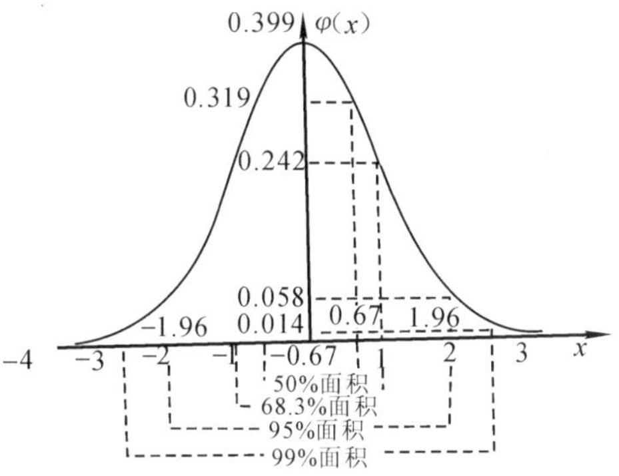

图 2-6

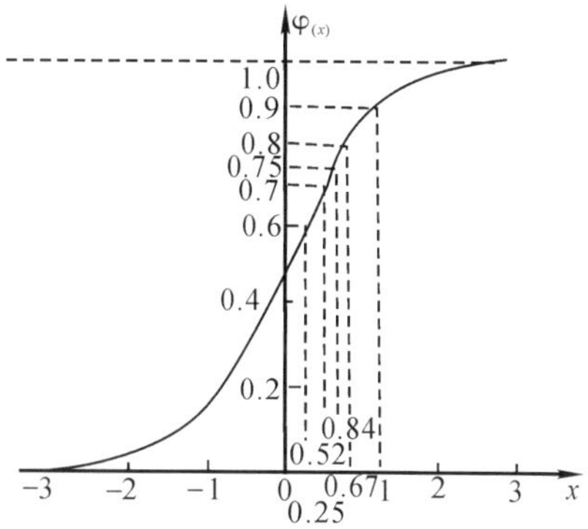

图 2-7

3.2.2 一般正态分布和标准正态分布的关系

一般正态分布 $X\sim N(\mu,\sigma^2)$ 的密度函数 $f(x)$ 的图形是关于直线 $x=\mu$ 为对称轴，在 $(-\infty,\mu)$ 处严格上升，$(\mu,+\infty)$ 处严格下降，在 $x=\mu$ 处 $f(x)$ 取最大值 $f(\mu)=\dfrac{1}{\sqrt{2\pi}\sigma}$，在 $x=\mu\pm1$ 处有两个拐点。

参数 μ 表明图形的对称中心，σ 表示图形的高矮（平坦）程度。一般正态分布可以通过线性变换化成标准正态分布。

定理 1 若 $X\sim N(\mu,\sigma^2)$，则 $Y=\dfrac{X-\mu}{\sigma}\sim N(0,1)$。

证 $Y=\frac{X\sim\mu}{\sigma}$ 的分布函数为

$$P\{Y\leqslant x\}=P\{\frac{X-\mu}{\sigma}\leqslant x\}=P\{X\leqslant\mu+\sigma x\}=\frac{1}{\sqrt{2\pi}\sigma}\int_{-\infty}^{\mu+\sigma x}\mathrm{e}^{-\frac{(t-\mu)^2}{2\sigma^2}}\mathrm{d}t$$

令 $\frac{t-\mu}{\sigma}=u$，得

$$P\{Y\leqslant x\}=\frac{1}{\sqrt{2\pi}}\int_{-\infty}^{x}\mathrm{e}^{-\frac{u^2}{2}}\mathrm{d}u=\Phi(x)$$

故

$$Y=\frac{X-\mu}{\sigma}\sim N(0,1)$$

根据这一定理可知，若 $X\sim N(\mu,\sigma^2)$，则

$$F(x)=P\{X\leqslant x\}=P\{\frac{X-\mu}{\sigma}\leqslant\frac{x-\mu}{\sigma}\}=\Phi(\frac{x-\mu}{\sigma})$$

3.2.3 标准正态分布表的应用

正态分布具有广泛的应用，本书附录中给出了标准正态分布函数 $\Phi(x)$ 表。由于 $\Phi(-x)=1-\Phi(x)$，故表中只给出 x 取正值时 $\Phi(x)$ 的值。因此对标准正态分布的计算可以通过查表得到，对一般正态分布，根据定理 1 的结论 $F(x)=\Phi(\frac{x-\mu}{\sigma})$ 来进行计算。

例 2.14 设 $X\sim N(0,1)$，求 (1) $P\{X<2.2\}$，(2) $P\{X>1.76\}$，(3) $P\{X<-0.78\}$，(4) $P\{|X|<1.55\}$，(5) $P\{|X|>2.5\}$。

解 (1) $P\{X<2.2\}=\Phi(2.2)=0.986\ 1$

(2) $P\{X>1.76\}=1-P\{X\leqslant 1.76\}=1-\Phi(1.76)=1-0.960\ 8=0.039\ 2$

(3) $P\{X<-0.78\}=\Phi(-0.78)=1-\Phi(0.78)=1-0.782\ 3=0.217\ 7$

(4) $P\{|X|<1.55\}=P\{-1.55<X<1.55\}=\Phi(1.55)-\Phi(-1.55)=$
$\Phi(1.55)-[1-\Phi(1.55)]=2\Phi(1.55)-1=$
$2\times 0.939\ 4-1=0.878\ 8$

(5) $P\{|X|>2.5\}=P\{X>2.5\}+P\{X<-2.5\}=$
$1-P\{X\leqslant 2.5\}+P\{X<-2.5\}=$
$1-\Phi(2.5)+\Phi(-2.5)=1-\Phi(2.5)+[1-\Phi(2.5)]=$
$2[1-\Phi(2.5)]=2[1-0.993\ 8]=2\times 0.006\ 2=0.012\ 4$

§4 随机变量的数字特征

随机变量的分布律，密度函数或分布函数全面刻画了随机变量取值的概率性，但在实际中有两个问题需要考虑。第一，求出一个随机变量的分布律，密度函数或分布函数并不是一件容易的事。第二，对许多问题来说，并不需要知道随机变量的概率分布，所关心的是它的某些数量特征。

例如，一片森林，关心的是它们的平均树高和平均胸径，但并不需要了解每株树的树高和胸径。又如检查各批棉花的质量，关心的不仅是棉花纤维的平均长度，而且还关心纤维长度与平均长度之差。在棉花纤维的平均长度一定的情况下，这个差越大，表示棉花质量越低。随机变量的这些数值，虽然不能完整地描述随机变量，但刻画了随机变量的某些重要特征。下面将介绍最常用的随机变量的数字特征：数学期望，方差，相关系数和矩。

4.1 数学期望

4.1.1 随机变量的数学期望

为了描述一组事务的大致情况，经常使用“平均值”这一概念，看下面的例子：

一批钢筋共有 10 根，它们的抗拉强度指标分别为：110，120，120，125，125，125，130，130，135，140，则它们的平均抗拉强度指标为

$$\frac{1}{10}\times(110+120\times 2+125\times 3+130\times 2+135+140)=$$

$$110\times\frac{1}{10}+120\times\frac{2}{10}+125\times\frac{3}{10}+130\times\frac{2}{10}+135\times\frac{1}{10}+140\times\frac{1}{10}=126$$

注意到上述结果，实际上是一个加权平均值。

定义 1 (1) 设离散型随机变量 X 的分布律为 $P\{X=x_k\}=p_k, k=1,2,\cdots$。

若级数 $\sum_{k=1}^{\infty}x_kp_k$ 绝对收敛，则称级数 $\sum_{k=1}^{\infty}x_kp_k$ 为随机变量 X 的**数学期望**，记作

$$E(X)=\sum_{k=1}^{\infty}x_kp_k$$

(2) 设连续型随机变量 X 的密度函数为 $f(x)$，若积分 $\int_{-\infty}^{+\infty}xf(x)\mathrm{d}x$ 绝对收敛，则称积分 $\int_{-\infty}^{+\infty}xf(x)\mathrm{d}x$ 的值为随机变量 X 的数学期望，记作

$$E(X)=\int_{-\infty}^{+\infty}xf(x)\mathrm{d}x$$

下面计算一些常见随机变量的数学期望。

例 2.15 求(0－1)分布的数学期望。X 的分布律为

X	0	1
p_k	q	p

，$p+q=1$

解
$$E(X)=\sum_{k=1}^{2}x_kp_k=0\cdot q+1\cdot p=p$$

例 2.16 求二项分布的数学期望。

X 的分布律为 $P\{X=k\}=C_n^kp^kq^{n-k}\quad(k=0,1,2,\cdots,n)$

解 $E(X)=\sum_{k=0}^{n}x_k p_k=\sum_{k=1}^{n}kC_n^n p^k q^{n-k}=\sum_{k=1}^{n}kC_n^k p^k q^{n-k}=$

$$\sum_{k=1}^{n}k\frac{n(n-1)\cdots(n-k+1)}{k!}p^k q^{n-k}=$$

$$np\sum_{k=1}^{n}\frac{(n-1)(n-2)\cdots[(n-1)-(k-1)+1]}{(k-1)!}p^{k-1}q^{(n-1)-(k-1)}=$$

$$np\sum_{k'=0}^{n-1}C_{n-1}^{k'}p^{k'}q^{(n-1)-k'}\quad(\text{令 } k'=k-1)$$

则

$$E(X)=np(p+q)^{n-1}=np$$

例 2.17 求泊松分布的数学期望。

X 的分布律为

$$P\{X=k\}=\frac{\lambda^k}{k!}e^{-\lambda}\quad(k=0,1,2,\cdots)\quad\lambda>0$$

解 $E(X)=\sum_{k=0}^{\infty}k\frac{\lambda^k}{k!}e^{-\lambda}=\lambda e^{-\lambda}\sum_{k=1}^{\infty}\frac{\lambda^{k-1}}{(k-1)!}=\lambda e^{-\lambda}\sum_{k=0}^{\infty}\frac{\lambda^k}{k!}=\lambda e^{-\lambda}\cdot e^{\lambda}=\lambda$

例 2.18 求均匀分布的数学期望。X 服从(a,b)上的均匀分布,密度函数为

$$f(x)=\begin{cases}1/(b-a), & a<x<b\\ 0, & \text{其他}\end{cases}$$

解

$$E(X)=\int_{-\infty}^{+\infty}xf(x)dx=\int_a^b x\frac{1}{b-a}dx=\frac{a+b}{2}$$

例 2.19 求正态分布的数学期望。$X\sim N(\mu,\sigma^2)$ 其密度函数为

$$f(x)=\frac{1}{\sqrt{2\pi}\sigma}e^{-\frac{(x-\mu)^2}{2\sigma^2}},\quad\sigma>0,\quad-\infty<x<+\infty$$

解 $E(X)=\int_{-\infty}^{+\infty}x\frac{1}{\sqrt{2\pi}\sigma}e^{-\frac{(x-\mu)^2}{2\sigma^2}}dx$,令$\frac{x-\mu}{\sigma}=t$,则

$$E(X)=\frac{1}{\sqrt{2\pi}}\int_{-\infty}^{+\infty}(\sigma t+\mu)e^{-\frac{t^2}{2}}dt=\frac{\mu}{\sqrt{2\pi}}\int_{-\infty}^{+\infty}e^{-\frac{t^2}{2}}dt=$$

$$\frac{\mu}{\sqrt{2\pi}}\sqrt{2\pi}=\mu\quad\left(\int_{-\infty}^{+\infty}te^{-\frac{t^2}{2}}dt=0\right)$$

例 2.20 求指数分布的数学期望。设 X 服从参数为λ 的指数分布,密度函数为

$$f(x)=\begin{cases}\lambda e^{-\lambda x}, & x>0,\quad\lambda>0\\ 0, & x\leqslant 0\end{cases}$$

解 $E(X)=\int_{-\infty}^{+\infty}xf(x)dx=\int_0^{+\infty}x\lambda e^{-\lambda x}dx$,令 $\lambda x=t$,则

$$E(X)=\frac{1}{\lambda}\int_0^{+\infty}te^{-t}dt=\frac{1}{\lambda}$$

4.1.2 数学期望的性质

(1) 设 C 为常数,则 $E(C)=C$。

(2) $E(CX)=CE(X)$,C 为常数。

(3) 设 X,Y 是两个随机变量,则有

$$E(X+Y)=E(X)+E(Y)$$

这一性质对 n 个随机变量的和仍成立

$$E(\sum_{i=1}^{n}X_i)=\sum_{i=1}^{n}E(X_i)$$

(4) 设 X,Y 是互相独立的随机变量,则

$$E(XY)=E(X)E(Y)$$

这一性质对 n 个相互独立的随机变量的积仍成立。

$$E(\prod_{i=1}^{n}X_i)=\prod_{i=1}^{n}E(X_i)$$

例 2.21 据统计,一位 40 岁的健康者(一般体检未发现病症),在五年之内仍然活着和自杀死亡的概率为 $p(0<p<1,p$ 为已知) 在五年内死亡(非自杀死亡) 的概率为 $1-p$,保险公司开办五年人寿保险,条件是参加者需交保险费 a 元(已知),若五年之内死亡,公司赔偿 b 元 $(b>a)$,b 应如何定才能使公司可期望获益。若有 m 人参加保险,公司可期望从中收益多少?

解 设 X 表示公司从一个参加者身上所得收益,则 X 是一个随机变量,其分布律为

X	a	$a-b$
p_k	p	$1-p$

公司可望获益为 $E(X)>0$,而

$$E(X)=ap+(a-b)(1-p)=a-b(1-p)$$

所以 b 应满足 $a<b<\dfrac{a}{1-p}$ 才能使公司获益,若有 m 个人参加保险,则公司可期望从中收益

$$E(mX)=mE(X)=ma-mb(1-p)$$

4.2 方差

4.2.1 方差的定义

实例:现有两批钢筋,每批各 10 根,它们的抗拉强度指标分别为

第一批:110 , 120 , 120 , 125 , 125 , 125 , 130 , 130 , 135 , 140

第二批:90 , 100 , 120 , 125 ,125, 130 , 135 , 145 , 145 , 145

这两批钢筋的抗拉强度指标的平均值都是 126,但使用钢筋时,一般要求抗拉强度指标不低于一个指定的值,例如 115,那么第二批钢筋的诸抗拉强度指标,由于与平均值偏差较大,即取值比较分散,所以它们中间尽管有几根抗拉强度指标很大,但是不够格的根数比第一批多。从实用价值看,可以认为第二批的质量比第一批差。从这个例子可以看出,衡量各指标值与平均值的偏离程度是一个很重要的数量特征,为此引入方差的概念。

定义 2　设 X 是一个随机变量，若 $E[X-E(X)]^2$ 存在，称 $E[X-E(X)]^2$ 为 X 的**方差**，记为 $D(X)$，即

$$D(X)=E[X-E(X)]^2$$

(1) 当 X 为离散型随机变量时，分布律为

$$P\{X=x_k\}=p_k \quad (k=1,2,\cdots)$$

$$D(X)=\sum_{k=1}^{\infty}[x_k-E(X)]^2 p_k$$

(2) 当 X 为连续型随机变量，密度函数为 $f(x)$ 时，则

$$D(X)=\int_{-\infty}^{+\infty}[x-E(X)]^2 f(x)\mathrm{d}x$$

称$\sqrt{D(X)}$ 为**标准差**(或均方差，根方差)。

方差的计算公式：

(1) $D(X)=E[X-E(X)]^2$；

(2) $D(X)=E(X^2)-[E(X)]^2$。

4.2.2　方差的性质

(1) $D(C)=0$，C 是常数。

(2) $D(X+C)=D(X)$，C 是常数。

(3) $D(CX)=C^2D(X)$，C 是常数。

(4) 若 X,Y 相互独立，则

$$D(X+Y)=D(X)+D(Y)$$

这一性质，对 n 个相互独立的随机变量的和仍成立，即 $D(\sum_{i=1}^{n}X_i)=\sum_{i=1}^{n}D(X_i)$。

(5)$D(X)=0$ 的充分必要条件是：X 以概率 1 取常数 C，即 $P\{X=C\}=1$，显然这里 $C=E(X)$。

证　(1),(2),(3) 由定义即得。

(4) 注意到 X,Y 相互独立，有 $E(XY)=E(X)E(Y)$，则

$$\begin{aligned}D(X+Y)=&E(X+Y)^2-[E(X+Y)]^2=\\&E[X^2+2(XY)+Y^2]-[E(X)+E(Y)]^2=\\&E(X^2)+2E(XY)+E(Y^2)-[E(X)]^2-2E(X)E(Y)-[E(Y)]^2=\\&E(X^2)-[E(X)]^2+E(Y^2)-[E(Y)]^2=D(X)+D(Y)\end{aligned}$$

4.2.3　一些常见随机变量的方差

例 2.22　求(0-1)分布的方差。设 X 服从(0-1)分布，其分布律为

X	0	1
p_k	q	p

解　由数学期望的例 2.15 知，$E(X)=p$

$$E(X^2)=0^2\times q+1^2p=p$$

$$D(X)=E(X^2)-[E(X)]^2=p-p^2=p(1-p)=pq$$

例 2.23　求二项分布的方差。设 $X\sim b(n,p)$ 则 X 可以写成 n 个均服从(0-1)分布的独立随机变量的和，即

$$X=X_1+X_2+\cdots+X_n$$

其中 X_i 服从(0-1)分布，分布律为

X	0	1
p_k	q	p

由例 2.22 知　　$D(X_i)=pq,\quad i=1,2,\cdots,n$

$$D(X)=D(X_1)+D(X_2)+\cdots+D(X_n)=npq$$

4.3　多维随机变量的数字特征

一维随机变量的数字特征，可以推广到 n 维随机变量。

定义 3　设 n 维随机量$(X_1,X_2,\cdots,X_n)$，若 $E(X_i)(i=1,2,\cdots,n)$ 存在，称$[E(X_1),E(X_2),\cdots,E(X_n)]$为 **$n$ 维随机变量的数学期望**；$[D(X_1),D(X_2),\cdots,D(X_n)]$为 **$n$ 维随机变量的方差**。

n 维随机变量的数学期望和方差，描述了 n 维随机变量各分量的数学期望情况和各分量对各自数学期望的离散程度，它对于了解 n 维随机变量的分布有一定的帮助。对于 n 维随机变量，除了关心它们的每一个分量情况外，还希望掌握各分量之间的联系，为此引入下面一些数字特征，先从二维的讨论开始。

4.3.1　协方差与相关系数

对二维随机变量(X,Y)，X,Y 之间是否存在某种关系？这种关系如何度量？

定义 4　称 $E\{[X-E(X)][Y-E(Y)]\}$ 为随机变量 X 与 Y 的**协方差**，记为 $\mathrm{Cov}(X,Y)$ 即

$$\mathrm{Cov}(X,Y)=E\{[X-E(X)][Y-E(Y)]\}$$

称 $\rho_{XY}=\dfrac{\mathrm{Cov}(X,Y)}{\sqrt{D(X)}\sqrt{D(Y)}}$ 为随机变量 X 与 Y 的**相关系数**。

对于任意两个随机变量 X,Y 下列两个等式成立：

(1)　$$\mathrm{Cov}(X,Y)-E(XY)-[E(X)][E(Y)] \tag{2-9}$$

(2)　$$D(X+Y)=D(X)+D(Y)+2\mathrm{Cov}(X,Y) \tag{2-10}$$

证明

(1) 由定义可证。

$\mathrm{Cov}(X,Y)=E\{[X-E(X)][Y-E(Y)]\}=$

$$E\{XY - XE(Y) - E(X)Y + [E(X)][E(Y)]\} =$$
$$E(XY) - [E(X)][E(Y)] - [E(X)][E(Y)] + [E(X)][E(Y)] =$$
$$E(XY) - [E(X)][E(Y)]$$

(2) $D(X+Y) = E[(X+Y) - E(X+Y)]^2 =$
$$E\{[X - E(X)] + [Y - E(Y)]\}^2 =$$
$$E\{[X-E(X)]^2 + [Y-E(Y)]^2 + 2[X-E(X)][Y-E(Y)]\} =$$
$$E[X-E(X)]^2 + E[Y-E(Y)]^2 + 2E\{[X-E(X)][Y-E(Y)]\} =$$
$$D(X) + D(Y) + 2\mathrm{Cov}(X,Y)$$

由式(2-9)和式(2-10)容易证明下面事实是等价的。

(1)$\mathrm{Cov}(X,Y)=0$；

(2)$\rho_{XY}=0$；

(3)$E(XY)=[E(X)][E(Y)]$；

(4)$D(X+Y)=D(X)+D(Y)$。

协方差 $\mathrm{Cov}(X,Y)$ 具有以下性质：

(1) $\mathrm{Cov}(X,Y)=\mathrm{Cov}(Y,X)$；

(2) $\mathrm{Cov}(aX,bY)=ab\mathrm{Cov}(X,Y)$ (a,b 是常数)；

(3)$\mathrm{Cov}(X_1+X_2,Y)=\mathrm{Cov}(X_1,Y)+\mathrm{Cov}(X_2,Y)$。

相关系数 ρ_{XY} 具有以下性质：

(1) $|\rho_{XY}| \leqslant 1$；

(2) $|\rho_{XY}|=1$ 的充要条件是存在常数 a,b，使 $P\{Y=aX+b\}=1$。

ρ_{XY} 是度量 X,Y 之间线性相关程度的一个量，故称之为 X 与 Y 的相关系数。

4.3.2 矩

数学期望、方差、协方差这些随机变量的数字特征，都是某种矩，矩是最广泛的一种数字特征，最常用的有原点距和中心矩。

定义 5

(1) 若 $E(X^k)(k=1,2,\cdots)$ 存在，称其为随机变量 X 的 **k 阶原点矩**。

(2) 若 $E[X-E(X)]^k(k=1,2,\cdots)$ 存在，称其为随机变量 X 的 **k 阶中心矩**。

(3) 若 $E(X^kY^l)$ $(k,l=1,2,\cdots)$ 存在，称其为随机变量 X 和 Y 的 $k+l$ 阶混合原点矩。

(4) 若 $E\{[X-E(X)]^k[Y-E(Y)^l\}$ $(k,l=1,2,\cdots)$ 存在，称其为随机变量 X 和 Y 的 $k+l$ 阶混和中心矩。

显然，数学期望 $E(X)$ 是随机变量 X 的一阶原点矩，方差 $D(X)$ 是随机变量 X 的二阶中心矩，协方差 $\mathrm{Cov}(X,Y)$ 是 X 和 Y 的二阶混合中心矩。

矩在概率论与数理统计中占有重要位置。

§5　大数定律和中心极限定理

随机现象的统计规律性总是在对大量随机现象的考察中才能显示出来。为了研究“大量”的随机现象，常常采用极限的形式，这就引导到极限定理的研究。极限定理是概率论的基本理论之一，其中最主要的有两种：大数定律和中心极限定理。这是本章介绍的主要内容。

5.1　大数定律

在本章 §1 中提到过频率具有稳定性，并随着试验次数的增加，事件发生的频率逐渐稳定于某个固定的常数。例如在贝努利试验中，记 n_A 为 n 次独立试验中 A 出现的次数，每次试验中 A 出现的概率为 $p(0<p<1)$。现在提出这样的问题：能否从数学上严格证明频率 $\frac{n_A}{n}\to p(n\to\infty)$。

5.1.1　契比雪夫不等式

设随机变量 X 的数学期望为 $E(X)$，方差为 $D(X)$，对任给 $\varepsilon>0$，以下不等式成立：

$$P\{|X-E(X)|\geqslant\varepsilon\}\leqslant\frac{D(X)}{\varepsilon^2}\text{ 或 }P\{|X-E(X)|<\varepsilon\}\geqslant 1-\frac{D(X)}{\varepsilon^2}$$

可以利用契比雪夫不等式，在 $E(X)$ 和 $D(X)$ 都已知时，来估计 X 的概率分布。

5.1.2　契比雪夫大数定律

定理 1　设 $X_1,X_2,\cdots,X_n\cdots$ 是相互独立的随机变量，数学期望为 $E(X_i)$ 并有有限方差 $D(X_i)$，$i=1,2,\cdots,n,\cdots$ 其上界为常数 L，即 $D(X_i)\leqslant L$，$i=1,2,\cdots,n,\cdots$，则对任给 $\varepsilon>0$ 有

$$\lim_{n\to\infty}P\left\{\left|\frac{1}{n}\sum_{i=1}^{n}X_i-\frac{1}{n}\sum_{i=1}^{n}E(X_i)\right|<\varepsilon\right\}=1$$

契比雪夫大数定律告诉我们，当 n 充分大时，n 个独立随机变量的算术平均数 $\frac{1}{n}\sum_{i=1}^{n}X_i$ 这一随机变量的离散程度是很小的，它将密集地聚集在其数学期望 $\frac{1}{n}\sum_{i=1}^{n}E(X_i)$ 附近，这一结果是在 1866 年被俄国数学家契比雪夫所证明的。

5.1.3　贝努利大数定律

定理 2　设 n_A 是 n 次独立试验中事件 A 发生的次数，p 是事件 A 在每次试验中发生的概率，则对任给 $\varepsilon>0$，都有

$$\lim_{n\to\infty}P\left\{\left|\frac{n_A}{n}-p\right|<\varepsilon\right\}=1$$

或

$$\lim_{n\to\infty}P\left\{\left|\frac{n_A}{n}-p\right|\geqslant\varepsilon\right\}=0$$

贝努利大数定律从数学上严格证明了事件发生的频率依概率收敛于事件发生的概率 p。

5.2 中心极限定理

在本章 §3 介绍正态分布时曾指出正态分布在概率论中占有重要地位。许多随机现象服从正态分布。下边将会看到即使原来并不服从正态分布的一些独立的随机变量,它们的和的分布在随机变量的个数无限增加时也是以正态分布为极限。下面的例子说明了这一现象。

例 2.24 (高尔顿板试验)这一著名的试验是由英国生物统计学家高尔顿(Galton)设计的,它的试验模型如图 2-8 所示。

自上端放入小球任其自由下落,在下落过程中小球碰到钉子时,均以 1/2 的概率向左或向右滚下,于是又碰到下一层钉子,如此继续下去,直到滚到地板中的某个格子为止。因此任意放入一球难以预先确定该球落入那一格子,但试验的结果表明只要放入小球的数目相当大,则它们在底板堆成的曲线近似于正态 $N(0,n)$ 的密度函数图形。这里 n 是钉子的横排排数。

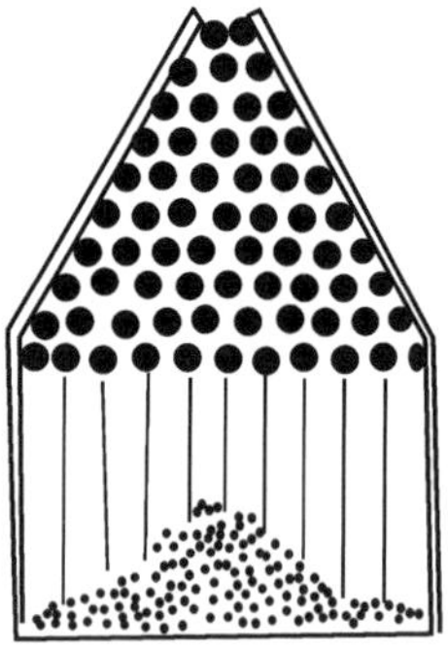

图 2-8

在介绍完中心极限定理之后,大家对这一现象将会有更深刻的理解。

现研究在什么条件下,大量独立随机变量和的分布以正态分布为极限,这一类定理称为中心极限定理。

5.2.1 独立同分布的中心极限定理

定理 3 设随机变量 $X_1, X_2, \cdots, X_n \cdots$ 相互独立,服从同一分布且具有数学期望和方差 $E(X_i)=\mu, D(X_i)=\sigma^2 \neq 0 \quad (i=1,2,\cdots)$,则随机变量

$$Y_n = \frac{\sum_{i=1}^{n} X_i - E(\sum_{i=1}^{n} X_i)}{\sqrt{D(\sum_{i=1}^{n} X_i)}} = \frac{\sum_{i=1}^{n} X_i - n\mu}{\sqrt{n}\sigma}$$

的分布函数 $F_n(x)$ 对任意 x 满足

$$\lim_{n\to\infty} F_n(x) = \lim_{n\to\infty} P\left\{\frac{\sum_{i=1}^{n} X_i - n\mu}{\sqrt{n}\sigma} \leqslant x\right\} = \int_{-\infty}^{x} \frac{1}{\sqrt{2\pi}} e^{-\frac{t^2}{2}} dt$$

证明略。

注意这里的 Y_n 已是标准化后的随机变量。

5.2.2 棣莫佛-拉普拉斯(DeMoive-Laplace)中心极限定理

定理 4 设随机变量 $Y_n \sim b(n,p), n=1,2,\cdots, 0<p<1$,则对于任意 x 有

$$\lim_{n\to\infty} P\left\{\frac{Y_n - np}{\sqrt{npq}} \leqslant x\right\} = \int_{-\infty}^{x} \frac{1}{\sqrt{2\pi}} e^{-\frac{t^2}{2}} dt \quad (q=1-p)$$

习 题 二

2.1　设 A＝“吸烟者”、B＝“死于肺癌”，说明下列概率 $P(B/A)=0.11$，$P(A/B)=0.85$ 的含义。

2.2　试说明全概率公式和贝叶斯公式各自成立的条件是什么？

2.3　一个口袋中有 4 个红球及 3 个白球，从这口袋中任取 1 球，求：(1) 取得红球的概率；(2) 取得白球的概率。

2.4 设 A,B,C 是三个事件。且 $P(A)=P(B)=P(C)=\frac{1}{4}$，$P(AB)=P(BC)=0$，$P(AC)=\frac{1}{8}$，求 A,B,C 至少有一个发生的概率。

2.5　在 1 500 个产品中有 400 个次品，1 100 个正品，任取 200 个产品，求：(1) 恰有 90 个次品的概率；(2) 至少有 2 个次品的概率。

2.6　某工厂中机器 B_1,B_2,B_3 分别生产产品总数的 25%，35% 和 40%，它们生产的产品中，分别有 5%，4%，2% 的次品，将这些产品混在一起，今随机地取一只产品，发现是次品。问这一次品是由机器 B_1,B_2,B_3 生产的概率分别是多少？

2.7　将两信息分别编码为 A 和 B 传送出去，接收站接收时 A 被误作 B 的概率为 0.02，而 B 被误作 A 的概率为 0.01，信息与信息传送的频繁程度为 2∶1，若接收站收到的信息是 A，问原发信息是 A 的概率是多少？

2.8　设 X 的分布函数为

$$F(x)=\begin{cases}0, & x<0\\ \frac{x}{4}, & 0\leqslant x<1\\ \frac{1}{2}+\frac{x-1}{4}, & 1\leqslant x<2\\ \frac{11}{12}, & 2\leqslant x<3\\ 1, & x\geqslant 3\end{cases}$$

试求 $P\{X=k\}$，$k=1,2,3$，$P\{\frac{1}{2}<X<\frac{3}{2}\}$。

2.9　连续型随机变量 X 的分布函数为

$$F(x)=\begin{cases}0, & x<0\\ Ax^2, & 0\leqslant x<1\\ 1, & x\geqslant 1\end{cases}$$

求(1) 系数 A；(2) X 落在区间(0.3，0.7) 内的概率；(3) X 的密度函数。

2.10　设 $X \sim N(0,1)$，求(1)$P\{X < 2.35\}$；(2)$P\{X < -1.24\}$；(3)$P\{|X| < 1.54\}$；(4)$P\{-1.24 < X < 2.35\}$。

2.11　设 $X \sim N(3,2^2)$，求(1)$P\{2 < X \leqslant 5\}$；(2)$P\{-2 < X < 7\}$；(3) 确定 c，使 $P\{X > c\} = P\{X \leqslant c\}$。

2.12　设 $X \sim N(0,1)$，已知 $P\{|X| > x\} = 0.05$，求 x。

2.13　求标准正态分布的上 α 分位点。设：(1)$\alpha = 0.01$；(2)$\alpha = 0.003$. 求 z_α 及 $z_{\frac{\alpha}{2}}$。

2.14　设 X 的密度函数为

$$f(x) = \begin{cases} 2x, & 0 \leqslant x \leqslant 1 \\ 0, & \text{其他} \end{cases}$$

求 $E(X)$。

2.15　设随机变量 X 和 Y 相互独立，且 $E(X) = E(Y) = 0$，$D(X) = D(Y) = 1$，求 $E[(X+Y)^2]$。

2.16　已知两个随机变量 X，Y 的方差分别为 25，36，相关系数为 0.4，求 $D(X+Y)$ 及 $D(X-Y)$。

2.17　契比雪夫不等式反映了什么关系？有什么用途？

2.18　大数定律和中心极限定理各在实质上反映了什么问题？

第3章 参数估计

统计研究的基本问题之一是根据样本所提供的信息，对总体的分布及分布的数字特征作出推断。统计推断主要包括两部分内容：一是参数估计；二是假设检验。本章主要讨论参数估计的理论和方法。

实际问题中经常遇到不知道总体的分布，或虽然知道总体的分布，但不清楚总体的某些参数（往往是总体的某些数字特征）的取值情况，因此需要用样本提供的信息估计这些参数，这就是所谓的参数估计问题。

§1 样本及抽样分布

1.1 总体和样本

总体和样本是贯穿于统计推断过程的两个十分重要的概念，在统计实践中，必须对这两个概念的含义有比较透彻的了解。

通常将研究对象的全体称为总体，它由某些具有共同性质或特征的个体或单位组成。例如，研究某校学生的英语平均水平，则该校全体学生构成一个总体，每位学生是一个个体。总体可分为有限总体和无限总体。当总体所包含的个体数有限时，称它是有限总体；当总体所包含的个体数无限时，称它是无限总体。对有限总体，一般用 N 来表示总体所包含的个体总数。

任何一个总体都可以用一个随机变量来描述。例如，研究某校学生的英语平均水平时，关心的是这些学生英语成绩的分布情况，设 X 表示“任一学生的英语成绩”，则 X 为某个可能值是有一定概率的，这就是说总体的取值是有其概率分布的，因而总体是一个随机变量。对总体的研究就是对相应的随机变量的研究。今后凡提到总体就是指一个相应的随机变量，总体的分布函数和数字特征，就是指这个随机变量的分布函数和数字特征。今后将不再区分总体和相应的随机变量，一律用大写字母 $X,Y,Z,\cdots$ 来表示。

为了研究总体的各种性质（如分布函数、数字特征等），不可能将所有个体都一一进行研究。事实上，当总体所包含的个体数无限时，这不可能做到，即使总体所包含的个体数有限时也很难做到。例如，研究灯泡的寿命时，由于寿命试验是破坏性的，一旦将每个灯泡的寿命测试完毕，那么这批灯泡也就全报废了。因此要研究总体的各种性质，一般来说必须对总体进行抽样观察，从总体 X 中随机地抽取 n 个个体 $X_1,X_2,\cdots,X_n$，或对总体 X 进行 n 次观察，这样取得的

$(X_1, X_2, \cdots, X_n)$ 称为总体 X 的一个样本，样本中所包含的个体数 n 称为样本容量。对样本 $(X_1, X_2, \cdots, X_n)$ 一经测试或观察完毕，就得到一组实数 $(x_1, x_2, \cdots, x_n)$，称其为样本观察值。统计推断的任务就是根据样本观察值 $(x_1, x_2, \cdots, x_n)$ 来估计总体 X 的分布情况。为了使样本观察值尽可能具有代表性，就要求 $X_1, X_2, \cdots, X_n$ 相互独立且与总体 X 具有相同的分布。具有独立同分布特点的样本叫做简单随机样本。今后如果不作特殊声明，所说的样本都是指简单随机样本。

显然样本 $(X_1, X_2, \cdots, X_n)$ 应当看做 n 维随机变量，它也应有自己的分布，$X_1, X_2, \cdots, X_n$ 相互独立且与总体 X 具有相同的分布，设总体 X 的分布函数为 $F(x)$，密度函数为 $f(x)$，则 $(X_1, X_2, \cdots, X_n)$ 的联合分布函数为

$$F^*(x_1, x_2, \cdots, x_n) = \prod_{i=1}^{n} F(x)$$

联合密度函数为

$$f^*(x_1, x_2, \cdots, x_n) = \prod_{i=1}^{n} f(x)$$

1.2 统计量

如前所述，总体实际上就是一个随机变量 X，有一定的概率分布和分布的数字特征。总体分布的数字特征往往也就是概率分布函数中的参数（如正态分布的数学期望和方差就是密度函数中的参数 μ 和 σ；二项分布的数学期望和方差就是参数 np 和 npq；泊松分布的数学期望和方差就是密度函数中的参数 λ），根据样本信息估计总体数字特征就称为参数估计。在进行参数估计时，并不是直接用一个个的具体样本值来估计、推测总体参数，而是针对不同问题，构造出样本的某种函数（不包含任何未知参数），利用这些函数来估计总体参数。把这种不包含任何未知参数的样本的函数称为统计量。

设 $X_1, X_2, \cdots, X_n$ 是来自总体 X 的样本，则常用的统计量有：

样本均值：$\overline{X} = \dfrac{1}{n}\sum_{i=1}^{n} X_i$

样本方差：$S^2 = \dfrac{1}{n-1}\sum_{i=1}^{n}(X_i - \overline{X})^2 = \dfrac{1}{n-1}\left(\sum_{i=1}^{n} X_i^2 - n\overline{X}^2\right)$ 或 $\sigma^2 = \dfrac{1}{n}\sum_{i=1}^{n}(x_i - \overline{x})^2$

样本标准差：$S = \sqrt{S^2} = \sqrt{\dfrac{1}{n-1}\sum_{i=1}^{n}(X_i - \overline{X})^2}$ 或 $\sigma = \sqrt{\dfrac{1}{n}\sum_{i=1}^{n}(x_i - \overline{x})^2}$

以上统计量的观测值分别为

$$\overline{x} = \frac{1}{n}\sum_{i=1}^{n} x_i$$

$$s^2 = \frac{1}{n-1}\sum_{i=1}^{n}(x_i - \overline{x})^2 = \frac{1}{n-1}\left(\sum_{i=1}^{n} x_i^2 - n\overline{x}^2\right)$$

$$s=\sqrt{s^2}=\sqrt{\frac{1}{n-1}\sum_{i=1}^{n}(x_i-\overline{x})^2}$$

1.3　抽样分布

统计量是样本的函数，是随着样本不同而变化的量，由于样本是随机样本，所以统计量也是一个随机变量，随机变量有一定的概率分布。把样本统计量的分布称为抽样分布。从理论上讲，当总体的分布函数已知时，统计量的分布总可以通过求随机变量的函数的分布而得到，因此抽样分布是确定的。然而，要求出统计量的精确分布，一般来说是困难的。这里只给出来自正态总体的几个常用统计量的分布。

1.3.1　正态总体样本均值的分布

设 $X_1,X_2,\cdots,X_n$ 是来自正态总体的样本 $X\sim N(\mu,\sigma^2)$，则

(1) $\overline{X}\sim N(\mu,\frac{\sigma^2}{n})$；

(2) $Z=\frac{\overline{X}-\mu}{\sigma/\sqrt{n}}\sim N(0,1)$。

1.3.2　χ^2 分布

(1) 设 $X_1,X_2,\cdots,X_n$ 是来自正态总体 $X\sim N(0,1)$ 的样本，则称统计量

$$\chi^2=\sum_{i=1}^{n}X_i^2$$

所服从的分布是自由度为 n 的 χ^2 分布（卡方分布），记为 $\chi^2\sim\chi^2(n)$。其密度函数为

$$f(x)=\begin{cases}\frac{1}{2^{n/2}\Gamma(\frac{n}{2})}x^{\frac{n}{2}-1}\mathrm{e}^{-\frac{x}{2}}, & x>0\\ 0, & \text{其他}\end{cases}$$

$f(x)$ 的图形如图 3－1 所示。

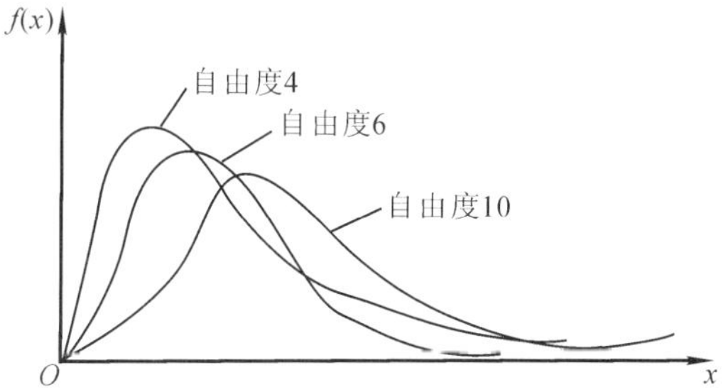

图 3－1　不同自由度的 χ^2 分布密度曲线

(2) 若 $X_1,X_2,\cdots,X_n$ 是来自正态总体 $X\sim N(\mu,\sigma^2)$ 的样本，则

$$\sum_{i=1}^{n}\left(\frac{X_i-\mu}{\sigma}\right)^2 \sim \chi^2(n)$$

(3) 若 $X_1, X_2, \cdots, X_n$ 是来自正态总体 $X \sim N(\mu, \sigma^2)$ 的样本，$\overline{X}, S^2$ 分别是样本均值和样本方差，则 $\overline{X}$ 与 S^2 相互独立，且 $\frac{n-1}{\sigma^2}S^2 \sim \chi^2(n-1)$。

(4) 若 $\chi_1^2 - \chi^2(n_1), \chi_2^2 \sim \chi^2(n_2)$，且 χ_1^2, χ_2^2 相互独立，则 $\chi_1^2 + \chi_2^2 \sim \chi^2(n_1+n_2)$。

(5) 若 $\chi^2 \sim \chi^2(n)$，则 χ^2 的数学期望为 $E(\chi^2)=n$，方差为 $D(\chi^2)=2n$。

1.3.3　分布

(1) 设 $X \sim N(0,1), Y \sim \chi^2(n)$，$X, Y$ 相互独立，则称随机变量

$$T=\frac{X}{\sqrt{Y/n}}$$

所服从的分布是自由度为 n 的 t 分布，记为 $T \sim t(n)$。其密度函数为

$$h(t)=\frac{\Gamma\left(\frac{n+1}{2}\right)}{\sqrt{n\pi}\,\Gamma\left(\frac{n}{2}\right)}\left(1+\frac{t^2}{n}\right)^{-(n+1)/2} \quad (-\infty < t < +\infty)$$

t 分布是类似正态分布的一种对称分布，它通常要比正态分布平坦和分散。一个特定的 t 分布依赖于称之为自由度的参数 n。随着自由度的增大，t 分布也逐渐趋于正态分布，$h(t)$ 的图形如图 3-2 所示。

t 分布具有如下特性：

1) t 分布与标准正态分布相似，是以 $x=0$ 为对称轴的钟形对称分布，取值范围是 $(-\infty, +\infty)$，但是 t 分布的方差大于 1，比标准正态分布的方差大，所以从分布曲线看，t 分布的曲线较标准正态分布平缓。

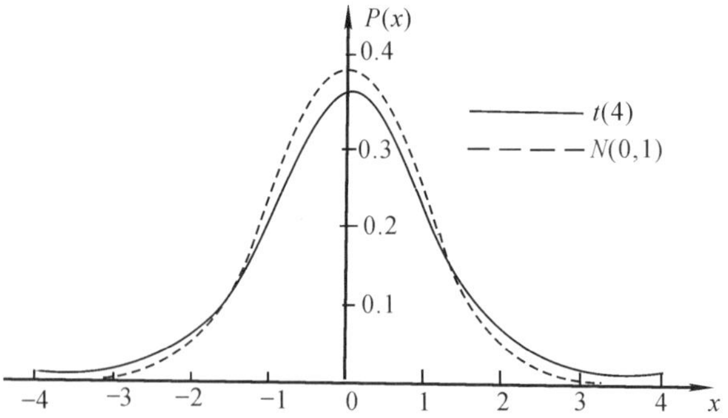

图 3-2　$t(4)$ 与 $N(0,1)$ 的密度曲线

2) t 分布的密度函数中只有一个参数，称为自由度。随着自由度的增大，t 分布的变异程度逐渐减小，其方差逐渐接近 1，当 $n \to \infty$ 时，t 分布成为正态分布，即 $h(t) \to \varphi(t)\ (n \to \infty)$，$\varphi(t)$ 是标准正态分布密度函数。

3) 随机变量 X 落在某一区域内的概率，等于 t 分布曲线下，相应区域的面积，对于不同的 n，同样的区域下的概率不同，见书后附表：t 分布表。如 $n=10$，X 落入 $[-1.372, +1.372]$ 区间的概率为 0.9，而当 $n=20$ 时，概率为 0.9 所对应的区间为 $[-1.325, +1.325]$；当 $n=30$ 时，概率为 0.9 所对应的区间为 $[-1.31, +1.31]$。

(2) $X_1, X_2, \cdots, X_n$ 是来自正态总体 $X \sim N(\mu, \sigma^2)$ 的样本，$\overline{X}, S^2$ 分别是样本均值和样本方

差，则

$$T=\frac{\overline{X}-\mu}{S/\sqrt{n}}\sim t(n-1)$$

(3) 设 $X_1,X_2,\cdots,X_{n_1}$ 是来自正态总体 $X\sim N(\mu_1,\sigma^2)$ 的样本，$Y_1,Y_2,\cdots,Y_{n_2}$ 是来自正态总体 $Y\sim N(\mu_2,\sigma^2)$ 的样本，且这两个样本相互独立，$S_1^2=\frac{1}{n_1-1}\sum_{i=1}^{n_1}(X_i-\overline{X})^2$，$S_2^2=\frac{1}{n_2-1}\sum_{i=1}^{n_1}(Y_i-\overline{Y})^2$，则

$$\frac{(\overline{X}-\overline{Y})-(\mu_1-\mu_2)}{S_\omega\sqrt{\frac{1}{n_1}+\frac{1}{n_2}}}\sim t(n_1+n_2-2)$$

其中

$$S_\omega^2=\frac{(n_1-1)S_1^2+(n_2-1)S_2^2}{n_1+n_2-2}$$

1.3.4 F 分布

(1) 设 $U\sim\chi^2(n_1)$，$V\sim\chi^2(n_2)$，且 U,V 相互独立，则称随机变量

$$F=\frac{U/n_1}{V/n_2}$$

所服从的分布为自由度为 (n_1,n_2) 的 F 分布，记为 $F\sim F(n_1,n_2)$。其密度函数为

$$g(y)=\begin{cases}\dfrac{\Gamma(\frac{n_1+n_2}{2})(\frac{n_1}{n_2})^{\frac{n_1}{2}}y^{\frac{n_1}{2}-1}}{\Gamma(\frac{n_1}{2})\Gamma(\frac{n_2}{2})(1+\frac{n_1}{n_2}y)^{\frac{n_1+n_2}{2}}}, & y>0\\ 0, & \text{其他}\end{cases}$$

$g(y)$ 的图形如图 3-3 所示。

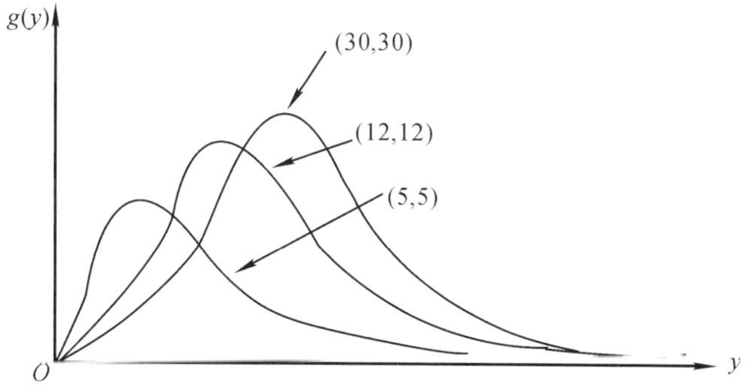

图 3-3 不同自由度的 F 分布密度曲线

(2) 若 $F\sim F(n_1,n_2)$，则由定义知，$\frac{1}{F}\sim F(n_2,n_1)$。

§2　参数的点估计及评价准则

在统计推断中，有这样一类问题：总体 X 的分布函数或密度函数的形式往往是已知的，而它的某些参数是未知的，这就要求对未知参数进行合理的估计。而参数估计就是在未知总体分布参数的情况下，利用样本统计量来估计总体的参数。在估计过程中，用来推算总体的参数的样本统计量称为**估计量**。根据估计方法的不同，参数估计可分为**点估计**和**区间估计**。点估计就是用样本统计量直接估计总体参数，以之代表总体参数的一种估计方法。

2.1　点估计的方法

点估计的方法有矩估计法、顺序统计量法、最大似然估计法、最小二乘估计法等。这里仅介绍最为简单、直观又常用的矩估计法。

在统计学中，矩是指以期望为基础而定义的随机变量的数字特征，一般分为原点矩和中心矩。设 X 为随机变量，对任意正整数 k，称 $E(X^k)$ 为随机变量 X 的 **k 阶原点矩**，记为 $m_k=E(X^k)$，称 $C_k=E[X-E(X)]^k$ 为以 $E(X)$ 为中心的 **k 阶中心矩**。由矩的定义易知，数学期望 $E(X)=\mu$ 为随机变量 X 的一阶原点矩，方差 $D(X)=E[X-E(X)]^2=\sigma^2$ 为随机变量 X 的二阶中心矩。由于样本矩在一定程度上反映了总体矩的特征（可以证明样本矩收敛于总体矩），因此，只要总体矩存在，就可用样本矩估计总体矩。

矩估计法的原理是：设总体 X 的密度函数为 $f(x,\theta_1,\theta_2,\cdots,\theta_k)$ 含有 k 个待估计参数 $\theta_i(i=1,2,\cdots,k)$，$X_1,X_2\cdots,X_n$ 是从总体 X 中抽取的样本。如果总体的 k 阶原点矩存在，则用样本的 l 阶原点矩

$$\frac{1}{n}\sum_{i=1}^{n}X_i^l$$

来估计总体 X 的 l 阶原点矩

$$\mu_l=E(X^l)=\int_{-\infty}^{+\infty}x^l f(x,\theta_1,\theta_2,\cdots,\theta_k)\mathrm{d}x,\quad l=1,2,\cdots,k$$

即

$$\begin{cases}\hat{\mu}_1(\theta_1,\theta_2,\cdots,\theta_k)=\dfrac{1}{n}\displaystyle\sum_{i=1}^{n}X_i\\ \hat{\mu}_2(\theta_1,\theta_2,\cdots,\theta_k)=\dfrac{1}{n}\displaystyle\sum_{i=1}^{n}X_i^2\\ \cdots\cdots\\ \hat{\mu}_k(\theta_1,\theta_2,\cdots,\theta_k)=\dfrac{1}{n}\displaystyle\sum_{i=1}^{n}X_i^k\end{cases}$$

对于 k 个参数 $\theta_i(i=1,2,\cdots,k)$，建立了 k 个方程的方程组，解上述方程组，得到 k 个解

$$\hat{\theta}_i(X_1,X_2,\cdots,X_n),\quad i=1,2,\cdots,k$$

称 $\hat{\theta}_i(X_1,X_2,\cdots,X_n)(i=1,2,\cdots,k)$ 为 $\theta_i(i=1,2,\cdots,k)$ 的矩估计量。

例 3.1 求总体数学期望和方差的矩估计量。

设总体的二阶原点矩存在，而 $X_1,X_2,\cdots,X_n$ 是来自总体的一组样本，因为

$$D(X)=E(X^2)-E^2(X)$$

所以，总体的二阶原点矩为 $\mu_2=D(X)+E^2(X)$，于是，用矩估计法可得到方程组

$$\begin{cases}\hat{E}(X)=\dfrac{1}{n}\sum\limits_{i=1}^{n}X_i\\ \hat{D}(X)+\hat{E}^2(X)=\dfrac{1}{n}\sum\limits_{i=1}^{n}X_i^2\end{cases}$$

解以上方程组得

$$\hat{E}(X)=\frac{1}{n}\sum_{i=1}^{n}X_i=\overline{X}$$

$$\hat{D}(X)=\frac{1}{n}\sum_{i=1}^{n}X_i^2-\overline{X}^2=\sigma^2$$

例 3.2 设样本 $X_1,X_2,\cdots,X_n$ 取自均匀分布总体，即

$$f(x,\theta)=\begin{cases}\dfrac{1}{\theta}, & 0<x<\theta\\ 0, & \text{其他}\end{cases}$$

试求 θ 的矩估计量。

解 因为

$$E(X)=\int_{-\infty}^{+\infty}xf(x,\theta)\mathrm{d}x=\frac{1}{\theta}\int_0^{\theta}x\mathrm{d}x=\frac{\theta}{2}$$

由矩估计法，令

$$\frac{\hat{\theta}}{2}=E(X)=\overline{X}$$

则有

$$\hat{\theta}=2\overline{X}$$

例 3.3 已知某种灯泡的寿命 $X\sim N(\mu,\sigma^2)$，其中，μ,σ^2 都是未知的，今随机取得 4 只灯泡，测得寿命(单位:h) 为 1 502，1 453，1 367，1 650，试用矩估计法估计 μ 和 σ。

解 由于

$$\overline{x}=\frac{1}{4}(1\ 502+1\ 453+1\ 367+1\ 650)=1\ 493$$

$$\sigma^2=\frac{(1\ 502-1\ 493)^2+(1\ 453-1\ 493)^2+(1\ 367-1\ 493)^2+(1\ 650-1\ 493)^2}{4}=$$

$$10\ 551.5$$

$$\sigma=102.72$$

根据例 3.1 的结果，则有

$$\hat{u}=\overline{x}=1\ 493,\quad \hat{\sigma}=\sigma=102.72$$

故 μ 及 σ 的估计值分别为 1 493 h 及 102.72 h。

例 3.4 设总体 X 的分布密度为

$$f(x,\lambda)=\begin{cases}\lambda e^{-\lambda x}, & x>0\\ 0, & x\leqslant 0\end{cases}$$

现从总体中随机抽取 10 个个体 $X_1,X_2,\cdots,X_{10}$，经过测试得到样本的观测值如下：1 050，1 100，1 080，1 120，1 200，1 250，1 040，1 130，1 300，1 200。试用矩估计法估计参数 λ。

解 因为

$$E(X)=\int_{-\infty}^{+\infty}xf(x,\lambda)\mathrm{d}x=\int_{0}^{+\infty}\lambda x e^{-\lambda x}\mathrm{d}x=\frac{1}{\lambda}$$

由矩估计法，$\frac{1}{\hat{\lambda}}=\overline{X}$，解得 $\hat{\lambda}=\frac{1}{\overline{X}}$

$$\overline{x}=\frac{1}{10}\sum_{i=1}^{10}x_i=1\ 147$$

则有 λ 的估计值为 $\hat{\lambda}=\frac{1}{1\ 147}$。

矩估计法简便、直观，比较常用，但是矩估计法也有其局限性。它要求总体的 k 阶原点矩存在，若不存在则无法估计。

通常设 θ 为总体 X 的待估计参数，一般用样本 $X_1,X_2,\cdots,X_n$ 构成一个统计量 $\hat{\theta}=\hat{\theta}(X_1,X_2,\cdots,X_n)$ 来估计 θ，则称 $\hat{\theta}$ 为 θ 的估计量。对于样本的一组数值 $x_1,x_2,\cdots,x_n$，估计量 $\hat{\theta}$ 的值 $\hat{\theta}(x_1,x_2,\cdots,x_n)$ 称 θ 的估计值。于是点估计即是寻求一个作为待估计参数 θ 的估计量 $\hat{\theta}(x_1,x_2,\cdots,x_n)$ 的问题。但是必须注意，对于样本的不同数值，估计值是不相同的。

如在例 3.3 中，分别用样本平均数和样本方差来估计总体数学期望和总体方差，即有

$$\hat{\mu}=\hat{\mu}(X_1,X_2,\cdots,X_n)=\frac{1}{n}\sum_{i=1}^{n}X_i=\overline{X}$$

$$\hat{\sigma}=\hat{\sigma}(X_1,X_2,\cdots,X_n)=\sqrt{\frac{\sum_{i=1}^{n}(X_i-\overline{X})^2}{n}}=\sigma$$

其对应于给定的估计值 $\hat{\mu}=\overline{x}=1\ 493$ h，$\hat{\sigma}=\sigma=102.72$ h。

2.2 点估计量的评价准则

对于一个未知参数 θ，可以构造很多估计量去估计它，例如估计总体平均数，可以用样本均值 $\overline{X}$，也可以用样本中位数、众数等，究竟采用哪一个好呢？这就涉及用什么标准来评价估计量好坏的问题。任何估计量都是一个不带未知参数的统计量，是一个随机变量，对不同的观察值，所求得的参数估计值也不同，因此确定一个估计量的好坏，不能仅依据一次试验结果，而必

须通过多次试验结果来衡量。如要求多次试验的估计值 $\hat{\theta}$ 的平均值应当等于真值 θ，而且估计值 $\hat{\theta}$ 与真值 θ 的离差很小，当样本容量 n 充分大时，$\hat{\theta}$ 渐近于 θ，这样的估计量才会令人满意。这就是通常所说的评价估计量好坏的三个基本标准：无偏性、有效性和一致性。

2.2.1　无偏性

如果样本统计量的数学期望等于所估计的总体参数 θ 的真值，该样本统计量称做总体参数 θ 的无偏估计量。无偏性的定义：设 $\hat{\theta}$ 为未知参数 θ 的估计量，如果样本统计量 $\hat{\theta}$ 的数学期望 $E(\hat{\theta})=\theta$，则称样本统计量 $\hat{\theta}$ 是总体参数 θ 的**无偏估计**。

例 3.5　设总体的均值和方差都存在，则简单随机样本的均值和方差分别是总体的均值和方差的无偏估计量。

证　设总体 X 的均值 $E(X)=\mu$，方差 $D(X)=\sigma^2$，$X_1,X_2,\cdots,X_n$ 为来自总体 X 的样本，因为 X_i 与 X 同分布，所以

$$E(X_i)=\mu,D(X_i)=\sigma^2,E(X_i^2)=D(X_i)+E^2(X_i)$$

故

$$E(\overline{X})=E\left[\frac{\sum_{i=1}^{n}X_i}{n}\right]=\frac{1}{n}\sum_{i=1}^{n}E(X_i)=\frac{1}{n}nE(X)=E(X)=\mu$$

$$E(S^2)=E\left[\frac{1}{n-1}\sum_{i=1}^{n}(X_i-\overline{X})^2\right]=\frac{1}{n-1}E\left[\sum_{i=1}^{n}(X_i-\overline{X})^2\right]=$$

$$\frac{1}{n-1}E\left[\sum_{i=1}^{n}X_i^2-n(\overline{X})^2\right]=\frac{1}{n-1}\left[\sum_{i=1}^{n}E(X_i^2)-nE(\overline{X}^2)\right]=$$

$$\frac{1}{n-1}[n[D(X)+E^2(X)]-n[D(\overline{X})+E^2(\overline{X})]]$$

因为
$$E(\overline{X})=E(X)=\mu,D(\overline{X})=D(X)/n$$

所以
$$E(S^2)=\frac{1}{n-1}[n(\sigma^2+\mu^2)-n(\sigma^2/n+\mu^2)]=\frac{1}{n-1}(n\sigma^2-\sigma^2)=\sigma^2$$

可见，简单随机样本的均值 $\overline{X}$ 和方差 S^2 分别是总体的均值 μ 和方差 σ^2 的无偏估计量。

以无偏性来评价估计量当然是一个很好的准则，但仅此是不够的，因为有很多估计量都具有无偏性的特点，如可以证明样本中位数的数学期望也等于总体期望值，所以还需要其他的评价准则。

2.2.2　有效性

如果对未知参数 θ 有两个不同的无偏估计量 $\hat{\theta}_1$ 和 $\hat{\theta}_2$，那么哪个估计量更理想呢？从上一章中的概率论与数理统计知识可知，随机变量 X 的方差 $D(X)$ 是刻画该随机变量 X 取值在其期

望值 $E(X)$ 附近集中或分散程度的一个度量。所以一个好的估计量不仅应该是未知参数 θ 的无偏估计量，还应有尽可能小的方差，若 $D(\hat{\theta}_1) < D(\hat{\theta}_2)$，即 $\hat{\theta}_1$ 比 $\hat{\theta}_2$ 更密集在 θ 的附近，从而认为 $\hat{\theta}_1$ 是比 $\hat{\theta}_2$ 更为理想、稳定可靠的估计量。从这个意义上来说，无偏估计量以方差小者为好，即较为有效。于是有下面的定义：设 $\hat{\theta}_1$，$\hat{\theta}_2$ 是 θ 的两个无偏估计量，若

$$D(\hat{\theta}_1) < D(\hat{\theta}_2)$$

则称 $\hat{\theta}_1$ 较 $\hat{\theta}_2$ **有效**。

例 3.6 设 $X_1, X_2, \cdots, X_n$ 为来自总体 X 的一个简单随机样本，且 $X_1 < X_2 < \cdots < X_n$，则样本均值和样本中位数

$$\widetilde{X} = \begin{cases} X_{k+1}, & n = 2k+1 \\ \dfrac{1}{2}(X_k + X_{k-1}), & n = 2k \end{cases}$$

都是总体 X 的均值 μ 的无偏估计量，试比较哪一个更有效。

解 因为

$$E(\overline{X}) = \mu$$

$$E(\widetilde{X}) = \begin{cases} E(X_{k+1}) = \mu, & n = 2k+1 \\ E\left[\dfrac{1}{2}(X_k + X_{k+1})\right] = \mu, & n = 2k \end{cases}$$

所以 $\overline{X}$ 和 $\widetilde{X}$ 都是 μ 的无偏估计量。

而

$$D(\overline{X}) = \sigma^2 / n$$

$$D(\widetilde{X}) = \begin{cases} D(X_{k+1}) = \sigma^2, & n = 2k+1 \\ D\left[\dfrac{1}{2}(X_k + X_{k+1})\right] = \dfrac{\sigma^2}{2}, & n = 2k \end{cases}$$

显然，当 $n > 2$ 时，有 $D(\overline{X}) < D(\widetilde{X})$，因此当样本容量 $n > 2$ 时，μ 的无偏估计量 $\overline{X}$ 比 $\widetilde{X}$ 有效。

可以证明，在总体期望值 $E(X) = \mu$ 的一切线性无偏估计量中，样本均值 $\overline{X}$ 是其具有最小方差的无偏估计量。

因为 $E(\overline{X}) = E(X) = \mu$，$D(\overline{X}) = \sigma^2/n < D(X) = \sigma^2$，可见，$n$ 越大，$D(\overline{X})$ 越小，说明当 n 越大时，用 $\overline{X}$ 去估计 μ 值更为有效。

2.2.3 一致性

估计量的无偏性与有效性是在固定样本容量时的估计量的性质，当样本容量 n 越大时，自然希望对未知参数 θ 的估计值越精确，即参数的估计量 $\hat{\theta}$ 依照概率收敛于 θ。这就是估计的一致性。

设 $\hat{\theta}_n = \theta_n(X_1, X_2, \cdots, X_n)$ 是 θ 的一个样本容量为 n 的估计量，对于无限总体，如果对任意的 $\varepsilon > 0$，有

$$\lim_{n\to\infty}P\{|\hat{\theta}_n-\theta|<\varepsilon\}=1$$

或

$$\lim_{n\to\infty}P\{|\hat{\theta}_n-\theta|\geqslant\varepsilon\}=0$$

则称 $\hat{\theta}_n$ 是 θ 的**一致估计量**。

例如,切比雪夫大数定理已经证明样本均值 $\overline{X}=\frac{1}{n}\sum_{i=1}^{n}X_i$ 就是总体数学期望 $E(X)=\mu$ 的一致估计量。可以证明样本方差也是总体方差 $D(X)$ 的一致估计量。

一致性的直观意义是随着 n 的不断增大,估计值逐渐地稳定于真值。换言之,大样本比小样本趋于接近一个更好的点估计。估计量的一致性是在大样本情况下提出的一种要求,而对于小样本,它不能作为评价估计量好坏的标准。

以上讨论了评价估计量好坏的三个准则:无偏性、有效性和一致性。注意到样本均值和样本方差作为总体均值和总体方差的估计量,都同时具有这三个良好特性,正因为如此,它们在统计推断中起着重要作用。对于三种衡量估计量的标准,从统计方法要求来看,自然要求一个估计量具有一致性,用一致性来衡量估计量的好坏时,要求样本容量适当的大,但这在实际中往往是办不到的。无偏性直观上比较合理,但并不是每一个参数都有无偏估计量。估计量的无偏性对现实问题的意义,必须根据问题的具体情况去考察。有效性无论在直观上或理论上都比较合理,所以在使用上,这是用得比较多的一个标准。有时侯为了使均方误差最小而宁愿选择一个有偏的估计量。

§3 参数的区间估计

3.1 区间估计的思想

参数的点估计,就是用估计量的一个具体数值作为未知参数的估计值,其优点是直观、简单。一般来说点估计值位于总体参数附近,在平均意义上,二者相等。但由于在实际抽样调查中一次只是随机抽取一个样本,导致估计值会因样本的不同而不同,它有可能等于,也可能不等于总体参数的值,甚至产生很大的差异。所以在估计总体指标时就必须同时考虑估计误差的大小。从人们的主观愿望上看,总是希望花较少的钱取得较好的效果,也就是说希望调查费用和调查误差越小越好。但是,在其他条件不变的情况下,缩小抽样误差就意味着增加调查费用,它们是一对矛盾。因此,在进行抽样调查时,应该根据研究目的和任务以及研究对象的标志变异程度,科学确定允许的误差范围。点估计本身既不反映这种近似值的精确度(没有指出用估计值去估计总体参数的误差范围有多大),也没有考虑估计的可靠性程度(即没有指出这个误差范围以多大的概率包含未知参数 θ)。这正是点估计的不足,而区间估计在一定程度上弥补了这一缺陷。

区间估计就是用样本估计量与其抽样平均误差构成的区间来估计总体参数，并以一定的概率保证总体参数在所估计的区间内。

区间估计的基本方法是：首先求待估计参数 θ 的估计值 $\hat{\theta}$，然后以 $\hat{\theta}$ 为基础估计出一个区间 $(\hat{\theta}_1, \hat{\theta}_2)$，并提供总体参数 θ 落入该区间的概率。

区间估计既说清估计结果的准确程度，又同时表明这个估计结果的可靠程度，所以区间估计是比较科学的，它是本节阐述的重点。

设总体 X 的分布含有一个未知参数 θ，若由样本确定的两个统计量 $\hat{\theta}_1(X_1, X_2, \cdots, X_n)$ 及 $\hat{\theta}_2(X_1, X_2, \cdots, X_n)$ 对于给定值 $\alpha(0 < \alpha < 1)$，若满足

$$P\{\hat{\theta}_1 < \theta < \hat{\theta}_2\} = 1 - \alpha$$

则称随机区间 $(\hat{\theta}_1, \hat{\theta}_2)$ 为 θ 的置信区间，$\hat{\theta}_1$，$\hat{\theta}_2$ 分别被称为置信下限和置信上限，α 称为显著性水平，$100(1-\alpha)\%$ 称为置信度或置信水平。

由于对不同的样本计算出的估计值不同，所以以估计值为基础计算的区间 $(\hat{\theta}_1, \hat{\theta}_2)$ 是一个随样本不同而不同的随机区间。若在样本容量一定的条件下反复抽样多次，每组样本值确定一个区间 $(\hat{\theta}_1, \hat{\theta}_2)$，每个这样的区间或者包含总体参数 θ 的真值，或者不包含总体参数 θ 的真值，包含总体参数 θ 的真值的概率是 $1-\alpha$，不包含总体参数 θ 的真值的概率是 α。显然，α 越小，$1-\alpha$ 越大，θ 的真值落入区间 $(\hat{\theta}_1, \hat{\theta}_2)$ 内的可靠程度越高。

一般 α 取 0.05，或取 0.01，0.1。如 $\alpha = 0.01$ 表示反复抽样 1 000 次，则得到的 1 000 个区间中不包含总体参数 θ 的真值的仅有 10 个左右。

与点估计类似，一个未知参数 θ 的区间估计也有一个好坏的评价。区间估计的基本要求是：(1) 置信度的要求：希望随机区间 $(\hat{\theta}_1, \hat{\theta}_2)$ 包含 θ 的真值的概率 $1-\alpha$ 越大越好；(2) 精确度的要求：希望随机区间 $(\hat{\theta}_1, \hat{\theta}_2)$ 的平均长度越短越好。在样本容量一定的条件下，这两个基本要求往往是一对矛盾。如果置信度增大，则置信区间必然增大，精确度便降低；如果提高精确度，则置信度必然减小。所以，对估计的精确度和可靠性的要求应慎重考虑。统计学家奈曼建议采用一种妥协的办法：在保证置信度的前提下，尽可能提高精确度。

区间估计的一般步骤如下：

第一步：确定待估计参数和置信水平(置信度)。

第二步：确定估计量，并找出估计量的抽样分布。估计量的方差越小，在相同的置信水平下，置信区间就越小，精确度就越高。

第三步：利用估计量的抽样分布求出置信区间。

3.2 总体期望值的区间估计

3.2.1 单个正态总体期望值的区间估计

设 $X_1, X_2, \cdots, X_n$ 是来自正态总体 $X \sim N(\mu, \sigma^2)$ 的样本，$\overline{X}, S^2$ 分别是样本均值和样本方差，置信度为 $1-\alpha$。

(1) 当 σ^2 已知时，求 μ 的置信区间。根据抽样分布定理（本章 1.3）可知

$$Z = \frac{\overline{X}-\mu}{\sigma/\sqrt{n}} \sim N(0,1)$$

由标准正态分布的上 σ 分位点的定义有

$$P\left\{\left|\frac{\overline{X}-\mu}{\sigma/\sqrt{n}}\right| < z_{\alpha/2}\right\} = 1-\alpha$$

即有

$$P\left\{-z_{\alpha/2} < \frac{\overline{X}-\mu}{\sigma/\sqrt{n}} < z_{\alpha/2}\right\} = 1-\alpha$$

$$P\left\{\overline{X} - \frac{\sigma}{\sqrt{n}} z_{\alpha/2} < \mu < \overline{X} + \frac{\sigma}{\sqrt{n}} z_{\alpha/\alpha}\right\} = 1-\alpha$$

于是得到 μ 的置信度为 $1-\alpha$ 的置信区间为

$$\left(\overline{X} - \frac{\sigma}{\sqrt{n}} z_{\alpha/2}, \overline{X} + \frac{\sigma}{\sqrt{n}} z_{\alpha/2}\right)$$

若给定 α, σ^2，样本容量 n 及样本观测值 $x_1, x_2, \cdots, x_n$，则上述置信区间可求。

例 3.7 某种零件的长度服从正态分布，从该批产品中随机抽取 9 件，测得它们的平均长度为 21.4 mm，已知总体标准差为 $\sigma = 0.15$ mm，试建立该种零件平均长度的置信区间，假定给定置信水平为 0.95。

解 已知 $X \sim N(\mu, 0.15^2)$，$\overline{x} = 21.4$，$n = 9$，$1-\alpha = 0.95$，因为

$$Z = \frac{\overline{X}-\mu}{\sigma/\sqrt{n}} \sim N(0,1)$$

所以对于给定的置信水平 0.95，有

$$P\left\{-z_{\alpha/2} < \frac{\overline{X}-\mu}{\sigma/\sqrt{n}} < +z_{\alpha/2}\right\} = 0.95$$

当 $\alpha = 0.05$ 时，$z_{\alpha/2} = 1.96$，于是有

$$P\left\{21.4 - 1.96\frac{0.15}{\sqrt{9}} < \mu < 21.4 + 1.96\frac{0.15}{\sqrt{9}}\right\} = 0.95$$

总体均值的置信区间为(21.302,21.498)。即有 95% 的把握保证该种零件的平均长度在 21.302 ～ 21.498 mm 之间。

例 3.8 某保险公司自投保人中随机抽取 36 人，计算出此 36 人的平均年龄 $\overline{x} = 39.5$ 岁，已知投保人年龄分布近似服从正态分布，标准差为 7.2 岁，试求所有投保人平均年龄 99% 的置信区间（即 $1-\alpha = 99\%$）。

解 已知，$X \sim N(\mu, 7.2^2)$，$\overline{x} = 39.5$ 岁，$n = 36$，$1-\alpha = 0.99$，则

$$Z=\frac{39.5-\mu}{7.2/\sqrt{36}}\sim N(0,1)$$

当 $\alpha=0.01$，有 $z_{\alpha/2}=z_{0.01/2}=z_{0.005}=2.575$，故得

$$P\{39.5-2.575\times 7.2/\sqrt{36}<\mu<39.5+2.575\times 7.2/\sqrt{36}\}=0.99$$

总体的置信区间为(36.41,42.59)。有 99% 的把握保证投保人的平均年龄在 36 ～ 42 岁之间。

(2) 当 σ^2 未知时，求 μ 的置信区间。当 σ^2 未知时，一个很自然的想法是用样本方差来代替，这时，需要注意的是，用样本方差代替总体方差后，统计量 $T=(\overline{X}-\mu)/\sqrt{S^2/n}$ 不再服从标准正态分布，由抽样分布定理可知

$$T=\frac{\overline{X}-\mu}{\sqrt{S^2/n}}\sim t(n-1)$$

则对于给定的显著性水平 α，不难找出 $t_{\alpha/2}(n-1)$，使得

$$P\{-t_{\alpha/2}(n-1)\leqslant(\overline{X}-\mu)/\sqrt{S^2/n}\leqslant t_{\alpha/2}(n-1)\}=1-\alpha$$

于是得到以 $1-\alpha$ 置信水平保证的置信区间

$$(\overline{X}-t_{\alpha/2}(n-1)\sqrt{S^2/n},\overline{X}+t_{\alpha/2}(n-1)\sqrt{S^2/n}$$

例 3.9 某研究机构进行了一项调查来估计吸烟者一月花在抽烟上的平均支出，假定吸烟者买烟的月支出近似服从正态分布。该机构随机抽取了容量为 26 的样本进行调查，得到样本平均数为 80 元，样本标准差为 20 元，试以 95% 的把握估计全部吸烟者月均烟钱支出的置信区间。

解 已知 $\overline{x}=80,\quad s=20,\quad n=26,\quad 1-\alpha=0.95$

由于不知道总体方差，所以用样本方差代替。因为

$$T=(\overline{X}-\mu)/\sqrt{S^2/n}\sim t(n-1),\quad \frac{s}{\sqrt{n}}=\frac{20}{\sqrt{26}}=3.92$$

根据 $\alpha=0.05$，查 t 分布表得，$t_{0.05/2}(25)=2.06$。故有

$$P\{\overline{X}-t_{0.05/2}(25)\frac{S}{\sqrt{26}}<\mu<\overline{X}+t_{0.05/2}(25)\frac{S}{\sqrt{26}}=$$

$$P\{80-2.06(3.92)<\mu<80+2.06(3.92)\}=0.95$$

总体的置信区间为[71.92,88.08]。有 95% 的把握认为吸烟者月均烟钱支出在 71.92 ～ 88.08 元之间。

例 3.10 从某大学本科生中随机抽选 100 人，调查到他们平均每天参加体育锻炼的时间为 35 min，样本标准差为 6 min，根据以往调查记录，学生参加体育锻炼的时间近似服从正态分布，试以 99% 的概率估计该校本科生平均参加体育锻炼的时间。

解 已知 X 服从正态分布，且 $\overline{x}=35,s=6,n=100,1-\alpha=0.99$，未知总体方差用样本方差代替，所以统计量 $T=(\overline{X}-\mu)/\sqrt{S^2/n}$ 服从 $t(n-1)$ 分布，查表得，$t_{0.01/2}(99)\approx 2.63$，则有总体均值的置信区间为

$$(\overline{X}-t_{\alpha/2}(n-1)\sqrt{S^2/n},\overline{X}+t_{\alpha/2}(n-1)\sqrt{S^2/n})=$$
$$(35-2.63(6/10),35+2.63(6/10))=(33.422,36.578)$$

有 99% 的把握认为该校全体本科生平均每天参加体育锻炼的时间在 33.422 ～ 36.578 min之间。

例 3.11　对某型号飞机的飞行速度进行了 15 次实验，测得最大飞行速度(m/s) 为：422.2，417.2，425.6，420.3，425.8，423.1，418.7，428.2，438.3，434.0，412.3，431.5，413.5，441.3，423.0。根据长期经验，可以认为最大飞行速度服从正态分布。试就上述试验数据，对最大飞行速度的期望值进行区间估计($\alpha=0.05$)。

解　用 X 表示最大飞行速度，则 $X\sim N(\mu,\sigma^2)$，这里 σ^2 未知，故用

$$(\overline{X}-t_{\alpha/2}(n-1)\sqrt{S^2/n},\overline{X}+t_{\alpha/2}(n-1)\sqrt{S^2/n})$$

对总体均值 μ 进行区间估计

$$\overline{x}=\frac{1}{n}\sum_{i=1}^{n}x_i=\frac{1}{15}(422.2+147.2+\cdots+441.3+423.0)=425.0$$

$$s^2=\frac{1}{n-1}\sum_{i=1}^{n}(x_i-\overline{X})^2=$$
$$\frac{1}{14}[(422.2-425.0)^2+(417.2-425.0)^2+\cdots+(423.0-425.0)^2]=72.049$$

$$s=8.488$$

当 $\alpha=0.05$，根据

$$P\{\frac{(\overline{X}-\mu)}{\sqrt{S^2/n}}>t_{0.025}(14)\}=0.025$$

查 t 分布表得，$t_{0.025}(14)\approx 2.1448$，则有总体均值的置信区间为

$$(\overline{X}-t_{\alpha/2}(n-1)\sqrt{S^2/n},\overline{X}+t_{\alpha/2}(n-1)\sqrt{S^2/n}=$$
$$(425.0-2.1448\sqrt{72.049/15},425.0+2.1448\sqrt{72.049/15})=$$
$$(420.3,429.7)$$

故最大飞行速度 μ 的置信度为 95% 的置信区间为(420.3,429.7)。

3.2.2　单个非正态总体或总体分布未知，求 μ 的置信区间

当总体为非正态分布，或不知总体的分布形式时，只要知道总体方差 σ^2，则根据林德伯格-列维(Lindeberg-Levy) 中心极限定理，当 n 很大时，统计量 $\eta=\dfrac{\overline{X}-E(X)}{\sqrt{D(X)/n}}$ 就近似服从标准正态分布，经验上，$n>30$ 就可以认为是大样本了。这时，总体均值 μ 的置信度为 $1-\alpha$ 的置信区间为

$$(\overline{X}-Z_{\alpha/2}\frac{\sigma}{\sqrt{n}},\overline{X}+Z_{\alpha/2}\frac{\sigma}{\sqrt{n}})$$

例 3.12　设某金融机构共有 8 042 张应收账款单，根据过去记录，所有应收账款的标准差

为 3 033.4 元。现随机抽查了 250 张应收款单，得平均应收款为 3 319 元，求 98% 置信水平的平均应收款。

解 已知 $\bar{x}=3\ 319$ 元， $n=250>30$， $1-\alpha=0.98$， $\sigma=3\ 033.4$

因为 $\overline{X}$ 近似服从标准正态分布，$Z_{\alpha/2}=Z_{0.02/2}=2.33$，则总体均值的置信区间为

$$(\overline{X}-Z_{\alpha/2}\frac{\sigma}{\sqrt{n}},\overline{X}+Z_{\alpha/2}\frac{\sigma}{\sqrt{n}})=((3\ 319-2.33(3\ 033.4/\sqrt{250}),3\ 319+$$

$$2.33(3\ 033.4/\sqrt{250}))=(2\ 871.99,3\ 766)$$

根据调查结果，有 98% 的把握认为全部账单的平均金额至少为 2 871.99 元，至多为 3 766 元。

以上例题虽然不知总体分布形式，但总体的方差是已知的，而在实际中往往并不知道总体的方差，在实际应用中，只要是大样本，则仍然可以用样本方差 S 代替统计量 η 中的总体方差，并以标准正态分布近似作为统计量 η 的抽样分布。这时，总体均值 μ 的置信度为 $1-\alpha$ 的置信区间为

$$(\overline{X}-Z_{\alpha/2}\frac{S}{\sqrt{n}},\overline{X}+Z_{\alpha/2}\frac{S}{\sqrt{n}})$$

例 3.13 某地区抽查了 400 户农民家庭的人均化纤布的消费量，得到平均值为 3.3 m，标准差为 0.9 m，试以 95% 的置信水平估计该地区农民家庭人均化纤布的消费量。

解 因为 $n=400$ 是大样本，则有

$$Z_{\alpha/2}=Z_{0.025}=1.96,\quad \frac{s}{\sqrt{n}}=\frac{0.98}{\sqrt{400}}=0.049$$

$$P\{3.3-1.96(0.049)<\mu<3.3+1.96(0.049)\}=P\{3.204<\mu<3.396\}=0.95$$

置信区间为(3.204，3.396)。有 95% 的把握认为该地区农民化纤布的消费量在 3.204 ~ 3.396 m 之间。

例 3.14 某无线电广播公司要估计某市 65 岁以上的已退休的人中一天时间里收听广播的时间，随机抽取了一个容量为 200 的样本，得到样本平均数为 110 min，样本标准差为 30 min，试估计总体均值 95% 的置信区间。

解 已知 $\bar{x}=110$ min，$n=200>30$，$s=30$，$1-\alpha=0.95$，$Z_{\alpha/2}=Z_{0.025}=1.96$，则有置信区间

$$(110-1.96\frac{30}{\sqrt{200}},110+1.96\frac{30}{\sqrt{200}})=(105.84,114.16)$$

有 95% 的把握认为该市 65 岁以上已退休的人每天收听无线电广播的时间在105.84 ~ 114.16 min 之间。

3.2.3 两个总体均值之差的区间估计

实际问题中常会遇到比较两个总体情况，需要估计两个总体均值之间的差异有多大，例如估计两地人均收入的差异、估计两个企业生产的同一种产品的某一质量指标的差异程度等等。这时就需要对两个总体均值之差 $\mu_1-\mu_2$ 进行区间估计。

设两个总体的均值分别为 μ_1 和 μ_2，从两个总体中分别抽取容量为 n_1 和 n_2 的两个相互独

立的随机样本，其样本均值分别为 $\overline{X}_1$ 和 $\overline{X}_2$，其样本方差分别为 S_1^2 和 S_2^2，自然地将样本均值之差 $\overline{X}_1-\overline{X}_2$ 作为 $\mu_1-\mu_2$ 的点估计量。

分三种情况进行讨论。

(1) 两个正态总体，且 σ_1^2,σ_2^2 已知。设 $\overline{X}_1$ 是来自正态总体 $N(\mu_1,\sigma_1^2)$ 的容量为 n_1 的样本的均值，$\overline{X}_2$ 是来自正态总体 $N(\mu_3,\sigma_2^2)$ 的容量为 n_2 的样本的均值，σ_1^2,σ_2^2 已知，且两个样本相互独立，则统计量 $Z=\dfrac{(\overline{X}_1-\overline{X}_2)-(\mu_1-\mu_2)}{\sqrt{\dfrac{\sigma_1^2}{n_1}+\dfrac{\sigma_2^2}{n_2}}}\sim N(0,1)$，则两个总体均值之差 $\mu_1-\mu_2$ 的置信度为 $1-\alpha$ 的置信区间为

$$((\overline{X}_1-\overline{X}_2)-Z_{\alpha/2}\cdot\sqrt{\frac{\sigma_1^2}{n_1}+\frac{\sigma_2^2}{n_2}},(\overline{X}_1-\overline{X}_2)+Z_{\alpha/2}\cdot\sqrt{\frac{\sigma_1^2}{n_1}+\frac{\sigma_2^2}{n_2}})$$

例 3.15 甲、乙两台机床加工同种零件，分别从甲、乙机床处取 9 个和 7 个零件，量得其平均长度分别为 19.8 mm，23.5 mm，已知甲机床加工的零件长度 $X_1\sim N(\mu_1,0.34)$，乙机床加工的零件长度 $X_2\sim N(\mu_2,0.36)$，求 $\mu_1-\mu_2$ 的置信度为 99% 的置信区间。

解 由题设知，$1-\alpha=99\%$，$\alpha=0.1$，查标准正态分布表得 $Z_{\alpha/2}=2.58$，$\overline{x}_1=19.8$，$\overline{x}_2=23.5$，$n_1=9$，$n_2=7$，所以 $\mu_1-\mu_2$ 的置信度为 99% 的置信区间为

$$((\overline{X}_1-\overline{X}_2)-Z_{\alpha/2}\cdot\sqrt{\frac{\sigma_1^2}{n_1}+\frac{\sigma_2^2}{n_2}},(\overline{X}_1-\overline{X}_2)+Z_{\alpha/2}\cdot\sqrt{\frac{\sigma_1^2}{n_1}+\frac{\sigma_2^2}{n_2}})=$$

$$((19.8-23.5)-2.58\times\sqrt{\frac{0.34}{9}+\frac{0.36}{7}},(19.8-23.5)+2.58\times\sqrt{\frac{0.34}{9}+\frac{0.36}{7}})=$$

$$(-4.47,-2.93)$$

(2) 两个正态总体，且 σ_1^2,σ_2^2 都未知或两个非正态总体，大样本。当两个正态总体的方差 σ_1^2,σ_2^2 都未知时，或两个总体不服从正态分布，但 n_1 和 n_2 都很大($n_1\geqslant 30$ 和 $n_2\geqslant 30$)时，有

$$\frac{(\overline{X}_1-\overline{X}_2)-(\mu_1-\mu_2)}{\sqrt{\dfrac{S_1^2}{n_1}+\dfrac{S_2^2}{n_2}}}$$

近似服从 $N(0,1)$。于是 $\mu_1-\mu_2$ 的置信度为 $1-\alpha$ 的近似置信区间为

$$((\overline{X}_1-\overline{X}_2)-z_{\alpha/2}\cdot\sqrt{\frac{S_1^2}{n_1}+\frac{S_2^2}{n_2}},(\overline{X}_1-\overline{X}_2)+z_{\alpha/2}\cdot\sqrt{\frac{S_1^2}{n_1}+\frac{S_2^2}{n_2}})$$

例 3.16 某地区教育委员会想估计两所中学的学生高考时的英语平均成绩之差，为此在两所中学独立地抽取两个随机样本，有关数据见表 3-1。

表 3-1

中学(1)	$n_1=46$	$\overline{x}_1=86$	$s_1=5.8$
中学(2)	$n_2=33$	$\overline{x}_2=78$	$s_2=7.2$

求两所中学高考英语平均分数之差在95%置信水平下的置信区间。

解　两所中学高考英语平均分数之差在95%置信水平下的置信区间为

$$\left((\overline{X}_1-\overline{X}_2)-z_{\alpha/2}\cdot\sqrt{\frac{S_1^2}{n_1}+\frac{S_2^2}{n_2}},(\overline{X}_1-\overline{X}_2)+z_{\alpha/2}\cdot\sqrt{\frac{S_1^2}{n_1}+\frac{S_2^2}{n_2}}\right)=$$

$$\left((86-78)-1.96\times\sqrt{\frac{5.8^2}{46}+\frac{7.2^2}{33}},(86-78)+1.96\times\sqrt{\frac{5.8^2}{46}+\frac{7.2^2}{33}}\right)=$$

$$(5.03,10.97)$$

(3) 两个正态总体，且 $\sigma_1^2=\sigma_2^2=\sigma^2$，但 σ^2 未知。当两个正态总体的方差 σ_1^2 和 σ_2^2 未知但相等时，则需要用两个样本方差 S_1^2 和 S_2^2 来估计 σ_1^2 和 σ_2^2，这时统计量

$$t=\frac{(\overline{X}_1-\overline{X}_2)-(\mu_1-\mu_2)}{S_\omega\sqrt{\frac{1}{n_1}+\frac{1}{n_2}}}\sim t(n_1+n_2-2)$$

其中

$$S_\omega^2=\frac{(n_1-1)S_1^2+(n_2-1)S_2^2}{n_1+n_2-2}$$

因此，$\mu_1-\mu_2$ 的置信度为 $1-\alpha$ 的近似置信区间为

$$\left((\overline{X}_1-\overline{X}_2)-t_{\alpha/2}(n_1+n_2-2)\cdot S_\omega\sqrt{\frac{1}{n_1}+\frac{1}{n_2}},(\overline{X}_1-\overline{X}_2)+t_{\alpha/2}(n_1+n_2-2)\cdot S_\omega\sqrt{\frac{1}{n_1}+\frac{1}{n_2}}\right)$$

例 3.17　某电线厂质量检验员随机地从A批导线中抽取4根，并随机地从B批导线中抽取5根，测得其电阻(单位:Ω)分别如下：

A批导线:0.143　0.142　0.143　0.137

B批导线:0.140　0.142　0.136　0.138　0.140

设这两批导线的电阻分别服从 $N(\mu_1,\sigma^2)$ 和 $N(\mu_2,\sigma^2)$ 且相互独立 μ_1,μ_2,σ^2 均未知，求 $\mu_1-\mu_2$ 的置信度为95%的置信区间。

解　由题设条件，经计算得

$$\overline{x}_A=0.141\,25,\quad s_A^2=7.84\times10^{-6},\quad n_A=4$$

$$\overline{x}_B=0.1392,\quad s_B^2=5.29\times10^{-6},\quad n_B=5$$

$s_\omega=0.00252$，对 $\alpha=0.05$ 查表得 $t_{\alpha/2}=2.3646$，于是得 $\mu_1-\mu_2$ 的置信度为95%的置信区间为

$$\left((\overline{X}_A-\overline{X}_B)=t_{\alpha/2}(n_1+n_2-2)\cdot S_\omega\sqrt{\frac{1}{n_A}+\frac{1}{n_B}},(\overline{X}_A-\overline{X}_B)+t_{\alpha/2}(n_1+n_2-2)\cdot S_\omega\sqrt{\frac{1}{n_A}+\frac{1}{n_B}}\right)=(0.14125-0.1392)-2.3646\times0.00252\times\sqrt{\frac{1}{4}+\frac{1}{5}},(0.14125-0.1392)+$$

$$2.3646\times0.00252\times\sqrt{\frac{1}{4}+\frac{1}{5}})=(0.002,0.006)$$

3.3 总体比例的区间估计

3.3.1 单个总体比例的区间估计

在实际应用中，常常遇到估计总体中具有某种特征的元素所占的比例的问题。例如，生产厂家希望了解消费者中对其所生产的某种新产品持满意意见的比例；电视营销经理会对某晚收看某个特定电视节目的观众比例感兴趣；抵押贷款制度要求估计拖欠到期贷款的顾客的比例等。在总体比例的估计中，一般将总体比例记为 P，样本比例记为 $\hat{p}$。当样本容量足够大时，即 $n\hat{p} > 5$ 和 $n(1-\hat{p}) > 5$ 时，或区间$(\hat{p}-2\sqrt{\hat{p}(1-\hat{p})/n},\ \ \hat{p}+2\sqrt{\hat{p}(1-\hat{p})/n})$ 不包含 0 或 1 时，样本比例 $\hat{p}$ 的抽样分布可用正态分布近似，即有

$$\frac{\hat{p}-p}{\sqrt{P(1-P)/n}} \sim N(0,1)$$

从而总体比例 P 的置信度为 $1-\alpha$ 的置信区间为

$$(\hat{p}-Z_{\alpha/2}\sqrt{P(1-P)/n},\ \ \hat{p}+Z_{\alpha/2}\sqrt{P(1-P)/n})$$

由于在估计总体比例时，总体比例 P 是未知的，用样本比例 $\hat{p}$ 代替 P，则得总体比例 P 的置信度为 $1-\alpha$ 的近似置信区间为

$$(\hat{p}-Z_{\alpha/2}\sqrt{\hat{p}(1-\hat{p})/n},\ \ \hat{p}+Z_{\alpha/2}\sqrt{\hat{p}(1-\hat{p})/n})$$

例 3.18 潜在的做广告者将著名的电视尼尔森等级看成电视节目在观众中普及程度的晴雨表。所谓某个电视节目的尼尔森等级，是指在某一特定夜晚收看该节目的观众比例的估计值（以百分率表示）。在一个由 165 个经常看电视的家庭组成的随机样本中，一项尼尔森调查指出：在全美广播公司首播“赛因菲尔德”的当晚，有 101 个家庭收看该节目。试用 90% 的置信区间估计所有收看“赛因菲尔德”首次演出的家庭的真正比例。对这个区间作出解释。

解 收看首次播出的“赛因菲尔德”的家庭的样本比例为

$$\hat{p}=\frac{\text{样本中收看首播的家庭数}}{\text{样本中家庭总数}}=\frac{101}{165}=0.612$$

因此收看“赛因菲尔德”首次演出的家庭的真正比例 P 的置信度为 90% 的近似置信区间为

$$(\hat{p}-Z_{\alpha/2}\sqrt{\hat{p}(1-\hat{p})/n},\ \ \hat{p}+Z_{\alpha/2}\sqrt{\hat{p}(1-\hat{p})/n})=$$
$$(0.612-1.645\sqrt{0.612\times(1-0.612)/165},0.1612+1.645\sqrt{0.612\times(1-0.612)/165})=$$
$$(0.550,0.674)$$

有 90% 的把握说收看“赛因菲尔德”首播的家庭的真正比例 P 在 0.550～0.674 之间。要是重复抽选若干个由 165 个家庭组成的随机样本，并根据每一个样本分别构造置信度为 90% 的置信区间，那么预料会有 90% 的区间包含 P。

3.3.2 两个总体比例之差的区间估计

在实际中，人们也许对比较两台机器生产的产品中有缺陷的产品的比例感兴趣，或者对比

较两个城市用燃气热水器的家庭的比例感兴趣，或者对美国和日本使用工业机器人的公司的比例感兴趣。这些情形中需要估计两个总体比例之差。

设两个样本分别独立地取自两个总体比例分别为 P_1 和 P_2 的独立总体，这两个样本的比例分别为 $\hat{p}_1$ 和 $\hat{p}_2$，则当样本为大样本时，即 $n_1\hat{p}_1 > 5$，$n_1(1-\hat{p}_1) > 5$ 且 $n_2\hat{p}_2 > 5$ 和 $n_2(1-\hat{p}_2) > 5$ 时，有

$$\frac{(\hat{p}_1-\hat{p}_2)-(P_1-P_2)}{\sqrt{\dfrac{P_1(1-P_1)}{n_1}+\dfrac{P_2(1-P_2)}{n_2}}} \sim N(0,1)$$

于是 P_1-P_2 的置信度为 $1-\alpha$ 的置信区间为

$$\left((\hat{p}_1-\hat{p}_2)-Z_{\alpha/2}\sqrt{\frac{P_1(1-P_1)}{n_1}+\frac{P_2(1-P_2)}{n_2}},(\hat{p}_1-\hat{p}_2)+Z_{\alpha/2}\sqrt{\frac{P_1(1-P_1)}{n_1}+\frac{P_2(1-P_2)}{n_2}}\right)$$

由于两个总体比例 P_1 和 P_2 通常是未知的，可用样本比例 $\hat{p}_1$ 和 $\hat{p}_2$ 代替 P_1 和 P_2。因此两个总体比例之差 P_1-P_2 的置信度为 $1-\alpha$ 的近似置信区间为

$$\left((\hat{p}_1-\hat{p}_2)-Z_{\alpha/2}\sqrt{\frac{\hat{p}_1(1-\hat{p}_1)}{n_1}+\frac{\hat{p}_2(1-\hat{p}_2)}{n_2}},(\hat{p}_1-\hat{p}_2)+Z_{\alpha/2}\sqrt{\frac{\hat{p}_1(1-\hat{p}_1)}{n_1}+\frac{\hat{p}_2(1-\hat{p}_2)}{n_2}}\right)$$

例 3.19 在某个电视节目的收视率调查中，农村随机调查了 400 人，有 32% 的人收看了该节目；城市随机调查了 500 人，有 45% 的人收看了该节目。试以 95% 的置信水平估计城市与农村收视率差别的置信区间。

解 设城市收视率为 $\hat{p}_1=45\%$，农村收视率为 $\hat{p}_2=32\%$。当 $\alpha=0.05$ 时，$Z_{\alpha/2}=1.96$。因此，P_1-P_2 的置信度为 95% 的近似置信区间为

$$\left((\hat{p}_1-\hat{p}_2)-Z_{\alpha/2}\sqrt{\frac{\hat{p}_1(1-\hat{p}_1)}{n_1}+\frac{\hat{p}_2(1-\hat{p}_2)}{n_2}},(\hat{p}_1-\hat{p}_2)+Z_{\alpha/2}\sqrt{\frac{\hat{p}_1(1-\hat{p}_1)}{n_1}+\frac{\hat{p}_2(1-\hat{p}_2)}{n_2}}\right)=$$

$$\left((45\%-32\%)\pm 1.96\times\sqrt{\frac{45\%(1-45\%)}{500}+\frac{32\%(1-32\%)}{400}}\right)=$$

$$(13\%-6.32\%,13\%+6.32\%)=(6.68\%,19.32\%)$$

3.4 总体方差的区间估计

3.4.1 正态总体方差 σ^2 的区间估计

设 $X_1,X_2,\cdots,X_n$ 是来自正态总体 $X\sim N(\mu,\sigma^2)$ 的样本，S^2 是样本方差，置信度为 $1-\alpha$。由抽样分布定理可知

$$\frac{(n-1)}{\sigma^2}S^2 \sim \chi^2(n-1)$$

则有
$$P\{\chi^2_{1-\alpha/2}(n-1)<\frac{(n-1)}{\sigma^2}S^2<\chi^2_{\alpha/2}(n-1)\}=1-\alpha$$

于是得到 σ^2 的置信度为 $1-\alpha$ 的置信区间为

$$\left(\frac{(n-1)S^2}{\chi^2_{\alpha/2}(n-1)},\frac{(n-1)S^2}{\chi^2_{1-\alpha/2}(n-1)}\right)$$

标准差 σ 的置信度为 $1-\alpha$ 的置信区间为

$$\left(\frac{\sqrt{n-1}}{\sqrt{\chi^2_{\alpha/2}(n-1)}}S,\frac{\sqrt{n-1}}{\sqrt{\chi^2_{1-\alpha/2}(n-1)}}S\right)$$

例 3.20 从自动机床加工的同类零件中，随机地抽取 16 件，测得长度值为(单位 mm)：

12.15 12.12 12.01 12.28 12.09 12.16 12.03 12.01 12.06 12.13

12.07 12.11 12.07 12.11 12.08 12.01 12.03 12.06

求该类零件长度的方差 σ^2 及标准差 σ 的区间估计($\alpha=0.05$)。

解 设该类零件长度为随机变量 X，可以认为 $X\sim N(\mu,\sigma^2)$，σ^2 为待估参数。经计算，有

$$\overline{x}=\frac{1}{16}\sum_{i=1}^{16}x_i=12.08$$

$$(n-1)s^2=\sum_{i=1}^{16}(x_i-\overline{X})^2=0.076\ 1$$

查 χ^2 分布表得

$$\chi^2_{\alpha/2}(n-1)=\chi^2_{0.025}(15)=27.488$$

$$\chi^2_{1-\alpha/2}(n-1)=\chi^2_{0.975}(15)=6.262$$

则 σ^2 的置信度为 95% 的置信区间为

$$\left(\frac{(n-1)s^2}{\chi^2_{\alpha/2}(n-1)},\frac{(n-1)s^2}{\chi^2_{1-\alpha/2}(n-1)}\right)=\left(\frac{0.076\ 1}{27.488},\frac{0.076\ 1}{6.262}\right)=(0.002\ 7,0.012\ 1)$$

则 σ 的置信度为 95% 的置信区间为：(0.052,0.110)。

3.4.2 两个正态总体方差比 σ_1^2/σ_2^2 的区间估计

在实际问题中，经常会遇到比较两个总体的方差问题。例如希望比较用两种不同方法生产的产品性能的稳定性，比较不同测量工具的精确度，等等。

设 S_1^2 是来自正态总体 $N(\mu,\sigma_1^2)$ 的容量为 n_1 的样本的方差，S_2^2 是来自正态总体 $N(\mu,\sigma_2^2)$ 的容量为 n_2 的样本的方差，且两个样本相互独立，则由抽样分布定理可知

$$\frac{(n_1-1)S_1^2}{\sigma_1^2}\sim\chi^2(n_1-1),\quad \frac{(n_2-1)S_2^2}{\sigma_2^2}\sim\chi^2(n_2-1)$$

由假设知，上述两个统计量相互独立，由 F 分布的定义有

$$\frac{S_1^2/S_2^2}{\sigma_1^2/\sigma_2^2}=\frac{\dfrac{(n_1-1)S_1^2}{\sigma_1^2}/n_1-1}{\dfrac{(n_2-1)S_2^2}{\sigma_2^2}/n_2-1}\sim F(n_1-1,n_2-1)$$

并由 $$P\left\{F_{1-\alpha/2}(n_1-1,n_2-1)<\frac{S_1^2/S_2^2}{\sigma_1^2/\sigma_2^2}<F_{\alpha/2}(n_1-1,n_2-1)\right\}=1-\alpha$$

即 $$P\left\{\frac{S_1^2}{S_2^2F_{\alpha/2}(n_1-1,n_2-1)}<\frac{\sigma_1^2}{\sigma_2^2}<\frac{S_1^2}{S_2^2F_{1-\alpha/2}(n_1-1,n_2-1)}\right\}=1-\alpha$$

于是得到 σ_1^2/σ_2^2 的置信度为 $1-\alpha$ 的置信区间为

$$\left\{\frac{S_1^2}{S_2^2 F_{\alpha/2}(n_1-1,n_2-1)},\frac{S_1^2}{S_2^2 F_{1-\alpha/2}(n_1-1,n_2-1)}\right\}$$

例 3.21 为了研究男女生在生活费支出(单位:元)上的差异,在某大学各随机抽取 25 名男学生和 25 名女学生,得到下面的结果:

男学生:$\bar{x}_1=520, s_1^2=260$;

女学生:$\bar{x}_2=480, s_2^2=280$。

试以此为 90% 的置信水平估计男女学生生活费支出方差比的置信区间。

解 根据自由度 $n_1=25-1=24$ 和 $n_2=25-1=24$,查 F 分布表,得有

$$F_{\alpha/2}(24,24)=F_{0.05}(24,24)=1.98$$

则
$$F_{1-\alpha/2}(24,24)=F_{0.95}(24,24)=\frac{1}{1.98}=0.505$$

从而 σ_1^2/σ_2^2 的置信度为 90% 的置信区间为

$$\left(\frac{s_1^2}{s_2^2 F_{\alpha/2}(n_1-1,n_2-1)},\frac{s_1^2}{s_2^2 F_{1-\alpha/2}(n_1-1,n_2-1)}\right)=\left(\frac{260}{1.98\times 280},\frac{260}{0.505\times 280}\right)=(0.47,1.84)$$

§4 样本容量的确定

确定样本容量 n 是抽样估计中的一个十分重要的问题。其重要性在于,一方面在具体地实施一个调查方案时,首先必须决定抽取多少个体作为样本,即确定样本容量 n,这个问题解决不了,整个调查方案将难以实施;另一方面,在参数区间估计的讨论中,会看到估计值 $\hat{\theta}$ 和总体的参数 θ 之间存在着一定的差异,这种差异是由于用样本推断总体及样本的随机性所引起的,称为抽样误差。在对参数进行估计时,总希望提高估计的可靠程度,但在确定的样本容量下,若要增加估计的可靠度,置信区间就会扩大,抽样误差增大,估计的精度就降低了。若要在不降低可靠性的前提下,增加估计的精确度,缩短置信区间,减少抽样误差,就只有增大样本容量。在其他条件不变的情况下,样本容量越小,抽样误差就越大,估计的精度也就越低,样本对总体的代表性不强,甚至样本代表不了总体,从而失去调查的意义。相反,样本容量越大,估计的结果越精确。毋庸置疑,当样本容量与总体单位数目一致时,抽样误差就不存在了。但是,样本容量 n 太大,抽样调查所需的人力、物力、财力也大,耗费的时间也长,尤其对那些时间性较强的项目,如果抽取的样本的数目太多,就会拖延调查的时间,调查所获得的结果会成为过时的信息,从而失去调查的意义。到底样本容量 n 取多少为最佳呢?一般来说,一个好的抽样设计,应该在固定费用的条件下,使精度达到最高或在达到一定精度要求的条件下,使费用最省。因此,如何确定适当的样本容量,也是抽样估计中需要考虑的一个问题。下面仅讨论根据对估计精度的要求确定样本容量的方法。

4.1 影响样本容量的因素

4.1.1 总体的变异程度(总体方差 σ^2)

在其他条件相同的情况下,有较大方差的总体,样本的容量应该大一些,反之则应该小一些。例如:在正态总体均值的估计中,抽样平均误差为 $\sigma/\sqrt{n}$,它反映了样本均值相对于总体均值的离散程度。所以,当总体方差较大时,样本的容量也相应要大,这样才会使 $\sigma/\sqrt{n}$ 较小,以保证估计的精确度。

4.1.2 允许误差的大小

允许误差指允许的抽样误差,记为 $|\hat{\theta}-\theta|=\Delta_{\hat{\theta}}$,例如,样本均值与总体均值之间的允许误差可以表示为 $|\overline{X}-\mu|=\Delta_{\overline{X}}$,允许误差以绝对值的形式表现了抽样误差的可能范围,所以又称为绝对误差。允许误差说明了估计的精度,在其他条件不变的情况下,如果要求估计的精度高,允许误差就小,那么样本容量就要大一些;如要求的精确度不高,允许误差可以大些,则样本容量可以小一些。

4.1.3 概率保证度 $1-\alpha$ 的大小

概率保证度说明了估计的可靠程度。在其他条件不变的情况下,如果要求较高的可靠度,就要增大样本容量;反之,可以相应减少样本容量。

4.1.4 抽样方法不同

在相同的条件下,重复抽样的抽样平均误差比不重复抽样的抽样平均误差大,所需要的样本容量也就不同。重复抽样需要更大的样本容量,而不重复抽样的样本容量则可小一些。

此外,样本容量还受抽样组织方式的影响,这也是因为不同的抽样组织方式有不同的抽样平均误差。

4.2 简单随机抽样样本容量的确定

下面以简单随机抽样为例讨论确定样本容量的一般方法。

4.2.1 估计总体均值时样本容量的确定

在总体均值的区间估计里,对于方差 σ 已知的正态总体或非正态总体大样本时,置信度为 $1-\alpha$ 的置信区间为

$$\left(\overline{X}-Z_{\alpha/2}\frac{\sigma}{\sqrt{n}},\overline{X}+Z_{\alpha/2}\frac{\sigma}{\sqrt{n}}\right)$$

从图 3-4 中可以看到,从估计量 $\overline{X}$ 的取值到点 $Z_{\alpha/2}\frac{\sigma}{\sqrt{n}}$ 的距离实际上为置信区间长度的$\frac{1}{2}$。这段距离表示在一定置信水平 $1-\alpha$ 下,用样本均值估计总体均值时所允许的最大绝对误差即允许抽样误差 $\Delta_{\overline{X}}=|\overline{X}-\mu|$。显然允许抽样误差 $\Delta_{\overline{X}}$ 可以表示为

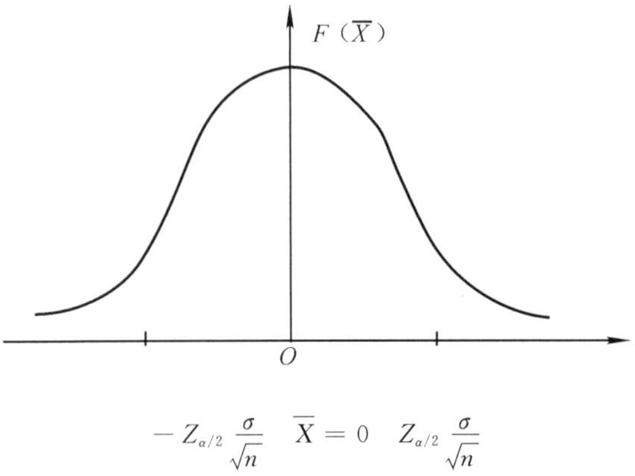

图 3－4　允许误差示意图

$$\Delta_{\overline{X}}=Z_{\alpha/2}\ \frac{\sigma}{\sqrt{n}}$$

于是得到样本容量的计算公式

$$n=\frac{Z_{\alpha/2}^{2}\sigma^{2}}{\Delta_{\overline{X}}^{2}} \qquad (3-1)$$

在不重复抽样的条件下，允许抽样误差为 $\Delta_{\overline{X}}=|\ \overline{X}-\mu\ |=Z_{\alpha/2}\sqrt{\dfrac{\sigma^{2}}{n}(1-\dfrac{n}{N})}$，因此不重复抽样条件下的样本容量公式为

$$n=\frac{Z_{\alpha/2}^{2}\sigma^{2}N}{\Delta_{\overline{X}}{}^{2}N+Z_{\alpha/2}^{2}\sigma^{2}} \qquad (3-2)$$

在计算样本容量时，必须知道总体的方差，而在实际抽样调查前，总体的方差往往是未知的。在实际操作时，可以用过去的资料，若过去曾有若干个方差，应该选择最大的，以保证抽样估计的精确度；也可以进行一次小规模的调查，用调查所得的样本方差来替代总体的方差。

从式(3－1)可以看出，样本容量 n 与置信水平成正比，在其他条件不变的情况下，置信水平越大，所需的样本容量也就越大；样本容量 n 与总体方差成正比，总体的差异越大，所需的样本容量也越大；样本容量 n 与允许抽样误差成反比，我们可以接受的抽样误差越大，所需的样本容量就越小；若要使抽样误差减少为原来的 1/2，样本容量 n 应扩大为原来的 4 倍；若要使抽样误差减少为原来的 1/3，样本容量 n 应扩大为原来的 9 倍。

还需说明的是：根据式(3－1)或式(3－2)计算出的样本容量不一定是整数，一般取

$$n=\left[\frac{Z_{\alpha/2}^{2}\sigma^{2}}{\Delta_{\bar{x}}^{2}}+1\right]$$

或

$$n=\left[\frac{Z_{\alpha/2}^{2}\sigma^{2}N}{(\Delta_{\overline{X}})^{2}N+Z_{\alpha/2}^{2}\sigma^{2}}\right]+1$$

其中 $n=[x]$ 表示小于等于 x 的最大整数，即将计算结果一律进位成整数，如 96.04 取 97，96.75 也取 97。

例 3.22　某食品厂要检验本月生产的 10 000 袋某产品的质量，根据以往的资料，这种产品每袋质量的标准差为 25 g。如果要求在 95.45% 的置信度下，平均每袋质量的误差不超过 5 g，应抽查多少袋产品？

解　由题意可知 N＝10 000，$\sigma=25$ g，$\Delta_{\overline{X}}=5$ g，根据置信度 $1-\alpha=95.45\%$，有 $Z_{\alpha/2}=2$。在重复抽样的条件下

$$n=\frac{z_{\alpha/2}^{2}\sigma^{2}}{(\Delta_{\overline{X}})^{2}}=\frac{2^{2}\times25^{2}}{5^{2}}=100\ 袋$$

在不重复抽样条件下

$$n=\frac{Z_{\alpha/2}^2\sigma^2 N}{(\Delta_{\overline{X}})^2 N+Z_{\alpha/2}^2\sigma^2}=\frac{2^2\times 25^2\times 10\ 000}{5^2\times 10\ 000+2^2\times 25^2}=99 \text{ 袋}$$

由计算结果可知：在其他条件相同的情况下，重复抽样所需要的样本容量大于不重复抽样所需要的样本容量。但是，当 N 充分大时，由于 $1-\frac{n}{N}\approx 1$，故在不重复抽样条件下有

$$n\approx\frac{z_{\alpha/2}^2\sigma^2}{(\Delta_{\overline{X}})^2}$$

这与重复抽样的条件下的样本容量公式是一样的。而一般的抽样调查都符合 N 充分大的要求，所以一般都采用重复抽样条件下的样本容量公式来计算样本容量。

例 3.23 拥有工商管理学士学位的大学毕业生年薪的标准差大约为 2 000 元，假定想要以 95% 的置信水平估计年薪的置信区间，希望抽样误差不超过 400 元，应抽取多大的样本容量？

解 已知 $\sigma=2\ 000$，$\Delta_{\overline{X}}=400$，$Z_{\alpha/2}=1.96$。则

$$n=\frac{z_{\alpha/2}^2\sigma^2}{(\Delta_{\overline{X}})^2}=\frac{1.96^2\times 2\ 000^2}{400^2}=96.04\approx 97$$

则应抽取 97 人作为样本。

4.2.2 估计总体比例时的样本容量

估计总体比例时样本容量的确定方法与估计总体均值时的方法是类似的，设 $\Delta_{\hat{p}}=|\hat{p}-P|$ 为允许误差，在 $1-\alpha$ 的置信度下，有

$$\Delta_{\hat{p}}=|\hat{p}-P|=Z_{\alpha/2}\sqrt{\frac{P(1-P)}{n}}$$

解上面的方程可得重复抽样条件下样本容量的公式为

$$n=\frac{Z_{\alpha/2}^2 P(1-P)}{\Delta_{\hat{p}}^2} \tag{3-3}$$

同理可得不重复抽样条件下的样本容量公式为

$$n=\frac{Z_{\alpha/2}^2 P(1-P)N}{(\Delta_{\hat{p}})^2 N+Z_{\alpha/2}^2 P(1-P)} \tag{3-4}$$

在估计总体比例时，计算样本容量时需要总体的比例 P，但是总体的比例 P 通常是未知的，在实际进行抽样调查时，可先进行小规模的试调查，用求得样本的比例来代替总体比例 P；也可用历史的资料，如果有若干个比例可供选择，则应选择最靠近 50% 的比例，使样本比例的方差最大，以保证估计的精确度。

例 3.24 为了检查某企业生产的10 000个显像管的合格率，需要确定样本的容量。根据以往经验合格率为 90%，91.7%。如果要求估计的允许误差不超过 0.027 5，置信水平为 95.45%。求应该取多少只显像管？

解 根据资料，选择 $P=0.9$ 计算样本容量，根据置信水平 0.954 5，有 $Z_{\alpha/2}=2$，$\Delta_{\hat{p}}=|\hat{p}-P|=0.027\ 5$。

重复抽样条件下，样本容量

$$n=\frac{Z_{\alpha/2}^{2}P(1-P)}{\Delta_{p}^{2}}=\frac{2^{2}\times0.9\times(1-0.9)}{0.0275^{2}}=476.03\approx477$$

不重复抽样条件样本容量

$$n=\frac{Z_{\alpha/2}^{2}P(1-P)N}{\Delta_{p}^{2}N+Z_{\alpha/2}^{2}P(1-P)}=\frac{2^{2}\times0.9\times(1-0.9)\times1000}{0.0275^{2}\times10000+2^{2}\times0.9\times(1-0.9)}=454.40\approx455$$

从计算的结果可以看出，重复抽样应该抽 477 件件检验，而不重复抽样应该抽 455 件，可见，在相同条件下，重复抽样需要的样本容量更大。一般情况当 N 充分大时，都采用重复抽样条件下的样本容量公式来计算样本容量。

例 3.25 根据以往的生产统计，某种产品的合格率约为 90%，如果要求估计的允许误差不超过 5%，在求置信度为 95% 的置信区间时，应该取多少个产品作为样本？

解 已知 $P=90\%$，$\Delta_{\hat{p}}=|\hat{p}-P|=5\%$，$Z_{\alpha/2}=1.96$，则

$$n=\frac{Z_{\alpha/2}^{2}P(1-P)N}{\Delta_{\hat{p}}^{2}}=\frac{1.96^{2}\times0.9\times(1-0.9)}{0.05^{2}}=138.3\approx139$$

§5　几种基本的抽样方法

在第 1 章中介绍了抽样调查的概念。抽样调查广泛应用于各个领域，由于不同领域、不同总体的性质各具特点，以及研究目的、条件也都不同，所以实际进行抽样调查时，往往要针对不同的特点、要求和条件采取不同的组织形式，以便用最少的人力、物力和财力，取得最好的效果。在统计工作实践中主要采用四种抽样调查的组织形式，即简单随机抽样、分层随机抽样、系统随机抽样、整群随机抽样。下面简单介绍这几种基本的抽样方式。

5.1　简单随机抽样(Simple Random Sampling)

简单随机抽样又称纯随机抽样，是一种最基本的抽样形式，它是在对总体单位不作任何处理的情况下，按随机的原则从总体的全部 N 个单位中抽取 $n(n<N)$ 个单位作为样本，保证总体的每一个个体都有同等被抽中机会的抽样方法。其特点是每个个体被抽中的概率相等。

简单随机抽样可以有各种不同的实现方法，常用的方法有以下两种：

(1) 抽签法。具体做法是首先将总体的每个单位编号，然后将编号制成签条，放入盒子或罐子中搅匀，随机抽取 n 个作为样本。

(2) 利用"随机数表"抽选样本单位。

具体做法是首先将总体的每个单位编号，然后利用随机数表抽取 n 个号码，相应号码的单位组成样本。

在进行实际抽样时，按每一个总体单位是否可以在样本中重复出现，抽样方法可分为重复抽样和不重复抽样两种。

重复抽样是指从总体中随机地抽取一个单位进行观察、调查，记录结果后，再放回总体中，再从中抽取第二个单位，一直到取够 n 个单位为止。重复抽样的特点是：总体中每个单位都有可能被抽中若干次，n 次抽样之间相互独立，每次抽样各总体单位被抽中的概率均为 $1/N$。一般从 N 个单位中，用重复抽样的抽样方式抽取 n 个单位作为样本，共有 N^n 种不同样本。

重复抽样推算较简单，但某一单位可能重复出现，它的抽样误差比不重复抽样大，实际工作中很少采用重复抽样，只有客观条件不允许不重复抽样时才使用。例如调查飞机、火车、轮船、汽车的乘客，公园、旅游胜地的游客，电影院、戏院、博物馆的观众，图书馆的阅览者等等，采用不重复抽样事实上很难行得通，因为这些场合人的流动性很大，某人离开此地，又可以去彼地。

不重复抽样又称无放回的抽样，是指每次从具有 N 个单位的总体中随机地抽取一个单位进行观察、调查，记录结果后，不再将其放回总体中参加下一次的抽选。经过连续 n 次不重复抽选单位构成样本，实质上相当于一次性同时从总体中抽取 n 个单位构成样本。不重复抽样的特点是：总体中每个单位都只有一次被抽中的机会，n 次抽样之间不相互独立，前面抽样的结果影响后面的抽样。一般从 N 个单位中，用不重复抽样的抽样方式抽取 n 个单位作为样本，共有

$$C_N^n = \frac{N!}{n!\ (N-n)!}$$

种不同样本。

简单随机抽样是其他各种抽样形式的基础，所有其他形式的抽样方法和估值方法，都是从这种形式及其推断方法推演而来的。但简单随机抽样需要事先将总体的所有单位进行编号，而在实际工作中，若总体中个体数目很多，要逐一编号是难以办到的，特别是有些现象，如一些正在连续大量生产的产品，事前也不可能编号。因此，用这种方式抽取样本受到了限制。此外，当总体各单位间的某个数量标志值的差异比较大时，用这种方式调查推断的精确度也较差。因此，这种抽样方式只比较适宜总体单位数目不多，且又分布比较均匀，或总体单位间某数量标志值的差异较小的情况。

5.2　分层抽样(Reduced Sampling)

分层随机抽样简称分层抽样，也称分类抽样或类型抽样。它是在抽样之前将总体的所有单位按属性特征分为若干层(类)，使得性质相近的单位归入同一层中，然后把每一层看成一个小总体，对之抽取一组随机样本，各层样本单位汇集在一起构成总体样本的一种抽样方法。分层抽样可防止简单随机抽样造成的样本构成与总体构成不成比例的现象。例如，要调查某市全体家庭的收入情况，由于不同家庭间的收入差异较大，若不加分层，采用简单随机抽样方式抽取样本，则抽得的样本有可能都是收入高的，也有可能都是收入低的，这就造成样本构成与总体构成不成比例的现象，样本对总体的代表性就差；若事先将全体家庭分为个体户家庭、工人家庭、教师家庭和农民家庭四个层次，然后再在各类之内分别进行随机抽样。由于每类之内差别较小，故从中抽取的样本单位就能更准确地代表该类的水平，并且由于从每一类中都要抽取样

本，就又保证了样本中各种类型都包括到了，因此分层抽样会使样本的代表性大大提高。

分层抽样适用于总体规模较大，情况较复杂，各单位之间差异较大的情形。在划分层次时，层内差异越小，层间差异越大，分层效果越好。

在具体确定各层应抽取的样本数目时，常用的方法有两种：一种是按照各层单位数目占总体单位数目的比例的大小，抽取同样比例的样本数目，称为类型比例抽样；另一种是根据各层内部变异程度大小，变异程度大的层多抽些样本单位，变异程度小的层则少抽一些样本单位。

5.3 系统随机抽样(Systematic Sampling)

系统随机抽样简称系统抽样，又称等距抽样或机械抽样。它是按照规定的间隔从已排成一定顺序的总体单位中抽取样本单位的一种抽样方法。具体地说就是将总体的全部 N 个单位按某一标志顺序编上 1—N 的号码，要抽取一个容量为 n 的样本，先从前 K(K 约等于 N/n)个单位中随机抽取一个单位，以后每隔 K 个单位取一个单位，即若前 K 个单位中 i 入样，则 $k+i, 2k+i, 3k+i, \cdots$，皆入样，直到取足 n 个为止。

系统抽样的随机性体现在抽取第一个样本单位上，当第一个样本单位确定后，其余的各样本单位也随之确定了。

系统抽样首先要将总体单位进行排序。将总体单位排序有两种办法，一是按照与抽样调查内容无关的标志排序，如要进行产品质量检验，若抽取 5% 的单位作为样本单位，则可以按连续生产的时间顺序每隔 20 个产品抽一个；二是按照与抽样调查内容有关的标志排序，如调查某市居民的家庭收入，将全部家庭按预估收入排序。按照与抽样调查内容有关的标志排序时，一般不是按随机的原则选取第一个样本，而是尽量抽取在第一段中处于正中间位置上的单位，然后再以此为基准，每隔一定间隔抽选一个。这样做的理由是，既然排序与调查内容有关，那么处在中间位置上的单位的标志值就代表了这一段所有单位标志值的中间水平，因此最具有代表性。如果排序标志的数值顺序与调查内容一致，则可以得到比较有代表性的样本。由此可见，保证第一个被抽中的个体的随机性和对一个完整总体中的个体进行科学排队，对系统抽样来说是十分重要的。

系统抽样较简单随机抽样，有以下两个优点：

(1) 选样方法简单。

(2) 估计量的方差小。由于系统抽样可以在选样之前，根据对总体情况的了解，对总体中的个体进行重新排队后再抽样，因此，这种方法能够保证样本单位在总体中分布得比较均匀，样本的代表性较强，其估计量的方差也就小于简单随机抽样。

5.4 整群抽样(Cluster Sampling)

整群抽样是首先将总体各单位分为若干部分，每一部分称为一个群，把每一群作为一个抽样单位，在其中随机地抽取一些群；然后，在被抽中的群中做全面调查。例如，要对一个城市的 200 所中小学 8 500 名教师的身体状况进行抽查，如果采取整群抽样方式，就可以把这 200 所中小学看成已经分好的群，然后从中随机抽取10所中小学。假如被抽中的10所中小学共有教师406人，则对这406人进行全面调查。在实际工作中，当总体单位数目很多，而各单位在时间上或空间上的分布又很分散时，为便于调查，节省人力、物力和财力，有时利用总体现成的群，以群为单位进行抽选。其优点在于抽选的单位集中，不必编号和排序分类，省事省力。但从样本的代表性来看，由于同一群体往往彼此数量特征比较接近，偏高都偏高，偏低都偏低，因而抽出的样本往往不够均匀，代表性比较差。

习 题 三

3.1　已知某种球体直径服从 $x \sim N(\mu,\sigma^2)$，μ 和 σ^2 未知，某位科学家测量到的一个球体直径的5次记录为：6.33 cm，6.37 cm，6.36 cm，6.32 cm 和 6.37 cm，试求 μ 和 σ 的无偏估计。

3.2　对某一选举区内随机抽取的100位选民的民意调查表明，他们中的55% 支持某位候选人，求所求选民中支持这位候选人的比例(a)95%，(b)99%，(c)99.73% 的置信区间。

3.3　某土畜进出口公司出口一种名茶，抽样检验结果如表3-2所示。

表　3-2

每包质量 x/g	包数 f/ 包	xf
148 ～ 149	10	1 485
149 ～ 150	20	2 990
150 ～ 151	50	7 525
151 ～ 152	20	3 030
合计	100	15 030

又知这种茶叶每包规格质量不低于150 g，试以99.73% 的概率：(1) 确定每包质量的极限误差；(2) 估计这批茶叶的质量范围，确定是否达到规格质量要求。

3.4　对一批成品按不重复随机抽样方法抽选200件，其中废品8件，又知道抽样单位数是成品总量的1/20，当概率为0.954 5时，可否认为这批产品的废品率不超过5%？

3.5　某汽车制造厂为了测定某种型号汽车轮胎的使用寿命，随机抽取16只作为样本进行寿命测试，计算出轮胎平均寿命为43 000 km，标准差为4 120 km，试以95% 的置信度推断该厂这批汽车轮胎的平均使用寿命。

3.6　对生产某种规格的灯泡进行使用寿命检验，根据以往正常生产的经验，灯泡使用寿命标准差 σ=0.4 h，而合格品率90%，现用重复抽样方式，在95.45% 的概率保证下，抽样平均使用寿命的极限误差不超过0.08 h，抽样合格率的误差不超过5%，必要的抽样平均数应为多大？

3.7　公司为估计去年本公司平均每人每次上班途中所花费的时间 μ(单位：h)，随机选取

144 次上班的样本，调查每次上班路途时间 X，并算得样本均值 $\overline{X}=1.34$ h，样本标准差 $s=1.32$ h。求 μ 的 95% 的置信区间，并解释该区间的含义。($Z_{0.025}=1.96$)

3.8　从预定飞往纽约的乘客记录中抽取一个容量为 100 天的随机样本用来估计 μ，μ 为每天下午 4 点预定飞往纽约但实际并未搭乘班机的平均人数。样本数据整理如表 3-3 所示。

表　3-3

预定但未搭乘飞机的人数	0	1	2	3	4	5	6
天数	20	37	23	15	4	0	1

(1) 求置信度为 95% 的预定但未搭乘飞机的平均人数的置信区间。解释这个区间的实际意义。($Z_{0.025}=1.96$)

(2) 若再作一次抽样，所得置信区间还与(1) 的答案一样吗？说明原因。

第4章 参数的假设检验

上一章讨论了对总体中未知参数的估计方法，本章将介绍统计推断的另一类重要问题：参数的假设检验。

假设检验是对有关总体分布的某个参数提出一个假设值，然后根据样本作出推断的理论和方法。20世纪初，随着工业的发展，产品验收问题引起了统计界的重视。如买卖双方约定：一批产品的废品率不超过0.03时方可出厂。怎样从抽样检查中推断“废品率”$p \leqslant 0.03$，这一命题是否正确？这就是一个假设检验问题。

§1 假设检验的基本原理及步骤

1.1 基本原理

通过下面的例子来说明这一原理。

某箱中白球和黑球总数为100，但不知白球和黑球各是多少。现在提出假设 H_0：箱中有99个白球。现在需要检验这一假设 H_0 是否正确。

若 H_0 为真，那么从箱中任取1球是白球的概率为0.99，是黑球的概率为0.01。

现在随机抽取一球（样本）居然抽到黑球。因而自然使人们怀疑 H_0 的正确性，从而拒绝 H_0，作出箱中白球不是99个的判断。

判断依据：们做出拒绝 H_0 的判断的根据是什么？这就是“小概率事件原理”，因为小概率事件在一次试验中几乎是不可能发生的。在 H_0 为真的条件下，抽到黑球的概率为0.01，这是一个小概率事件。在抽取一球的情况下抽得黑球这一小概率事件几乎是不可能出现的，而现在居然发生了。这不能不使人们怀疑原假设 H_0 的正确性，故作出推断：拒绝 H_0。

两类错误：按上述原则由样本推断总体可能要犯两类错误。

第一类错误：称之为“弃真”的错误，即 H_0 为真时却作出了拒绝 H_0 的推断，犯第一类错误的概率为 $\alpha(0<\alpha<1)$（α 称为显著性水平），即

$$P\{\text{拒绝 } H_0 \mid H_0 \text{ 为真}\}=\alpha$$

第二类错误：称之为“取伪”的错误，即 H_0 为假时却作出了接受 H_0 的推断，犯第二类错误的概率为 $\beta(0<\beta<1)$，即

$$P\{\text{接受 } H_0 \mid H_0 \text{ 为假}\}=\beta$$

显著性水平是人们事先指定的犯第 Ⅰ 类错误概率 α 的最大允许值。显著性水平 α 越小，犯第 Ⅰ 类错误的可能性自然就越小，但犯第 Ⅱ 类错误的可能性则随之增大。实际应用中，显著性水平是事先给出的一个值，但究竟确定一个多大的显著性水平值合适呢？一般情况下，人们认为犯第 Ⅰ 类错误的后果更严重一些，因此通常会取一个较小的 α 值。著名的英国统计学家 Ronald Fisher 在他的研究中心把小概率的标准定为 0.05，以此作为一个普遍适用的原则，人们通常选择显著性水平为 0.05 或比 0.05 更小的概率。常用的显著性水平有 $\alpha=0.01$，$\alpha=0.05$，$\alpha=0.1$ 等，当然也可以取其他值。

确定了显著性水平 α 就等于控制了犯第 Ⅰ 类错误的概率，但犯第 Ⅱ 类错误的概率 β 却是不确定的，而 β 的控制又相对复杂，所以通常选择控制显著性水平 α。

由于是根据样本来推断总体，故这两类错误是不可能完全避免的。人们自然希望犯这两类错误的概率 α 和 β 越小越好。理论上已经证明在样本容量 n 固定的条件下，犯两类错误的概率 α，β 不可能同时减小，要同时减小必须扩大样本容量 n。因此在给定样本容量 n 的前提下，往往先限制犯第一类错误的概率，即给出一个较小的数 α 再来考虑如何减小犯第二类错误的概率 β。在 n 和 α 固定的前提下，能使 β 达到最小的检验法称为最优检验。寻找最优检验已超出本书的范围，不再进行讨论。下面所介绍的检验法都是最优(或近似最优) 的检验方法。

1.2　假设检验的步骤

假设检验一般先对总体分布的某些参数或分布形式提出某种假设，然后抽取样本，根据样本提供的信息对所提出的假设的正确性作出判断。通过下例来说明步骤。

例 4.1　根据长期经验和资料分析，某砖厂生产的砖的“抗断强度”X 服从正态分布，方差为 $\sigma^2=1.21$。今从该厂产品中随机抽取 6 块，测得抗断强度如下(单位：kg/cm^2)：32.56，29.66，31.64，30.00，31.87，31.03 试问这批砖的平均抗断强度为 32.50 kg/cm^2 是否成立？($\alpha=0.05$)

根据题意可知 $X\sim N(\mu,\sigma^2)$，$\sigma^2=1.21$，问题是要回答：$\mu=32.50$ 还是 $\mu\neq 32.50$。

分四步来解决这一问题：

第一步：根据实际问题的要求提出假设

$$H_0:\mu=\mu_0=32.50,\quad H_1:\mu\neq u_0$$

这里称 H_0 为**原假设**，H_1 称为**备择假设**。然后根据样本提供的信息来判断是接受假设 H_0 还是拒绝假设 H_0。

第二步：为检验假设是否正确，提出检验统计量。

对这一类假设检验问题，根据第 3 章抽样分布定理，当 H_0 为真时有 $\mu=\mu_0$，由于 σ^2 已知，于是有

$$Z=\frac{\overline{X}-\mu_0}{\sigma/\sqrt{n}}\sim N(0,1)$$

采用 $Z=\dfrac{\overline{X}-\mu_0}{\sigma/\sqrt{n}}$ 为**检验统计量**。

第三步：根据 $P\{拒绝\ H_0 \mid H_0\ 为真\}=\alpha$ 确定拒绝域。

当 H_0 为真时，对于给定的显著性水平 $\alpha(0<\alpha<1)$，有

$$P\{|Z|\geqslant z_{\frac{\alpha}{2}}\}=\alpha$$

称 $|Z|\geqslant z_{\frac{\alpha}{2}}$ 为**拒绝域**，$z_{\frac{\alpha}{2}}$ 称为拒绝域的**临界值**。

第四步：根据样本观察值作出判断，拒绝 H_0 还是接受 H_0。

事实上 $\alpha=0.05$，事件 $\{|Z|\geqslant z_{\frac{\alpha}{2}}\}$ 是小概率事件，其概率为 α，在一次抽样中该事件不应该发生。将样本观察值 $x_1,x_2,\cdots,x_n$ 代入 $Z=\dfrac{\overline{x}-\mu_0}{\sigma/\sqrt{n}}$（这里 $\mu_0=32.5$，$\sigma=\sqrt{\sigma^2}=\sqrt{1.21}=1.1$，$n=6$）得到 Z 的观察值 z。

若 $|Z|\geqslant z_{\frac{\alpha}{2}}$，说明在一次抽样中小概率事件发生了，因而有理由怀疑 H_0 的正确性，于是作出判断拒绝 H_0。

若 $|Z|<z_{\frac{\alpha}{2}}$，则没有理由拒绝 H_0，因此只能做出判断接受 H_0。

在本例中通过计算 $\overline{x}=31.13$，对 $\alpha=0.05$ 查标准正态分布表得临界值 $z_{\frac{\alpha}{2}}=z_{0.025}=1.96$，于是

$$|z|=\left|\frac{\overline{x}-\mu_0}{\sigma/\sqrt{n}}\right|=\left|\frac{31.13-32.50}{1.1/\sqrt{6}}\right|=3.05>1.96$$

Z 的值落在拒绝域内，故拒绝 H_0，即认为这批砖的平均抗断强度不是 32.50 kg/cm^2。

1.3　双侧检验和单侧检验(或称双尾检验和单尾检验)

类似例 4.1 中的假设检验问题，称对

$$H_0:\mu=\mu_0,\quad H_1:\mu\neq\mu_0$$

的假设检验为**双侧检验**。

有时仅仅关心均值是否增大。例如试验新工艺以提高材料的强度，这时所考虑的均值应该越大越好。如果能判断在新工艺下总体均值较以往正常生产的大，则可以考虑采用新工艺，此时需要检验假设

$$H_0:\mu\leqslant\mu_0,\quad H_1:\mu>\mu_0$$

称这种检验为**右侧检验**，类似地有时需要检验假设

$$H_0:\mu\geqslant\mu_0,\quad H_1:\mu<\mu_0$$

称这种检验为**左侧检验**，右侧检验和左侧检验统称**单侧检验**。

设置原假设和备择假设：确定原假设和备择假设在假设检验中十分重要，它直接关系到检验的结论。通常将研究者想收集证据予以支持的假设设置为备择假设 H_1；将研究者想收集证据予以反对的假设设置为原假设 H_0。下面通过例子来说明原假设和备择假设的设置方法。

例 4.2　一种零件的生产标准是直径应为 10 cm，为对生产过程进行控制，质量检测人员

定期对一台加工机床检查，确定这台机床生产的零件是否符合标准要求。如果零件的平均直径大于或小于 10 cm，则表明生产过程不正常，必须进行调整。试陈述用来检验生产过程是否正常的原假设和备择假设。

解　设这台机床生产的所有零件平均直径的真值为 μ。如果 $\mu=10$ 表明生产过程正常，如果 $\mu>10$ 或 $\mu<10$，则表明机床的生产过程不正常，研究者要检测这两种可能情况中的任何一种。研究者想收集证据予以证明的假设应该是“生产过程不正常”，因为如果研究者事先认为生产过程正常，他也就没有必要去进行检验了，故以建立的原假设和备择假设应为

$$H_0:\mu=10,\quad H_1:\mu\neq 10$$

例 4.3　某品牌洗涤剂在它的产品说明书中声称：平均净含量不少于 500 g。从消费者的利益出发，有关研究人员要通过抽检其中的一批产品来验证该产品制造商的说明是否属实。试陈述用于检验的原假设与备择假设。

解　设该品牌洗涤剂平均净含量的真值为 μ。如果抽检的结果发现 $\mu<500$，则表明该产品说明书中关于其净含量的内容是不真实的，有关部门应对其采取相应的措施。一般来说，研究者抽检的意图是倾向于证实这种洗涤剂的平均净含量并不符合说明书中的陈述，因为这会损害消费者的利益，如果研究者对产品说明丝毫没有质疑，也就没有抽检的必要了。所以 $\mu<500$ 是研究者想要收集证据支持的观点。建立的原假设与备择假设应为

$H_0:\mu\geqslant 500$（净含量符合说明书），　$H_1:\mu<500$（净含量不符合说明书）。

例 4.4　一家研究机构估计，某城市中家庭拥有汽车的比例超过 30%。为验证这一估计是否正确，该研究机构随机抽取了一个样本进行检验。试陈述用于检验的原假设与备择假设。

解　设该城市中家庭拥有汽车的比例真值为 P。显然，研究者想收集证据予以支持的假设是“该城市中家庭拥有汽车的比例超过 30%。因此建立的原假设与备择假设应为

$H_0:P\leqslant 30\%$（家庭拥有汽车的比例不超过 30%）

$H_1:P>30\%$（家庭拥有汽车的比例超过 30%）

通过上文几个例子可以得到建立假设的如下认识：

(1) 原假设和备择假设是一个完备事件组，而且相互对立。这意味着，在一项假设检验中，原假设和备择假设必有一个成立，而且只有一个成立。

(2) 在建立假设时，通常是先确定备择假设，然后再确定原假设。这样做的原因是备择假设是想予以支持或证实的，因而容易确定。由于原假设和备择假设是对立的，只要确定了备择假设，原假设就很容易确定下来。

(3) 在假设检验中，等号“=”总是放在原假设上。比如总体假设的均值为 μ_0，原假设总是 $H_0:\mu=\mu_0$，$H_0:\mu\geqslant\mu_0$ 或 $H_0:\mu\leqslant\mu_0$。而相应的备择假设则为 $H_1:\mu\neq\mu_0$，$H_1:\mu<\mu_0$ 或 $H_1:\mu>\mu_0$。将符号“=”放在原假设上是因为想涵盖备择假设 H_1 不出现的所有情况。

下面讨论单侧检验问题的拒绝域。

例 4.5　某工厂生产的固体燃料推进器的燃烧率 $X\sim N(\mu,\sigma^2)$，$\mu=40$ cm/s，$\sigma=2$ cm/s. 现采用新方法生产了一批推进器，从中随机抽取 $n=25$ 只，测得燃烧率的样本均值为

$\overline{x}=41.25$ cm/s。设在新方法下，总体均方差仍然为 2 cm/s，问这批推进器的燃烧率是否较以往生产的推进器的燃烧率有显著提高？($\alpha=0.05$)

解　(1) 提出假设：$H_0:\mu\leqslant\mu_0=40$，　$H_1:\mu>\mu_0$

这是右侧检验问题。

(2) 提出检验统计量：对上述问题由于 σ^2 已知，采用检验统计量

$$Z=\frac{\overline{X}-\mu_0}{\sigma/\sqrt{n}}\sim N(0,1)$$

(3) 确定拒绝域：对于显著性水平 $\alpha=0.05$，当 H_0 为真时有

$$P\{Z\geqslant z_\alpha\}=\alpha$$

得到拒绝域为 $Z\geqslant z_\alpha$。

(4) 根据样本观察值作出判断：查表得 $z_\alpha=z_{0.05}=1.645$

$$z=\frac{\overline{x}-\mu_0}{\sigma/\sqrt{n}}=\frac{41.25-40}{2/\sqrt{25}}=3.125>z_{0.05}=1.645$$

Z 的值落在拒绝域中，所以在显著性水平 $\alpha=0.05$ 下拒绝 H_0，即认为这批推进器的燃烧率较以往生产的有显著提高。

类似上边的讨论，对左侧检验问题

$$H_0:\mu\geqslant\mu_0,\quad H_1:\mu<\mu_0$$

根据 $P\{Z\leqslant -z_\alpha\}=\alpha$，拒绝域为 $Z\leqslant -z_\alpha$。

§2　一个正态总体均值与方差的假设检验

在对总体均值进行假设检验时，采用什么检验步骤和检验统计量取决于所抽取的样本是大样本($n\geqslant 30$)还是小样本($n<30$)，此外还需要区分总体是否服从正态分布、总体方差是否已知等几种情况。

下面讨论正态总体无论样本大小的情况和非正态总体大样本的情况。

2.1　一个正态总体均值 μ 的检验(无论样本大小)

设总体 $X\sim N(\mu,\sigma^2)$，$x_1,x_2,\cdots,x_n$ 为来自总体 X 的样本观察值，给定显著性水平 α，检验假设：

双侧检验　　$H_0:\mu=\mu_0$，　$H_1:\mu\neq\mu_0$　　(4-1)

或右侧检验　　$H_0:\mu\leqslant\mu_0$，　$H_1:\mu>\mu_0$　　(4-2)

或左侧检验　　$H_0:\mu\geqslant\mu_0$，　$H_1:\mu<\mu_0$　　(4-3)

1. σ^2 已知时均值 μ 的检验

根据 §1 中的讨论，当 $X\sim N(\mu,\sigma^2)$，σ^2 已知时，式(4-1)、式(4-2)、式(4-3) 的检验，当

H_0 为真时采用统计量 $Z=\dfrac{\overline{X}-\mu_0}{\sigma/\sqrt{n}}$，并有 $Z=\dfrac{\overline{X}-\mu_0}{\sigma/\sqrt{n}}\sim N(0,1)$。

分别得到拒绝域如下：

式(4-1) 拒绝域： $|Z|\geqslant z_{\frac{\alpha}{2}}$

式(4-2) 拒绝域： $Z\geqslant z_{\alpha}$

式(4-3) 拒绝域： $Z\leqslant -z_{\alpha}$

根据样本观察值 $x_1,x_2,\cdots,x_n$ 通过计算得到 Z 的观察值，若落入拒绝域，则拒绝 H_0，反之则接受 H_0。以上检验法称为 **Z 检验法**。

例 4.6 某工厂对废水进行处理，要求处理后的水中某种有毒物质的浓度不超过 19 mg/L。现抽取 $n=10$ 的样本，得到 $\overline{x}=17.1$ mg/L，假设有毒物质的含量服从正态分布，且已知总体方差 $\sigma^2=8.5(\text{mg/L})^2$，问在显著水平 $\alpha=0.01$ 下处理后的废水是否合格？

解 希望得到的结论是“合格”，即 $\mu<9$，取其反面为原假设，则

$$H_0:\mu\geqslant 19,\quad H_1:\mu<19$$

已知 $\overline{x}=17.1$，$\sigma^2=8.5(\text{mg/L})^2$，$n=10$，$\alpha=0.01$。

取
$$Z=\frac{\overline{x}-\mu_0}{\sigma/\sqrt{n}}=\frac{17.1-19}{\sqrt{\dfrac{8.5}{10}}}=-2.06$$

这是一个左侧检验问题，查表得 $-Z_{\alpha}=-Z_{0.01}=-3.323$。

因为 $-2.06>-2.323$，落入接受域，所以接受 H_0。

即没有理由认为经处理后的废水是合格的。

2. σ^2 未知时均值 μ 的检验

设总体 $X\sim N(\mu,\sigma^2)$，其中 μ,σ^2 未知。检验假设

$$H_0:\mu=\mu_0,\quad H_1:\mu\neq\mu_0$$

由于 σ^2 未知，检验统计量不能用 $Z=\dfrac{\overline{X}-\mu_0}{\sigma/\sqrt{n}}$，注意到 S^2 是 σ^2 的无偏估计量，用 S 来代替 σ。由抽样分布定理，当 H_0 为真时采用检验统计量 $t=\dfrac{\overline{X}-\mu_0}{S/\sqrt{n}}$ 并有

$$t=\frac{\overline{X}-\mu_0}{S/\sqrt{n}}\sim t(n-1)$$

对双侧检验式(4-1) 根据 $P\{$拒绝 $H_0\mid H_0$ 为真$\}=\alpha$ 有

$$P\{|t|\geqslant t_{\frac{\alpha}{2}}(n-1)\}=\alpha$$

于是对式(4-1) 得到拒绝域为 $|t|\geqslant t_{\frac{\alpha}{2}}(n-1)$

同理对式(4-2)、式(4-3) 分别得到：

(4-2) 拒绝域为 $t\geqslant t_{\alpha}(n-1)$

(4-3) 拒绝域为 $t\leqslant -t_{\alpha}(n-1)$

根据样本观察值 $x_1,x_2,\cdots,x_n$，计算 t 的观察值，若落入拒绝域则拒绝 H_0，反之则接受 H_0。

上述利用 t 统计量得到的检验法称为 **t 检验法**。

例 4.7 一种汽车配件的平均长度要求为 12 cm，高于或低于该标准均被认为是不合格的。汽车生产企业在购进配件时，通常是经过招标，然后对中标的配件提供商提供的样品进行检验，以决定是否购进。现对一个配件提供商提供的 10 个样本进行了检验，结果如下(单位：cm)：

12.2　10.8　12.0　11.8　11.9　12.4　11.3　12.2　12.0　12.3

假定该供货商生产的配件长度服从正态分布，在 0.05 的显著水平下，检验该供货商提供的配件是否符合要求？

解 依题意建立如下原假设和备择假设：

$$H_0:\mu=12,\quad H_1:\mu\neq 12$$

根据样本数据计算得 $\overline{x}=11.89$，$s=0.493\,2$。

由于 $n<30$ 为小样本，采用 t 检验法计算检验统计量

$$t=\frac{11.89-12}{0.4\,932/\sqrt{10}}=-0.703\,5。$$

根据自由度 $n-1=10-1=9$，查 t 分布表得 $t_{\frac{\alpha}{2}}(n-1)=t_{0.025}(9)=2.262$，由于 $|t|=0.7\,035<t_{0.025}(9)=2.262$，所以不拒绝原假设，即认为该供货商提供的配件符合要求。

例 4.8 某厂生产的乐器用一种镍合金弦线，长期以来其抗拉强度的总体均值为 10 560(kg/cm^2)。今生产了一批弦线，随机抽取 10 根进行抗拉强度试验。测得其抗拉强度分别为：10 512，10 623，10 668，10 554，10 776，10 707，10 557，10 581，10 666，10 670。设抗拉强度服从正态分布。问这批弦线的抗拉强度是否较以往生产的弦线抗拉强度要高？(显著性水平 $\alpha=0.05$)

解 这是一个正态总体，抗拉强度 $X\sim N(\mu,\sigma^2)$，σ^2 未知，按题意：

(1) 提出假设：

$$H_0:\mu\leqslant\mu_0=10\,560,\quad H_1:\mu>10\,560$$

这是右侧检验问题。

(2) 检验统计量用

$$t=\frac{\overline{X}-\mu_0}{S/\sqrt{n}}\sim t(n-1)$$

(3) 根据式(4-2)有拒绝域：　　$t\geqslant t_\alpha(n-1)$

(4) 根据样本观察值计算并作出判断

$$\overline{x}=\frac{1}{n}\sum_{i=1}^{n}x_i=\frac{1}{10}\sum_{i=1}^{10}x_i=10\,631.4$$

$$s=\sqrt{\frac{1}{n-1}\sum_{i=1}^{n}(x_i-\overline{x})^2}=\sqrt{\frac{1}{9}\sum_{i=1}^{10}(x_i-10\,631.4)^2}=81.00$$

$\mu_0=10\ 560$，查 t 分布表有 $t_\alpha(n-1)=t_{0.05}(9)=1.833\ 1$
于是

$$t=\frac{\overline{x}-\mu_0}{s/\sqrt{n}}=\frac{10\ 631.4-10\ 560}{81.00/\sqrt{10}}=2.784\ 8>t_{0.05}(9)=1.833\ 1$$

t 的观察值落在了拒绝域内，故拒绝 H_0，即认为这批弦线的抗拉强度比以往生产的弦线强度要高。

2.2 非正态分布或未知总体分布时大样本($n\geqslant 30$)总体均值 μ 的检验

在检验总体均值时，更多遇到的是非正态分布问题，或根本不知总体的分布形式，并且也不知总体的方差的情况，正如在区间估计中讨论过的，这时只要是大样本(一般掌握 $n\geqslant 30$)，可以用 Z 统计量作为检验统计量。

例 4.9 一个食品加工者关心 500 g 的切片菠萝罐头是否装得太满。质量部门随机抽取了一个容量为50的随机样本，发现平均质量是510 g，样本标准差是8 g。试根据5% 的显著水平检验切片菠萝罐头是否装得太满？

解 $H_0:\mu\leqslant 500$， $H_0:\mu>500$；

虽然不知总体分布形式，但 $n=50$ 是大样本，所以有 Z 统计量为

$$Z=\frac{\overline{x}-\mu_0}{s/\sqrt{n}}=\frac{510-500}{8/\sqrt{50}}=8.75$$

这是右侧检验问题，当 $\alpha=0.05$ 时，查表 $Z_\alpha=1.645$，Z 的观察值落入拒绝域，所以拒绝 H_0，接受 H_1。

即根据样本资料，在 5% 的显著水平下，可以认为罐头的平均质量大于原定标准。

例 4.10 一种机床加工的零件尺寸绝对平均误差为 1.35 mm。生产厂家现采用一种新的机床进行加工以期进一步降低误差。为检验新机床加工的零件平均误差与旧机床相比是否有显著降低，从某天生产的零件中随机抽取 50 个进行检验。50 个零件尺寸的绝对误差数据(单位：mm) 如下：

1.26；	1.19；	1.31；	0.97；	1.81；	1.13；	0.96；	1.06；	1.00；	0.94；
0.98；	1.10；	1.12；	1.03；	1.16；	1.12；	1.12；	0.95；	1.02；	1.13；
1.23；	0.74；	1.50；	0.50；	0.59；	0.99；	1.45；	1.24；	1.01；	2.03；
1.98；	1.97；	0.91；	1.22；	1.06；	1.11；	1.54；	1.08；	1.10；	1.64；
1.70；	2.37；	1.38；	1.60；	1.26；	1.17；	1.12；	1.23；	0.82；	0.86。

利用这些样本数据，检验新机床加工的零件尺寸的平均误差与旧机床相比是否有显著降低？($\alpha=0.01$)

解 这里研究者所关心的是新机床加工的零件尺寸的平均误差与旧机床相比是否有显著降低，也就是 μ 是否小于 1.35，因此属于单侧检验问题，而且属于左侧检验。提出假设

$$H_0: \mu \geqslant 1.35, \quad H_1: \mu < 1.35。$$

根据样本数据计算得　　$\overline{x} = 1.2152, s = 0.365749$

计算检验统计量的具体数值为

$$z = \frac{1.2152 - 1.35}{0.365749/\sqrt{50}} = -2.6061$$

根据给定的显著性水平 $\alpha = 0.01$,查标准正态分布表得 $-z_\alpha = -z_{0.01} = -2.33$。由于 $z = -2.6061 < -z_{0.01} = -2.33$,所以拒绝原假设。检验结果表明:新机床加工的零件尺寸的平均误差与旧机器相比有显著降低。

2.3　方差 σ^2 的检验

设总体 $X \sim N(\mu, \sigma^2)$,其中 μ, σ^2 均未知,$x_1, x_2, \cdots, x_n$ 是来自总体 X 的样本观察值。给定显著性水平 α,检验假设:

双侧检验　　$H_0: \sigma^2 = \sigma_0^2, \quad H_1: \sigma^2 \neq \sigma_0^2$ （σ_0^2 为已知常数）　　(4-4)

注意:S^2 是 σ^2 的无偏估计量。因此当 H_0 为真时,S^2 应在 σ_0^2 附近摆动,根据第3章抽样分布定理,H_0 当为真时,采用统计量

$$\chi^2 = \frac{(n-1)S^2}{\sigma_0^2}, \text{有 } \chi^2 = \frac{(n-1)S^2}{\sigma_0^2} \sim \chi^2(n-1)$$

根据 $P\{$拒绝 $H_0 \mid H_0$ 为真$\} = \alpha$ 有

$$P\{\chi^2 \geqslant \chi^2_{\frac{\alpha}{2}}(n-1)\} = \frac{\alpha}{2} \text{ 和 } P\{\chi^2 \leqslant \chi^2_{1-\frac{\alpha}{2}}(n-1)\} = \frac{\alpha}{2}$$

得到拒绝域为　　$\chi^2 = \dfrac{(n-1)S^2}{\sigma_0^2} > \chi^2_{\frac{\alpha}{2}}(n-1)$ 或 $\chi^2 = \dfrac{(n-1)S^2}{\sigma_0^2} < \chi^2_{1-\frac{\alpha}{2}}(n-1)$

将样本观察值 $x_1, x_2, \cdots, x_n$ 代入 χ^2 统计量得到 χ^2 的观察值。若 χ^2 的观察值落入拒绝域则拒绝 H_0,反之则接受 H_0。

类似对右侧检验和左侧检验分别有以下结果:

右侧检验　　$H_0: \sigma^2 \leqslant \sigma_0^2, \quad H_1: \sigma^2 > \sigma_0^2$　　(4-5)

得到拒绝域为　　$\chi^2 = \dfrac{(n-1)S^2}{\sigma_0^2} > \chi^2_\alpha(n-1)$

左侧检验　　$H_0: \sigma^2 \geqslant \sigma_0^2, H_1: \sigma^2 < \sigma_0^2$　　(4-6)

得到拒绝域为　　$\chi^2 = \dfrac{(n-1)S^2}{\sigma_0^2} < \chi^2_{1-\alpha}(n-1)$

上述利用 χ^2 统计量得到的检验法称为 **χ^2 检验法。**

正态总体均值 μ 和方差 σ^2 检验的各种结果如表 4-1 所示。

表 4-1 正态总体均值 μ 和方差 σ^2 检验

原假设 H_0	备择假设 H_1	检验统计量	H_0 为真时统计量的分布	拒绝域
$\mu=\mu_0$ $\mu\leqslant\mu_0$ $\mu\geqslant\mu_0$ (σ^2 已知)	$\mu\neq\mu_0$ $\mu>\mu_0$ $\mu<\mu_0$	$Z=\dfrac{\overline{X}-\mu_0}{\sigma/\sqrt{n}}$	$N(0,1)$	$\lvert Z\rvert\geqslant z_{\frac{\alpha}{2}}$ $Z\geqslant z_\alpha$ $Z\leqslant -z_\alpha$
$\mu=\mu_0$ $\mu\leqslant\mu_0$ $\mu\geqslant\mu_0$ (σ^2 未知)	$\mu\neq\mu_0$ $\mu>\mu_0$ $\mu<\mu_0$	$t=\dfrac{\overline{X}-\mu_0}{S/\sqrt{n}}$	$t(n-1)$	$\lvert t\rvert\geqslant t_{\frac{\alpha}{2}}(n-1)$ $t\geqslant t_\alpha(n-1)$ $t\leqslant -t_\alpha(n-1)$
$\sigma^2=\sigma_0^2$ $\sigma^2\leqslant\sigma_0^2$ $\sigma^2\geqslant\sigma_0^2$	$\sigma^2\neq\sigma_0^2$ $\sigma^2>\sigma_0^2$ $\sigma^2<\sigma_0^2$	$\chi^2=\dfrac{(n-1)S^2}{\sigma_0^2}$	$\chi^2(n-1)$	$\chi^2>\chi^2_{\frac{\alpha}{2}}(n-1)$ 或 $\chi^2<\chi^2_{1-\frac{\alpha}{2}}(n-1)$ $\chi^2>\chi^2_\alpha(n-1)$ $\chi^2<\chi^2_{1-\alpha}(n-1)$

例 4.11 车间生产金属丝,质量向来较稳定。按经验金属丝的折断力 X 服从正态分布,方差为 $\sigma_0^2=64$,今从一批产品中随机抽取 10 根作折断力试验,结果为(单位 kg):578, 572, 570, 568, 572, 570, 572, 596, 584, 570,问是否可以相信这批金属丝的折断力的方差也是 64。(显著性水平 $\alpha=0.05$)

解 根据题意

(1) 提出假设 $H_0:\sigma^2=\sigma_0^2=64$, $H_1:\sigma^2\neq\sigma_0^2$

(2) 检验统计量 $\chi^2=\dfrac{(n-1)S^2}{\sigma_0^2}\sim\chi^2(n-1)$

(3) 拒绝域为 $\chi^2\geqslant\chi^2_{\frac{\alpha}{2}}(n-1)$ 或 $\chi^2\leqslant\chi^2_{1-\frac{\alpha}{2}}(n-1)$

(4) 根据样本观察值计算 χ^2,并作判断

$$\text{经计算 } \overline{x}=575.2,\quad (n-1)s^2=\sum_{i=1}^{n}(x_i-\overline{x})^2=681.6$$

$$\chi^2=681.6/64=10.65$$

对于 $\alpha=0.05$,查 χ^2 分布表得 $\chi^2_{\frac{\alpha}{2}}(n-1)=\chi^2_{0.025}(9)=19.023$

$$\chi^2_{1-\frac{\alpha}{2}}(n-1)=\chi^2_{0.975}(9)=2.700$$

由于 $\chi^2_{0.975}(9)<\chi<\chi^2_{0.025}(9)$,故接受 H_0,即这批金属丝的折断力的方差与 64 无显著差异。

§3　两个正态总体均值与方差的假设检验

本节将讨论如何对两个正态总体的均值之间和方差之间的差异进行检验。

设 $X_1,X_2,\cdots,X_{n_1};Y_1,Y_2,\cdots,Y_{n_2}$ 是分别来自总体 $X\sim N(\mu_1,\sigma_1^2)$，$Y\sim N(\mu_2,\sigma_2^2)$ 的样本，且两个样本相互独立，$\overline{X}$，$\overline{Y}$；S_1^2，S_2^2 分别是两样本的均值和方差。

3.1　两个正态总体均值差异的检验

在实际研究中，常常需要比较两个总体的差异。如一所学校的重点班和普通班两个班级学生的英语水平成绩是否显著差异；生产企业在改进生产线后的平均产量与原生产线的平均产量相比是否有显著提高等等，这些都属于两个总体均值之差 $\mu_1-\mu_2$ 的检验问题。

主要讨论(1)σ_1^2，σ_2^2 已知；(2)σ_1^2，σ_2^2 未知，但 $\sigma_1^2=\sigma_2^2$ 这两种情况下假设检验：

双侧检验　　$H_0:\mu_1-\mu_2=0$，　$H_1:\mu_1-\mu_2\neq 0$　　(4-7)

或右侧检验　　$H_0:\mu_1-\mu_2\leqslant 0$，　$H_1:\mu_1-\mu_2>0$　　(4-8)

或左侧检验　　$H_0:\mu_1-\mu_2\geqslant 0$，　$H_1:\mu_1-\mu_2<0$　　(4-9)

1. σ_1^2，σ_2^2 已知。

对假设式(4-7)的检验，根据抽样分布定理 $\overline{X}-\overline{Y}\sim N\left(\mu_1-\mu_2,\dfrac{\sigma_1^2}{n_1}+\dfrac{\sigma_2^2}{n_2}\right)$，有

$$Z=\frac{(\overline{X}-\overline{Y})-(\mu_1-\mu_2)}{\sqrt{\dfrac{\sigma_1^2}{n_1}+\dfrac{\sigma_2^2}{n_2}}}\sim N(0,1)$$

由于 σ_1^2，σ_2^2 已知，当 H_0 为真时 $\mu_1=\mu_2$，故取 $Z=\dfrac{\overline{X}-\overline{Y}}{\sqrt{\dfrac{\sigma_1^2}{n_1}+\dfrac{\sigma_2^2}{n_2}}}\sim N(0,1)$ 为检验统计量。类似上一节的分析，给定显著性水平 α，得到拒绝域 $|Z|\geqslant z_{\frac{\alpha}{2}}$。

同理对检验假设式(4-8)和式(4-9)分别得到拒绝域为 $Z\geqslant z_\alpha$ 和 $Z\leqslant -z_\alpha$。

例 4.12　装配一种小部件可采用两种不同的生产工序，据称装配时间服从正态分布，且根据过去经验知，工序 1 的标准差为 2 min，工序 2 的标准差为 3 min。为了研究两种工序的装配时间是否有显著差异，各抽 10 个样本进行试验，试验结果为 $\overline{x}=5$ min，$\overline{y}=7$ min。若 $\alpha=0.05$，进行显著性检验，

解　依题意，提出假设

$$H_0:\mu_1-\mu_2=0,\quad H_1:\mu_1-\mu_2\neq 0$$

有

$$Z=\frac{(\overline{x}-\overline{y})-(\mu_1-\mu_2)}{\sqrt{\dfrac{\sigma_1^2}{n_1}+\dfrac{\sigma_2^2}{n_2}}}=\frac{5-7-0}{\sqrt{\dfrac{4}{10}+\dfrac{9}{10}}}=-1.754$$

根据所提假设，这是个双侧检验问题，查标准正态分布表，得

$$z_{\alpha/2}=z_{0.05/2}=1.96$$

因为 $|Z|=1.754<z_{\alpha/2}=z_{0.05/2}=1.96$,所以没有理由拒绝 H_0。即认为两种工序在装配时间之间没有显著差异。

2. σ_1^2,σ_2^2 未知但 $\sigma_1^2=\sigma_2^2$。

对假设式(4-7)的检验根据抽样分布定理有

$$t=\frac{(\overline{X}-\overline{Y})-(\mu_1-\mu_2)}{S_\omega\sqrt{\frac{1}{n_1}+\frac{1}{n_2}}}\sim t(n_1+n_2-2)$$

其中

$$S_\omega^2=\frac{(n_1-1)S_1^2+(n_2-1)S_2^2}{n_1+n_2-2}$$

当 H_0 为真时,取

$$t=\frac{\overline{X}-\overline{Y}}{S_\omega\sqrt{\frac{1}{n_1}+\frac{1}{n_2}}}\sim t(n_1+n_2-2)$$

为检验统计量,对显著性水平 α,及检验假设(4-7)得到拒绝域为

$$|t|\geqslant t_{\frac{\alpha}{2}}(n_1+n_2-2)$$

同理对检验假设式(4-8)和式(4-9)分别得到拒绝域为

$$t\geqslant t_\alpha(n_1+n_2-2)\text{ 和 }t\leqslant -t_\alpha(n_1+n_2-2)$$

例 4.13 设有甲乙两种零件,彼此可以代用,但乙零件比甲零件制造简单,造价低。经过试验获得抗压强度为(单位:kg/cm^2)

甲种零件:88, 87, 92, 90, 91

乙种零件:89, 89, 90, 84, 88

设两种零件的抗压强度均服从正态分布,方差相同,问甲种零件的抗压强度是否比乙种零件的抗压强度高?($\alpha=0.05$)

解 设甲种零件的抗压强度 $X\sim N(\mu_1,\sigma_1^2)$,乙种零件抗压强度 $Y\sim N(\mu_2,\sigma_2^2)$ 由题设 $\sigma_1^2=\sigma_2^2=\sigma^2$ 未知。根据题意需要检验

$$H_0:\mu_1-\mu_2\leqslant 0,\quad H_1:\mu_1-\mu_2>0$$

即,若甲种零件不比乙种零件的抗压强度高(H_0 成立),显然要生产乙种零件,但若甲种零件比乙种零件抗压强度高(H_1 成立),为了保证质量,要生产甲种零件。

选用统计量

$$t=\frac{\overline{X}-\overline{Y}}{S_\omega\sqrt{\frac{1}{n_1}+\frac{1}{n_2}}}$$

这是右侧检验,拒绝域为 $t\geqslant t_\alpha(n_1+n_2-2)$。经计算 $\overline{x}=89.6$, $\overline{y}=88.0$, $s_1^2=4.3$, $s_2^2=4.4$, $n_1=5$, $n_2=5$, $t=\dfrac{\overline{x}-\overline{y}}{s_\omega\sqrt{\frac{1}{n_1}+\frac{1}{n_2}}}=1.08$,查 t 分布表,得 $t_{0.05}(8)=1.8595$。

$t < t_{0.05}(8)$，t 的观察值没有落在拒绝域内，故接受 H_0，即认为甲种零件的抗压强度并不比乙种零件的抗强度高。

3.2 两个正态总体方差差异的检验

$\mu_1, \mu_2, \sigma_1^2, \sigma_2^2$ 均未知，检验假设

$$H_0: \sigma_1^2 = \sigma_2^2, \quad H_2: \sigma_1^2 \neq \sigma_2^2 \tag{4-10}$$

根据抽样分布定理知

$$\frac{(n_1-1)S_1^2}{\sigma_1^2} \sim \chi^2(n_1-1); \quad \frac{(n_2-1)S_2^2}{\sigma_2^2} \sim \chi^2(n_2-1)$$

由两个样本相互独立，有 S_1^2 与 S_2^2 相互独立，于是有

$$\frac{(n_1-1)S_1^2}{\sigma_1^2} \text{ 与 } \frac{(n_2-1)S_2^2}{\sigma_2^2} \text{ 相互独立}$$

由 F 分布定义知

$$\frac{S_1^2/\sigma_1^2}{S_2^2/\sigma_2^2} \sim F(n_1-1, n_2-1)$$

当 H_0 为真时，即 $\sigma_1^2 = \sigma_2^2$，于是 $\frac{S_1^2}{S_1^2} \sim F(n_1-1, n_2-1)$，取 $F = \frac{S_1^2}{S_1^2}$ 作为检验统计量。对给定 α，由

$$P\{F \geqslant F_{\frac{\alpha}{2}}(n_1-1, n_2-1)\} = \frac{\alpha}{2} \text{ 和 } P\{F \leqslant F_{1-\frac{\alpha}{2}}(n_1-1, n_2-1)\} = \frac{\alpha}{2}$$

得到检验假设(4－10)的拒绝域为

$$F > F_{\frac{\alpha}{2}}(n_1-1, n_2-1) \text{ 或 } F < F_{1-\frac{\alpha}{2}}(n_1-1, n_2-1)$$

同理对右侧检验 $H_0: \sigma_1^2 \leqslant \sigma_2^2, \quad H_1: \sigma_1^2 > \sigma_2^2$ (4－11)

得到拒绝域为 $F > F_\alpha(n_1-1, n_2-1)$

对左侧检验 $H_0: \sigma_1^2 \geqslant \sigma_2^2, \quad H_1: \sigma_1^2 < \sigma_2^2$ (4－12)

得到拒绝域为 $F < F_{1-\alpha}(n_1-1, n_2-1)$

将上述结果列成表 4－2。

表 4－2 两个正态总体均值和方差差异的检验

原假设 H_0	备择假设 H_1	检验统计量	H_0 为真时统计量的分布	拒绝域
$\mu_1-\mu_2=0$ $\mu_1-\mu_2\leqslant 0$ $\mu_1-\mu_2\geqslant 0$ σ_1^2, σ_2^2 已知	$\mu_1-\mu_2\neq 0$ $\mu_1-\mu_2>0$ $\mu_1-\mu_2<0$	$Z=\dfrac{\overline{X}-\overline{Y}}{\sqrt{\dfrac{\sigma_1^2}{n_1}+\dfrac{\sigma_2^2}{n_2}}}$	$N(0,1)$	$\lvert Z\rvert \geqslant z_{\frac{\alpha}{2}}$ $Z\geqslant z_\alpha$ $Z\leqslant -z_\alpha$

续表

原假设 H_0	备择假设 H_1	检验统计量	H_0 为真时统计量的分布	拒绝域
$\mu_1-\mu_2=0$ $\mu_1-\mu_2\leqslant 0$ $\mu_1-\mu_2\geqslant 0$ $\sigma_1^2=\sigma_2^2=\sigma^2$ 未知	$\mu_1-\mu_2\neq 0$ $\mu_1-\mu_2>0$ $\mu_1-\mu_2<0$	$t=\dfrac{\overline{X}-\overline{Y}}{S_\omega\sqrt{\dfrac{1}{n_1}+\dfrac{1}{n_2}}}$ $S_\omega^2=\dfrac{(n_1-1)S_1^2+(n_2-1)S_2^2}{n_1+n_2-2}$	$t(n_1+n_2-2)$	$\lvert t\rvert\geqslant t_{\frac{\alpha}{2}}(n_1+n_2-2)$ $t\geqslant t_\alpha(n_1+n_2-2)$ $t\leqslant -t_\alpha(n_1+n_2-2)$
$\sigma_1^2=\sigma_2^2$ $\sigma_1^2\leqslant\sigma_2^2$ $\sigma_1^2\geqslant\sigma_2^2$	$\sigma_1^2\neq\sigma_2^2$ $\sigma_1^2>\sigma_2^2$ $\sigma_1^2<\sigma_2^2$	$F=\dfrac{S_1^2}{S_2^2}$	$F(n_1-1,n_2-1)$	$F>F_{\frac{\alpha}{2}}(n_1-1,n_2-1)$ 或 $F<F_{1-\frac{\alpha}{2}}(n_1-1,n_2-1)$ $F>F_\alpha(n_1-1,n_2-1)$ $F<F_{1-\alpha}(n_1-1,n_2-1)$

例 4.14 某种脱脂乳制品在处理前后分别取样分析其含脂率，得到数据(见表 4-3)。

表 4-3

处理前	$n_1=10$	$S_1^2=0.005$
处理后	$n_2=11$	$S_2^2=0.0047$

假定处理前后含脂率都服从正态分布，问处理前后含脂率的方差是否不变(取 $\alpha=0.05$)?

解 依题意，建立假设

$$H_0:\sigma_1^2=\sigma_2^2,\quad H_1:\sigma_1^2\neq\sigma_2^2$$

取统计量 $F=S_1^2/S_2^2=0.005/0.0047=1.06$。

查表得 $\alpha=0.05$，则

$$F_{1-\frac{\alpha}{2}}(n_1-1,n_2-1)=\frac{1}{F_{\alpha/2}(n_2-1,n_1-1)}=\frac{1}{F_{0.025}(10,9)}=1/3.96=0.253$$

$$F_{\frac{\alpha}{2}}(n_1-1,n_2-1)=F_{0.025}(9,10)=3.78$$

即，有否定域 $F<0.253,F>3.78$

因为样本统计量 $F=1.06$，未落入拒绝域，所以接受原假设 H_0，即认为这样处理前后方差没有显著变化。

例 4.15 在平炉上进行一项试验以确定改变操作方法的建议是否会增加钢的得率。通过实验对标准方法和新方法各炼了 10 炉，其钢的得率分别为

标准方法：78.1， 72.4， 72.6， 74.3， 77.4， 78.4， 76.0， 75.5， 76.7， 77.3

新方法：79.1， 81.0， 77.3， 79.1， 80.0， 79.1， 79.1， 77.3， 80.2， 82.1

设两个样本相互独立，且分别来自正态总体 $N(\mu_1,\sigma_1^2)$ 和 $N(\mu_2,\sigma_2^2)$，$\mu_1,\mu_2,\sigma_1^2,\sigma_2^2$ 均未知。问建议的新操作方法能否提高钢的得率？$(\alpha=0.05)$

解 由于 σ_1^2,σ_2^2 均未知，且不知是否相等，因此

第一步：先检验假设 $H_0:\sigma_1^2=\sigma_2^2,\quad H_1:\sigma_1^2\neq\sigma_2^2$

检验统计量
$$F=\frac{S_1^2}{S_2^2}\sim F(n_1-1,n_2-1)$$

拒绝域 $F\geqslant F_{\frac{\alpha}{2}}(n_1-1,n_2-1)$ 或 $F\leqslant F_{1-\frac{\alpha}{2}}(n_1-1,n_2-1)$

经计算 $s_1^2=3.325,\quad s_2^2=2.225,\quad F=\dfrac{s_1^2}{s_2^2}=1.49$

差 F 分布表： $F_{\frac{\alpha}{2}}(n_1-1,n_2-1)=F_{0.025}(9,9)=4.03$

$$F_{1-\frac{\alpha}{2}}(n_2-1,n_1-1)=\frac{1}{F_{\frac{\alpha}{2}}(n_2-1,n_1-1)}=\frac{1}{4.03}=0.248$$

由于 $0.248<F<4.03$，所以接受 H_0，即认为两正态总体的方差相等。

第二步：检验假设 $H_0:\mu_1-\mu_2\geqslant 0,\quad H_1:\mu_1-\mu_2<0$

检验统计量
$$t=\frac{\overline{X}-\overline{Y}}{S_\omega\sqrt{\dfrac{1}{n_1}+\dfrac{1}{n_2}}}\sim t(n_1+n_2-2)$$

这是左侧检验，拒绝域为 $t\leqslant -t_\alpha(n_1+n_2-2)$

计算得 $n_1=10,\quad n_2=10,\quad \overline{x}=76.23,\quad \overline{y}=79.43,\quad s_1^2=3.325,\quad s_2^2=2.225$

$$s_\omega^2=\frac{(n_1-1)s_1^2+(n_2-1)s_2^2}{n_1+n_2-2}=2.775,\quad t=\frac{\overline{x}-\overline{y}}{s_\omega\sqrt{\dfrac{1}{n_1}+\dfrac{1}{n_2}}}=-4.295$$

查 t 分布表有 $t_{0.05}(18)=1.7341$

由于 $t=-4.295<-t_{0.05}(18)=-1.7341$

t 观测值落在拒绝域内，故拒绝 H_0，认为新建议的操作方法较原标准方法能提高钢的得率。

§4 总体比例的假设检验

本节是在大样本($n\geqslant 30$)情况下进行讨论。

4.1 一个总体比例的假设检验

设 P 为总体中具有某种性质的个体所占比例，P_0 为总体中具有某种性质的个体所占比例的假设值，$\hat{p}$ 为样本中具有某种性质的个体所占比例。

一个总体比例假设检验的三种基本形式：

双侧检验 $H_0:P=P_0,\quad H_1:P\neq P_0$ (4-13)

左侧检验 $H_0:P\geqslant P_0,\quad H_1:P<P_0$ (4-14)

右侧检验 $H_0:P\leqslant P_0,\quad H_1:P>P_0$ (4-15)

根据中心极限定理，当 $n\to\infty$ 时有

$$Z=\frac{\hat{p}-P}{\sqrt{\dfrac{P(1-P)}{n}}}\sim N(0,1)$$

因此当 n 为大样本(一般掌握 $n\geqslant 30$)，H_0 当为真时，检验统计量取 $Z=\dfrac{\hat{p}-P_0}{\sqrt{\dfrac{P_0(1-P_0)}{n}}}$。

例 4.16 一种以休闲和娱乐为主题的杂志，声称其读者群中有 80% 为女性。为验证这一说法是否属实，某研究部门抽取了由 200 人组成的一个随机样本，发现有 146 个女性经常阅读该杂志。取显著性水平 $\alpha=0.05$，检验该杂志读者群中女性的比例是否为 80%？

解 研究机构想证明的是杂志所声称的说法是否属实，也就是读者中女性比例是否等于 80%，因此提出的原假设和备择假设为

$$H_0:P=80\%,\quad H_1:P\neq 80\%$$

已知：$n=200$ 为大样本，根据抽样结果计算得 $\hat{p}=\dfrac{146}{200}=73\%$，检验统计量为

$$z=\frac{0.73-0.8}{\sqrt{\dfrac{0.8(1-0.8)}{200}}}=-2.475$$

根据显著性水平 $\alpha=0.05$ 查标准正态分布表得 $z_{\alpha/2}=z_{0.025}=1.96$。由于 $|z|=2.475>z_{\alpha/2}=1.96$，所以拒绝原假设 H_0。样本提供的证据表明该杂志的说法并不属实。

例 4.17 某机构声称 5 年各种新发行债券的承销价高于面值的比率没有超过 50%。为检验此说法，随机抽选了 60 只新发行债券，其中有 24 只的销售价高于面值。试以 $\alpha=0.10$ 的显著性水平进行检验。

解 依题意，可建立如下假设：

$$H_0:P\geqslant 50\%,\quad H_1:P<50\%$$

已知 $n=60$ 为大样本，$\hat{p}=24/60=0.4$。

于是有
$$Z=\frac{\hat{p}-P_0}{\sqrt{\dfrac{P_0(1-P_0)}{n}}}=\frac{0.4-0.5}{\sqrt{\dfrac{0.5(1-0.5)}{60}}}=-1.55$$

左侧检验，查表得 $Z_\alpha=Z_{0.1}=1.285$. 因为 $Z=-1.55<-1.285$，落入拒绝域，所以拒绝原假设 H_0，即没有理由怀疑该机构的估计。

4.2 两个总体比例之差的假设检验

如果两个样本独立地抽自两个独立的总体，根据两个样本统计量 $\hat{p}_1$ 和 $\hat{p}_2$ 就可以检验总

体比例 P_1 与 P_2 是否相等，

两个总体比例之差检验的三种基本形式：

双侧检验　　　　　$H_0: P_1 - P_2 = 0$，　$H_1: P_1 - P_2 \neq 0$

左侧检验　　　　　$H_0: P_1 - P_2 \geqslant 0$，　$H_1: P_1 - P_2 < 0$

右侧检验　　　　　$H_0: P_1 - P_2 \leqslant 0$，　$H_1: P_1 - P_2 > 0$

根据中心极限定理 $n_1, n_2 \to \infty$ 时有

$$Z = \frac{(\hat{p}_1 - \hat{p}_2) - (P_1 - P_2)}{\sqrt{\dfrac{\hat{p}_1(1-\hat{p}_1)}{n_1} + \dfrac{\hat{p}_2(1-\hat{p}_2)}{n_2}}} \sim N(0,1)$$

在两个样本都是大样本的前提下($n_1, n_2 \geqslant 30$)，检验统计量取：

$$Z = \frac{(\hat{p}_1 - \hat{p}_2) - (P_1 - P_2)}{\sqrt{\dfrac{\hat{p}_1(1-\hat{p}_1)}{n_1} + \dfrac{\hat{p}_2(1-\hat{p}_2)}{n_2}}},\quad \text{当 } H_0 \text{ 为真时 } P_1 - P_2 = 0$$

例 4.18　一保险机构称，对于新出台的某一险种，沿海地区的人们的喜爱程度要高于内地的人们。为了进一步了解事实，进行了一次抽样调查，了解两地喜爱该险种的人数比例，调查结果见表 4-4。试以 0.01 的显著水平检验沿海地区和内地谁更喜好该险种？

表　4-4

沿海地区	$\hat{p}_1 = 0.65$	$n_1 = 300$
内　　地	$\hat{p}_2 = 0.55$	$n_2 = 400$

解　依题意，可建立如下假设：

$$H_0: P_1 - P_2 \leqslant 0,\quad H_1: P_1 - P_2 > 0$$

因为 $Z = \dfrac{(\hat{p}_1 - \hat{p}_2) - (P_1 - P_2)}{\sqrt{\dfrac{\hat{p}_1(1-\hat{p}_1)}{n_1} + \dfrac{\hat{p}_2(1-\hat{p}_2)}{n_2}}} = \dfrac{0.65 - 0.55 - 0}{\sqrt{\dfrac{0.65(0.35)}{300} + \dfrac{0.55(0.45)}{400}}} = 2.695$

右侧检验，查表得 $Z = 2.695 > Z_\alpha = Z_{0.01} = 2.323$，检验统计量落入拒绝域，所以拒绝原假设，接受备择假设。即可以认为沿海地区消费者更喜好该险种。

将总体比例的假设检验的各种结果列入表 4-5。

表 4-5　总体比例的假设检验

前提条件	原假设 H_0	备择假设 H_1	H_0 为真时检验统计量及其分布	H_0 的拒绝域
一个总体 大样本	$P = P_0$ $P \leqslant P_0$ $P \geqslant P_0$	$P \neq P_0$ $P > P_0$ $P < P_0$	$Z = \dfrac{\hat{p} - P_0}{\sqrt{\dfrac{P_0(1-P_0)}{n}}} \sim N(0,1)$ （近似）	$\lvert Z \rvert \geqslant z_{\frac{\alpha}{2}}$ $Z \geqslant z_\alpha$ $Z \leqslant -z_\alpha$

续表

前提条件	原假设 H_0	备择假设 H_1	H_0 为真时检验统计量及其分布	H_0 的拒绝域
两个总体都是大样本	$P_1-P_2=0$ $P_1-P_2\leqslant 0$ $P_1-P_2\geqslant 0$	$P_1-P_2\neq 0$ $P_1-P_2>0$ $P_1-P_2<0$	$Z=\dfrac{(\hat{p}_1-\hat{p}_2)-(P_1-P_2)}{\sqrt{\dfrac{\hat{p}_1(1-\hat{p}_1)}{n_1}+\dfrac{\hat{p}_2(1-\hat{p}_2)}{n_2}}}\sim N(0,1)$ （近似）	$\lvert Z\rvert\geqslant z_{\frac{\alpha}{2}}$ $Z\geqslant z_\alpha$ $Z\leqslant -z_\alpha$

习 题 四

4.1 一种电子元件要求其使用寿命不低于 1 000 h。现从一批该元件中随机抽取 25 件，测得其平均寿命为 950 h。已知元件寿命服从标准差为 100 h 的正态分布，试在显著性水平 0.05 下确定这批元件是否合格。

4.2 某旅馆的经理认为其客人每天的平均花费至少为 1 000 元。假如抽取了一组 50 张账单作为样本资料，样本平均数为 900 元，且已知总体标准为 200 元，试以 5% 的显著性水平检验该经理的说法。

4.3 某厂家在广告中声称，该厂生产的汽车轮胎在正常行驶条件下的平均寿命高于 25 000 km。对一个由 15 个轮胎组成的随机样本作了试验，得到其均值和标准差分别为 27 000 km 和 5 000 km。假定轮胎寿命服从正态分布。问：该厂家的广告是否真实？($\alpha=0.05$)

4.4 过去的一年里，某公司的生意有 30% 是赊账交易，70% 是现金交易。最近的一个含有 100 笔交易的样本显示有 40 笔是赊账交易。问该公司的赊账交易政策是否有所变化？($\alpha=0.05$)

4.5 一项调查结果声称某市老年人口比重为 14.7%，该市老龄人口研究会为了检验该项调查是否可靠，随机抽取 400 名居民，发现其中有 57 人年龄在 65 岁以上。请问调查结果是否支持该市老年人口比重是 14.7% 的看法？($\alpha=0.05$)

4.6 A，B 两厂生产同样材料，已知其抗压强度均服从正态分布，且 $\sigma_A^2=63^2$，$\sigma_B^2=57^2$。从 A 厂生产的材料中随机抽取了 81 个样品，测得 $\overline{X}_A=1\,070\ \text{kg/cm}^2$；从 B 厂生产的材料中随机抽取 64 个样品，测得 $\overline{X}_B=1\,020\ \text{kg/cm}^2$。根据以上结果能否认为 A，B 两厂生产的材料的平均抗压强度相同。($\alpha=0.01$)

4.7 调查了 339 名 50 岁以上的人，其中 205 名吸烟者中，有 43 人患慢性气管炎；在 134 名不吸烟者中，有 13 人患慢性气管炎。试问吸烟者与不吸烟者慢性气管炎的患病率是否有所不同？($\alpha=0.01$)

4.8 从两台机器加工的同种零件中，随机抽取若干件测量其尺寸(单位：cm)，得

第一台机器：6.2， 5.7， 6.5， 6.0， 6.3， 5.8， 5.7， 6.0， 6.0， 5.8， 6.0

第二台机器：5.6， 5.9， 5.6， 5.7， 5.8， 6.0， 5.5， 5.7， 5.5

已知两台机器加工的零件长度服从正态分布,求:当 $\alpha=0.05$,且已知 $\sigma_1^2=\sigma_2^2$,试检验 $\mu_1=\mu_2$。

4.9　某家汽车保险公司对于单身和已婚男士的保险客户进行抽样调查,并记录他们在过去 3 年曾要求过保险赔偿的人数见表 4-6。

表　4-6

	抽样人数	要求赔偿人数
单身客户	400	76
已婚客户	900	90

问:在 $\alpha=0.05$ 下,单身的和已婚男性投保客户的赔偿比例是否有差异?

4.10　假设某项试验中进行两种处理方法的比较,共进行了 141 次试验,分别用两种方法进行处理,其结果见表 4-7。

表　4-7

	平均数	标准差
处理 1	109	46.2
处理 2	128	53.4

就此两种处理效果的平均数之差是否相等进行显著性检验?($\alpha=0.05$)

4.11　设某种导线,要求其电阻的标准差不得超过 0.005 Ω。今在生产的一批导线中取样品 9 根,测得 $S=0.007$ Ω。设总体为正态分布,问在显著水平下 $\alpha=0.05$ 下能否认为这批导线的标准差明显偏大?

4.12　就以下资料,以 $\alpha=0.05$ 检验 $H_0:\sigma^2\leqslant 10^2, n=25, \sum_{i=1}^{n}(x_i-\overline{X})^2=4\ 016$。

4.13　下列的分组资料是测验 9 个已婚女性与 9 个未婚女性的成绩记录:

未婚女性:88, 68, 77, 82, 63, 80, 78, 71, 72

已婚女性:73, 77, 67, 74, 74, 64, 71, 71, 72

假设上述资料是来自两正态分布总体的独立样本,以 $\alpha=0.05$ 检验已婚女子总体方差是否小于未婚女子总体的方差。

4.14　测得两批电子器材电阻(单位:Ω)的观察值为:

A 批:0.14, 0.138, 0.143, 0.142, 0.144, 0.137

B 批:0.135, 0.140, 0.142, 0.136, 0.138, 0.140

设这两批器材的电阻分别服从正态分布 $N(\mu_1,\sigma_1^2)$ 和 $N(\mu_2,\sigma_2^2)$。

(1) 检验 $H_0:\sigma_1^2=\sigma_2^2(\alpha=0.05)$;

(2) 检验 $H_0:\mu_1=\mu_2(\alpha=0.05)$。

第5章　时间序列分析

§1　时间序列的概念与种类

1.1　时间序列的概念

时间数列分析是一种广泛应用的数据分析方法，它主要用于描述和探索现象随时间发展变化的数量规律性。社会经济现象处于不断的运动和发展变化之中，作为认识社会的有力武器，统计不仅应着眼于宏观和微观经济现象的相互联系和相互制约方面的分析，而且要对它们的发展变化进行研究，从而了解过去，掌握现在，预测未来。这一任务，是通过编制时间数列，计算时间数列指标，进行时间数列分析来实现的。

时间数列(Time Series)是指同一现象在不同时间的相继观察值排列而成的数列，也称为时间序列或动态数列。

时间数列由两个基本要素构成，一个是资料所属的时间，另一个是在一定时间条件下的统计指标数值。表5-1是我国国民生产总值时间数列，从中可以看出我国国民生产总值逐年增长的发展过程和趋势。现象所属的时间可以是年份、季度、月份或其他任何时间形式。现象的观察值根据表现形式不同有绝对数、相对数和平均数。

表5-1　中国国内生产总值等时间序列表

年份	国内生产总值/亿元	第三产业占GDP比重/(%)	年底总人口/万人	职工平均货币工资/元
1990	18 547.9	31.3	114 333	2 140
1991	21 617.9	33.4	115 823	2 340
1992	26 638.1	34.3	117 171	2 711
1993	34 634.4	32.7	118 517	3 371
1994	46 759.4	31.9	119 850	4 538
1995	58 478.1	30.7	121 121	5 500
1996	67 884.6	30.1	122 889	6 210
1997	74 462.6	30.9	123 626	6 470
1998	78 345.2	32.1	124 810	7 479
1999	81 910.9	33.0	125 909	8 346

资料来源：《中国统计年鉴》，中国统计出版社，2001。

编制和研究时间数列具有重要作用。① 时间数列可以描述社会经济现象在不同时间的发展状态;② 通过时间数列,可以研究社会经济现象的发展趋势和速度,探索其发展变化的规律性;③ 根据时间数列,可以对社会经济现象的发展前景进行预测,这也是统计预测方法的一个重要内容。

1.2 时间数列的种类

由于现象的观察值根据表现形式不同有绝对数、相对数和平均数,因此,从观察表现形式上看,时间序列可分为绝对数时间数列、相对数时间数列和平均数时间数列。绝对数时间数列是基本数列,后两类则是以前者为基础计算得出的派生数列。

1.2.1 绝对数时间数列

绝对数时间数列又称总量指标数列,是指将反映现象总规模、总水平的某一总量指标在不同时间上的观察数值按时间先后顺序排列起来所形成的数列。它可以反映某种社会经济现象的绝对水平在不同时间的发展变化情况。表5-1所示的我国国内生产总值时间数列就是一个典型的绝对数时间数列,它描述了我国国内生产总值这一总量指标的具体数值近十年不断增长的过程。总量指标数列是计算相对指标和平均指标、进行各种时间数列分析的基础。

按总量指标所反映现象的时间状况的不同,绝对数时间数列又分为时期数列和时点数列。

1. 时期数列

数列中每个指标数值都是反映某种社会经济现象在一定时期内所达到的总规模、总水平,是现象在这一段时期内发展过程的累积总量,这种绝对数时间数列就称为**时期数列**。表 5-1 第 2 栏所列的 1990—1999 年我国国内生产总值就是一个时期数列。

时期数列具有两个主要特点:① 时期数列中每个指标数值表示在一段时期内发展过程的总量,因而各个指标数值可以相加,相加的合计数表示更长时期内的发展总量;② 数列中每个指标数值的大小与所属时期长短有密切联系,在一般情况下,时期越长,指标数值越大;时期越短,指标数值越小。

2. 时点数列

数列中每个指标数值都是反映某种社会经济现象在一定时点上的所达到的总规模、总水平,是现象在某一时点上的数量表现,这种绝对数时间数列就称为**时点数列**。表5-1第4栏所列的 1990—1999 年我国年底总人口就是一个时点数列。

时点数列也有两个主要特点:① 因为数列中每个指标数值只是表明某一社会经济现象在一定时点上的所达到的水平,所以各项指标数值不能相加;② 数列中每个指标数值的大小与相邻两时点间间隔长短无密切联系。

1.2.2 相对数时间数列

相对数时间数列又称为相对指标数列,是将反映现象相对水平的某一相对指标在不同时间上的观察值按时间顺序排列起来所形成的数列,用来说明现象之间的数量对比关系或相互联系的发展过程。如表5-1的第3栏所列的1990—1999年我国第三产业占国内生产总值比重就构成一个相对数时间数列。

1.2.3 平均数时间数列

平均数时间数列又称为平均指标数列，是将反映现象平均水平的某一平均指标在不同时间上的观察值按时间顺序排列起来所形成的数列，用来表明某数量对比关系或相互联系的发展过程。如表5-1的第5栏所列的1990—1999年我国职工平均货币工资就构成一个平均数时间数列。平均数时间数列又分为静态平均数时间数列和动态平均数时间数列。静态平均数是根据同一时间的变量值计算的平均数；动态平均数是根据不同时间的变量值计算的平均数，也称为序时平均数。

不论是相对指标还是平均指标，其共同点都是由总量指标派生而来，反映一种对比或平均的概念；不同时间上的相对数或平均数不能相加，即相加以后没有意义。

1.3 编制时间数列的原则

编制时间数列的目的，是为了通过将各时期指标数值进行对比，从而研究社会经济现象的发展变化过程和规律性。因此，保证数列中各项观察值具有可比性，是编制时间数列的基本原则。所谓可比性，是要求各观察值所属时间、总体范围、经济内容、计算方法、计算价格、计量单位等可比。为了保证可比性，应遵循以下基本原则：

(1) 时间长短统一。即要求各观察值所属时间的一致性。对时期数列而言，由于各观察值的大小与所属时期的长短直接相关，因此各观察值所属时间的长短应该一致，否则不便于对比分析。对于时点数列，虽然两时点间间隔长短与观察值无明显关系，但为了更好地反映现象的发展变化状况，两时点间的间隔也应尽可能相等。

(2) 总体范围统一。这是就所属空间范围而言，如地区范围、隶属范围、分组范围等。当时间数列中某些观察值总体范围不一致时，必须进行适当调整使其一致，否则前后期指标数值不能直接对比。如研究地区工业生产的发展情况，如果地区的行政区划有了变化，则前后指标数值就不能直接对比，必须将资料进行调整，以求总体范围的统一，然后再作研究分析。

(3) 经济内容统一。指标的经济内容是由其理论内涵所决定的，随着社会经济条件的变化，有些指标的经济内容发生了变化。对于名称相同而经济内涵不一致的指标，尤其要注意这一点，务必使各时间上的观察值内涵一致，否则也不具备可比性。例如：我国的工业总产值指标，有的年份包括了乡村企业的工业产值，有的年份则不包括。如果将这样一些指标数值不加以区分就编成时间序列，就会得到错误的分析结论。

(4) 计算方法统一。对于指标名称总体范围和经济内容都相同的指标计算方法不同也会导致数值差异，有时甚至是极大的差异。例如国内生产总值(GDP)，按照生产法、支出法、分配法计算的结果就有差异。因此，同一时间数列中，各个时期(时点)指标值的计算方法要统一。如果从某一时期，计算方法做了重大改变，那么发布资料必须注明，以便动态比较时进行调整。

(5) 计算价格和计量单位统一。在指标名称、指标数值的计算方法及其经济内容一致的前提下，统计指标的计算按何种价格或单位计量，要保持前后一致。例如，研究工业企业劳动生产率的变动，产量用实物量还是用价值量，人数用全部职工数还是用生产工人数，前后各期都要统一。如果按实物指标计算，就应采用统一的计量单位，否则，在指标数值上就没有可比性。如果采用价值指标，就涉及按现行价格、不变价格计算的问题。不变价格为了适应客观经济条件的变化也在不断调整，形成了多个时期的不变价格，编制时间序列遇到前后时期所用的计算价格不同，就需要进行调整，使其统一。

1.4 时间数列常用分析方法

时间数列分析最常用的方法有两种，一是指标分析法，二是构成因素分析法。

(1) 时间数列指标分析法。所谓指标分析法，是指通过计算一系列时间数列分析指标，包括发展水平、平均发展水平、增减量、平均增减量、发展速度、平均发展速度、增减速度、平均增减速度等来揭示现象的发展状况和发展变化程度。

(2) 时间数列构成因素分析法。这种方法是将时间数列看作是由长期趋势、季节变动、循环变动和不规则变动几种因素所构成，通过对这些因素的分解分析，揭示现象随时间变化而演变的规律，并在揭示这些规律的基础上，假定事物今后的发展趋势遵循这些规律，从而对事物的未来发展作出预测。

时间数列的这两种基本分析方法，各有不同的特点和作用，各揭示不同的问题和状况，分析问题时应视研究的目的和任务，分别采用或综合应用。

§2 时间数列的水平指标

时间数列水平分析指标包括发展水平、平均发展水平、增减水平(或增减量)、平均增减水平(或平均增减量)等 4 种。

2.1 发展水平指标

发展水平是指时间序列中的每一个指标值，它反映现象在某一时期或时点上所达到的规模或水平，是计算各种动态分析指标的基础。

在时间序列中，用 $t_i(i=1,\cdots,n)$ 表示现象所属的时间，$a_i(i=1,\cdots,n)$ 表示现象在不同时间上的观察值。a_i 就是现象在时间 t_i 上的发展水平，若观察的时间范围为 $t_1,t_2,\cdots,t_n$，相应的观察值表示为 $a_1,a_2,\cdots,a_n$，其中 a_1 称为最初(发展)水平，a_n 称为最末(发展)水平，$a_2,\cdots,a_{n-1}$ 称为中间水平。若将整个观察时期内的各观察值与某个特定时期 t_0 作比较时，时间 t 可表示为 $t_0,t_1,\cdots,t_n$，相应的观察值表示为 $a_0,a_1,\cdots,a_n$，其中 a_0 称为基期水平，而要与基期水平进行对比的那个时期的发展水平，称为报告期水平或计算期水平。基期和报告期或最初(发展)水平和最末(发展)水平都不是固定不变的，将随着研究的目的要求和研究时间的变更而作相应的改变。

发展水平在文字表达上，习惯用“增加到”或“增加为”和“降低到”或“降低为”来表示。例如表 5-1 中，1995 年我国国内生产总值为 58 478.1 亿元，1999 年增加到 81 910.9 亿元。

2.2 平均发展水平

平均发展水平又称为序时平均数或动态平均数，是指时间数列中各个时期或时点上的发展水平的平均数。它从动态上说明现象在一段时期内发展的一般水平。

序时平均数作为一种平均数，与静态平均数有相同点，即它们都抽象了现象的个别差异，以反映现象总体的一般水平。但二者又有明显的区别，主要表现在：序时平均数抽象的是现象在不同时间上的数量差异，因而它能够从动态上说明现象在一定时期内发展变化的一般趋势；静态平均数抽象的是总体各单位某一数量标志值在同一时间上的差异，因此，它是从静态上说明现象总体各单位的一般水平。

由于不同时间序列中观察值的表现形式不同，序时平均数有不同的计算方法。

2.2.1 绝对数时间数列的序时平均数

绝对数时间数列序时平均数的计算方法是最基本的，它是计算相对数或平均数时间数列序时平均数的基础。绝对数时间数列有时期数列和时点数列之分，序时平均数的计算方法也有所区别。

1. 时期数列的序时平均数，其计算公式为

$$\bar{a}=\frac{a_1+a_2+\cdots a_n}{n}=\frac{\sum_{i=1}^{n}a_i}{n} \tag{5-1}$$

式中 $\bar{a}$ 为序时平均数，$a_i(i=1,\cdots,n)$ 为各期发展水平，n 为观察值的个数。

例 5.1 对表 5-1 中的国内生产总值序列，计算年度平均国内生产总值。

解 根据时期数列序时平均数公式，有

$$\bar{a}=\frac{\sum_{i=1}^{n}a_i}{n}=\frac{18\ 547.9+21\ 617.9+\cdots+18\ 910.9}{10}=50\ 927.9\text{ 万元}$$

2. 时点数列的序时平均数

根据时点数列计算序时平均数，因掌握的资料不同而有不同的计算方法。

时点数列都是瞬间资料，在时点数列中的两个时点之间一般都是有一定间隔的。在社会经济统计中一般是将一天看做一个时点，即以“一天”作为最小时间单位。这样时点数列可认为有连续时点和间断时点数列之分；而间断时点数列又有间隔相等与间隔不等之别。其序时平均数的计算方法略有不同，分述如下：

(1) 连续时点数列的序时平均数。如果时点数列的资料逐日记录，逐日排列，称其为连续时点数列。这样的连续时点数列，其序时平均数公式可按式(5-1)计算，有

$$\bar{a}=\frac{a_1+a_2+\cdots a_n}{n}=\frac{\sum_{i=1}^{n}a_i}{n} \tag{5-2}$$

式中 $a_i(i=1,\cdots,n)$ 为各时点的数值，n 为时点的项数。

另一种情形是，资料登记的时间单位仍然是 1 天，但实际上只在指标值发生变动时才记录一次。此时需采用加权算术平均数的方法计算序时平均数，权数是每一指标值的持续天数。

计算公式为

$$\bar{a}=\frac{\sum_{i=1}^{n}a_if_i}{\sum_{i=1}^{n}f_i} \tag{5-3}$$

例 5.2　某企业 2004 年 5 月上旬职工人数资料如表 5－2 所示，计算该企业 2004 年 5 月上旬日平均职工人数。

表 5－2　2004 年 5 月上旬职工人数资料

日期	1 日	2 日	3 日	4 日	5 日	6 日	7 日	8 日	9 日	10 日
职工人数 / 人	200	210	206	200	212	208	206	210	214	214

解　该企业 2004 年 5 月上旬日平均职工人数为

$$\bar{a}=\frac{\sum_{i=1}^{n}a_i}{n}=\frac{200+210+206+200+212+208+206+210+214+214}{10}=208\text{ 人}$$

例 5.3　某商场 2004 年 1 月营业员人数资料如表 5－3 所示，计算该商场 2004 年 1 月日平均营业员人数。

表 5－3　某商场 2004 年 1 月营业员人数资料

日期	1 ～ 7 日	8 ～ 11 日	12 ～ 18 日	19 ～ 20 日	21 ～ 31 日
营业员人数 / 人	410	414	430	424	416

解　该商场 2004 年 1 月日平均营业员人数为

$$\bar{a}=\frac{\sum_{i=1}^{n}a_if_i}{\sum_{i=1}^{n}f_i}=\frac{410\times7+414\times4+430\times7+424\times2+416\times11}{31}=418\text{ 人}$$

(2) 间断时点数列的序时平均数。实际统计工作中，很多现象并不是逐日对其时点数据进行统计，而是隔一段时间（如一月、一季度、一年等）对其期初或期末时点数据进行登记。这样得到的时点数列称为间断时点数列。实际统计工作中，为方便起见，通常是每隔一定的时间统计一次，时点一般定在期初或期末（如月初月末、年初年末等）；或者是仅当现象的数量发生变动时进行统计。如果每隔相同的时间登记一次，所得数列称为间隔相等的间断时点数列；如果每两次登记时间的间隔不尽相同，所得数列称为间隔不等的间断时点数列。

对于间隔相等的资料，采用“首末折半”，对于间隔不等的资料，采用“间隔加权” 的方法计算序时平均数。

例 5.4 某企业账户 1999 年第二季度各月末资金余额资料如表 5－4 所示，试求该企业 1999 年第二季度月平均资金余额。

表 5－4 某企业 1999 年第二季度资金余额资料

	3 月末	4 月末	5 月末	6 月末
资金余额／万元	800	1000	1400	1200

解

$$4\text{ 月份平均资金余额}=\frac{800+1\ 000}{2}=900\text{ 万元}$$

$$5\text{ 月份平均资金余额}=\frac{1\ 000+1\ 400}{2}=1\ 200\text{ 万元}$$

$$6\text{ 月份平均资金余额}=\frac{1\ 400+1\ 200}{2}=1\ 300\text{ 万元}$$

$$\text{第二季度平均资金余额}=\frac{900+1200+1300}{3}=1\ 133.3\text{ 万元}$$

为简化计算过程，上述计算步骤可表示为

$$\begin{array}{c}\text{第二季度平均}\\\text{资金余额}\end{array}=\frac{\frac{800+1\ 000}{2}+\frac{1\ 000+1\ 400}{2}+\frac{1\ 400+1\ 200}{2}}{3}=$$

$$\frac{\frac{800}{2}+1\ 000+1\ 400+\frac{1\ 200}{2}}{4-1}=1\ 133.3\text{ 万元}$$

根据上述计算过程可推导出计算公式为

$$\bar{a}=\frac{\frac{a_1+a_2}{2}+\frac{a_2+a_3}{2}+\cdots+\frac{a_{n-1}+a_n}{2}}{n-1}=\frac{\frac{a_1}{2}+a_2+\cdots+a_{n-1}+\frac{a_n}{2}}{n-1}\qquad(5-4)$$

该公式形式上表现为首末两项观察值折半，故称为“首末折半法”。这种方法适用于间隔相等的间断时点数列求序时平均数。

例 5.5 表 5－5 列示了我国 1990—1999 年年末人口的部分年份资料，计算年平均人口数。

表 5－5 中国 1990—1999 年部分年份年末人口数

年份	1990	1992	1995	1998	1999
年底总人口／万人	114 333	117 171	121 121	124 810	125 909

解 对资料进行观察分析，属间隔不等的间断时点资料，采用“间隔加权”方法。

$$\bar{a}=\frac{\frac{(a_1+a_2)}{2}f_1+\frac{(a_2+a_3)}{2}f_2+\cdots+\frac{(a_{n-1}+a_n)}{2}f_{n-1}}{f_1+f_2+\cdots+f_{n-1}}=$$

$$\frac{\frac{114\ 333+117\ 171}{2}\times2+\frac{117\ 171+121\ 121}{2}\times3+\frac{121\ 121+124\ 810}{2}\times3+\frac{124\ 810+125\ 989}{2}\times1}{9}$$

$= 120\ 355.33$ 万人 (5-5)

式(5-5)中，f_i 表示第 i 个观察值与第 $i+1$ 个观察值之间的时间间隔长度。

2.2.2　相对数或平均数时间数列的序时平均数

相对数和平均数是两个有联系的绝对数对比求得，用符号表示即 $c=\frac{a}{b}$。因此，由相对数或平均数数列计算序时平均数，不能直接根据该相对数或平均数数列中各项观察值简单平均计算（即不应当用 $\bar{c}=\sum_{i=1}^{n}C_i c/n$ 的公式），而应当先分别计算构成该相对数或平均数数列的分子数列和分母数列的序时平均数，再对比求得。例如，一班有女生 a_1 名，占全班总人数的 $\frac{a_1}{b_1}$，二班有女生 a_2 名，占全班总人数的 $\frac{a_2}{b_2}$，则两个班女生占总人数的平均比率为 $\frac{a_1+a_2}{b_1+b_2}$，而不是 $\frac{\frac{a_1}{b_1}+\frac{a_2}{b_2}}{2}$。所以计算相对数或平均数时间数列的序时平均数的基本公式为

$$\bar{c}=\frac{\bar{a}}{\bar{b}} \tag{5-6}$$

式中，$\bar{c}$ 为相对数或平均数时间数列的序时平均数；$\bar{a}$ 为分子项绝对数时间数列的序时平均数；$\bar{b}$ 为分母项绝对数时间数列的序时平均数。

实际中，分子数列和分母数列可能都是时期数列，也可能都是时点数列，也可能一个是时期数列，另一个是时点数列，它们的序时平均数都应该根据绝对数时间数列的序时平均数的有关公式计算，然后再进行对比。

1. 分子数列和分母数列都是时期数列。其序时平均数的计算公式为

$$\bar{c}=\frac{\bar{a}}{\bar{b}}=\frac{\sum_{i=1}^{n}a_i/n}{\sum_{i=1}^{n}b_i/n}=\frac{\sum_{i=1}^{n}a_i}{\sum_{i=1}^{n}b_i} \tag{5-7}$$

又由于 $c=\frac{a}{b}$，所以 $a=bc$，从而有

$$\bar{c}=\frac{\sum_{i=1}^{n}b_i c_i}{\sum_{i=1}^{n}b_i} \tag{5-8}$$

例 5.6　某企业1999年第四季度生产计划完成情况资料如表5-6所示，计算该企业1999年第四季度产量平均计划完成程度。

表 5-6　某企业 1999 年四季度生产计划完成情况资料

	10 月份	11 月份	12 月份
a:实际产量 /t	420	510	660
b:计划产量 /t	400	500	600
c:计划完成 /(%)	105	102	110

解　该企业计划完成程度这个相对数时间数列，是由实际产量时间数列(分子数列)和计划产量时间数列(分母数列)相比而得到的。要计算平均计划完成程度这个序时平均数，需要首先计算第四季度平均实际产量和平均计划产量，再将平均实际产量除以平均计划产量，就可以得出第四季度产量平均计划完成程度指标。

$$\text{平均实际产量} = \frac{420+510+660}{3} = \frac{1\ 590}{3} = 530\ \text{t}$$

$$\text{平均计划产量} = \frac{400+500+600}{3} = \frac{1\ 500}{3} = 500\ \text{t}$$

第四季度产量平均计划完成程度为

$$\bar{c} = \frac{\bar{a}}{\bar{b}} = \frac{530}{500} \times 100\% = 106\%$$

直接按式(5-7)计算该企业第四季度产量平均计划完成程度为

$$\bar{c} = \frac{\sum_{i=1}^{n} a_i}{\sum_{i=1}^{n} b_i} = \frac{420+510+660}{400+500+600} = \frac{1\ 590}{1\ 500} = 1.06 \text{ 或 } 106\%。$$

2. 分子数列和分母数列都是时点数列

由时点数列计算序时平均数，有连续和间断之分，而每种又有间隔相等和间隔不等之别，这样就形成四种不同情况。

(1) 分子数列和分母数列都是间隔相等连续时点数列，其序时平均数的计算公式为

$$\bar{c} = \frac{\bar{a}}{\bar{b}} = \frac{\sum_{i=1}^{n} a_i / n}{\sum_{i=1}^{n} b_i / n} = \frac{\sum_{i=1}^{n} a_i}{\sum_{i=1}^{n} b_i} = \frac{\sum_{i=1}^{n} b_i c_i}{\sum_{i=1}^{n} b_i} \tag{5-9}$$

例 5.7　某企业 2004 年 5 月上旬生产工人占全部职工人数比例的资料如表 5-7 所示，计算该企业 2004 年 5 月上旬生产工人占全部职工人数的平均比例。

表 5-7　2004 年 5 月上旬生产工人占全部工人比重资料

日　期	1 日	2 日	3 日	4 日	5 日	6 日	7 日	8 日	9 日	10 日
a:生产工人数 / 人	150	168	168	164	179	177	177	178	184	184
b:职工人数 / 人	200	210	206	200	212	208	206	210	214	214

续表

日　期	1日	2日	3日	4日	5日	6日	7日	8日	9日	10日
c:生产工人占全部职工人数的比例/%	75	80	81.55	82	84.43	85.10	85.92	84.76	85.98	85.98

解　该企业2004年5月上旬生产工人占全部职工人数的平均比例为

$$\bar{c}=\frac{\sum_{i=1}^{n}a_i}{\sum_{i=1}^{n}b_i}=\frac{150+168+168+164+179+177+177+178+184+184}{200+210+206+200+212+208+206+210+214+214}=\frac{1\ 792}{2\ 080}=83.13\%$$

(2) 分子数列和分母数列都是间隔不等连续时点数列,其序时平均数的计算公式为

$$\bar{c}=\frac{\bar{a}}{\bar{b}}=\frac{\sum_{i=1}^{n}a_if_i}{\sum_{i=1}^{n}b_if_i}\tag{5-10}$$

例5.8　某商场2004年1月营业员占全部职工人数比例的资料如表5-8所示,计算该商场2004年1月营业员占全部职工人数的平均比例。

表5-8　某商场2004年1月营业员占全部职工人数比例资料

日　期	1～7日	8～11日	12～18日	19～20日	21～31日
a:营业员人数/人	410	414	430	424	416
b:职工人数/人	480	482	490	483	473
c:营业员占全部职工人数的比例/%	85.42	85.89	87.76	87.78	87.95

解　该商场2004年1月营业员占全部职工人数的平均比例为

$$\bar{c}=\frac{\sum_{i=1}^{n}a_if_i}{\sum_{i=1}^{n}b_if_i}=\frac{400\times7+141\times4+430\times7+424\times2+416\times11}{480\times7+482\times4+490\times7+483\times2+473\times11}=\frac{12\ 960}{14\ 887}=87.06\%$$

(3) 分子数列和分母数列都是间隔相等间断时点数列,其序时平均数的计算公式为

$$\bar{c}=\frac{\bar{a}}{\bar{b}}=\frac{(\frac{a_1}{2}+a_2+\cdots+a_{n-1}+\frac{a_n}{2})/n-1}{(\frac{b_1}{2}+b_2+\cdots+b_{n-1}+\frac{b_n}{2})/n-1}=\frac{(\frac{a_1}{2}+a_2+\cdots+a_{n-1}+\frac{a_n}{2})}{(\frac{b_1}{2}+b_2+\cdots+b_{n-1}+\frac{b_n}{2})}\tag{5-11}$$

又由于 $c=\frac{a}{b}$，所以 $a=bc$，从而有

$$\bar{c}=\frac{(\frac{b_1c_1}{2}+b_2c_2+\cdots+b_{n-1}c_{n-1}+\frac{b_nc_n}{2})}{(\frac{b_1}{2}+b_2+\cdots+b_{n-1}+\frac{b_n}{2})} \tag{5-12}$$

例 5.9 某企业1999年第四季度生产工人占全部工人比例的资料如表5-9所示，计算该企业第四季度生产工人的平均比例。

表 5-9 某企业 1999 年四季度生产工人占全部工人比重资料

	9月末	10月末	11月末	12月末
a:生产工人数/人	1 140	1 155	1 248	1 376
b:全部职工人数/人	1 500	1 540	1 600	1 720
c:生产工人数占全部职工人数的比例/(%)	76	75	78	80

解

$$\bar{c}=\frac{\bar{a}}{\bar{b}}=\frac{\frac{a_1}{2}+a_2+a_3+\cdots+\frac{a_n}{2}}{\frac{b_1}{2}+b_2+b_3+\cdots+\frac{b_n}{2}}=\frac{\frac{1\ 140}{2}+1\ 155+1\ 248+\frac{1\ 376}{2}}{\frac{1\ 500}{2}+1\ 540+1\ 600+\frac{1\ 720}{2}}=\frac{3\ 661}{4\ 750}=77.07\%$$

(4) 分子数列和分母数列都是间隔不等间断时点数列，其序时平均数的计算公式为

$$\bar{c}=\frac{\frac{(a_1+a_2)}{2}f_1+\frac{(a_2+a_3)}{2}f_2+\cdots+\frac{(a_{n-1}+a_n)}{2}f_{n-1}}{\frac{(b_1+b_2)}{2}f_1+\frac{(b_2+b_3)}{2}f_2+\cdots+\frac{(b_{n-1}+b_n)}{2}f_{n-1}} \tag{5-13}$$

例 5.10 某企业1996年人均钢材库存量资料如表5-10所示，计算该企业1996年每月人均钢材库存量。

表 5-10 某企业 1996 年人均钢材库存量资料

	年初	3月末	7月末	12月末
a:钢材库存量/t	40	50	70	44
b:职工总数/人	500	504	508	504
c:人均钢材库存量/(t·人$^{-1}$)	0.080	0.099	0.138	0.087

解 1996年每月人均钢材库存量为

$$\bar{c}=\frac{\frac{(40+50)}{2}\times 3+\frac{(50+70)}{20}\times 4+\frac{(70+44)}{2}\times 5}{\frac{(500+504)}{2}\times 3+\frac{(504+508)}{2}\times 4+\frac{(508+504)}{2}\times 5}=\frac{55}{505}=0.109\text{t/人}$$

3. 分子数列和分母数列是两个性质不同的数列

这种情况下，计算相对数或平均数时间数列的序时平均数的基本公式仍然是$\bar{c}=\bar{a}/\bar{b}$，至于$\bar{a}$和$\bar{b}$的具体计算方法则根据分子数列和分母数列的性质、类别而定。现举例说明如下：

例 5.11 某企业下半年劳动生产率资料如表 5-11 所示，计算平均月劳动生产率和下半年平均职工劳动生产率。

表 5-11 某企业下半年劳动生产率资料

	6月	7月	8月	9月	10月	11月	12月
a：总产值 / 万元	87	91	94	96	102	98	91
b：月末职工人数 / 人	460	470	480	480	490	480	450
c：劳动生产率 /（元·人$^{-1}$）	1 948	1 957	1 979	2 000	2 103	2 021	1 957

解 从表 5-11 中可以看到，劳动生产率的分子总产值是时期指标，分母职工人数是时点指标，计算平均月劳动生产率应用下列公式：

$$\bar{c}=\frac{\bar{a}}{\bar{b}}=\frac{(\sum_{i=1}^{n}a_i)/n-1}{(\frac{b_1}{2}+b_2+\cdots+b_{n-1}+\frac{b_n}{2})/n-1}$$

代入表中资料，有

$$\bar{c}=\frac{(91+94+93+102+98+91)/6}{(460/2+470+480+480+490+480+450/2)/(7-1)}=2\ 003.5\text{ 元 / 人}$$

若计算下半年平均职工劳动生产率，则有两种计算形式。一种是用下半年平均月劳动生产率乘月份个数 n，即 $n\bar{c}=2\ 003.5\times 6=12\ 021$ 元 / 人，另一种则采用下列公式计算：

$$\bar{c}=\frac{\sum_{i=1}^{n}a_i}{(b_1/2+b_2+b_3+\cdots+b_n/2)/(n-1)}$$

代入表中资料，有

$$\bar{c}=\frac{91+94+96+102+98+91}{(460/2+470+480+480+490+480+450/2)/(7-1)}=12\ 021\text{ 元 / 人}$$

2.3 增减水平

增减水平或称增减量是报告期水平与基期水平之差，用以说明现象在一定时期内增减的绝对数量。由于所选择基期的不同，增减量可分为逐期增减量和累积增减量。

逐期增减量是报告期水平与其前一期水平之差，说明本期较上期增减的绝对数量，用公式表示为

$$\Delta a=a_i-a_{i-1},\quad i=1,2,\cdots,n \tag{5-14}$$

$\Delta a>0$ 表明水平增长，$\Delta a<0$ 表明水平降低。

累积增减量是报告期水平与某一固定基期水平（通常为期初水平 a_0）之差，说明报告期与

某一固定时期相比增减的绝对数量。用公式表示为

$$a_i - a_0, \quad i = 1, 2, \cdots, n \tag{5-15}$$

不难看出，逐期增减量与累积增减量之间存在下列关系：

(1) 各逐期增减量的和等于相应时期的累积增减量，即

$$\sum_{i=1}^{n}(a_i - a_{i-1}) = a_n - a_0 \tag{5-16}$$

(2) 两相邻时期累积增减量之差等于相应时期的逐期增减量，即

$$a_i - a_0 - (a_{i-1} - a_0) = a_i - a_{i-1}, \quad i = 1, 2, \cdots n$$

例如，根据表 5-1 所列各年国内生产总值资料计算增减量指标，具体计算结果如表 5-12 所示。

表 5-12　1990—1999 年国内生产总值及增减量　（单位：亿元）

年　份	1990	1991	1992	1993	1994	1995	1996	1997	1998	1999
国内生产总值	18 547.9	21 617.9	26 638.1	34 634.4	46 759.4	58 478.1	67 884.6	74 462.6	78 345.2	81 910.9
逐期增长量		3 070	5 020.2	7 996.3	12 125	11 718.7	9 406.5	6 578	3 882.6	3 565.7
累积增长量		3 070	8 090.2	16 086.5	28 211.5	39 930.2	49 336.7	55 914.7	59 797.3	63 363

与发展水平不同，增减水平在文字表达上，通常用“增长了”或“减少了”来表示。如表 5-12 中，1998 年国内生产总值为 78 345.2 亿元，1999 年增加了 3 565.7 亿元。

2.4　平均增减水平

平均增减水平又称平均增减量，是观察期各逐期增减量的序时平均数，用于描述现象在观察期内（一般为较长一段时期）平均每期增减的绝对数量。计算平均增减量的方法有水平法和总和法两种。

2.4.1　水平法

它可以根据逐期增减量求得，也可以根据累积增减量求得。计算公式为

$$\text{平均增减量}\ \overline{\Delta a} = \frac{\sum_{i=1}^{n}(a_i - a_{i-1})}{n} = \frac{a_n - a_0}{n} \tag{5-17}$$

其中 n 为逐期增减量个数或时间序列项数减 1。

例 5.12　以表 5-12 所列资料，计算国内生产总值平均增长量。

解　国内生产总值平均增长量为

$$\overline{\Delta a} = \frac{3\,070 + \cdots + 3\,565.7}{9} = \frac{63\,363}{9} \approx 7\,040.3\ \text{亿元}$$

按水平法计算的平均增减量，其实质就是能保证以基期水平 a_0 为基础，经过 n 期的按每期平均增减水平($\overline{\Delta a}$)的发展，第 n 期发展水平的理论值与实际值相等。即

$$a_0 + n\,\overline{\Delta a} = a_n$$

2.4.2　总和法

这一计算方法的实质，就是要求按照平均增减水平推算的各期发展水平的理论值总和与各期发展水平的实际值总和相等。即

$$(a_0+\overline{\Delta a})+(a_0+2\overline{\Delta a})+\cdots+(a_0+n\overline{\Delta a})=a_1+a_2+\cdots+a_n$$

$$na_0+(1+2+\cdots+n)\overline{\Delta a}=\sum_{i=1}^{n}a_i$$

$$(1+2+\cdots+n)\overline{\Delta a}=\sum_{i=1}^{n}(a_i-a_0) \tag{5-18}$$

$$\overline{\Delta a}=\frac{2\sum_{i=1}^{n}(a_i-a_0)}{n(n+1)}$$

上式就是总和法求平均增减水平的计算公式。如按总和法计算，我国在 1990—1999 年间国内生产总值年平均增减水平为

$$\overline{\Delta a}=\frac{2(3\,070+8\,090.2+\cdots 59\,797.3+63\,363)}{10\times 11}=5\,887.27\text{ 亿元}$$

例 5.13　某地区农产品收购量 1980 年为 71.4 万吨，1981 ～ 1990 年收购量之和为 724.1 万吨，其中 1990 年为 65.2 万吨，计算 1981—1990 年每年平均收购增长量。

解

水平法：1981 ～ 1990 年每年平均收购增长量为

$$\overline{\Delta a}=(65.2-71.4)/10=-0.62(\text{万吨})$$

总和法：1981—1990 年每年平均收购增长量为

$$\overline{\Delta a}=2(724.1-10\times 71.4)/10\times 11=0.184\text{ 万吨}$$

根据同一资料，应用水平法和总和法计算平均增减水平会存在一定的差异，这是由于两者的理论依据、计算方法和侧重面不同，有着不同的应用场合。具体选择哪种方法，取决于被研究现象的性质特点以及分析的目的和要求。

实际统计工作中，还常常计算年距增减水平。该指标可以消除季节变动的影响，反映本期发展水平比去年同期发展水平的增减绝对量。即

年距增减水平 ＝ 本期发展水平 － 去年同期发展水平

例如，天津第一中心医院去年 1 ～ 3 月共接生新生儿 366 人，今年同期接生 426 人，则

年距增减水平 ＝ 426 － 336 ＝ 60 人

§3　时间数列的发展速度指标

以发展水平指标为基础，通过进一步加工分析，可以得出四种具有密切联系的时间数列的发展速度指标：发展速度、增减速度、平均发展速度、平均增减速度。

3.1 发展速度

发展速度是报告期发展水平与基期发展水平之比，用于描述现象在观察期内相对的发展变化程度，表明报告期水平已发展到基期水平的若干倍或百分之几。其计算公式为

$$发展速度=\frac{报告期水平}{基期水平}$$

由于采用的基期不同，发展速度可以分为定基发展速度和环比发展速度。

定基发展速度是报告期水平与某一固定时期水平之比，说明现象在整个观察期内总的发展变化程度。设时间序列的观察值为 $a_i(i=1,2,\cdots,n)$，发展速度为 R，则定基发展速度的一般形式可以写为

$$R_i=\frac{a_i}{a_0},\quad i=1,\cdots,n \tag{5-19}$$

即有

定基发展速度： $\frac{a_1}{a_0},\quad \frac{a_2}{a_0},\quad \frac{a_3}{a_0},\quad \cdots,\quad \frac{a_{n-1}}{a_0},\quad \frac{a_n}{a_0}$

环比发展速度是报告期水平与前一时期水平之比，说明现象逐期发展变化的程度。环比发展速度的一般形式可以写为

$$R_i=\frac{a_i}{a_{i-1}},\quad i=1,\cdots,n \tag{5-20}$$

即有

环比发展速度为 $\frac{a_1}{a_0},\quad \frac{a_2}{a_1},\quad \frac{a_3}{a_2},\quad \cdots,\quad \frac{a_{n-1}}{a_{n-2}},\quad \frac{a_n}{a_{n-1}}$

环比发展速度与定基发展速度虽然说明问题时的侧重点有所不同，但它们之间存在着以下两种重要的数量关系：

(1) 观察期内各个环比发展速度的连乘积等于相应时期的定基发展速度

$$\frac{a_1}{a_0}\times\frac{a_2}{a_1}\times\frac{a_3}{a_2}\times\cdots\times\frac{a_n}{a_{n-1}}=\frac{a_n}{a_0} \tag{5-21}$$

(2) 两个相邻的定基发展速度之商(用后者除以前者) 等于相应时期的环比发展速度：

$$\frac{a_i}{a_0}\div\frac{a_{i-1}}{a_0}=\frac{a_i}{a_{i-1}} \tag{5-22}$$

利用上述关系，可以根据一种发展速度去推算另一种发展速度。

3.2 增减速度

增减速度也称增减率，是增减量与基期水平之比，用于说明报告期水平较基期水平的相对增减程度。它可以根据增减量求得，也可以根据发展速度求得。其基本计算公式为

$$增减速度=\frac{增减量}{基期水平}=\frac{报告期水平-基期水平}{基期水平}=发展速度-1 \tag{5-23}$$

从上式可以看出，增减速度等于发展速度减1，但各自说明的问题是不同的。发展速度说明报告期水平增加到基期水平的多少倍或百分之几，包括了基期水平；而增减速度说明报告期水平较基期增加了或降低了多少倍或百分之几，不包括基期水平（扣除了基数）。当发展速度大于1时，增减速度为正值，表示现象的增长程度，即增长率；当发展速度小于1时，增减速度为负值，表示现象的降低程度，即降低率。

由于采用的基期不同，增减速度也可分为定基增减速度和环比增减速度。定基增减速度是累积增减量与某一固定时期水平之比，表明现象在观察期内总的增减程度，环比增减速度是逐期增减量与前一时期水平之比，表明现象逐期增减的程度。可用公式表示为

$$\text{定期增减速度} = \frac{\text{累积增减量}}{\text{最初水平}} = \text{定基发展速度} - 1 \qquad (5-24)$$

$$\text{环比增减速度} = \frac{\text{逐期增减量}}{\text{前一期的水平}} = \text{环比发展速度} - 1 \qquad (5-25)$$

即有

定基增减速度为 $\frac{a_1}{a_0}-1,\quad \frac{a_2}{a_0}-1,\quad \frac{a_3}{a_0}-1,\quad \cdots,\quad \frac{a_{n-1}}{a_0}-1,\quad \frac{a_n}{a_0}-1$

环比增减速度为 $\frac{a_1}{a_0}-1,\quad \frac{a_2}{a_1}-1,\quad \frac{a_3}{a_2}-1,\quad \cdots,\quad \frac{a_{n-1}}{a_{n-2}}-1,\quad \frac{a_n}{a_{n-1}}-1$

需要指出，环比增减速度与定基增减速度之间没有直接的换算关系。若要由环比增减速度推算定基增长速度，必须先将各环比增减速度加1后再连乘得$\frac{a_n}{a_0}$，再将结果减1，即得定基增减速度。

为了反映增减速度的实际效果，可计算每增减1%的绝对值指标，增减1%绝对值表示速度每增减1%而增减的绝对数量，它是将现象的速度与水平结合起来进行分析的一个指标，用绝对数表示。计算公式为

$$\text{增减}1\%\text{的绝对值} = \frac{\text{逐期增长量}}{\text{环比增长速度}\times 100} = \frac{\text{前期水平}}{100} = \frac{\text{逐期增减量}}{\frac{\text{逐期增减量}}{\text{前一期水平}}\times 100} \qquad (5-26)$$

例 5.14 以表5-1中的国内生产总值为例，计算增减量、发展速度、增减速度和增减1%的绝对值。计算结果如表5-13所示。

表 5-13 国内生产总值计算表

年份		1990	1991	1992	1993	1994	1995	1996	1997	1998	1999
国内生产总值		18547.9	21617.9	26638.1	34634.4	46759.4	58478.1	67884.6	74462.6	78345.2	81910.9
增减量	逐期		3070	5020.2	7996.3	12125	11718.7	9406.5	6578	3882.6	3565.7
	累积		3070	8090.2	16086.5	28211.5	39930.2	49336.7	55914.7	59797.3	63363.0
发展速度(%)	环比		116.6	123.2	130.0	135.0	125.1	116.1	109.7	105.2	104.6
	定基		116.6	143.6	186.7	252.1	315.3	366.0	401.5	422.4	441.6

续表

年　份		1990	1991	1992	1993	1994	1995	1996	1997	1998	1999
增减速度（%）	环比		16.6	23.2	30.0	35.0	25.1	16.1	9.7	5.2	4.6
	定基		16.6	43.6	86.7	152.1	215.3	266.0	301.5	322.4	341.6
增减1%的绝对值			185.479	216.179	266.381	346.344	467.594	584.781	678.846	744.626	783.452

3.3　平均发展速度和平均增减速度

某一社会经济现象由于所处的历史条件不同，因而在各个时期中的发展速度也有差异。为了进行动态分析，需要将现象在各个时期中的速度差异加以抽象，计算平均速度指标。平均速度指标可用来综合反映国民经济各个发展阶段中的一般发展或增减情况。对比分析不同发展阶段的不同发展速度以及不同国家、地区、单位经济发展的不同情况，是编制和分析国民经济长期计划以及进行预测和决策的重要依据。

平均速度指标包括平均发展速度和平均增减速度。平均发展速度是各个时期环比发展速度的平均值，用于说明现象在整个观察期内平均发展变化的程度。

由于一段时期内发展的总速度等于各期环比发展速度的连乘积，所以通常采用几何平均法计算平均发展速度。设 $\overline{x}$ 为平均发展速度，其计算公式为

$$\overline{x}=\sqrt[n]{\frac{a_1}{a_0}\times\frac{a_2}{a_1}\times\cdots\times\frac{a_n}{a_{n-1}}}=\sqrt[n]{\frac{a_n}{a_0}} \tag{5-27}$$

按几何平均法计算的平均发展速度，可以保证用这一平均速度推算最末一期理论发展水平等于这一期的实际水平，由此推算最末一期定基发展速度也和这一期实际的定基发展速度一致。不过这种方法计算的中间各期发展水平可能与实际相差悬殊，不能反映中间各期发展的实际情况。这一特点表明，几何平均法旨在考察现象在最末一期所达到的发展水平。因此，如果所关心的是现象在最末一期应达到的水平，采用几何平均法计算平均发展速度比较合适。

平均增减速度是各期环比增减速度的平均值，用于说明现象在整个观察期内逐期平均增减变化的程度。其计算公式为

$$\text{平均增减速度}=\text{平均发展速度}-1$$

平均增减速度为正值，表明现象在某段时期内逐期平均递增的程度，也称为平均递增率；若为负值，表明现象在某段时间内逐期平均递减的程度，也称为平均递减率。

例 5.15　已知国内生产总值1990—1999年环比发展速度见表5-13，计算平均发展速度和平均增减速度。

解　平均发展速度为

$$\overline{x}=\sqrt[9]{116.6\%\times123.2\%\times\cdots\times104.6\%}=\sqrt[9]{441.6\%}=117.9\%$$

平均增减速度 $=117.9\%-1=17.9\%$，即平均每年递增17.9%。

3.4 速度指标的分析与应用

对于大多数时间序列，特别是有关社会经济现象的时间序列，经常利用速度来描述其发展的数量特征。尽管速度在计算与分析上都比较简单，但实际应用中，有时也会出现误用乃至滥用速度的现象。因此，在应用速度分析实际问题时，应注意以下几方面的问题。

1. 当时间序列中的观察值出现 0 或负数时，不宜计算速度。比如，假如某企业连续五年的利润额分别为 5 万元、2 万元、0 万元、－3 万元、2 万元，对这一序列计算速度，要么不符合数学公理，要么无法解释其实际意义。在这种情况下，适宜直接用绝对数进行分析。

2. 在有些情况下，不能单纯就增长率论增长率，要注意增长率与基期绝对水平的结合分析。先看一个例子。

例 5.16 假定有两个生产条件基本相同的企业，各年的利润额及有关的增长率值如表 5－14 所示。

表 5－14 甲、乙两个企业的有关资料

年份	甲企业		乙企业	
	利润额／万元	增长率／(%)	利润额／万元	增长率／(%)
2003	1000		60	
2004	1200	20	84	40

解 如果不看利润额的绝对值，仅就增长率对甲、乙两个企业进行分析评价，可以看出乙企业的利润增长率比甲企业高出 1 倍。如果就此得出乙企业的生产经营业绩比甲企业要好得多，这样的结论就是不切实际的。因为速度是一个相对值，它与对比的基期值的大小有很大关系。大的增长率背后，其隐含的增长绝对值可能很小；小的增长率背后，其隐含的增长绝对值可能很大。这就是说，由于对比的基点不同，可能会造成增长率数值上的较大的差异，进而造成速度上的虚假现象。上述例子表明，由于两个企业的生产起点不同，基期的利润额不同，才造成了二者增长率上的较大差异。从利润的绝对额来看，两个企业的增长率每增长 1% 所增加的利润绝对额是不同的。在这种情况下，需要将增长率与绝对水平结合起来进行分析，通过计算增减 1% 的绝对值来弥补速度分析中的局限性。

根据表 5-14 中的资料计算，甲企业速度每增长 1%，增加的利润额为 10 万元，而乙企业则为 0.6 万元，甲企业远高于乙企业。这说明甲企业的生产经营业绩不是比乙企业差，而是更好。

§4 现象发展的趋势分析

为了深入认识社会经济现象，在编制时间数列并对时间数列进行动态分析之后，还应对影响时间数列变动过程的主要因素及其相互关系进行分解与综合，从而认识社会经济现象发展变化的规律性，借以鉴往知来，为制定政策、编制和检查计划、进行科学管理和决策提供依据。

4.1　时间数列变动因素的分解

时间数列的变动，是多种不同因素共同影响综合作用的结果，为了分析其成因及变动的规律，就需要对其进行分解。对于一个较长时期的时间数列，其变动主要受以下四大因素的变动影响：

(1) 长期趋势变动(T)。长期趋势变动是时间数列中最基本的规律性变动。长期趋势是指社会经济现象在一个相当长的时期内按一定方向持续发展变化(向上或向下发展)的总趋势。如持续增长、持续下降、基本持平。长期趋势变动是由于现象受到各个时期普遍的、持续的、决定性的基本因素影响的结果。保持这种趋势的时间可长、可短(数年、数十年或数百年等)。例如，世界人口由于出生率高于死亡率有逐年增加的趋势；在生活水平较高、医疗卫生条件较好的国家，人口死亡率有逐年降低的趋势；由于生产力水平提高，世界各国的国民生产总值、国民收入和人均收入等都有逐年上升的趋势。以上均属长期趋势。

(2) 季节变动(S)。季节变动指社会经济现象随着季节的更替而引起的按一定的时间间隔且周期重复的一种有规则的变动。季节变动是由于某种社会经济现象因季节变化、社会风俗习惯以及某些制度规定等原因所引起的。例如，一些农副产品产量因季节更替而有旺季淡季之分；逢年过节，许多商品的销售额会成倍增加；每年寒暑假，交通运输就特别繁忙等等。季节变动的周期为一年或一年以内(如一季、一月、一周等)。季节变动往往会给社会生产和人们的经济生活带来一定影响。

(3) 循环变动(C)。循环变动也称波浪式变动，是指一种周期较长的、近乎规律性的由高至低、再由低至高周而复始的变动。循环变动不同于长期趋势变动，它不是朝同一方向的持续发展。它也不同于季节变动，季节变动的周期较短，周期长度相等而且波动规则，而循环变动的周期较长，周期长度、波动幅度可以很不规则。循环变动是由多种不同的原因所引起的。例如，农业生产中，有丰年、平年、歉年，它们相继出现，几年一个周期，使农业生产呈现出明显的循环变动。

(4) 不规则变动(I)。不规则变动是指除了上述各种变动以外，由于自然或社会的偶然因素引起的社会经济现象的变动。这种变动无规则可循，是无法预知的。例如地震、水灾、旱灾、非典疫情等突发性变动。

时间数列变动分析的主要任务，就是采用科学的分析方法，将受各个因素影响的变动分别测定出来，研究它们的变动规律，为预测未来以及进行决策提供依据。为了对时间数列进行具体的变动分析，还要对时间数列各构成部分是如何结合及相互作用的作出假设。若设 Y 代表时间数列的各项数值，则上述因素对时间数列的影响可用下面两个数学模型来表示：

① 加法模型。当上述四种变动因素相互独立时，Y 是各因素相加的总和，即

$$Y = T + S + C + I$$

② 乘法模型。乘法模型的基本假设是，四个因素是由不同的原因形成的，但相互之间存在一定的关系，它们对事物的影响是相互的，因此时间序列中各观察值表现为各种因素的乘积，即

$$Y = T \cdot S \cdot C \cdot I$$

利用乘法模型可以将四个因素很容易地从时间序列中分离出来，因而在时间序列分析中一般采用乘法模型。本节介绍的时间序列构成分析方法，也均以乘法模型为例。

4.2 长期趋势变动的测定

下面首先讨论长期趋势变动的分析方法。通过对时间序列长期趋势变动的分析，可以掌握现象活动的规律性，并对其未来的发展趋势作出判断或预测。测定长期趋势的分析方法主要有时距扩大法、移动平均法、最小二乘法。

4.2.1 时距扩大法

时距扩大法又称间隔扩大法。就是当原来的动态数列不能明显地反映现象的趋势时，将原来间隔较小的时间数列，加工整理为间隔较大的时间数列，以便消除因间隔较小而受偶然因素影响所引起的波动，显现出现象变动的总趋势的方法。现以某企业 2004 年各月总产值资料（见表 5－15）为例，说明如下：

表 5－15 某企业 2004 年各月总产值资料

月　份	1	2	3	4	5	6	7	8	9	10	11	12
总产值／万元	80	85	82	86	84	88	86	85	92	94	92	98

从表 5－15 中看出，各月的产值由于受多种因素的影响，发展并不均匀，有升有降，这个时间数列不能明显反映现象发展的趋势。为此，采用时距扩大法，将间隔扩大为季度，改编为如表 5－16 所示的数列，就能明显地反映该企业生产发展的总趋势，其产值是逐季上升的。

表 5－16 某企业 2004 年各季总产值和平均月产值资料

季　度	第一季度	第二季度	第三季度	第四季度
总产值／万元	247	258	263	284
平均月产值	82.3	86	87.7	94.7

上表中的总产值是间隔扩大后按季度计算总数，可以观察现象的发展趋势，这种方法只适用于时期数列。根据现象的特点，如果将数列的间隔扩大，再计算各间隔内的序时平均数，如表 5－16 中的平均月产值，也可以用来观察现象的发展总趋势，这种方法既适用于时期数列又适用于时点数列。

4.2.1　移动平均法

移动平均法是趋势变动分析的一种较简单的常用方法。该方法的基本思想和原理是，通过扩大原时间序列的时间间隔，并按一定的间隔长度逐期移动，分别计算出一系列移动平均数，这些平均数形成的新的时间序列对原时间序列的波动起到一定的修匀作用，削弱了原序列中短期偶然因素的影响，从而呈现出现象发展的变动趋势。该方法可以用来分析预测销售情况、库存、股价或其他趋势。该方法又可分为简单移动平均法和加权移动平均法两种。

1. 简单移动平均法

简单移动平均法是将时间数列中第 t 期附近邻接的 k 期时间序列值平均值作为第 t 期的趋势值（移动平均预测值），形成一个新的序时平均数时间数列。其中 k 称为移动步长。

设时间数列水平顺次 $a_0, a_1, \cdots, a_n$，若取移动步长为 3，则移动平均形成的新时间数列为

$$\bar{a}_1 = \frac{a_0 + a_1 + a_2}{3}, \quad \bar{a}_2 = \frac{a_1 + a_2 + a_3}{3}, \quad \cdots, \quad \bar{a}_{n-1} = \frac{a_{n-2} + a_{n-1} + a_n}{3}$$

其中 $\bar{a}_1$ 为第 2 期的趋势值，$\bar{a}_2$ 为第 3 期的趋势值，⋯，$\bar{a}_{n-1}$ 为第 $n-1$ 期的趋势值。凡是移动步长为奇数时，均可按上述方法计算；如果移动步长为偶数时，则移动平均数都对着两个时期中间的位置，不能作为某一时期的趋势值，所以还要进行第二次移动平均，即对移动平均数数列再计算一次两项移动平均，以调整趋势值的位置，使各趋势值与某一时期对应。

为评价移动平均预测的效果或准确性，可计算均方误差（MSE），它是预测误差平方和的平均数。计算公式为

$$MSE = \frac{误差平方和}{误差个数} \tag{5-28}$$

对于同一个时间序列，采用不同的移动步长预测的准确性是不同的。选择移动步长时，可通过试验的办法，选择一个使均方误差达到最小的移动步长。

现以某公司 1990—2002 年销售额资料为例，说明移动平均数的计算方法。

例 5.17　某公司 1990—2002 年各年的销售额资料如表 5-17 所示，分别计算 3 年和 5 年移动平均趋势值，并进行比较，再计算 4 年的移动平均趋势值。

解　根据简单移动平均公式，当 $k=3$ 时，移动平均趋势值

$$\bar{a}_1 = \frac{610 + 630 + 740}{3} = 660$$

$$k = 5 \text{ 时}, \quad \bar{a}_1 = \frac{610 + 630 + 740 + 790 + 840}{5} = 722$$

其余各期移动平均预测值同理，结果如表 5-17 所示。

从计算结果看，3 年移动平均的均方误差为 1 072.7(11 800/11)，而 5 年移动平均的均方误差为 2 791.56(25 124/9)。因此，就本时间数列而言，采用移动步长为 3 的移动平均较移动步长为 5 的移动平均为好。

表 5-17　某公司 1990—2002 年各年销售额及移动平均数计算表

（单位：万元）

年份	实际销售额	3 年移动平均预测	预测误差	误差平方	5 年移动平均预测	预测误差	误差平方	4 年移动平均预测	4 年移动平均数的 2 年移动平均数
1990	610								
1991	630	660	−30	900				692.5	
1992	740	720	20	400	722	18	324	750.0	721.25
1993	790	790	0	0	754	36	1 296	785.0	767.50
1994	840	800	40	1 600	786	54	2 916	797.5	791.25
1995	770	800	−30	900	812	−42	1 764	817.5	807.50
1996	790	810	−20	400	844	−54	2 916	845.0	831.25
1997	870	870	0	0	876	−6	36	902.5	873.75
1998	950	940	10	100	902	48	2 304	930.0	916.25
1999	1 000	950	50	2 500	968	32	1 024	965.0	947.50
2000	900	970	−70	4 900	1012	−112	12 544	1 000.0	982.50
2001	1 010	1 000	10	100					
2002	1 090								
合计				11 800			25 124		

2. 加权移动平均法

简单移动平均法在预测时，将每个观察值都赋予相同的权数。但实际上，近期的观察值和远期的观察值对预测的重要性是不同的。加权移动平均法就是在预测时，对近期观察值赋予较大的权数，给远期的观察值赋予较小的权数，而各期权数之和等于 1，计算加权移动平均数作为相应期的移动平均趋势值的一种方法。至于各期权数，可视具体情况而定。应用中有时以二项展开式的系数加权的方法确定权数，即若移动步长为 n，则各期权数为

$$\omega_i = \frac{C_{n-1}^{i}}{\sum_{j=0}^{n-1} C_{n-1}^{j}} = \frac{C_{n-1}^{i}}{2^{n-1}} \tag{5-29}$$

其中 $\omega_i(i=0,1,2,\cdots,n-1)$ 为第 i 期观测值的权数。

例如，若移动步长为 5，则 5 个观测值相应的权数分别为

$$\omega_0 = \frac{C_4^0}{2^4} = \frac{1}{2^4} = \frac{1}{16}, \quad \omega_1 = \frac{C_4^1}{2^4} = \frac{4}{2^4} = \frac{4}{16}, \quad \omega_2 = \frac{C_4^2}{2^4} = \frac{6}{2^4} = \frac{6}{16}$$

$$\omega_3 = \frac{C_4^3}{2^4} = \frac{4}{2^4} = \frac{4}{16}, \quad \omega_4 = \frac{C_4^4}{2^4} = \frac{1}{2^4} = \frac{1}{16}$$

实际中还可采用黄金分割的方法确定各期权数，即前期权数与后期权数之比为 0.618。例如，若移动步长为 3，则 3 个观测值相应的权数分别为 0.2 764，0.4 472，0.2 764. 其中 0.2 764 ∶ 0.4 472 = 0.618，且 0.2 764 + 0.4 472 + 0.2 764 = 1. 若移动步长为 5，则 5 个观测值相应的

权数分别为 0.1 273，0.206，0.3 334，0.206，0.1 273. 其中 0.1 273 : 0.206 = 0.618，0.206 : 0.3 334 = 0.618，且 0.1 273 + 0.206 + 0.3 334 + 0.206 + 0.1273 = 1。

实际应用中，确定权数的方法有很多，具体采用哪一种方法，视具体情况而定。仍以表 5-17 中的已知数据为例，设 $k=3$，若采用黄金分割的方法，则

$$\overline{a}_1 = 610 \times 0.2\,764 + 630 \times 0.4\,472 + 740 \times 0.2\,764 = 654.876$$

其余类推。

3. 利用移动平均法分析趋势变动时，注意以下几个问题：

(1) 移动步长应长短适中。分析表 5-17 中各列数据，不难看出，通过移动平均所得到的移动平均数数列，要比原始数据序列匀滑，并且 3 项移动平均数数列又比 5 项移动平均数数列匀滑，因此，为了更好地消除不规则波动，达到修匀的目的，应选择一个使均方误差达到最小的移动步长。一般来说，移动的步长越大，所得趋势值越少，个别观察值影响作用就越弱，移动平均序列所表现的趋势越明显，但移动间隔过长，有时会脱离现象发展的真实趋势；若移动间隔越短，个别观察值的影响作用就越大，有时又不能完全消除序列中短期偶然因素的影响，从而看不出现象发展的变动趋势。一般来说，如果现象的发展具有一定的周期性，移动步长应尽可能与周期性波动的周期一致。例如，若时间序列是季度资料，应采用 4 项移动平均；而对于按月具有季节性波动的时间序列，要消除季节影响，以 12 个月为移动的步长较为理想。

(2) 在利用移动平均法分析趋势变动时，要注意应把移动平均后的趋势值放在各移动项的中间位置。比如 3 项移动平均的趋势值应放在第 2 项对应的位置上，5 项移动平均的趋势值应放在第 3 项对应的位置上，其余类推。因此，若移动间隔长度 k 为奇数时，一次移动即得趋势值；若 k 为偶数时，需将第一次得到的移动平均值再作一次 2 项移动平均，才能得到最后的趋势值。因此，该趋势值也可以叫移正趋势值。所以在一般情况下，移动步长多数采用奇数。

(3) 应用移动平均法，是按算术平均计算一系列的移动平均数，所以只有当原来数列基本趋势为直线时，这一系列移动平均数才与该数列的基本趋势相吻合。如果原来数列的基本趋势为非直线型的，则计算所得的一系列移动平均数与原数列有较大的差异，不能如实反映现象固有的发展趋势。

(4) 由于移动平均法没有得到反映现象发展变化规律的模型，所以无法进行外推预测。但从对时间序列的平滑作用和观察现象的变化方面来看，移动平均法仍不失为一种可用的方法。例如在证券及期货市场上，移动平均法一直是反映证券和期货价格走势的重要方法之一。

(5) 对于只包含趋势和不规则变动的数列，如果移动平均的目的只是为了得到数列的趋势估计值，也可以将移动平均值直接对准第 N 期或第 N 期的后一期，例如，三项移动平均时，第一个移动平均值对准第三期，第二个移动平均值对准第四期，以此类推；四项移动平均时，第一个移动平均值对准第四期，第二个移动平均值对准第五期，以此类推。

4.3 季节变动的测定

季节变动是影响时间序列波动的一个重要因素。研究季节变动，就是为了认识这些变动的

规律性，以便更好地安排、组织社会生产与生活。

分析季节变动的影响和规律，主要方法是测定季节指数。常用的测定季节指数的方法从是否排除长期趋势的影响看，可分为两种；一是不排除长期趋势的影响，直接根据原时间数列来测定，二是依据消除长期趋势后的时间数列来测定。前者常用简单平均法，后者常用移动平均趋势剔除法。但是，不管采用哪种方法，都需具备连续多年的各月(季)资料，以保证所求的季节比率具有代表性，从而能比较客观地描述现象的季节变动。现将两种测定方法介绍如下。

4.3.1 简单平均法

根据月(季)的时间数列，用简单平均法测定季节变动的计算步骤如下：

(1) 将各年同月(季)的数值加总，计算若干年内同月(季)的平均数。

(2) 根据若干年内每个月的数值总计，计算若干年总的月(季)平均数。

(3) 将若干年内同月(季)的平均数与总的月(季)平均数相比，即求得用百分数表示的各月(季)的季节比率，又可以称为季节指数。即

$$季节指数 = 同月(季)平均数 / 总月(季)平均数$$

季节指数刻画了序列在一个年度内各月或各季的典型季节特征。它反映了某一个月或季度的数值占全年平均数值的大小。如果现象的发展没有季节变动，则各期的季节指数应等于100%；如果月或季度有明显的季节变化，则各期的季节指数应大于或小于100%。因此，季节变动的程度是根据各季节指数与其平均数(100%)的偏差程度来测定的。

例 5.18 试对表 5-18 中的某商店某商品连续 16 个季度的销售量进行季节变动分析。

表 5-18 商店某商品销售量的季度变动分析 (单位:万件)

年 \ 季	一	二	三	四	合计
2000	6	9	17	20	52
2001	8	11	19	22	60
2002	10	13	21	24	68
2003	12	15	23	26	76
合计	36	48	80	92	256
季平均数	9	12	20	23	16
季节指数 /(%)	56.25	75	125	143.75	400

注:合计数 256 是 4 年的 16 个季度的累计商品销售量。

解 由表 5-18 的资料可知，某商店某商品销售量的总的季平均数为 256/16 = 16(万件)。季节指数以四季度的143.75% 为最高，三季度的125% 为其次；而以一季度的56.25% 为最低，二季度的 75% 为次低。其季节变动的一般规律表现为：一季度销售量最低，二季度、三季度销售量逐步上升，至四季度达到最高。可以确定，一季度为销售淡季，四季度为销售旺季。

4.3.2 移动平均趋势剔除法

上述简单平均法的优点是计算方便，容易理解。其缺点是没有考虑时间数列中长期趋势的影响，因而不能确切地反映季节变动的幅度。例如在上例中，有明显的上升趋势，后期各季水平较前期同季水平有较大的增长，这就造成在各季平均数中，后期各季水平较前期同季水平具有较大的作用，所以得出的季节指数不够精确。为了弥补这一缺点，可以采用移动平均趋势剔除法来测定季节变动。移动平均趋势剔除法是利用移动平均法来消除原时间数列中的长期趋势的影响，然后再来测定它的季节变动，其计算步骤及方法如下：

(1) 根据时间数列中各年按月(季)的数值计算其移动平均数(若是月份数据则采用12期移动平均，若是季度数据则采用4期移动平均)。

由于是偶数项移动平均，趋势值要分两步求得，即将第一次移动平均的结果再进行一次2期移动平均，得出“中心化移动平均值”。

(2) 从原数列中剔除已测定的长期趋势变动。剔除长期趋势值的方法有两种，一是用时间数列中各月(季)的数值(Y)与其相对应的趋势值(Y_t)对比，计算 Y/Y_t 的百分比数值；另一种是用实际观测值(Y)减去相对应的趋势值(Y_t)。

(3) 把 Y/Y_t 或 $Y-Y_t$ 的数值按月(季)排列，计算出各年同月(季)的总平均数，这个平均数就是各月(季)的季节比率或季节变差。

(4) 把各月(季)的季节比率或季节变差加起来，其总计数应等于1 200%(若为季资料其总计数应等于400%)或零，如果不符，还应把1 200%与实际加总的各月季节比率相比求出校正系数，把校正系数分别乘上各月的季节比率，或把由四个季度的平均变差之和除以4得出的数值作为校正数，分别加到各季的平均变差上，这样求得的季节比率或季节变差就是一个剔除了长期趋势影响后的季节比率或季节变差。

(5) 计算季节指数，作出季节变动分析。显然，季节变动分析中的两种方法各有特点，前者计算简便，但所求出的季节比率包含长期趋势的影响。后者计算较繁，但却得到了一个反映现象发展过程中的季节变动的缩影 —— 剔除长期趋势后的季节比率或季节变差。

例5.19 试用移动平均趋势剔除法对表5-18中的某商店某商品连续16个季度的销售量进行季节变动分析。

解 首先，采用4期移动平均法，求出移动平均趋势值 Y_t，然后计算剔除趋势值 Y/Y_t 和 $Y-Y_t$，如表5-19所示。

最后，根据剔除趋势值所得的结果，分别计算季节变差和季节指数。有关计算过程和结果如表5-20，表5-21所示。

由表5-20的资料可知，某商店某商品销售量的平均季节变差绝对值以一、四季度的6.25为最高，二、三季度的3.75为其次；说明一、四季度的波动幅度最大，而由于四季度的季节变差为正，一季度的季节变差为负，所以四季度销售量大幅度增加，一季度销售量大幅度降低；同理，二季度销售量降低幅度较一季度有所减弱，三季度销售量开始上升，四季度达到最高。因此，其季节变动的一般规律表现为：一季度销售量最低，二季度、三季度销售量逐步上升，至四季度达到最高。可以确定，一季度为销售淡季，四季度为销售旺季。

由表 5-21 的资料可知，某商店某商品销售量的季节指数以四季度的 138.89% 为最高，三季度的 123.79% 为其次；而以一季度的 60.61% 为最低，二季度的 76.72% 为次低。其季节变动的一般规律表现为：一季度销售量最低，二季度、三季度销售量逐步上升，至四季度达到最高。可以确定，一季度为销售淡季，四季度为销售旺季。

表 5-19　某商店某商品销售量数据的中心化移动平均值及其剔除趋势值

年	季度	销售量 Y	4 期移动平均值	中心化移动平均值 Y_t	剔除趋势值 $Y-Y_t/(\%)$	剔除趋势值 $Y-Y_t$
2000	1	6				
	2	9				
			13.0			
	3	17		13.25	128.30	3.75
			13.5			
	4	20		13.75	145.45	6.25
			14.0			
2001	1	8		14.25	56.14	-6.25
			14.5			
	2	11		14.75	74..58	-3.75
			15.0			
	3	19		15.25	124..59	3.75
			15.5			
	4	22		15.75	139.68	6.25
			16.0			
2002	1	10		16.25	61.54	-6.25
			16.5			
	2	13		16.75	77.61	-3.75
			17.0			
	3	21		17.25	121.74	3.75
			17.5			
	4	24		17.75	135.21	6.25
			18.0			
2003	1	12		18.25	65.75	-6.25
			18.5			
	2	15		18.75	80.00	-3.75
			19.0			
	3	23				
	4	26				

表 5-20　某商店某商品销售量的季节变差分析表　（单位：万件）

年＼季	一	二	三	四	合计
2000			3.75	6.25	
2001	-6.25	-3.75	3.75	6.25	
2002	-6.25	-3.75	3.75	6.25	
2003	-6.25	-3.75			
合计	-18.75	-11.25	11.25	18.75	
季平均数	-6.25	-3.75	3.75	6.25	0
校正数	0	0	0	0	0
季节变差	-6.25	-3.75	3.75	6.25	0

表 5-21 某商店某商品销售量的季节比率分析表 (单位:%)

年 \ 季	一	二	三	四	合计
2000			128.30	145.45	273.75
2001	56.14	74..58	124.59	139.68	394.99
2002	61.54	77.61	121.74	135.21	396.10
2003	65.75	80.00			145.75
合计	183.43	232.19	374.63	420.34	1 210.59
季平均数	61.14	77.40	124.88	140.11	100.88
季节指数 /(%)	60.61	76.72	123.79	138.89	400.00

4.4 循环变动的测定

循环变动各个时期有不同的原因,变动的程度也有自己的特点,这和季节变动基本大体相同的原因和相对稳定的周期形成对照,所以不能用测定季节变动的方法来研究循环变动。通常用剩余法测定循环变动的程度。基本思想是:对各期时间数列资料用长期趋势和季节比率消除趋势变动和季节变动,而得到反映循环变动与不规则变动的数列,然后再采用移动平均法消除不规则变动,便可得出反映循环变动程度的各期循环变动系数。具体计算步骤如下:

(1) 先消去季节性因素,求得无季节性资料。用公式表示为

$$\text{无季节性资料} = \frac{Y}{S} = \frac{TSCI}{S} = TCI$$

(2) 将结果除以由分离季节性因素后的数据计算得到的趋势值,求得含有周期性及随机波动的序列。用公式表示为

$$\text{周期与随机波动} = \frac{TCI}{T} = CI$$

(3) 将上述结果进行移动平均,以消除随机波动,即得各期循环变动值。

测定循环变动的程度,认识经济波动的某些规律,预测下一个循环变动可能产生的各种影响,以便充分利用有利因素,避免不利因素,对于保持国民经济持续稳定的发展有重要的意义。但是循环变动预测和长期趋势预测不同,循环变动主要属于景气预测,在很大程度上要依靠经济分析,仅仅对历史资料的统计处理是不够的。

习 题 五

5.1 简答题

(1) 时期数列和时点数列有什么区别?

(2) 什么是发展水平、增减量、平均增减量、发展速度和增减速度？定基发展速度和环比发展速度、发展速度与增减速度的关系如何？

(3) 什么是平均发展水平？它的计算可以分成几种情况？

(4) 时间序列可以分解为哪几种因素？各种因素的基本概念是什么？

5.2　某种股票 2000 年各统计时点的收盘价如表 5－22 所示，计算该股票 2000 年的年平均价格。

表　5－22

统计时点	1 月 1 日	3 月 1 日	7 月 1 日	10 月 1 日	12 月 31 日
收盘价 / 元	15.2	14.2	17.6	16.3	15.8

5.3　某企业 2001 年 9 ～ 12 月月末职工人数资料如表 5－23 所示。

表　5－23

日　期	9 月 30 日	10 月 31 日	11 月 30 日	12 月 31 日
月末人数 / 人数	1 400	1 510	1 460	1 420

计算该企业第四季度的平均职工人数。

5.4　1996—2001 年各年底某企业职工人数和工程技术人员数资料如表 5－24 所示。

表　5－24

年　份	1996	1997	1998	1999	2000	2001
职工人数	1 000	1 020	1 085	1 120	1 218	1 425
工程技术人员	50	50	52	60	78	82

试计算工程技术人员占全部职工人数的平均比重。

5.5　某企业 2005 年上半年工业总产值和职工人数资料如表 5-25 所示，试计算上半年的平均月劳动生产率。

表　5－25

月　份	1 月	2 月	3 月	4 月	5 月	6 月	7 月
工业总产值 / 万元	1 248	1 360	1 353	1 613	1 870	1 865	
月初职工人数 / 人	1 850	2 050	1 950	2 150	2 216	2 190	2 250

5.6　某化工企业 1996—2000 年的化肥产量资料如表 5－26 所示。

表 5-26

年份	1996	1997	1998	1999	2000
化肥产量(万吨)	400			484	
环比增长速度/(%)		5			12.5
定基发展速度/(%)			111.3		

利用指标间关系将表中所缺数字补充。

5.7 某钢厂 1990—1995 年的钢产量资料如表 5-27 所示。

表 5-27

年份	1990	1991	1992	1993	1994	1995
钢材产量/万吨	2000					
逐期增长量/万吨					80	
环比发展速度/(%)			106.0	110.0		
环比增长速度/(%)				10.0		5.0
增长1%的绝对值/万吨		20.0	20.5			

(1) 计算表中空缺指标数值,并将计算结果填入表中相应位置。

(2) 求 1991—1995 年的平均增长率。

5.8 某产品专卖店 1998—2000 年各季度销售额资料如表 5-28 所示。

表 5-28

年份	一季度	二季度	三季度	四季度
1998	51	75	87	54
1999	65	67	82	62
2000	76	77	89	73

要求:

(1) 采用按季平均法和移动平均趋势剔除法计算季节指数;

(2) 计算 2000 年无季节变动情况下的销售额。

5.9 某产品 1990—1993 年销售情况如表 5-29 所示。

5－29

年	季	销售额 Y_t	趋势值 T	Y_t/T
1990	1	508.0		
	2	565.7		
	3	549.7		
	4	543.7		
1991	1	507.3		
	2	561.7		
	3	545.3		
	4	557.0		
1992	1	498.7		
	2	550.3		
	3	523.7		
	4	513.3		
1993	1	485.7		
	2	526.0		
	3	477.0		
	4	457.3		

(1) 用 4 季移动平均法求长期趋势值 T 和 Y_t/T 值，并填入表中(保留 3 位小数)。

(2) 求取剔除了长期趋势影响后的季节指数(保留 3 位小数)。

第6章 指数分析法

§1 统计指数的概念和分类

1.1 统计指数的概念

指数(Index Num ber)的编制是从物价的变动产生的。18世纪中叶,由于金银大量流入欧洲,欧洲的物价飞涨,引起社会的经济动荡,于是产生了反映物价变动的需求,这就是物价指数产生的根源。有些指数,如消费品价格指数,生活费用价格指数,同人们的日常生活休戚相关;有些指数,如生产资料价格指数,股票价格指数等,则直接影响人们的投资活动,成为社会经济的晴雨表。

指数作为一种对比性的统计指标具有相对数的形式,通常表现为百分数。它表明:若把作为对比基准的水平(基数)视为100,则所要考察的现象水平相当于基数的多少。譬如,已知某年全国的零售物价指数为105%,这就表示:若将基期年份(通常为上年)的一般价格水平看成是100%,则当年全国的价格水平就相当于基年的105%,或者说,当年的价格上涨了5%。

从对比性质来看,指数通常是不同时间的现象水平的对比,它表明现象在时间上的变动情况(动态)。此外,指数还可以是不同空间(如不同国家、地区、部门、企业等)的现象水平的对比,或者,是现象的实际水平与计划(规划或目标)水平的对比,这些可以看成是动态对比指数方法的拓展。可见,指数在经济分析上具有十分广阔的应用领域。

迄今为止,在统计的专业领域中,统计指数的概念有广义和狭义两种理解。广义指数是泛指社会经济现象数量变动的比较指标,即用来表明同类现象在不同空间、不同时间、实际与计划对比变动情况的相对数。狭义指数仅指反映不能直接相加的复杂社会经济现象在数量上综合变动情况的相对数。例如,要说明一个国家或一个地区商品价格综合变动情况,由于各种商品的经济用途、规格、型号、计量单位等不同,不能直接将各种商品的价格简单对比,而要解决这种复杂经济总体各要素相加问题,就要编制统计指数综合反映它们的变动情况。

本章主要基于统计指数的狭义的概念探讨指数的作用、编制方法及其在统计分析中的运用。

1.2　统计指数的作用

(1) 综合反映社会经济现象总变动方向及变动幅度。在统计实践中，经常要研究多种商品或产品的价格综合变动情况，多种商品的销售量或产品产量的总变动，多种产品的成本总变动，多种股票价格综合变动等。这类问题由于各种商品或产品的使用价值不同、各种股票价格涨跌幅度和成交量不同，所研究总体中的各个个体不能直接相加。指数法的首要任务，就是把不能直接相加的现象过渡到可以加总对比，从而反映复杂经济现象的总变动方向及变动幅度。

(2) 分析现象总变动中各因素变动的影响方向及影响程度。利用指数体系理论可以测定复杂社会经济现象总变动中，各构成因素的变动对现象总变动的影响情况，并对经济现象变化作综合评价。任何一个复杂现象都是由多个因子构成的，如：

$$销售额 = 价格 \times 销售量$$

又如影响利润总额变化的各种因素有产品产量、产品销售量、产品成本、产品销售价格等。运用指数法编制商品零售价格指数和零售量指数，可分析它们的变动对商品零售总额变动的影响。编制产品产量指数、产品销售量指数、产品成本指数和产品销售价格指数等并分别对它们进行测定，根据各因素变动影响，可综合评价利润总额变动的情况。

(3) 反映同类现象变动趋势。编制一系列反映同类现象变动情况的指数形成指数数列，可以反映被研究现象的变动趋势。例如，根据1980－2002年共23年的零售商品价格资料，编制22个环比价格指数，从而构成价格指数数列，这样，就可以揭示价格的变动趋势，研究物价变动对经济建设和人民生活水平的影响程度。

(4) 统计指数还可以进行地区经济综合评价、对比，研究计划执行情况。

1.3　统计指数的分类

指数的种类很多，从不同的角度出发对指数分类，可以得到不同的指数类别。常用的分类有：

(1) 按其反映对象范围的不同分为个体指数(Individual Index Number)和总指数(Index Number)。个体指数是指说明个别事物(例如某种商品或产品等)数量变动的相对数。个体指数通常记作 I，例如：

$$个体产量指数\ I_q = \frac{q_1}{q_0}$$

$$个体物价指数\ I_p = \frac{p_1}{p_0}$$

$$个体产品成本指数\ I_z = \frac{z_1}{z_0}$$

式中：q 代表产量，p 代表商品或产品的单价，z 代表单位产品成本；下标1代表报告期，下标0代表基期。

可见，个体指数就是同一种现象的报告期指标数值与基期指标数值对比而得到的发展速度指标。

总指数是指多种要素构成的现象总体数量综合变动的相对指数。例如工业总产量指数、商品零售物价总指数等。总指数与个体指数有一定的联系，可以用个体指数计算相应的总指数。用个体指数的简单平均求得的总指数，称为简单指数(Simple Index Number)；用个体指数加权平均求得的总指数，称为加权指数(Weighted Index Number)。

(2) 按其所表明的经济指标性质不同分为数量指标指数(Quantitative Index Number)和质量指标指数(Qualitative Index Number)。

数量指标指数简称数量指数，是指根据数量指标编制的，反映现象的总体单位数、总规模等数量指标变动的相对数。例如商品销售量指数、工业产品产量指数等等。

质量指标指数简称质量指数，是指根据质量指标编制的，反映生产经营工作质量等质量指标变动的相对数。例如物价指数、工人劳动生产率指数、职工平均工资指数等。

(3) 按其采用基期的不同分为定基指数和环比指数。在指数数列中，计算各个时期的指数时，如果都以某一个固定时期作为基期，这样计算的一系列指数就称为定基指数；如果各个指数都是以报告期的前一期作为基期，这样计算的一系列指数则称之为环比指数。

(4) 按其对比内容的不同分为动态指数(Development Index Number)和静态指数(Static Index Number)。

动态指数是指由两个不同时期的同类经济变量值对比形成的指数，说明现象在不同时间上发展变化的过程和程度。如工业产量指数、商品销售量指数、劳动生产率指数、成本指数及价格指数等，多属于动态指数。

静态指数包括空间指数和计划完成情况指数两种。空间指数(地域指数)是将不同空间(如：不同国家、地区、部门、企业等)的同类现象总体的数量进行对比的相对数，反映现象在不同空间的差异程度。计划完成程度指数是由同一地区、单位的实际指标值与计划指标数值对比而形成的指数，用于检查计划的执行情况或完成的程度。

(5) 按照常用的计算总指数的方式不同可以分为综合指数(Aggregative Index Number)和平均指数(Average Index Number)。

综合指数从数量上表明不能直接相加的社会经济现象的总指数。

平均指数是指以个体指数为基础，采取平均形式编制的总指数。

§2　总指数的编制

统计指数中，个体指数的计算比较简单，因而主要研究总指数的编制和计算方法。总指数的计算形式有两种：综合指数和平均指数。

2.1　综合指数的编制

综合指数是两个总量指标相对比形成的指数。用来对比的两个总量指标中包含两个或两个以上的因素,观察其中一个因素的变动,将其他因素固定下来,这样编制的总指数称为综合指数。

综合指数的基本编制特点是:先综合,后对比。具体的编制方法是:

(1) 确定同度量因素。总指数反映的是复杂总体的综合变动状况。而组成复杂总体的每个项目是不能直接加总的,为此需引入同度量因素,使之过渡到可以相加总的综合性指标。在统计中,把原来不能直接相加和对比的量过渡到可以相加和对比的那个因素称为**同度量因素**。由于同度量因素在指数的计算中起到权衡轻重的作用,所以也称为权数。例如要考察社会商品零售价格的变动情况,即计算价格总指数,就需要将不同商品的价格相加,得出反映不同时期价格总量的指标,然后加以对比,得出总指数。但由于不同商品的价格不能直接加总,或者说直接加总的结果没有实际经济含义,此时就需要引入同度量因素 —— 销售量,把各商品的零售价格分别乘以相应的销售量,将价格转化成价值量指标 —— 销售额,加总和对比的问题就得到了解决。

需要指出的是,同度量因素的确定是由研究目的决定的。如果某个总量指标包含两个因素,其中一个是我们要研究其变化程度的因素,称其为指数化因素,则另一个因素就是同度量因素。例如,销售额指标是由销售量和价格两个因素构成,当编制销售量指数时,销售量是指数化因素,单位价格是同度量因素;反之,在编制价格指数时,单位价格是指数化因素,销售量则为同度量因素。

(2) 将同度量因素固定在某一时期,以消除同度量因素变动的影响。要反映指数化因素的变动情况,必须将同度量因素固定在同一时期的水平上,这样得到的总指数才能反映所研究的指数化因素综合变动情况。至于同度量因素固定在哪个时期,视具体情况而定。

(3) 将两个时期的综合总量进行对比,其结果反映了复杂总体的综合变动的情况,即为综合指数。

在我国指数理论的发展实践中,考虑到现象的不同数量特征,对数量指标综合指数和质量指标综合指数的编制与计算有不同的解决方法,下面分别加以介绍。

2.1.1 质量指标综合指数的编制与计算

一般来说,在计算质量指标综合指数时,应选择数量指标为权数(即同度量因素)。如计算商品的价格综合指数时,应以销售量为权数。为了单纯地反映指数化因素的变动情况,必须将权数固定在同一时期,由于所选用的权数的时期不同,产生了不同的综合指数计算公式。现以商品价格总指数的编制为例来说明质量指标综合指数的编制原则与计算方法。

(1) 以基期的销售量为权数的价格综合指数计算公式为

$$I_p = \frac{\sum p_1 q_0}{\sum p_0 q_0}$$

这一公式是德国学者拉斯贝尔斯(Laspeyres) 于 1864 年提出的,故又称为拉氏指数或 L 式指数。

(2) 以报告期的销售量为权数的价格综合指数计算公式为

$$I_p=\frac{\sum p_1q_1}{\sum p_0q_1}$$

这一公式是德国学者帕煦(Paasche)于1874年提出的，故这一指数又被称为帕氏指数，或简称为P式指数。

(3) 以某一特定时期的销售量为权数的价格综合指数计算公式

$$I_p=\frac{\sum p_1q_n}{\sum p_0q_n}$$

式中：n 为特定时期，q_n 为特定时期销售量。

例 6.1 试以表6-1中的资料分别计算拉氏价格综合指数和帕氏价格综合指数。

表 6-1 某商店三种商品的价格和销售量

商品类别	计量单位	销售量		单价/元	
		基期 q_0	报告期 q_1	基期 p_0	报告期 p_1
Ⅰ	件	4 500	5 000	700	720
Ⅱ	件	5 000	5 200	350	360
Ⅲ	kg	9 600	12 000	50	45

解 (1) 以基期的销售量为权数，求得拉氏价格综合指数为

$$I_p=\frac{\sum p_1q_0}{\sum p_0q_0}=\frac{720\times 4\ 500+360\times 5\ 000+45\times 9\ 600}{700\times 4\ 500+350\times 5\ 000+50\times 9\ 600}=\frac{5\ 920\ 000}{5\ 380\ 000}=101.71\%$$

(2) 以报告期销售量为权数，求得帕氏价格综合指数为：

$$I_p=\frac{\sum p_1q_1}{\sum p_0q_1}=\frac{720\times 5\ 000+360\times 5\ 200+45\times 12\ 000}{700\times 5\ 000+350\times 5\ 200+50\times 12\ 000}=\frac{60\ 120\ 000}{59\ 200\ 000}=101.55\%$$

计算结果表明，此三种商品的价格总水平是上升的，但拉氏价格综合指数和帕氏价格综合指数是不同的。一般情况下，拉氏指数值大于帕氏指数值。这是因为价格上升幅度大的商品，人们的购买量相对下降；而价格上升幅度小的商品，人们的购买量相对上升。因此，在物价上升时期，帕氏指数中价格上升幅度大的商品的权数与基期权数比要低，价格上升幅度小的商品的权数与基期权数比要高，这样就使得上升幅度大的价格在总指数形成中的影响不如拉氏指数大，而上升幅度小的价格在总指数形成中的影响大于拉氏指数，从而导致拉氏计算结果大于帕氏。

拉氏指数由于将作为权数的销售量固定在基期，所以能够单纯反映价格的综合变动；而帕氏指数由于将权数固定在报告期，说明的是在报告期销售量结构下的价格综合变动，这样计算的指数值包含了销售量因素变动的影响。从理论上说，价格指数应该单纯反映价格的变动，故

应采用拉氏指数。但是从现实经济意义上看，人们更关心目前（报告期）销售量结构下价格的总变动程度，因此，我国目前主要是用帕氏指数公式计算价格指数。也就是说，在我国，一般情况下采用帕氏指数公式计算质量指标指数。当然出于获取资料的考虑和某些研究目的的需要，有时也采用基期物量为权数计算质量指标指数。

2.1.2 数量指标综合指数的编制与计算

在计算数量指标综合指数时，应选择质量指标为权数（即同度量因素）。如计算产品产量综合指数、商品的销售量综合指数时，应以价格为权数。同样，由于所选用的权数的时期不同，产生了不同的数量指标综合指数计算公式。现以商品销售量总指数的编制为例来说明数量指标综合指数的编制原则与计算方法。

(1) 以基期的价格为权数的销售量综合指数计算公式

$$I_q=\frac{\sum q_1p_0}{\sum q_0p_0}$$

这一公式也是拉斯贝尔斯于 1864 年提出的，故又称为拉氏（L 式）指数。

(2) 以报告期的价格为权数的销售量综合指数计算公式

$$I_q=\frac{\sum q_1p_1}{\sum q_0p_1}$$

这一公式也是帕煦于 1874 年提出的，故这一指数又被称为帕氏（P 式）指数。

(3) 以某一特定时期的价格为权数的销售量综合指数计算公式

$$I_q=\frac{\sum q_1p_n}{\sum q_0p_n}$$

式中：n 为特定时期，p_n 为特定时期价格。

以上三式，从不同的角度说明现象数量的变动。以销售量为例，拉氏指数将价格固定在基期，说明的是在基期价格水平的情况下，销售量的综合变动；而帕氏指数将价格固定在报告期，说明的是在价格已经从基期水平变为报告期水平状态下，销售量的综合变动，这样计算的指数值包含了价格变动的影响。从理论上说，为了单纯反映数量的综合变动水平，应该选用拉氏数量指数，即把价格固定在基期较好。

例 6.2 利用表 6－1 中的资料，分别计算拉氏销售量综合指数和帕氏销售量综合指数。

解 (1) 以基期的价格为权数，求得拉氏销售量综合指数为

$$I_q=\frac{\sum q_1p_0}{\sum q_0p_0}=\frac{5\ 000\times700+5\ 200\times350+12\ 000\times50}{4\ 500\times700+5\ 000\times350+9\ 600\times50}=\frac{5\ 920\ 000}{5\ 380\ 000}=110.04\%$$

销售量的增长所引起的销售额的增加数额为

$$\Sigma q_1p_0-\Sigma q_0p_0=5\ 920\ 000-5\ 380\ 000=540\ 000\text{ 元}$$

计算结果表明，此三种商品的销售量总水平是上升的，报告期比基期增长了 10.04%，并

因此而增加了销售额 5.4 万元。

(2) 以报告期价格为权数，求得帕氏销售量综合指数为

$$I_q=\frac{\sum q_1p_1}{\sum q_0p_1}=\frac{5\ 000\times 720+5\ 200\times 360+12\ 000\times 45}{4\ 500\times 720+5\ 000\times 360+9\ 600\times 45}=\frac{60\ 120\ 000}{54\ 720\ 000}=109.87\%$$

与价格指数的计算结果一样，拉氏指数值大于帕氏指数值。实际应用中，有时也会出现拉氏指数值等于甚至小于帕氏指数值的情形。这主要是因为各种商品价格的增长比率与销售量增长比率具有相同趋势。既然涨价幅度大的商品购买量仍然增长较多，那么以报告期价格为权数计算的销售量指数自然要大于以基期价格为权数计算的销售量指数。

例 6.3 设某粮油连锁店 1998 年和 1999 年 3 种商品的零售价格和销售量资料如表 6-2 所示。试分别计算 3 种商品的价格综合指数和销售量综合指数。

表 6-2 某粮油连锁店 3 种商品的价格和销售量

商品名称	销售量		单价 / 元	
	1998 年	1999 年	1998 年	1999 年
大米 /kg	1 200	1 500	1.2	1.3
面粉 /kg	1 500	2 000	1.0	1.1
色拉油 /kg	500	600	3.2	3.5

解 计算过程如表 6-3 所示。

表 6-3 加权综合指数计算表

商品名称	销售量		单价 / 元		销售额 / 元			
	1998 年 q_0	1999 年 q_1	1998 年 p_0	1999 年 p_1	1998 年 p_0q_0	1999 年 p_1q_1	p_0q_1	P_1q_0
大米 /kg	1 200	1 500	1.2	1.3	1 440	1 950	1 800	1 560
面粉 /kg	1 500	2 000	1.0	1.1	1 500	2 200	2 000	1 650
色拉油 /kg	500	600	3.2	3.5	1 600	2 100	1 920	1 750
合计					4 540	6 250	5 720	4 960

拉氏价格综合指数为

$$I_p=\frac{\sum p_1q_0}{\sum p_0q_0}=\frac{4\ 960}{4\ 540}=109.25\%$$

帕氏价格综合指数为

$$I_p=\frac{\sum p_1q_1}{\sum p_0q_1}=\frac{6\ 250}{5\ 720}=109.27\%$$

拉氏销售量综合指数为

$$I_q=\frac{\sum p_0q_1}{\sum p_0q_0}=\frac{5\ 720}{4\ 540}=125.99\%$$

帕氏销售量综合指数为

$$I_q=\frac{\sum p_1q_1}{\sum p_1q_0}=\frac{6\ 250}{4\ 960}=126.01\%$$

计算结果表明，若以基期水平作为权数计算，与 1998 年相比，该店 3 种商品的零售价格平均上涨了 9.25%，销售量平均上涨了 25.99%；若以报告期水平作为权数计算，与 1998 年相比，该店 3 种商品的零售价格平均上涨了 9.27%，销售量平均上涨了 26.01%。并且由于各种商品价格的增长比率与销售量增长比率具有相同趋势，所以拉氏指数值小于帕氏指数值。

此外，在实际应用中，有时权数既不是固定在基期，也不是固定在报告期，而是固定在某个具有代表性的特定时期。这一加权方法的特点是，权数不受基期和报告期的限制，使指数的编制具有较大的灵活性。特别是在编制若干个时期的多个指数时，可以消除因权数不同而对指数产生的影响，从而使指数具有可比性。

例 6.4 设某公司生产两种产品的有关资料如表 6-4 所示。试以 1995 年不变价格为权数，计算各年的产品产量指数。

表 6-4 某企业生产两种产品的有关资料

商品名称	产量				1995 年不变价格 / 元
	1997 年	1998 年	1999 年	2000 年	
甲 / 件	2 000	2 300	2 400	2 600	5
乙 / 台	100	90	110	130	800

解 设 1995 年不变价格为 p_{95}，各年产量分别为 q_{97}，q_{98}，q_{99}，q_{00}，以 1995 年不变价格计算的各年产量指数分别为 I_{98}，I_{99}，I_{00}，则有

$$I_{98}=\frac{\sum q_{98}p_{95}}{\sum q_{97}p_{95}}=\frac{2\ 300\times 5+90\times 800}{2\ 000\times 5+100\times 800}=\frac{83\ 500}{90\ 000}=92.8\%$$

$$I_{99}=\frac{\sum q_{99}p_{95}}{\sum q_{98}p_{95}}=\frac{2\ 400\times 5+110\times 800}{2\ 300\times 5+90\times 800}=\frac{100\ 000}{83\ 500}=119.8\%$$

$$I_{00}=\frac{\sum q_{00}p_{95}}{\sum q_{99}p_{95}}=\frac{2\ 600\times 5+130\times 800}{2\ 400\times 5+110\times 800}=\frac{117\ 000}{100\ 000}=117\%$$

上述产量指数消除了价格变动对产量的影响，单纯反映出各年产量的综合变动状况。这一结果实际上就是按 1995 年的不变价格计算的工业总产值发展速度。如果有更多年份的产量，

则可以形成以不变权数加权的产量指数数列，可用于分析对比产量的长期变动趋势。

2.2 平均指数编制

平均指数(Average Index Number)是以某一时期的总量为权数对个体指数加权平均计算所得到的指数。其中作为权数的总量通常是两个变量的乘积，它可以是价值总量，如商品销售额(销售价格与销售量的乘积)、工业总产值(出厂价格与生产量的乘积)，也可以是其他总量，如农产品总产量(单位面积产量与收获面积的乘积)等。而其中的个体指数可以是个体质量指数，也可以是个体数量指数。

平均指数的基本编制特点是：先对比，后平均。即首先将各种商品的价格或销售量资料进行对比(计算个体指数)，然后通过个体指数的平均得到相应的总指数，这种方法通常称为"平均指数法"。编制平均指数时，有3种权数可供选择：一是基期总量或物值(p_0q_0)；二是报告期总量或物值(p_1q_1)；三是固定权数(W)。因权数所属时期的不同，会得到3种不同形式的平均指数：加权算术平均指数、加权调和平均指数及固定加权平均指数。

2.2.1 加权算术平均指数

加权算术平均指数是以基期总量(p_0q_0)为权数对个体指数加权平均计算得出的指数。由于这一指数在计算形式上采用了算术平均形式，故也被称为加权算术平均指数。在进行总指数的编制时，若已知基期总量或物值(p_0q_0)及个体质量指数为$\frac{p_1}{p_0}$或个体数量指数为$\frac{q_1}{q_0}$，则以基期总量p_0q_0为权数的质量综合指数和数量综合指数的一般公式为

$$I_p=\frac{\sum\frac{p_1}{p_0}p_0q_0}{\sum p_0q_0}=\frac{\sum p_1q_0}{\sum p_0q_0}=\text{拉氏综合价格指数}$$

$$I_q=\frac{\sum\frac{q_1}{q_0}p_0q_0}{\sum p_0q_0}=\frac{\sum q_1p_0}{\sum q_0p_0}=\text{拉氏综合数量指数}$$

例6.5 设某企业生产3种产品的有关资料如表6-5所示。试计算3种产品的价格总指数和产量总指数。

表6-5 某企业生产3种产品的有关数据

产品名称	基期生产总值 p_0q_0 /万元	个体出厂价格指数 p_1/p_0	个体产量指数 q_1/q_0
Ⅰ/件	315	1.028 6	1.111 1
Ⅱ/件	175	1.028 6	1.040 0
Ⅲ/kg	48	0.900 0	1.250 0

解 3种产品的价格总指数为

$$I_p=\frac{\sum\frac{p_1}{p_0}p_0q_0}{\sum p_0q_0}=\frac{1.0\,286\times315+1.0\,286\times175+0.9\,000\times48}{315+175+48}=$$

$$\frac{547.214}{538}=101.71\%$$

3 种产品的产量总指数为

$$I_q=\frac{\sum\frac{q_1}{q_0}p_0q_0}{\sum p_0q_0}=\frac{1.1\,111\times315+1.04\times175+1.25\times48}{315+175+48}=$$

$$\frac{591.9\,965}{538}=110.04\%$$

计算结果表明,报告期与基期相比,该企业 3 种产品的单位出厂价格平均提高了 1.71%,3 种产品的产量平均提高了 10.04%。

2.2.2　加权调和平均指数

加权调和平均指数是以报告期总量(p_1q_1)为权数对个体指数加权平均计算得出的指数。由于这一指数在计算形式上采取了调和平均形式,故也被称为加权调和平均指数。在进行总指数的编制时,若已知报告期总量(p_1q_1)及个体质量指数$\frac{p_1}{p_0}$或个体数量指数$\frac{q_1}{q_0}$,则以报告期总量 p_1q_1 为权数的质量综合指数和数量综合指数的一般公式为

$$I_p=\frac{\sum p_1q_1}{\sum\frac{1}{p_1/p_0}p_1q_1}=\frac{\sum p_1q_1}{\sum p_0q_1}=\text{帕氏综合价格指数}$$

$$I_q=\frac{\sum p_1q_1}{\sum\frac{1}{q_1/q_0}p_1q_1}=\frac{\sum q_1p_1}{\sum q_0p_1}=\text{帕氏综合数量指数}$$

例 6.6　设某企业生产 3 种产品的有关资料如表 6-6 所示。试计算 3 种产品的价格总指数和产量总指数。

表 6-6　某企业生产 3 种产品的有关数据

产品名称	报告期生产总值 p_1q_1 / 万元	个体出厂价格指数 p_1/p_0	个体产量指数 q_1/q_0
Ⅰ/件	360	1.0 286	1.1 111
Ⅱ/件	187.2	1.0 286	1.0 400
Ⅲ/kg	54	0.9 000	1.2 500

解　3 种产品的价格总指数为

$$I_p=\frac{\sum p_1q_1}{\sum \frac{1}{p_1/p_0}p_1q_1}=\frac{360+187.2+54}{\frac{1}{1.0286}\times 360+\frac{1}{1.0286}\times 187.2+\frac{1}{0.9}\times 54}=$$

$$\frac{601.2}{591.99}=101.56\%$$

3 种产品的产量总指数为

$$I_q=\frac{\sum p_1q_1}{\sum \frac{1}{q_1/q_0}p_1q_1}=\frac{360+187.2+54}{\frac{1}{1.1111}\times 360+\frac{1}{1.04}\times 187.2+\frac{1}{1.25}\times 54}=$$

$$\frac{601.2}{547.2}=109.87\%$$

计算结果表明，报告期与基期相比，该企业 3 种产品的单位出厂价格平均提高了 1.56%，3 种产品的产量平均提高了 9.87%。

从指数的实际意义和效果来看，加权平均指数实际上是加权综合指数的一种变形。但二者所依据的计算资料是不同的。加权综合指数的计算通常需要掌握全面的资料，实际编制中往往具有一定的困难，而加权平均指数则既可以依据全面的资料来编制，也可以依据非全面资料来编制，也更符合实际数据的要求，因此加权平均指数在实际中应用更为广泛。加权算术平均指数是拉氏综合指数的变形，多用于计算数量指数，而加权调和平均指数是帕氏综合指数的变形，多用于计算质量指数。

2.2.3 固定加权平均指数

加权平均指数中的权数(W)也可以在一定时期(1 年，5 年或 10 年)内相对固定下来，连续使用几年，这就是所谓的固定权数加权的平均指数，即固定加权平均指数。其权数(W)可以根据普查、抽样调查或全面统计报表资料计算确定，通常用比重表示。例如，我国每月的消费品零售物价总指数就是采用固定权数加权的算术平均形式计算的，其中的固定权数是根据上年各类消费品的零售额在全部零售总额中所占的比重确定的。比重一经确定，至少一年内不变。固定加权平均指数的计算公式为

价格指数
$$I_p=\frac{\sum \frac{p_1}{p_0}W}{\sum W}$$

数量指数
$$I_q=\frac{\sum \frac{q_1}{q_0}W}{\sum W}$$

固定加权平均指数已不再是拉氏综合指数的变形了，两种方法的计算结果不会一致。以固定权数计算的加权算术平均指数应用方便，在国内外统计工作中得到广泛应用。

例 6.7 现有 1985 年我国各类消费品价格指数及根据抽样调查得到的固定权数资料如表 6-7 所示。试计算 1985 年我国消费品价格总指数。

表 6－7　1985 年我国各类消费品价格指数及固定权数

消费品类别	个体价格指数 p_1/p_0/(%)	固定权数 W/(%)
食品类	113.0	59
衣着类	100.9	17
日用品类	102.7	12
文化娱乐用品类	101.5	9
医药类	103.8	1
燃料类	104.0	2
合计	—	100

解　根据表 6－7 资料计算，得 1985 年我国消费品价格总指数为

$$I_p=\frac{\sum \frac{p_1}{p_0}W}{\sum W}=1.13\times 0.59+1.009\times 0.17+1.027\times 0.12+1.015\times 0.09$$

$$+1.037\times 0.04+1.04\times 0.02=108.4\%$$

§3　消费价格指数

指数作为一种重要的经济分析指标和方法，在实践中获得了广泛应用。世界各国的政府统计，基本上都是根据上述的指数方法原理编制各种各样的价格指数和数量指数。下面将介绍经济研究和实践中常用的重要指数：消费价格指数。

消费价格指数（Consumer Price Index，又称生活费用指数）是综合反映一定时期内城乡居民所购买的各种生活消费品价格和服务价格的变动趋势和程度的一种相对数，通常简记为CPI。该指数是各国政府统计工作的一项重要内容，也是最重要的经济指数之一。它可以用于分析市场物价的基本动态，调整货币工资以得到实际工资水平等等。它是政府制定物价政策和工资政策的重要依据，世界各国都在编制、使用这种指数。

我国的消费价格指数（居民消费价格指数）是采用固定加权算术平均指数方法来编制的。其主要编制过程和特点是：首先，将各种居民消费划分为八大类，包括食品、衣着、家庭设备及用品、医疗保健、交通和通讯工具、文教娱乐用品、居住项目以及服务项目等，下面再划分为若干个中类和小类；其次，从以上各类中选定 325 种有代表性的商品项目（含服务项目）入编指数，利用有关对比时期的价格资料分别计算个体价格指数；再次，依据有关时期内各种商品的销售额构成确定代表项目的权数，它不仅包括代表项目本身的权数（直接权数），而且还要包括该代表项目所属的那一类商品中其他项目所具有的权数（附加权数），以此提高入编项目对于所有消费品的一般代表程度；最后，按从低到高的顺序，采用固定加权算术平均公式，依次编制各小类、中类的消费价格指数和消费价格总指数：

$$I_q = \frac{\sum i_q \cdot W}{\sum W} = \frac{\sum i_q \cdot W}{100}$$

其中 i 为各中类(或小类)的消费价格指数。

例 6.8 表 6-8 给出各大类、交通工具和通讯工具中类及其代表商品(代表规格品)的有关资料(有关数据均为假设)。要求据以编制有关的消费价格指数,并填充表中空缺的数据。

表 6-8 某市居民消费价格指数计算表

类别及品名	规格等级	计量单位	平均价格 / 元		指数(%)	权数	指数×权数
			基期	报告期			
总指数					102.69	100	—
一、食品类					104.15	42	43.743
二、衣着类					95.46	15	14.319
三、家庭设备及用品					102.70	11	11.297
四、医疗保健					110.43	3	3.313
五、交通和通讯工具					98.53	4	3.941
1. 交通工具					104.37	(60)	62.622
摩托车	100 型	辆	8 450	8 580	101.54	<45>	45.693
自行车	660 m	辆	336	360	107.14	<50>	53.570
三轮车	普遍	辆	540	552	102.22	<5>	5.111
2. 通讯工具					89.77	(40)	35.908
电话机	中档	部	198	176	88.88	<80>	71.104
BP 机	中档	部	900	840	93.33	<20>	18.666
六、文教娱乐用品					101.26	5	5.063
七、居住项目					103.50	14	14.490
八、服务项目					108.74	6	6.524

解 利用表中资料和公式,依次计算各类别的消费价格指数和消费价格总指数如下:

(1) 计算交通工具和通讯工具两个中类的价格指数。

交通工具类指数为

$$I_p = \frac{\sum i_p \cdot W}{100} = \frac{45.693 + 53.570 + 5.111}{100} = 104.37\%$$

通讯工具类指数为

$$I_p = \frac{\sum i_p \cdot W}{100} = \frac{71.104 + 18.666}{100} = 89.77\%$$

由此可以进一步计算各中类的“指数×权数”资料,这些结果均以阴影数字填充于表 6-8 中(下同)。

(2) 计算交通和通讯工具大类的价格指数。

$$I_p=\frac{\sum i_p \cdot W}{100}=\frac{62.662+35.908}{100}=98.53\%$$

(3) 计算居民消费价格总指数。

$$I_p=\frac{\sum i_p \cdot W}{100}=$$

$$\frac{43.743+14.319+11.297+3.313+3.951+5.063+14.490+6.524}{100}=$$

102.69%

居民消费价格指数除了能反映城乡居民所购买的各种生活消费品价格和服务价格的变动趋势和程度外，还具有以下几个方面的作用。

(1) 用于反映通货膨胀状况。通货膨胀的严重程度是用通货膨胀率来反映的，它说明了一定时期内商品价格持续上升的幅度。通货膨胀率一般用居民消费价格指数来表示，即

$$\text{通货膨胀率}=\frac{\text{报告期居民消费价格指数}-\text{基期居民消费价格指数}}{\text{基期居民消费价格指数}}\times 100\%$$

(2) 用于反映货币购买力的变动。货币购买力是指单位货币能够购买到的消费品和服务的数量。居民消费价格指数上涨，货币购买力则下降，反之则上升，因此，居民消费价格指数的倒数就是货币购买力指数，即

$$\text{货币购买力指数}=\frac{1}{\text{居民消费价格指数}}\times 100\%$$

(3) 用于反映对职工实际工资的影响。居民消费价格指数的提高意味着实际工资的减少，居民消费价格指数的下降则意味着实际工资的提高。因此，利用居民消费价格指数可以将名义工资转化为实际工资。具体做法是：

$$\text{实际工资}=\frac{\text{名义工资}}{\text{居民消费价格指数}}\times 100\%$$

(4) 用于缩减经济序列。通过缩减经济序列可以消除价格变动的影响，其方法是将经济序列除以价格指数。

例 6.9 已知 1991—2000 年我国的国内生产总值(GDP) 序列和居民消费价格指数序列如表 6-9 所示。试用消费价格指数序列对 GDP 序列进行缩减。

表 6-9 1991—2000 年我国的 GDP 和居民消费价格指数序列

年份	国内生产总值 / 亿元	居民消费价格指数 /(%)	缩减后的 GDP
1991	21 662.5	103.4	20 950.2
1992	26 651.9	106.4	25 048.8
1993	34 560.5	114.7	30 131.2
1994	46 670.0	124.1	37 606.8

续表

年份	国内生产总值 / 亿元	居民消费价格指数 /(%)	缩减后的 GDP
1995	57 494.9	117.1	49 099.0
1996	66 850.5	108.3	61 727.1
1997	73 142.7	102.8	71 150.5
1998	76 967.2	99.2	77 587.9
1999	80 579.4	98.6	81 723.5
2000	88 189.6	100.4	87 838.2

§4 指数基期的换算

有时由于比较或研究的需要，常常要改换指数基期。例如，我们要比较两个指数数列，如果两个指数数列以同一年为基期，直接对比即可说明问题。但是当两个指数数列的基期不同时，就不能直接进行比较。如表 6-10 所列的两个指数数列就属于这种情况。

表 6-10 美国农民所得价格指数和所付价格指数

年　份	农民所得价格指数 /(%) (1910—1914 年为 100)	农民所付价格指数 /(%) (1967 年为 100)
1967	253	100.0
1970	280	114.9
1971	285	118.4
1972	317	122.2

资料来源：美国《商业概览》1968 年 12 月和 1977 年 12 月。

由于上述两个数列的价格指数对比基期不同，所以虽然农民所得价格指数远远高于农民所付价格指数，但这说明不了什么问题。需要将指数基期都换到同一时期，方便比较。例如，若将表 6-10 中的两列指数都改换到以 1970 年为基期，则改换的方法是以 1970 年的指数数值 280 和 114.9 分别除原数列中各个指数数值，即得以 1970 年为基期的指数数列。计算结果如表6-11 所示。

经过改换的两个数列可以进行对比了。从表 6-11 不难看出，1972 年以前农民出售的农产品价格的增长速度与农民所购买消费品价格的增长速度差别不大，但在 1972 年，农产品价格的上升幅度已明显高于消费品价格的上升幅度，说明农民生活状况有所改善。

严格地说，当指数带有变动权数时，按上述方法进行变换是不正确的，因为上述方法在变换时并没有将权数的时期调整过来。不过，在实践中这个问题一般是忽略的。

表 6-11 改换基期的方法和计算结果

年份	农民所得价格指数/(%)		农民所付价格指数/(%)(1967年为100)	
	(1910—1914年为100)	1970年为100	1967年为100	1970年为100
1967	253	90(253/280)	100.0	87(100/114.9)
1970	280	100(280/280)	114.9	100(114.9/114.9)
1971	285	101(285/280)	118.4	102(118.4/114.9)
1972	317	113(317/280)	122.2	106.4(122.2/114.9)

在编制指数时，为了便于长期对比，往往编制固定基期的指数。但是，固定基期不能永远固定在一个时期不变，因为基期距比较期太远就会与现实情况相距太大。因此一般固定期过了一段时期就需要变动，而我们在分析问题时，却又常常需要较长时期的指数数列资料，这时就需要对指数数列进行拼接。在进行指数数列拼接时，往往也需要作指数基期的改换。

例如表6-12所示美国批发价格指数资料中，1967年以前的批发价格指数以1957—1959年的平均批发价格为基期价格，而1967年之后，改为以1967年为基期。我们为了作长时期比较，就要维持1957—1959年为基期，将两个数列拼接起来。一般来说，政府统计机构公布的重要指数在改换基期后的头几年仍然会按原来的基期编制指数，如表6-12中，以1957—1959年为基期的批发价格指数数列到1969年才中断，这就为拼接打下了基础，它使我们能够测定出两个数列之间的关系。具体方法是：

(1) 将同时按两个基期计算指数的那些年份的指数加总起来，再将两个指数和对比求得乘数，如此例中乘数为

$$\frac{1.061+1.087+1.13}{1.0+1.025+1.065}=\frac{3.278}{3.09}=1.061$$

表 6-12 美国批发价格指数资料

年份	批发价格指数(%)(1957—1959年为100)	批发价格指数(%)(1967年为100)
1965	102.5	
1966	105.9	
1967	106.1	100.0
1968	108.7	102.5
1969	113.0	106.5
1970		110.4
1971		113.9
1972		118.3

资料来源：美国《美国统计摘要》1970年，1972年。

(2) 用这个乘数去修正需要改换基期的指数数列，这样便使原数列和新数列拼接起来了。具体计算过程和结果如表 6－13 所示。

表 6－13　美国批发价格指数的拼接方法

年　份	批发价格指数(%)(1957—1959 年为 100)	批发价格指数(%)(1967 年为 100)
1965	102.5	96.6 (102.5÷1.061)
1966	105.9	99.8 (105.9÷1.061)
1967	106.1	100.0
1968	108.7	102.5
1969	113.0	106.5
1970	117.1 (1.061×110.4)	110.4
1971	120.8 (1.061×113.9)	113.9
1972	125.5 (1.061×118.3)	118.3

§5　指数体系和因素分析

在本章 §2 中介绍了指数编制的一般方法。在实际应用中，不仅要确定单个指数的计算方法，更重要的是确定几个指数组成的指数体系的计算方法，以便对相互联系的社会经济现象作更深入的分析。

5.1　指数体系

5.1.1　指数体系的概念

社会经济现象之间的相互联系、相互影响的关系是客观存在的。有些社会经济现象之间的联系可以用经济方程式表现出来，如：

商品销售额 = 商品销售量 × 商品销售价格

生产总成本 = 产品产量 × 单位产品成本

产品产值 = 产品产量 × 单位产品价格

原材料费用总额 = 产品产量 × 单位产品原材料消耗量 × 单位原材料价格

上述这些现象在数量上存在的关系表现在动态上，就形成指数体系。即有：

商品销售额指数 = 商品销售量指数 × 商品销售价格指数

生产总成本指数 = 产品产量指数 × 单位产品成本指数

产品产值指数 = 产品产量指数 × 单位产品价格指数

原材料费用总额指数 = 产品产量指数 × 单位产品原材料消耗量指数 × 单位原材料价格指数

在统计分析中，将一系列相互联系、彼此间在数量上存在推算关系的统计指数所构成的整体称为指数体系(Index System)。

上述指数体系,按编制综合指数的一般原理,以符号用公式可写成:

$$\frac{\sum q_1 p_1}{\sum q_0 p_0}=\frac{\sum q_1 p_0}{\sum q_0 p_0}\times\frac{\sum q_1 p_1}{\sum q_1 p_0}$$

对于指数体系的理解,需要把握以下两问题:

(1) 指数体系中,总量指数与各因素指数之间的数量关系表现为两个方面:一是从相对量来看,总量指数等于各因素指数的乘积,如商品销售额指数=商品销售量指数×商品销售价格指数;二是从绝对量来看,现象总变动差额等于各个因素变动差额之和。

(2) 在加权指数体系中,为使总量指数等于各因素指数的乘积,两个因素体系中通常一个为数量指数,另一个为质量指数,而且各因素指数中权数必须是不同时期的,例如数量指数用基期权数加权,质量指数则用报告期权数加权,反之亦然。

5.1.2 指数体系的作用

指数体系主要有以下两个方面的作用:

(1) 指数体系是进行因素分析的依据。即利用指数体系可以分析复杂经济现象总变动中各因素变动的影响方向和程度。

(2) 利用各指数之间的联系进行指数间的相互推算。例如,我国商品销售量总指数往往就是根据商品销售额总指数和价格总指数进行推算的。即

$$\text{商品销售量指数}=\text{销售额指数}\div\text{价格指数}$$

5.2 总量变动的因素分析

利用指数体系既可以对现象发展的相对变化程度及各因素的影响程度进行分析,又可以对现象发展变化的绝对数量及各因素的影响数额进行分析。

5.2.1 两因素分析

对于复杂总体,由于存在不可同度量问题,因而在进行复杂总体的因素分析时,必须严格遵循综合指数计算的一般原则和方法。

复杂总体总量指标的变动(即总指数),可用下式表达:

$$I=\frac{\sum q_1 p_1}{\sum q_0 p_0}$$

总指数可分解为数量指标综合指数和质量指标综合指数两因素的乘积。指数体系如下:

$$\frac{\sum q_1 p_1}{\sum q_0 p_0}=\frac{\sum q_1 p_0}{\sum q_0 p_0}\times\frac{\sum p_1 q_1}{\sum p_0 q_1}$$

绝对额关系如下:

$$\sum q_1 p_1-\sum q_0 p_0=(\sum p_1 q_1-\sum p_0 q_1)+(\sum q_1 p_0-\sum q_0 p_0)$$

例 6.10　某工业企业生产几种使用价值和计量单位都不同的产品，报告期和基期总产值及有关资料如表 6－14 所示。根据表中资料建立指数体系，并以此为依据进行因素分析。

表 6－14　某工业企业基期、报告期产值情况表

产品名称	产品产量		出厂价格 / 元		基　期 总产值 万元	报告期 总产值 万元	假　设 总产值 万元
	基期	报告期	基期	报告期			
q_0	q_1	p_0	p_1	q_0p_0	q_1p_1	q_1p_0	
A/ 吨	6 000	5 000	110	100	66	50	55
B/ 台	10 000	12 000	50	60	50	72	60
C/ 件	40 000	41 000	20	20	80	82	82
合计					196	204	197

解　首先指数体系为

总产值指数 ＝ 产品产量指数 × 单位产品出厂价格指数

因素分析如下：从表 6－14 的资料可以看出，该企业总产值的动态指数为

$$I=\frac{\sum q_1p_1}{\sum q_0p_0}=\frac{204}{196}=104.08\%$$

$$\Sigma q_1p_1-\Sigma q_0p_0=204-196=8 \text{ 万元}$$

所以总产值报告期比基期增加了 4.08%，总产值增加了 8 万元。这个结果是由于产品产量和价格两个因素变动共同引起的。其中

产品产量变动影响的程度为

$$I_q=\frac{\sum q_1p_0}{\sum q_0p_0}=\frac{197}{196}=100.51\%$$

产品产量增加使总产值增加的绝对额为

$$\sum q_1p_0-\sum q_0p_0=197-196=1 \text{ 万元}$$

单位产品出厂价格变动影响的程度为

$$I_p=\frac{\sum p_1q_1}{\sum p_0q_1}=\frac{204}{197}=103.55\%$$

出厂价格提高使总产值增加的绝对额为

$$\sum p_1q_1-\sum p_0q_1=204-197=7 \text{ 万元}$$

用相对数表示：104.08% ＝100.51% ×103.55%

用绝对额表示：8 万元 ＝1 万元 ＋7 万元

综合分析表明，该工业企业报告期的工业总产值比基期增长了 4.08%，增加额为 8 万元，

是由于产品产量和出厂价格两因素发生变动共同引起的，其中产品产量增长 0.51%，使总产值增加 1 万元，出厂价格增长 3.55%，使总产值增加 7 万元。

例 6.11 某商店 3 种商品的销售量及价格资料如表 6－15 所示。根据表中资料建立指数体系，并以此为依据进行因素分析。

表 6－15 某商店 3 种商品的销售量及价格资料

商品名称	销售量		价格/元		基期总销售额/元	报告期总销售额/元	假设总销售额/元
	基期	报告期	基期	报告期			
	q_0	q_1	p_0	p_1	q_0p_0	q_1p_1	q_1p_0
A/件	200	220	75	71.5	15 000	15 730	16 500
B/盒	1 000	1 050	25	20	25 000	21 000	26 250
C/套	850	900	14	12	11 900	10 800	12 600
合计					51 900	47 530	55 350

解 首先指数体系为

商品销售额指数 ＝ 商品销售量指数 × 物价指数

因素分析如下：

(1) 商品销售额的总变动程度和绝对额为

$$I=\frac{\sum q_1p_1}{\sum q_0p_0}=\frac{47\ 530}{51\ 900}=91.58\%$$

$$\sum q_1p_1-\sum q_0p_0=47\ 530-51\ 900=-4\ 370\text{ 元}$$

销售额报告期比基期下降了 8.42%，销售额减少了 4 370 元。这个结果是由于产品产量和价格两个因素变动共同引起的。

(2) 商品销售量变动影响的程度和绝对额为

$$I_q=\frac{\sum q_1p_0}{\sum q_0p_0}=\frac{55\ 350}{51\ 900}=106.65\%$$

商品销售量增加使销售额增加的绝对额为

$$\sum q_1p_0-\sum q_0p_0=55\ 350-51\ 900=3\ 450\text{ 元}$$

销售量报告期比基期增长了 6.65%，销售额增加了 3 450 元。

(3) 商品单位价格变动影响的程度和绝对额为

$$I_p=\frac{\sum p_1q_1}{\sum p_0q_1}=\frac{47\ 530}{55\ 350}=85.87\%$$

商品单位价格降低使销售额增加的绝对额为

$$\sum p_1q_1 - \sum p_0q_1 = 47\ 530 - 55\ 350 = -7\ 820 \text{ 元}$$

所以商品单位价格报告期比基期下降了 14.13%，销售额减少了 7 820 元。

(4) 综合分析。相对数分析：

$$\text{商品销售额指数} = \text{商品销售量指数} \times \text{物价指数}$$

$$\frac{\sum q_1 p_1}{\sum q_0 p_0} = \frac{\sum q_1 p_0}{\sum q_0 p_0} \times \frac{\sum p_1 q_1}{\sum p_0 q_1}$$

$$91.58\% = 85.87\% \times 106.65\%$$

绝对数分析：

销售总额增减额＝商品单位价格变动所引起的增减额＋商品销售量变动所引起的增减额

$$\sum q_1 p_1 - \sum q_0 p_0 = (\sum p_1 q_1 - \sum p_0 q_1) + (\sum q_1 p_0 - \sum q_0 p_0) =$$

$$-4\ 370 \text{ 元} = -7\ 821 \text{ 元} + 3\ 450 \text{ 元}$$

综合分析表明，商品销售总额报告期比基期下降了 8.42%，是由于商品单位价格下降 14.13% 和销售量增长 6.65% 共同作用的结果；商品销售总额减少 4 370 元，是由于价格下降减少销售额 7 821 元和销售量增加使销售额增加 3 450 元综合影响的结果。

5.2.2 多因素分析

当一个总量指标指数可以表示为三个或三个以上因素指数的连乘积时，同样可以利用指数体系分析各因素变动对总量指标变动的影响，这种分析就是总量指标的多因素分析。

开展复杂总体多因素分析时，要按如下两个原则进行：

(1) 首先把影响复杂总体变动的各个因素，按照数量指标在前，质量指标在后的顺序进行排列。

(2) 分析第一个数量因素对复杂总体变动的影响时，其他因素全部固定在基期水平。从第二个因素的分析开始，未被分析的诸因素要固定在基期水平，而已被分析过的诸因素，则要固定在报告期水平。总之，要保证指数体系在数学上的关系成立。

例如，某工业企业三种产品总产值的变动，既受产量变动影响，又受出厂价格影响。假如我们把产量因素再分解为职工平均人数和全员劳动生产率，把该企业总产值的变动，分解为三个因素进行分析，则指数体系为

$$\text{总产值指数} = \begin{matrix}\text{职工平均人数}\\\text{指数}\end{matrix} \times \begin{matrix}\text{全员劳动生产率}\\\text{指数}\end{matrix} \times \begin{matrix}\text{单位产品出厂价格}\\\text{指数}\end{matrix}$$

如果用 q 表示职工平均人数指数，l 表示全员劳动生产率指数，p 表示单位产品出厂价格指数，总产值指数体系可表示为

$$\frac{\sum q_1 l_1 p_1}{\sum q_0 l_0 p_0} = \frac{\sum q_1 l_0 p_0}{\sum q_0 l_0 p_0} \times \frac{\sum q_1 l_1 p_0}{\sum q_1 l_0 p_0} \times \frac{\sum q_1 l_1 p_1}{\sum q_1 l_1 p_0}$$

从变动的绝对量上看，则存在如下关系：

$$\sum q_1 l_1 p_1 - \sum q_0 l_0 p_0 = (\sum q_1 l_0 p_0 - \sum q_0 l_0 p_0) + (\sum q_1 l_1 p_0 - \sum q_1 l_0 p_0) + (\sum q_1 l_1 p_1 - \sum q_1 l_1 p_0)$$

例 6.12 根据表 6－16 的资料，试对产值变动的原因进行分析。

表 6－16 某单位基期、报告期产量及价格情况表

产品名称	产品产量				出厂价格／元	
	职工平均人数／人		全员劳动生产率			
	基期	报告期	基期	报告期	基期	报告期
	q_0	q_1	l_0	l_1	p_0	p_1
A/t	1 200	1 000	5	5	110	100
B/台	1 000	1 000	10	12	50	60
C/件	800	1 000	50	41	20	20

解 首先建立指数体系：

总产值指数 = 职工平均人数指数 × 全员劳动生产率指数 × 单位产品出厂价值指数

$$\frac{\sum q_1 l_1 p_1}{\sum q_0 l_0 p_0} = \frac{\sum q_1 l_0 p_0}{\sum q_0 l_0 p_0} \times \frac{\sum q_1 l_1 p_0}{\sum q_1 l_0 p_0} \times \frac{\sum q_1 l_1 p_1}{\sum q_1 l_1 p_0}$$

根据表 6－16 整理计算的总产值资料如表 6－17 所示。

表 6－17 某企业基期、报告期产值计算表

产品名称	工业总产值／万元			
	基期	报告期	按报告期平均人数计算的基期总产值	按基期价格计算的报告期总产值
	$q_0 l_0 p_0$	$q_1 l_1 p_1$	$q_1 l_0 p_0$	$q_1 l_1 p_0$
A	66	50	55	55
B	50	72	50	60
C	80	82	100	82
合计	196	204	205	197

该企业工业总产值的动态指数为

$$I = \frac{\sum q_1 l_1 p_1}{\sum q_0 l_0 p_0} = \frac{240}{196} = 104.08\%$$

报告期工业总产值比基期增加额为

$$\sum q_1 l_1 p_1 - \sum q_0 l_0 p_0 = 240 - 196 = 8 \text{ 万元}$$

其中：职工平均人数变动影响为

$$I_q=\frac{\sum q_1 l_0 p_0}{\sum q_0 l_0 p_0}=\frac{205}{196}=104.59\%$$

影响绝对额为

$$(\sum q_1 l_0 p_0-\sum q_0 l_0 p_0)=205-196=9\text{ 万元}$$

全员劳动生产率变动影响为

$$I_l=\frac{\sum q_1 l_1 p_0}{\sum q_1 l_0 p_0}=\frac{197}{205}=96.10\%$$

影响绝对额为

$$(\sum q_1 l_1 p_0-\sum q_1 l_0 p_0)=197-205=-8\text{ 万元}$$

出厂价格变动影响为

$$I_p=\frac{\sum q_1 l_1 p_1}{\sum q_1 l_1 p_0}=\frac{204}{197}=103.55\%$$

影响绝对额为

$$(\sum q_1 l_1 p_1-\sum q_1 l_1 p_0)=204-197=7\text{ 万元}$$

产值、职工平均人数、全员劳动生产率和单位产品出厂价格之间数值变动关系如下：

用相对数表示：104.08％＝104.59％×96.10％×103.55％

用绝对额表示：8 万元＝9 万元－8 万元＋7 万元

计算结果表明，该企业工业总产值由基期 196 万元增加到报告期的 204 万元，增加了 8 万元，增长率为 4.08％，这一结果是由于职工平均人数、全员劳动生产率和产品出厂价格三个因素共同引起的。其中，平均人数增长 4.59％，使总产值增加 9 万元；全员劳动生产率下降 3.9％，使总产值减少 8 万元；出厂价格增长 3.55％，使总产值增加 7 万元。可见，产值增长的主要原因是职工平均人数的增长，其次是出厂价格的提高。

三个因素分析弥补了两因素分析的不足，前面我们对该企业总产值变动情况作产量和价格两因素分析时，看到企业增加的 8 万元总产值中，有 1 万元是由于产量增长所致，另外 7 万元是价格增长引起的，给人的印象是两个因素都是增长的，这就把产量上升的真相掩盖了，容易给决策者假象，放松对生产的管理和经济核算，通过多因素分析，再把产量进一步分解为职工平均人数和全员劳动生产率，就可看到，全厂职工平均人数报告期比基期是增加的，但劳动生产率却有所下降，产量影响的 1 万元产值是由职工平均人数增加使总产值增加 9 万元和劳动生产率下降使总产值减少 8 万元所致。问题揭示清楚，便于企业加强管理，提高经济效益。

5.3 平均指标变动的因素分析

现象的总平均水平一般都是在分组条件下，用加权算术平均法计算得到的，其计算公式为

$$\overline{x}=\frac{\sum xf}{\sum f}$$

式中：x 为各组的平均水平（指标值）；f 为各组单位数。

上式还可以写成如下形式

$$\overline{x}=\sum x\frac{f}{\sum f}$$

式中：$f/(\sum f)$ 为各组单位数占总体的比例，即频率。

因此，计算某个现象两个时期总平均水平的变动可以用以下公式

$$平均指标指数=\frac{\overline{x}_1}{\overline{x}_0}=\frac{\sum x_1f_1}{\sum f_1}:\frac{\sum x_0f_0}{\sum f_0}$$

式中：1 为报告期；0 为基期。这个指数通常称为可变构成指数（简称可变指数），它反映了平均指标的实际变动情况。

上式说明，总平均指标指数受到各组的平均水平 x 变动的影响和总体结构（$\frac{f}{\sum f}$）的变动的影响。为了测定这两个因素的变动对平均指标总变动的影响程度和影响绝对数，需要根据因素分析原理对其进行因素分析。

(1) 首先测定各组平均水平变动的影响程度，即计算单纯反映各组平均水平变动程度的指数，为此需要将总体结构固定在报告期，于是得到固定结构指数如下：

$$固定结构指数=\frac{\sum x_1f_1}{\sum f_1}:\frac{\sum x_0f_1}{\sum f_1}$$

它反映了由于各组标志值的变动对总平均数的影响。

(2) 测定总体结构变动的影响程度，即计算单纯反映总体结构变动程度的指数，为此应将各组平均水平固定在基期，于是得到结构变动影响指数如下：

$$结构变动影响指数=\frac{\sum x_0f_1}{\sum f_1}:\frac{\sum x_0f_0}{\sum f_0}$$

它反映了总体内各组结构的变动对总平均数的影响。

可变构成指数、固定结构指数和结构变动影响指数这三个指数构成如下指数体系：

从相对量角度：

$$\frac{\sum x_1f_1}{\sum f_1}:\frac{\sum x_0f_0}{\sum f_0}=\left[\frac{\sum x_1f_1}{\sum f_1}:\frac{\sum x_0f_1}{\sum f_1}\right]\times\left[\frac{\sum x_0f_1}{\sum f_1}:\frac{\sum x_0f_0}{\sum f_0}\right]$$

即

$$可变构成指数=固定结构指数\times结构变动影响指数$$

从绝对量角度：

$$\bar{x}_1-\bar{x}_0=\frac{\sum x_1f_1}{\sum f_1}-\frac{\sum x_0f_0}{\sum f_0}=\left[\frac{\sum x_1f_1}{\sum f_1}-\frac{\sum x_0f_1}{\sum f_1}\right]+\left[\frac{\sum x_0f_1}{\sum f_1}-\frac{\sum x_0f_0}{\sum f_0}\right]$$

即

$$\begin{matrix}\text{平均指数}\\\text{增加额}\end{matrix}=\begin{matrix}\text{由于各组平均水平的变动}\\\text{引起的平均指标的增加额}\end{matrix}+\begin{matrix}\text{由于结构的变动引起的}\\\text{平均指标的增加额}\end{matrix}$$

下面通过一个例子来说明平均指标的因素分析方法。

例 6.13 某企业基期和报告期职工的月平均工资资料如表 6-18 所示，试计算并分析该企业总平均工资的变动。

表 6-18 某企业职工月平均工资资料

职工类别	月平均工资额 / 元		职工人数 / 人	
	基期 x_0	报告期 x_1	基期 f_0	报告期 f_1
辅助工	400	500	400	600
技术工	700	800	600	400
合计			1 000	1 000

解 根据表 6-18 的资料初步分析计算的结果如表 6-19 所示。

(1) 首先计算总平均工资指数，来说明总平均工资的变动情况：

$$\text{可变构成指数}=\frac{\sum x_1f_1}{\sum f_1}:\frac{\sum x_0f_0}{\sum f_0}=\frac{620\ 000/1\ 000}{580\ 000/1\ 000}=106.9\%$$

总平均工资变动的绝对额为

$$\bar{x}_1-\bar{x}_0=\frac{\sum x_1f_1}{\sum f_1}-\frac{\sum x_0f_0}{\sum f_0}=620-580=40\text{ 元}$$

表 6-19 某企业职工平均工资计算表

工人类别	月工资额 / 元		职工人数 / 人		工资总额 / 元		
	基期 x_0	报告期 x_1	基期 f_0	报告期 f_1	x_0f_0	x_1f_1	x_0f_1
辅助工	400	500	400	600	160 000	300 000	240 000
技术工	700	800	600	400	420 000	320 000	280 000
合计	—	—	1 000	1 000	580 000	620 000	520 000

(2) 分析各类职工工资水平的变动对总平均工资的影响和影响的绝对额，即计算固定结构指数，用以反映各组工资水平的变动对总平均数的影响。

$$\text{固定结构指数}=\frac{\sum x_1f_1/\sum f_1}{\sum x_0f_1/\sum f_1}=\frac{620\ 000/1\ 000}{520\ 000/1\ 000}=119.2\%$$

由于各类职工工资水平的变动，对总平均工资变动影响的绝对额为

$$\frac{\sum x_1 f_1}{\sum f_1}-\frac{\sum x_0 f_1}{\sum f_1}=620-520=100\ \text{元}$$

(3) 分析总体结构的变动对总平均工资的影响和影响的绝对额，即计算结构变动指数：

$$\text{结构变动指数}=\frac{\sum x_0 f_1/\sum f_1}{\sum x_0 f_0/\sum f_0}=\frac{520\ 000/1\ 000}{580\ 000/10\ 000}=89.65\%$$

由于人员结构变动，使总平均工资变动的绝对额为

$$\frac{\sum x_0 f_1}{\sum f_1}-\frac{\sum x_0 f_0}{\sum f_0}=520-580=-60\ \text{元}$$

(4) 综合分析。从相对数角度分析：由于各类职工工资水平的变动，使总平均工资提高了19.2%；由于人员结构的变动，使总平均工资降低了10.35%。这主要是由于辅助工与技术工之间的结构变化造成的。工资比较低的辅助工占全部职工的比重，由基期的40%，增加到报告期的60%；而工资比较高的技术工占全部职工的比重，由基期的60%，下降到报告期的40%。因此，由于各类职工工资水平的变动和人员结构的变动，这两个因素共同作用的结果，才使总平均工资提高了6.9%。这三个指数之间的经济数量关系为

$$106.9\%=119.2\%\times 89.65\%$$

从绝对量角度分析：由于各类职工工资水平的变动，使总平均工资报告期比基期增加了100元；由于人员结构变动，使总平均工资减少了60元；这两个因素共同作用的结果，才使总平均工资增加了40元。它们之间的经济数量关系为

$$40\ \text{元}=100\ \text{元}-60\ \text{元}$$

习 题 六

6.1 根据已给3种商品资料见表6-20，对销售额的变动进行计算和分析。

表 6-20

商品	销售量		价格/元		销售额/元	
	基期	报告期	基期	报告期	基期	报告期
	q_0	q_1	p_0	p_1	q_0p_0	q_1p_1
甲/kg	8 000	8 800	10.0	10.5		
乙/件	2 000	2 500	8.0	9.0		
丙/盒	10 000	10 500	6.0	6.5		
合计						

6.2　某总厂所属两个分厂的某产品成本资料如表 6－21 所示，试分析总厂该产品平均单位成本变动受分厂成本水平及总厂产量结构变动的影响。

表　6－21

	单位成本 / 元		产量 / 件		总成本 / 元
	x_0	x_1	f_0	f_1	
甲分厂	10.0	9.0	300	1 300	
乙分厂	12.0	12.2	700	700	
总 厂			1 000	2 000	

6.3　某单位职工人数和工资总额资料如表 6－22 所示。

表　6－22

指　标	符　号	2000 年	2001 年
工资总额 / 万元	E	500	567
职工人数 / 人	a	1 000	1 050
平均工资 / 元 / 人	b	5 000	5 400

要求：对该单位工资总额变动进行因素分析。

6.4　某公司 3 种产品生产情况如表 6－23 所示。

表　6－23

产　品	产　量		单位成本 / 元	
	Q_0	Q_1	Z_0	Z_1
甲 / 件	100	140	10	8
乙 / 套	300	280	20	20
丙 / 台	700	800	12	10

要求：运用因素分析法从相对和绝对两方面分析单位成本和产品产量的变动对总成本的影响。

6.5　1985 年我国消费品价格类指数及固定权数如表 6－24 所示。

表　6－24

消费品类别	价格类指数 /（%）	固定权数 /（%）
食品类	113.0	59
衣着类	110.9	17

续表

消费品类别	价格类指数/(%)	固定权数/(%)
日用品类	102.7	12
文化娱乐用品类	101.5	9
医药类	103.8	1
燃料类	104.0	2
合计		100

求 1985 年我国消费品价格总指数。

第7章 线性规划

§1 线性规划问题与数学模型

线性规划的发展被视作20世纪中期最重要的科学进步之一。今天它作为一种重要工具，已使世界各工业化国家中的企业节约了数以千计或兆计的美元;它在社会其他部分的使用也正在迅速增长。

此种有效的工具有什么性质？它是解决哪类问题的？简单来说，线性规划所处理的典型问题就是怎样以最佳(即最优)的方式在各项竞争活动中分配有限的资源。每当人们必须选择某些活动的水平来竞争为进行那些活动所必需的稀缺资源时，就会产生这样的分配问题。此描述所适用的场合五花八门，从生产设备按产品的调拨到国家资源对国内需要的分配，从生产调度到客厅博弈的对策等等，几乎是无穷无尽的。我们首先用几个典型的实例，来介绍线性规划是怎样应用到各领域中去的，以及从解决具体问题的过程说明如何提炼线性规划的数学模型。然后再介绍它的一般模型及其算法。

例7.1 某儿童玩具制造厂生产4种不同的金属玩具，分别是救火车、军用坦克车、赛车和校车。每种产品都需要对零部件进行机械加工、上漆和装配。这3道工序所需的时间为：救火车，10 min，5 min和7 min；军用坦克，12 min，6 min和8 min；赛车，14 min，6 min和8 min；校车，8 min，4 min和6 min。可用于机械加工的总时间为4 200 min，上漆时间为1 800 min，装配时间为2 400 min。出售每件玩具所得的利润分别为：救火车1.10美元，军用坦克1.25美元，赛车1.50美元，校车0.80美元。每种产品各制造多少可使生产赢得的利润最大？

解 在建立模型之前，将所有数据用表列出。表7-1给出了以上数据。

表7-1 玩具制造厂的有关数据

生产工序	所需时间 /min				允许使用时间 /min
	救火车	军用坦克	赛车	校车	
机械加工	10	12	14	8	4 200
上漆	5	6	6	4	1 800
装配	7	8	8	6	2 400
每件利润 / 美元	1.10	1.25	1.50	0.80	

设 x_1, x_2, x_3, x_4 分别为救火车、军用坦克、赛车和校车的生产件数。已知每件产品的利润则求出下式的最大值即可：

$$P = 1.10x_1 + 1.25x_2 + 1.50x_3 + 0.80x_4 \tag{7-1}$$

每道工序的允许使用时间都受到约束。例如，用于机械加工总时间不能超过 4 200 min。此约束可表示为

$$10x_1 + 12x_2 + 14x_3 + 8x_4 \leqslant 4\,200 \tag{7-2}$$

上漆和装配的约束也可分别表示为

$$5x_1 + 6x_2 + 6x_3 + 4x_4 \leqslant 1\,800 \tag{7-3}$$

$$7x_1 + 8x_2 + 8x_3 + 6x_4 \leqslant 2\,400 \tag{7-4}$$

变量 $x_j(j=1,2,3,4)$ 必须取零或正数，即

$$x_j \geqslant 0, \quad j=1,2,3,4 \tag{7-5}$$

则该问题可以叙述为

$$\max P = 1.10x_1 + 1.25x_2 + 1.50x_3 + 0.80x_4$$

约束条件为

$$\begin{aligned} 10x_1 + 12x_2 + 14x_3 + 8x_4 &\leqslant 4\,200 \\ 5x_1 + 6x_2 + 6x_3 + 4x_4 &\leqslant 1800 \\ 7x_1 + 8x_2 + 8x_3 + 6x_4 &\leqslant 2400 \\ x_j \geqslant (j=1,2,3,4) \end{aligned} \tag{7-6}$$

实际上，x_j 应为整数，但这里不考虑这一条件，可将答案中 x_j 的值舍入到最近的整数，这并不会对利润产生多大的影响。

例 7.2 某公司饲养实验用的动物以供出售。它们对饲料中的蛋白质、矿物质和维生素这三种营养成分需求量大，每天至少需要 70 g 蛋白质、3 g 矿物质和 10 mg 维生素。该公司所提供的 5 种饲料可以帮助满足这些需要。每 1 kg 饲料中所含的营养成分如表 7-2 所示。

表 7-2

饲料	蛋白质 /g	矿物质 /g	维生素 /mg
1	0.30	0.10	0.5
2	2.00	0.15	0.10
3	1.00	0.02	0.02
4	0.60	0.20	0.20
5	1.80	0.05	0.08

每 100 kg 饲料的成本如表 7-3 所示。

表 7-3

饲料	1	2	3	4	5
成本 / 美元	2	7	4	3	5

请根据以上资料，确定满足动物需要且成本最低的饲料配方。

解 设每 100 kg 混合饲料中所含的第 j 种饲料的公斤数为 $x_j(j=1,2,3,4,5)$，根据题中所给条件，得到如下约束：

$$0.30x_1+2.00x_2+1.00x_3+0.60x_4+1.80x_5\geqslant 70 \tag{7-7}$$

$$0.10x_1+0.15x_2+0.02x_3+0.20x_4+0.05x_5\geqslant 3 \tag{7-8}$$

$$0.5x_1+0.10x_2+0.02x_3+0.20x_4+0.08x_5\geqslant 10 \tag{7-9}$$

式(7-7)，(7-8)，(7-9)只说明了最低的水平，如果超过这一水平而又使成本最小，那也没有什么损失。欲使配制出来的混合饲料的成本最低，目标函数为

$$C=2x_1+7x_2+4x_3+3x_4+5x_5 \tag{7-10}$$

变量 $x_j(j=1,2,\cdots,5)$ 是非负的。

因此求解此问题的线性规划模型为

$$\min C=2x_1+7x_2+4x_3+3x_4+5x_5$$

约束条件为

$$\begin{cases}0.30x_1+2.0x_2+1.0x_3+0.06x_4+1.80x_5\geqslant 70\\0.10x_1+0.15x_2+0.02x_3+0.20x_4+0.05x_5\geqslant 3\\0.5x_1+0.10x_2+0.02x_3+0.20x_4+0.08x_5\geqslant 10\\x_j\geqslant 0,\quad j=1,2,\cdots,5\end{cases} \tag{7-11}$$

上述问题是食谱问题的一个例子。假定我们有 n 种食物，m 种营养成分。令

a_{ij} = 一个单位的第 j 种食物中含有的第 i 种营养的单位数；

b_i = 每天对第 i 种营养的最低需要量；

C_j = 第 j 种食物的单价；

X_j = 购买或使用第 j 种食物的单位数。

那么，食谱问题可归结为

$$\min Z=\sum_{j=1}^{n}C_jX_j$$

约束条件为

$$\begin{cases}a_{11}x_1+a_{12}x_2+\cdots+a_{1n}x_n\geqslant b_1\\a_{21}x_1+a_{22}x_2+\cdots+a_{2n}x_n\geqslant b_2\\\cdots\cdots\\a_{m1}x_1+a_{m2}x_2+\cdots+a_{mm}x_n\geqslant b_m\\x_j\geqslant 0,\quad j=1,2,\cdots,n\end{cases} \tag{7-12}$$

例 7.3 某小型电机公司设有 3 个制造厂，并且建立了 5 个地区性仓库。产品出厂后先运到仓库存放，再向用户供应。3 个厂每周生产的电机台数如表 7-4 所示。

表　7－4

工厂	1	2	3
生产数/台	600	400	500

5个仓库每周需求量如表7－5所示。

表　7－5

仓库	1	2	3	4	5
需要数/台	200	250	300	550	200

从各厂运到各仓库的运输费(元/每台)由表7－6给出。

表　7－6

发点＼收点		仓库				
		1	2	3	4	5
工厂	1	2	1	3	1	2
	2	4	2	1	3	1
	3	2	1	1	3	4

问题:应如何制定调运方案,才能保证既满足制造厂的供应量和仓库的需要量,又使总运费最小?

解　令从厂 i 装运到仓库 j 的电机台数为 x_{ij},其中 $i=1,2,3$; $j=1,2,3,4,5$。于是,总运费为

$$Z=2x_{11}+x_{12}+3x_{13}+x_{14}+2x_{15}+4x_{21}+2x_{22}+x_{23}+3x_{24}+x_{25}+2x_{31}+x_{32}+x_{33}+3x_{34}+4x_{35} \tag{7-13}$$

从各厂运到各仓库的数量不能超过各厂的生产能力,对于厂1应有

$$x_{11}+x_{12}+x_{13}+x_{14}+x_{15}\leqslant 600 \tag{7-14}$$

类似地,

$$x_{21}+x_{22}+x_{23}+x_{24}+x_{25}\leqslant 400 \tag{7-15}$$

$$x_{31}+x_{32}+x_{33}+x_{34}+x_{35}\leqslant 500 \tag{7-16}$$

此外,还要保证满足各仓库的需要,对于仓库1,应有

$$x_{11}+x_{21}+x_{31}=200 \tag{7-17}$$

类似地,

$$x_{12}+x_{22}+x_{32}=250 \tag{7-18}$$

$$x_{13}+x_{23}+x_{33}=300 \tag{7-19}$$

$$x_{14}+x_{24}+x_{34}=550 \tag{7-20}$$

$$x_{15}+x_{25}+x_{35}=200 \tag{7-21}$$

变量 $x_{ij}(i=1,2,3;j=1,2,3,4,5)$，为非负数。

因此，满足关于制造厂的供应量和仓库的需要量的约束条件并使运费最小的问题可以归纳为

$$\min Z=2x_{11}+x_{12}+3x_{13}+x_{14}+2x_{15}+4x_{21}+2x_{22}+3x_{24}+ x_{25}+2x_{31}+x_{32}+x_{33}+3x_{34}+4x_{35}$$

约束条件为

$$\begin{cases} x_{11}+x_{12}+x_{13}+x_{14}+x_{15}\leqslant 600 \\ x_{21}+x_{22}+x_{23}+x_{24}+x_{25}\leqslant 400 \\ x_{31}+x_{32}+x_{33}+x_{34}+x_{35}\leqslant 500 \\ x_{11}+x_{21}+x_{31}=200 \\ x_{12}+x_{22}+x_{32}=250 \\ x_{13}+x_{23}+x_{33}=300 \\ x_{14}+x_{24}+x_{34}=550 \\ x_{15}+x_{25}+x_{35}=200 \\ x_{ij}\geqslant 0,\quad i=1,2,3;\ j=1,2,3,4,5 \end{cases} \tag{7-22}$$

式(7－22)给出的线性规划问题被称为运输问题。

运输问题可以一般地叙述如下：假定有 m 个源或运输的发点，n 个汇域或运输的收点，而 $a_i(i=1,2,\cdots,m)$ 为第 i 个发点的可供应量，$b_j(j=1,2,\cdots,n)$ 为第 j 个收点的需要量，c_{ij} 为从第 i 个发点到第 i 个收点的单位运输成本，x_{ij} 表示运输量。运输问题可叙述为

$$\min Z=\sum_{i=1}^{m}\sum_{j=1}^{n}c_{ij}x_{ij} \tag{7-23}$$

约束条件为

$$\sum_{j=1}^{n}x_{ij}\leqslant a_i,\quad i=1,2,\cdots,m \tag{7-24}$$

$$\sum_{i=1}^{m}x_{ij}\geqslant b_j,\quad j=1,2,\cdots,n \tag{7-25}$$

$$x_{ij}\geqslant 0,\quad i=1,2,\cdots,m;j=1,2,\cdots,n \tag{7-26}$$

不等式(7－25)往往可能是等式。

运输问题的重要特点之一就是整数性，这在实践中具有重要意义。如果所有的 $a_i(i=1,2,\cdots,m)$ 和 $b_j(j=1,2,\cdots,n)$ 都是整数，那么由各 $x_{ij}(i=1,2,\cdots m;j=(1,2,\cdots,n)$ 组成的最优基本解也都是整数。在线性规划模型关于运输问题的求解过程中就可看到这一特点。

例 7.4 某产品装配线的工长有 4 项工作需要完成，现派 4 个人去做这些工作。人事部门提供了他们的考核资料和其他评价，以此来确定他们中每个人做各项工作的相对生产率指数。

如表 7-7 所示。

表 7-7　相对生产率指数

人员＼工作	1	2	3	4
1	5	7	10	3
2	3	6	8	4
3	4	3	6	2
4	1	4	2	10

假定每人分得的工作不能超过一项，那么给这 4 人分派工作可以采用的最佳方案是什么？

解　这个问题归结为线性规划模型如下，定义

$$x_{ij}=\begin{cases}1, & \text{分派第 } i \text{ 个人第 } j \text{ 项工作} \\ 0, & \text{否则}\end{cases} \tag{7-27}$$

欲使工作分派后总的相对生产率指数最高，则目标函数由下式给出：

$$\begin{aligned}Z=&5x_{11}+7x_{12}+10x_{13}+3x_{14}+3x_{21}+6x_{22}+8x_{23}+4x_{24}+\\&4x_{31}+3x_{32}+6x_{33}+2x_{34}+x_{41}+4x_{42}+2x_{43}+10x_{44}\end{aligned} \tag{7-28}$$

为了保证每个人只分配到一项工作，应有

$$\begin{aligned}x_{11}+x_{12}+x_{13}+x_{14}&=1\\x_{21}+x_{22}+x_{23}+x_{24}&=1\\x_{31}+x_{32}+x_{33}+x_{34}&=1\\x_{41}+x_{42}+x_{43}+x_{44}&=1\end{aligned} \tag{7-29}$$

为了保证每项工作都有一个人去做，应有

$$\begin{aligned}x_{11}+x_{21}+x_{31}+x_{41}&=1\\x_{12}+x_{22}+x_{32}+x_{42}&=1\\x_{13}+x_{23}+x_{33}+x_{43}&=1\\x_{14}+x_{24}+x_{34}+x_{44}&=1\end{aligned} \tag{7-30}$$

因此，求解的问题为：使式(7-28)给出的 Z 极大化，并满足约束式(7-29)，(7-30)和(7-27)。

严格地说，由于要求各个 $x_{ij}=0,1$，这一问题已不是一个线性规划问题了。但是，由于它可转化为一个运输问题，因此仍然将它划分在一般类型的线性规划模型中。

一般的分配问题模型通常可叙述如下：

$$\max Z=\sum_{i=1}^{n}\sum_{j=1}^{n}c_{ij}x_{ij} \tag{7-31}$$

约束条件为

$$\sum_{j=1}^{n}x_{ij}=1,\quad i=1,2,\cdots,n \tag{7-32}$$

约束条件为

$$\sum_{i=1}^{n} x_{ij} = 1, \quad j = 1, 2, \cdots, n \tag{7-33}$$

$$x_{ij} = \begin{cases} 1, & \text{若第 } i \text{ 件事物放置在第 } j \text{ 个位置} \\ 0, & \text{否则} \end{cases} \tag{7-34}$$

其中：c_{ij} 为第 i 件事物放置在第 j 个位置上的效率。如果 c_{ij} 表示费用，则应使 Z 极小化。

例 7.5 某石油管理公司欲了解在图 7-1 所示的管道网络的最大流量以及这一流量应该如何输送。各条管道或线路可以通过的最大流量是各不相同的，其数值(单位可任意选取)标在各条线路的旁边。需要确定出从各站流出的流动线路上的流量，使到 6 的总流量最大。

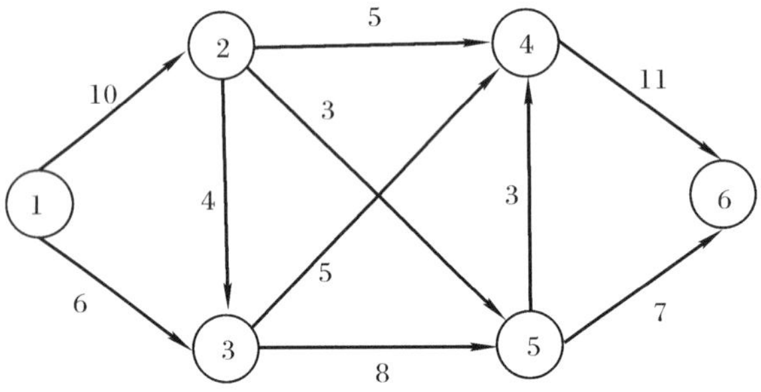

图 7-1

解 各集油站和泵油站已经编号：1，2，…，6。定义 x_{ij} 为从站 i 到站 j 的流量。参阅网络图，可知对各个流量的约束为

$$\begin{gathered} x_{12} \leqslant 10, \quad x_{13} \leqslant 6, \quad x_{23} \leqslant 4, \quad x_{24} \leqslant 5, \quad x_{25} \leqslant 3 \\ x_{34} \leqslant 5, \quad x_{35} \leqslant 8, \quad x_{46} \leqslant 11, \quad x_{54} \leqslant 3, \quad x_{56} \leqslant 7 \end{gathered} \tag{7-35}$$

除了站 1 和站 6，其他各站流进的流量总和应等于流出的流量总和。对于站 2，有

$$x_{12} = x_{23} + x_{24} + x_{25} \tag{7-36}$$

类似地，对于站 3，4，5，有

$$x_{13} + x_{23} = x_{34} + x_{35} \tag{7-37}$$

$$x_{24} + x_{34} + x_{54} = x_{46} \tag{7-38}$$

$$x_{25} + x_{35} = x_{54} + x_{56} \tag{7-39}$$

从站 1(源) 流出的流量应等于流进站 6(汇) 的流量，故有

$$x_{12} + x_{13} = x_{46} + x_{56} \tag{7-40}$$

各流量 x_{ij} 都是非负数，即

$$x_{ij} \geqslant 0, \quad i = 1, 2, 3, 4, 5; j = 2, 3, 4, 5, 6 \tag{7-41}$$

式(7-40) 的右端或左端给出了流出源或流进汇的流量，则目标函数为

$$\max Z = x_{12} + x_{13} \tag{7-42}$$

于是油管网络的最大流量问题归结为

$$\max Z = x_{12} + x_{13}$$

约束条件为

$$\begin{aligned} x_{12} - (x_{23} + x_{24} + x_{25}) &= 0 \\ x_{13} + x_{23} - x_{34} - x_{35} &= 0 \\ x_{24} + x_{34} + x_{54} - x_{46} &= 0 \\ x_{25} + x_{35} - x_{54} - x_{56} &= 0 \\ x_{12} + x_{13} - x_{46} - x_{56} &= 0 \qquad (7-43) \\ x_{ij} \geqslant 0, \quad i = 1,2,3,4,5; j &= 2,3,4,5,6 \end{aligned}$$

再加上式(7－35)给出的条件。

§2 线性规划问题的图解法

2.1 图解法

首先介绍解两个变量的线性规划问题的图解法,它对于我们理解一般线性规划的问题的概念,探索解一般线性规划问题的单纯形方法的思路,都很有帮助。

图解法简单直观,但只适用于两个变量的情形。

例 7.6 用图解法求解:

$$\max Z = 3x_1 + 4x_2$$

$$\begin{cases} x_1 + x_2 \leqslant 6 \\ x_1 + 2x_2 \leqslant 8 \\ x_2 \leqslant 3 \\ x_1 \geqslant 0, x_2 \geqslant 0 \end{cases}$$

解 分析约束条件:

(1) 由于 $x_1 \geqslant 0, x_2 \geqslant 0$,所以满足约束条件的点都落在第一象限内。

(2) 满足约束条件 $x_1 + x_2 \leqslant 6$ 的所有点均位于 $x_1 + x_2 = 6$ 这条直线上及直线的左下方半平面内。

(3) 满足约束条件 $x_1 + 2x_2 \leqslant 8$ 的所有点均位于 $x_1 + 2x_2 = 8$ 这条直线上及这条直线左下方的半平面内。

(4) 满足约束条件 $x_2 \leqslant 3$ 这个不等式的所有点均位于 $x_2 = 3$ 这条直线上及这条直线下方的半平面内。

由此,同时满足条件(1),(2),(3),(4)的点位于由坐标轴 x_1, x_2 及三条直线所围成的多边形 $OABCD$ 的边界上或多边形内(见图 7－2)。从图上看,这是一个凸多边形,称它为该线性规划问题的可行域或称可行解集。

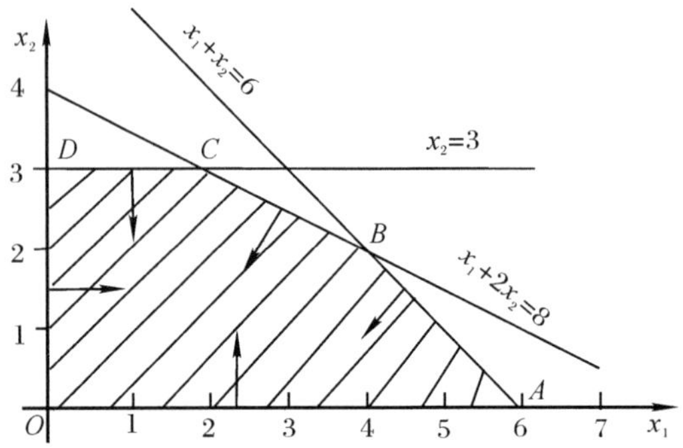

图　7－2

再来看一下目标函数的几何意义：

如将 Z 看成参数，则目标函数 $Z=3x_1+4x_2$ 表示一组平行的直线族，这组直线族具有相同的斜率 $-\dfrac{3}{4}$（见图 7－3）。

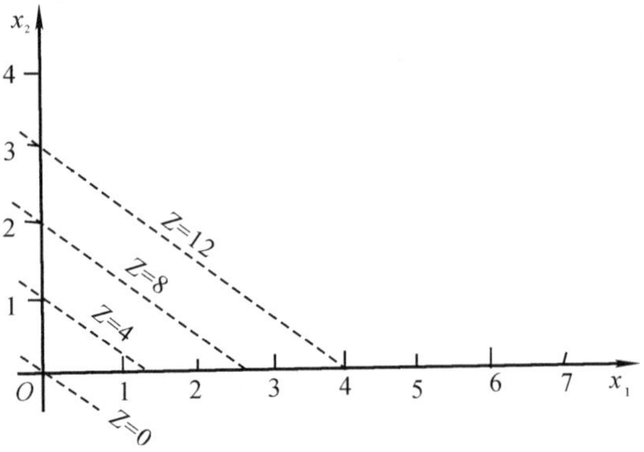

图　7－3

取定一个参数 Z，则目标函数 $Z=3x_1+4x_2$ 就决定一条直线，在这条直线上的任何一点 (x_1,x_2)，都有相同的目标函数值 Z，故称此直线为目标函数 Z 的等值线。由图 7－3 可知，随着直线的平行移动，越在右上方的直线，对应的目标函数值 Z（总利润）越大，若对 x_1，x_2 没有限制的话，Z 可以无限地增大。但在这个问题中，对 x_1，x_2 的取值是有限制的，即点 (x_1,x_2) 必须位于凸多边形 $OABCD$ 的内部或边界上。因此，一方面要使 Z 尽可能地大，另一方面，目标函数 Z 的等值线上至少要有一个点位于凸多边形内部或边界上。由图 7－4 可知，点 B 是同时满足上述两个条件的唯一点。

点 B 是直线 $x_1+x_2=6$ 和直线 $x_1+2x_2=8$ 的交点，求解方程组

$$\begin{cases} x_1 + x_2 = 6 \\ x_1 + 2x_2 = 8 \end{cases}$$

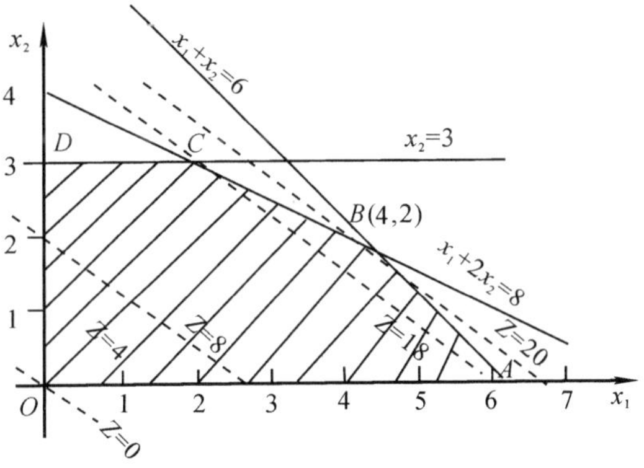

图 7-4

得到点 B 的坐标为(4,2),代入目标函数,得

$$Z = 3 \times 4 + 4 \times 2 = 20$$

例 7.7 用图解法解:

$$\max Z = 2x_1 + 2x_2$$

$$\begin{cases} x_1 + x_2 \leqslant 6 \\ x_1 + 2x_2 \leqslant 8 \\ x_2 \leqslant 3 \\ x_1 \geqslant 0, \quad x_2 \geqslant 0 \end{cases}$$

解 题中约束条件与例 7.6 相同,可行域仍为如图 7-2 所示的凸多边形 $OABCD$ 的内部或边界上的点集。

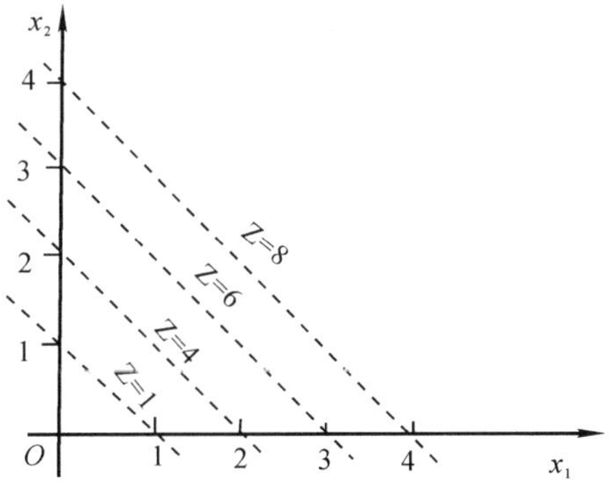

图 7-5

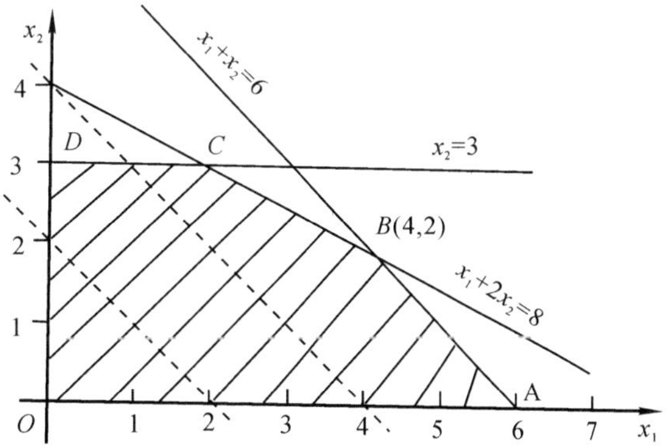

图 7-6

而目标函数 $Z=2x_1+2x_2$ 表示一组具有相同斜率为 -1 的平行直线族，如图 7-5 所示，随着直线的平行移动，越是在右上方的直线，对应的目标值 Z 越大，为使 Z 尽可能地大，又目标函数 Z 的等值线上至少要有一点位于可行域内，由图 7-6 可知，线段 AB 上的所有点都是满足上述两个条件的，当然，在可行域的顶点 A 和 B 上也是满足此要求的，求出点 A 和 B 的坐标 $A(6,0)$，$B(4,2)$，代入目标函数，得 $Z=12$。这时对应的目标函数值最大(最优)。我们称使目标函数值取得最优值的那些可行域内的点为最优点，最优点的目标函数值为最优值。如点 A 是最优点，它的坐标 $x_1=6$，$x_2=0$ 为最优解，同样 $x_1=4$，$x_2=2$ 也是最优解，线段 AB 上的任一点都是最优点，它们的坐标都是最优解。当线性规划问题有无穷多个最优解时，称为多重最优解。

例 7.8 用图解法解：

$$\min Z=-x_1+x_2$$

$$\begin{cases}-2x_1+x_2\leqslant 2\\ x_1-2x_2\leqslant 2\\ x_1+x_2\leqslant 5\\ x_1\geqslant 0,\quad x_2\geqslant 0\end{cases}$$

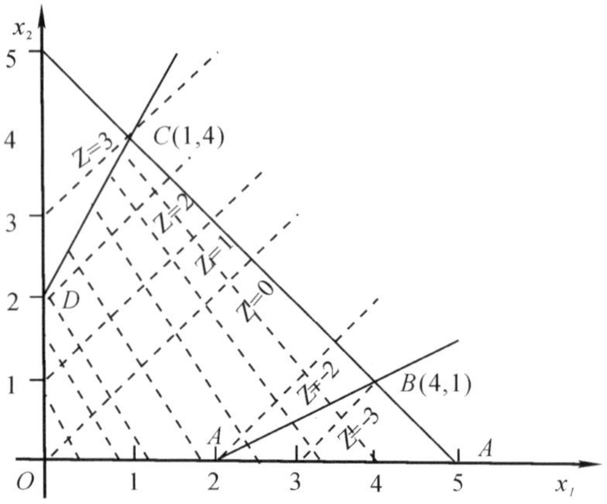

图 7-7

解 先作出可行域，如图 7-7 中阴影所示的凸多边形 $OABCD$ 的内部及其边界线。

作 $Z=-x_1+x_2$ 的一组平行直线族，随直线平行移动，越在右下方的直线，对应的目标函数值 Z 越小。在可行域内，目标函数等值线在点 B 可取得最小值，点 B 是直线 $x_1-2x_2=2$ 和 $x_1+x_2=5$ 的交点，解这两个方程组成的方程组可得点 B 的坐标 $(4,1)$，代入目标函数，得 $Z=-4+1=-3$。

因此，问题有唯一的最优解为 $x_1=4$，$x_2=1$ 最优值为 -3。

例 7.9 用图解法解：

$$\max Z=-x_1+x_2$$

$$\begin{cases}-2x_1+x_2\leqslant 2\\ x_1-2x_2\leqslant 2\\ x_1+x_2\leqslant 5\\ x_1\geqslant 0,\quad x_2\geqslant 0\end{cases}$$

解 可行域与例 7.8 相同，目标函数 $Z=-x_1+x_2$ 的平行直线族，随直线平行移动，越在左上方的直线，对应的目标函数值 Z 越大，见图 7-7，可知在可行域的顶点 C 处，唯一达到最优值。求得点 C 的坐标 $(1,4)$，所以，此题有唯一最优解为 $x_1=1$，$x_2=4$，最优值为 $Z=3$。

2.2 几种特殊情况的图解法

线性规划问题在求最优解的过程中，有时会出现一些特殊情况。

2.2.1　有多个最优解的情况

假如我们将线性规划模型改为如下形式：

$$\max Z = 4x_1 + 6x_2$$

$$\begin{cases} 2x_1 + 3x_2 \leqslant 100 \\ 4x_1 + 2x_2 \leqslant 120 \\ \quad x_1 + x_2 \leqslant 0 \end{cases}$$

由于目标函数系数都是正值，显然应当把目标函数直线 $Z=4x_1+6x_2$ 向右上方推移才会尽可能增大 Z 值。现在取 $Z=100$ 来作目标函数 $Z=4x_1+6x_2=100$ 的直线图，由图 7-8 可见，它与其中一个约束条件改为等式的直线 $2x_1+3x_2=100$ 相平行。这样当 Z 取值大于 100 并逐渐增大时，目标函数直线就逐渐接近直线 $2x_1+3x_2=100$。当 Z 增大到 200 时，直线 $Z=4x_1+6x_2=200$ 就和直线 $2x_1+3x_2=100$ 重合。由于重合直线的一部分 BC 线段属于可行解区域，而线段 BC 上有无穷多个点，所以说，就出现了直线 $2x_1+3x_2=100$（或等价于 $Z=4x_1+6x_2=200$）上从 B 到 C 的每个点都是最优解，即有无穷多个最优解的情况。

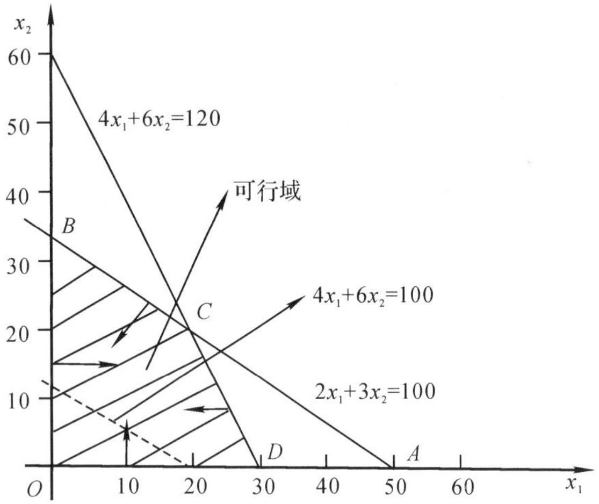

图　7-8

2.2.2　无界可行域的情况

设有如下线性规划问题：

$$\max Z = 2x_1 - x_2$$

$$\begin{cases} x_1 + x_2 \geqslant 1 \\ -x_1 + 3x_2 \leqslant 3 \\ x_1 \geqslant 0, \quad x_2 \geqslant 0 \end{cases}$$

由图 7-9 可以看到，在目标函数值增加的方向上，可行解区域是无界的，在此例中目标函数无上界，即目标函数值可以趋向无穷大。

2.2.3　约束条件无可行域的情况

设有如下线性规划问题：

$$\max Z = x_1 + 2x_2$$

$$\begin{cases} x_1 + x_2 \leqslant 10 \\ 2x_1 + x_2 \geqslant 30 \\ x_1 \geqslant 0, \quad x_2 \geqslant 0 \end{cases}$$

由图 7-10 可以看到，上述两个约束条件在 $x_1 \geqslant 0$ 和 $x_2 \geqslant 0$ 的范围内无公共可行区域，也就是说，该线性规划问题的两个约束条件是相互矛盾的。所以，这个线性规划问题无可行解。

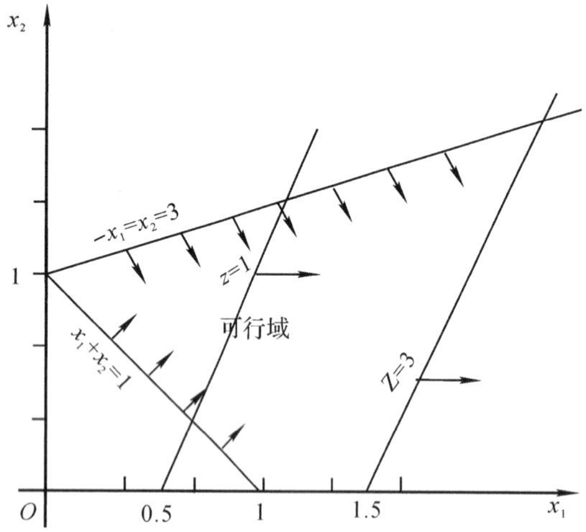

图 7-9

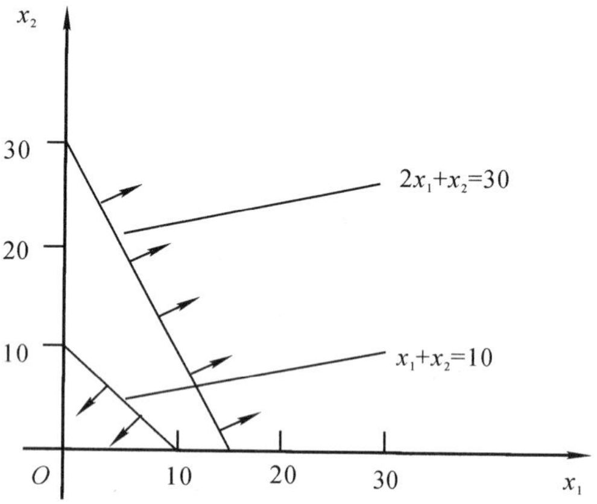

图 7-10

§3 线性规划问题的标准形式与解

3.1 线性规划问题的标准形式

线性规划问题的约束条件可以有不同的形式，它可以是不等式，也可以是等式；目标函数也有求最大值和最小值两种类型。这种形式的多样性给解决问题带来了很多不便，因此，规定它的标准形式为

$$
\begin{aligned}
\max Z = {} & c_1x_1 + c_2x_2 + \cdots + c_nx_n \\
& a_{11}x_1 + a_{12}x_2 + \cdots + a_{1n}x_n = b_1 \\
& a_{21}x_1 + a_{22}x_2 + \cdots + a_{2n}x_n = b_2 \\
& \cdots\cdots \\
& a_{m1}x_1 + a_{m2}x_2 + \cdots + a_{mn}x_n = b_m \\
& x_1, x_2, \cdots, x_n \geqslant 0
\end{aligned}
$$

其缩写形式为

$$
\max Z = \sum_{j=1}^{n} c_j x_j
$$

$$
\sum_{j=1}^{n} a_{ij} x_j = b_i \quad i = 1, 2, \cdots, m
$$

$$x_j \geqslant 0, \quad j=1,2,\cdots,n$$

任何其他形式的线性规划问题均可以化为标准形式,并可借助于标准形式的求解方法求解。下面讨论将一般形式化成标准形式的方法。

3.1.1　将目标函数求最小值化成求最大值的方法

对于如下的求最小值问题:

$$\min Z=\sum_{j=1}^{n} c_j x_j$$

$$\sum_{j=1}^{n} a_{ij} x_j=b_i, \quad i=1,2,\cdots,m$$

$$x_j \geqslant 0, \quad i=1,2,\cdots,n$$

可将其变换为求最大值问题,其方法是将目标函数乘以 -1,而约束条件并不改变。这样就可以按求解最大值问题的解法来求解如下的新问题:

$$\max Z'=-Z=-\sum_{j=1}^{n} c_j x_j$$

$$\sum_{j=1}^{n} a_{ij} x_j=b_i, \quad i=1,2,\cdots,m$$

$$x_j \geqslant 0, \quad j=1,2,\cdots,n$$

求出 Z' 以后,原来求最小值问题的目标函数值就等于 $Z'=-Z$ 而每个变量 x_j 的取值对以上问题则是相同的。

例 7.10　线性规划问题:

$$\min Z=x_1+2x_2 \qquad\qquad \max Z'=-Z=-x_1-2x_2$$

$$\begin{cases}x_1 \geqslant 4 \\ 2x_1-x_2 \leqslant 6 \\ x_1,x_2 \geqslant 0\end{cases} \qquad\qquad \begin{cases}x_1 \geqslant 4 \\ 2x_1-x_2 \leqslant 6 \\ x_1,x_2 \geqslant 0\end{cases}$$

由图 7-11 所示的图解法的结果可以看到,两个目标函数的直线斜率是相同的,而且 Z 减小的方向和 Z' 增大的方向是一致的,最后都在可行解区域的角点 D 达到最优。所以这两个问题的最优解是相同的,只是目标的函数值相差一个负号。原问题的最优解为

$$x_1=4, \quad x_2=2$$

$$Z'=-Z=x_1+2x_2=4+2\times 2=8, \quad Z=-Z'=-8$$

3.1.2　将不等式约束化为等式约束的方法

如果约束条件为"$\leqslant$"形式的不等式,则可在"$\leqslant$"号的左端加上一个非负的变量,称为松弛变量,以抵消一切可能的松弛;如果约束条件为"$\geqslant$"形式的不等式,则可在$\geqslant$号的左端减去一个非负变量,称为剩余变量,这样就可以把不等式的约束条件化成为等式的约束条件。而在目标函数中,这些松弛变量和剩余变量的系数都为零。

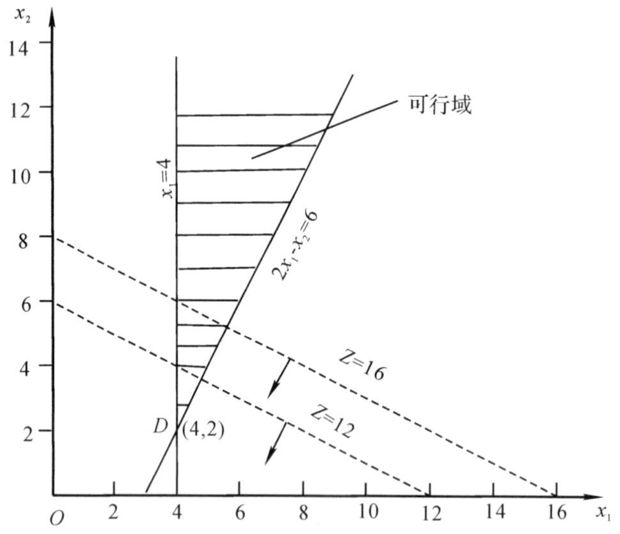

图　7-11

例 7.11　线性规划模型：

$$\max Z = 6x_1 + 4x_2$$

$$\begin{cases} 2x_1 + 3x_2 \leqslant 100 \\ 4x_1 + 2x_2 \leqslant 120 \\ x_1 = 14 \\ x_2 \geqslant 22 \\ x_1, x_2 \geqslant 0 \end{cases} \tag{7-44}$$

按上述方法将其化为标准形式：

$$\max Z = 6x_1 + 4x_2$$

$$\begin{cases} 2x_1 + 3x_2 + x_4 = 100 \\ 4x_1 + 3x_2 + x_5 = 120 \\ x_1 = 14 \\ x_2 - x_3 = 22 \\ x_1, x_2, x_3, x_4, x_5 \geqslant 0 \end{cases} \tag{7-45}$$

式(7-45)中的 x_4 和 x_5 就是松弛变量，x_3 是剩余变量(通常为了求解的方便，都把剩余变量的序号放在松弛变量的序号的前面)。式(7-45)表示的问题称为式(7-44)的等价问题，也就是说，如果最优解存在的话，式(7-45)的最优解也就是式(7-44)的最优解，反之亦然。

3.1.3　*存在无非负限制的变量时化成标准形式的方法*

假定变量 x_k 既可取正值也可取负值，为了满足标准形式对变量非负的要求，可用两个非

负变量 x_k' 和 x_k'' 的组合来替代 x_k，具体方法是令 $x_k = x_k' - x_k''$。在求解过程中，若 $x_k' > x_k''$，则 x_k 取正值；若 $x_k' < x_k''$，则 x_k 就取负值。

例 7.12 将如下线性规划问题化为标准形式：

$$\min Z = 2x_1 + 3x_2$$

$$\begin{cases} 2x_1 + x_2 \geqslant 4 \\ x_1 - 2x_2 \leqslant 6 \\ x_1 \geqslant 0 \end{cases}$$

其中 x_2 无非负限制，故令 $x_2 = x_2' - x_2''$，且 x_2' 和 x_2'' 为非负变量。另外，还须将原来求最小值问题化为求最大值问题。因此得到如下的标准形式：

$$\mathrm{man} Z = -Z = -2x_1 - 3x_2' + 3x_2''$$

$$\begin{cases} 2x_1 + x_2' - x_2'' - x_3 = 4 \\ x_1 - 2x_2' + 2x_2'' + x_4 = 6 \\ x_1, x_2', x_2'', x_3, x_4 \geqslant 0 \end{cases}$$

3.2 线性规划问题的解

在此先讨论几个关于线性规划问题的概念。

假定等价的线性规划问题有 m 个约束方程，n 个变量（$n > m$），则有如下定义：

定义 1　基本解：设有（$n-m$）个变量置零，如果所得的 m 个线性方程与 m 个未知数的方程组有唯一解（相应的系数矩阵的列是线性无关的），则此唯一解称为基本解。

基本解的数目必定小于或等于从 n 个给定变量中选取 m 个变量的组合值，此值为

$$\binom{n}{m} = \frac{n!}{m!\ (n-m)!} = \frac{n(n-1)\cdots 1}{[m(m-1)\cdots 1][(n-m)(n-m-1)\cdots 1]}$$

对未置零的变量，称为基变量，其相应的系数矩阵称为线性规划问题的一个基。对已置零的变量，称为非基变量。

定义 2　基本可行解：满足所有原始约束条件和非负限制的基本解称为基本可行解。

定义 3　最优基本可行解：使目标函数达到最优的基本可行解称为最优基本可行解。

下面通过分析实例来说明基本解与基本可行解的概念：

$$\min Z = 6x_1 + 4x_2$$

$$\begin{cases} 2x_1 + 3x_2 + x_3 = 100 \\ 4x_1 + 2x_2 + x_4 = 120 \\ x_1, x_2, x_3, x_4 \geqslant 0 \end{cases}$$

该例中有两个方程，4 个未知数，因此基本解的最多个数为

$$\binom{4}{2} = \frac{4!}{2!\ \times 2!} = \frac{4 \times 3 \times 2 \times 1}{2 \times 1 \times 2 \times 1} = 6$$

如果任意置两个变量为零，剩下的两个变量与两个方程的联立解就是唯一的，那么就有 6

个基本解，每个基本解的数值如表7-8所示。可以看到，并非每个基本解都是基本可行解。当$x_1=x_2=20$时得到最优基本可行解，此时目标函数取最大值为200。

表 7-8

非基变量	基变量	目标函数 Z 值	是否为基本可行解
$x_1=x_2=0$	$x_3=100$，$x_4=120$	0	是
$x_1=x_3=0$	$x_2=33.33$，$x_4=53.33$	133.32	是
$x_1=x_4=0$	$x_2=60$，$x_3=-80$	240	否
$x_2=x_3=0$	$x_1=50$，$x_4=-80$	300	否
$x_2=x_4=0$	$x_1=30$，$x_3=40$	180	是
$x_2=x_4=0$	$x_1=20$，$x_2=20$	200	是

上述最优解中松弛变量x_3和x_4的值都等于零，这就是说，对于使目标函数Z值达到最大的x_1和x_2的值，它们使得原始问题中的两个约束条件成为严格相等的。很多情况下，最优解中有一个或几个松弛变量将取正值，这说明原始问题对应的约束条件对于最优解是严格小于的约束。

§4　线性规划问题的单纯形解法

4.1　单纯形法

单纯形法是一个迭代过程，它是从线性规划问题的一个基本可行解转移到另一个基本可行解而且标函数值不减少的过程(对于求目标函数最大值的问题)，如果存在最优解，此过程将持续到求得最优解为止。下面以例来说明单纯形法求解的过程。

例 7.13　线性规划问题：

$$\max Z=6x_1+4x_1$$

$$\begin{cases}2x_1+3x_2\leqslant 100\\4x_1+2x_2\leqslant 120\\x_1,x_2\geqslant 0\end{cases}$$

第 1 步

将原线性规划问题加上松弛变量，转换为等价的标准形式。有如下形式：

$$\max Z=6x_1+4x_2$$

$$2x_1+3x_2+x_3=100$$

$$4x_1+2x_2+x_4=120$$

$$x_1,x_2,x_3,x_4\geqslant 0$$

第 2 步

单纯形法要求约束右端常数都大于或等于零，否则要给该方程两端都乘以 -1。

第 3 步

将上述问题改写成如下的等价形式：

$$\max Z - 6x_1 - 4x_2 = 0 \tag{7-46}$$

$$2x_1 + 3x_2 + x_3 = 100 \tag{7-47}$$

$$4x_1 + 2x_2 + x_4 = 120 \tag{7-48}$$

$$x_1, x_2, x_3, x_4 \geqslant 0 \tag{7-49}$$

其中式(7-46)称为目标函数方程。

第 4 步

选择一个初始基本可行解，即把两个变量置零并解出另外两个变量。令 $x_1 = x_2 = 0$ 可得

$$x_3 = 100, \quad x_4 = 120, \quad Z = 0$$

单纯形法的步骤就是要求每个约束方程都各有一个变量，在该方程内其系数为 1，而在所有其他方程中（包括目标函数方程）其系数为零，由这些变量构成基变量，这时基的系数矩阵就是一个单位阵，从而就很容易看出基变量的数值。此例中 x_3 和 x_4 满足这种条件，所以就选择 x_3 和 x_4 作为基变量。

下面要把一个基变量变为非基变量，同时将一个非基变量变为基变量。即把 x_3 或 x_4 置零，而 x_1 或 x_2 可以取大于零的值。置零的变量被称为"离开"下一个基本可行解的基，称为离基变量；而允许大于零的非基变量被称为"进入"下一个基本可行解的基，称为进基变量。那么如何选择进基和离基变量呢？

第 5 步

在目标函数方程(7-46)中，选择具有最小负系数的非基变量作为进基变量。非基变量的负系数意味着相应变量增加单位值将使 Z 值增大多少，所以只有使具有负系数的非基变量进基才有可能使目标函数值得到改善。如果所有非基变量的系数都大于或等于零，就说明已经达到最优解。于选取具有最负系数的非基变量进基，那仅仅是为了能减少迭代次数尽快地达到最优解。对于我们的实际例题，此时目标函数方程中 x_1 的系数具有最负值（为 -6），因此 x_1 将进入下一个基本可行解的基。

第 6 步

检查每一约束方程右边的常数对于该方程中 x_1 的系数比值，找出其中最小的非负比值。

由式(7-47)得到：$100/2 = 50$；

由式(7-48)得到：$120/4 = 30$。

最小的正比值出现在式(7-48)，因此式(7-48)现行的基变量 x_4 在下一个基本可行解中将离开基。如果不存在非负比值，则目标函数无上界约束，因此不存在有限最优解。

第 7 步

再对每个方程进行如下的初等变换，使方程(7-48)中 x_1 的系数为 1，而方程(7-46)，

(7－47) 中 x_1 的系数变为 0。把式(7－48) 中 x_1 的系数称为主元，并把这个运算过程称为换基。此处所指的初等变换是指：

将某一方程乘以或除以一个非零；

将某一方程的倍数加于另一个方程。

这里的初等变换相当于解线性方程组的高斯消元法运算过程。给式(7－48) 除以 4，使式(7－48) 中 x_1 的系数变为 1，得

$$Z-6x_1-4x_2=0 \tag{7-50}$$

$$2x_1+3x_2+x_3=100 \tag{7-51}$$

$$x_1+\frac{2}{4}x_2+\frac{1}{4}x_4=30 \tag{7-52}$$

同样，将式(7－52) 乘以 6 再加到式(7－50) 上，得

$$Z-x_2+\frac{6}{4}x_4=180 \tag{7-53}$$

$$2x_1+3x_2+x_3=100 \tag{7-54}$$

$$x_1+\frac{2}{4}x_2+\frac{1}{4}x_4=30 \tag{7-55}$$

然后，将式(7－52) 乘以 —2 再加到式(7－51) 上，得

$$Z-x_2+\frac{6}{4}x_4=180 \tag{7-56}$$

$$2x_2+x_3-\frac{2}{4}x_4=40 \tag{7-57}$$

$$x_1+\frac{2}{4}x_2+\frac{1}{4}x_4=30 \tag{7-58}$$

由于在第 5 步和第 6 步已经确定，x_4 在下一基本可行解中应该离开基，因而当 x_2 和 x_4 置零时，从式(7－56)－式(7－58) 可得

$$x_1=30,\quad x_3=40,\quad Z=180$$

值得注意的是，换算运算的主元选取在第 6 步所得具有最小非负比值的约束方程中，从而保证所得基本解仍为基本可行解。

一旦在第 5 步和第 6 步中已决定 x_4 应该离开下一个基，x_1 要进基，此时就可以直接置 $x_2=x_4=0$，解方程式(7－47) 和(7－48) 得到 x_1 和 x_3 值，正如在前面决定所有基本解时所作的那样。在第 7 步的数学运算中，能够由观察即可迅速写出 x_1 和 x_3 的解的数值，同时也把方程组改变为便于确定进基和离基变量的形式。

第 8 步

检查式(7－56) 中非基变量的系数，寻找最负值。显然，由于 x_2 的系数是唯一的负系数，所以 x_2 是进入下一个基的变量。

第 9 步

检查式(7－57),(7－58)右边的常数与对应的 x_2 系数的比值,找出最小的非负比值:

由式(7－57)得到:40/2＝20;

由式(7－58)得到:30/(2/4)＝60。

最小的正比值出现在式(7－57),故该式中现行的基变量(为 x_3)在下一个基本可行解中将离开基。

第 10 步

将式(7－57)两边同除以 2,得

$$Z-x_2+\frac{6}{4}x_4=180 \tag{7-59}$$

$$x_2+\frac{1}{2}x_3-\frac{1}{4}x_4=20 \tag{7-60}$$

$$x_1+\frac{2}{4}x_2+\frac{1}{4}x_4=30 \tag{7-61}$$

第 11 步

将式(7－60)加到式(7－59)上,得

$$Z+\frac{1}{2}x_3+\frac{5}{4}x_4=200 \tag{7-62}$$

$$x_2+\frac{1}{2}x_3-\frac{1}{47}x_4=20 \tag{7-63}$$

$$x_1+\frac{2}{4}x_2+\frac{1}{4}x_4=30 \tag{7-64}$$

第 12 步

给式(7－60)两边同乘以 $-\frac{2}{4}$,再加到式(7－61)上,得

$$Z+\frac{1}{2}x_3+\frac{5}{4}x_4=200 \tag{7-65}$$

$$x_2+\frac{1}{2}x_3-\frac{1}{4}x_4=20 \tag{7-66}$$

$$x_1-\frac{1}{4}x_3+\frac{6}{16}x_4=20 \tag{7-67}$$

因为 x_3 和 x_4 将是下一基本可行解中的非基变量,而 x_4 和 x_2 将成为基变量,令 $x_3=x_4=0$ 时,从式(7－65)—式(7－67)可得

$$x_1=20,\quad x_2=20,\quad Z=200$$

由于非基变量 x_3 和 x_4 在目标函数方程(7－65)中的系数均已为正数,因此知道已达到最优解。

等价问题的最优解为

$$x_1=20,\quad x_2=20,\quad x_3=0,\quad x_4=0$$

原始问题的最优解为

$$x_1 = 20, \quad x_2 = 20$$

因此,原始问题目标函数的最大值为

$$Z = 6x_1 + 4x_2 = 6 \times 20 + 4 \times 20 = 200$$

下文举一个用单纯表方法求解目标函数无上界问题的例子。

例 7.14 求解下列问题:

$$\max Z = 2x_1 + 3x_3$$

$$\begin{cases} -x_1 + x_2 \leqslant 1 \\ -2x_1 + 10x_2 \leqslant 20 \\ x_1, x_2 \geqslant 0 \end{cases}$$

按单纯形法求解,步骤如下:

第 1 步

增添松弛变量,将其变为等价问题:

$$\max Z = 2x_1 + 3x_2$$

$$-x_1 + x_2 + x_3 = 1$$

$$-2x_1 + 10x_2 + x_4 = 20$$

$$x_1, x_2, x_3, x_4 \geqslant 0$$

第 2 步

改写等价问题,把目标函数方程中变量都移到等式的左端,得到

$$\max Z - 2x_1 - 3x_2 = 0 \tag{7-68}$$

$$-x_1 + x_2 + x_3 = 1 \tag{7-69}$$

$$-2x_1 + 10x_2 + x_4 = 20 \tag{7-70}$$

x_3 和 x_4 作为初始基变量,得到一组基本可行解:

$$x_3 = 1, \quad x_4 = 20, \quad Z = 0$$

第 3 步

开始单纯形法迭代,检查目标函数方程中非基变量 x_1 和 x_2 的系数,找出具有最负系数的变量作为进基变量。由于 x_2 具有最负的系数 -3,因此它应该在下一步进基。

第 4 步

检查每个约束右端常数对该方程中 x_2 系数的比值,找出最小的非负比值:

由式(7-69)得到:$1/1 = 1$;

由式(7-70)得到:$20/10 = 2$。

由于最小正比值出现在约束方程式(7-69)中,因此该式中的原基变量 x_3 将要离基。

第 5 步

利用高斯消元法对上述式(7-68),(7-69),(7-70)联立方程组进行初等变换,最后得

$$Z - 5x_1 + 3x_3 = 3 \tag{7-71}$$

$$-x_1+x_2+x_3=1 \tag{7-72}$$

$$8x_1-10x_3+x_4=10 \tag{7-73}$$

此时,x_2 和 x_4 为基变量,得到另一组基本可行解:

$$x_2=1,\quad x_4=10,\quad Z=3$$

第 6 步

重复上述第 3 ~ 5 步,x_1 应当进基,而约束方程(7 - 73) 中的原基变量 x_4 应当离基。以约束方程(7 - 73) 中 x_1 的系数为主元进行初等变换,最后得

$$Z-\frac{13}{4}x_3+\frac{5}{8}x_4=\frac{37}{4} \tag{7-74}$$

$$x_2-\frac{1}{4}x_3+\frac{1}{8}x_4=\frac{9}{4} \tag{7-75}$$

$$x_1-\frac{5}{4}x_3+\frac{1}{8}x_4=\frac{5}{4} \tag{7-76}$$

此时,x_2 和 x_1 为基变量,得到一组基本可行解:

$$x_2=\frac{9}{4},\quad x_3=\frac{5}{4},\quad Z=\frac{37}{4}$$

检查目标函数方程(7 - 74) 知道该基本可行解仍不是最优解,因此应继续单纯形法迭代。

第 7 步

由于目标函数方程(7 - 74) 中 x_3 的系数仍为负值,因此,x_3 应进基。

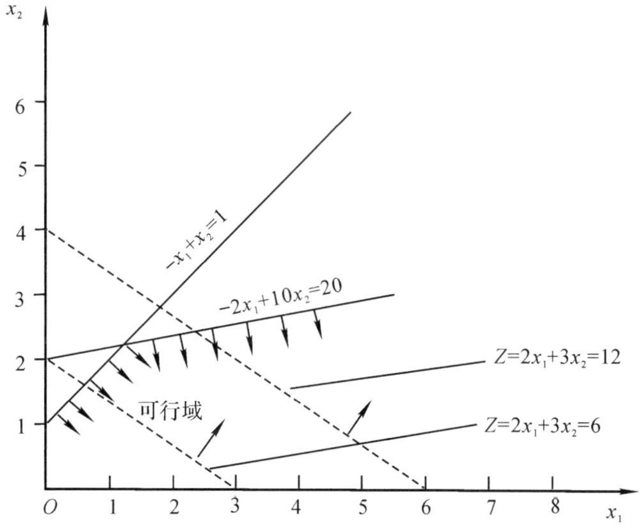

图 7 - 12

第 8 步

检查每个约束方程右端常数与 x_3 系数的比值:

由式(7－75)得到$\frac{9}{4}/(-\frac{1}{4})=-9$；

由式(7－76)得到$\frac{5}{4}/(-\frac{5}{4})=-1$。

这样就不存在正的比值。根据判断准则，可以知道此时目标函数值无上界。图7－12给出了该问题的图解。

在求解过程中执行单纯形法迭代规划时，有时会遇到一些特殊情况，下面举例说明。

例7.15 求解下列问题：

$$\max Z=4x_1+4x_+ x_3$$

$$\begin{cases}2x_1+x_2+2x_3\leqslant 4\\ x_1+2x_2+3x_3\leqslant 8\\ x_1,x_2,x_3\geqslant 0\end{cases}$$

用单纯形方法求解，步骤如下：

第1步

对原始问题增添松弛变量，化为等价问题，并改写目标函数，将变量移到等式的左端，得到表达式：

$$\max Z-4x_1-4x_2-x_3=0 \tag{7-77}$$

$$2x_1+x_2+2x_3+x_4=4 \tag{7-78}$$

$$x_1+2x_2+3x_3+x_5=8 \tag{7-79}$$

x_4 和 x_5 作为初始基变量，得到一组基本可行解：

$$x_4=4,\quad x_5=8,\quad Z=0$$

第2步

开始单纯形方法迭代。首先选择进基变量。按前面两个例题中所介绍的规则，应选择目标函数方程中具有最负系数的非基变量进基。但在该问题中，x_1 和 x_2 同时具有最负的系数(－4)，那么选其中哪一个作为进基变量呢？在这种特殊情况下，可以任意选择 x_1 和 x_2 作为进基变量，单纯形算法都可以继续下去。在计算机中为了求解的方便，一般的规则是选择其中序号较小的变量作为进基变量。在本例中选择 x_1 进基。

第3步

选择离基变量。检查每个约束右端常数与该约束中的系数之比值，找出最小的非负比值：

由式(7－78)得到 $4/2=2$；

由式(7－79)得到 $8/1=8$。

最小的正比值出现在约束方程式(7－78)中，该方程内原来的基变量 x_4 将离开现行基。

第4步

利用高斯消元法进行换基运算，最后得

$$Z-2x_2+3x_3+2x_4=8 \tag{7-80}$$

$$x_1 + \frac{1}{2}x_2 + x_3 + \frac{1}{2}x_4 = 2 \tag{7-81}$$

$$\frac{3}{2}x_2 + 2x_3 - \frac{1}{2}x_4 + x_5 = 6 \tag{7-82}$$

得到一组新的基本可行解：

$$x_1 = 2, \quad x_5 = 6, \quad Z = 8$$

第 5 步

在目标函数方程中，x_2 是唯一具有负系数的非基变量，所以 x_2 被选为进基变量。

第 6 步

为确定离基变量，检查方程式(7-81)和式(7-82)右端常数与该式中 x_2 系数的比值，找出最小的非负比值。

由式(7-81)得到$\frac{2}{1/2} = 4$；

由式(7-82)得到$\frac{6}{3/2} = 4$。

这里又出现了一种特殊情况，由两个约束方程式所得的比值相同，也就是最小的正比值同时有相同的两个，这时应该选择其中哪个约束方程，设其原来的基变量离基呢？在一般情况下，我们可以随意选择其中的任意一个，单纯形法迭代都可以继续进行下去，而且最终求解的结果也是相同的。一般通行的规则是选择位于较前面的约束。在此即选择约束方程式(7-81)，该约束方程中原来的基变量应该离基。

第 7 步

进行换基运算，迭代后有

$$Z - 4x_1 + 7x_3 + 4x_4 = 16 \tag{7-83}$$

$$2x_1 + x_2 + 2x_3 + x_4 = 4 \tag{7-84}$$

$$-3x_1 - x_3 - 2x_4 + x_5 = 0 \tag{7-85}$$

由于目标函数方程中非基变量的系数已全为正数，则得到最优解为

$$x_1 = 0, x_2 = 4; \quad x_3 = 0, x_4 = 0, x_5 = 0, Z = 16$$

在第 6 步中，如果选择(7-82)，即以式(7-82)中 x_2 的系数为主元进行换基运算，那么迭代后的结果即为

$$Z + \frac{17}{3}x_3 + \frac{4}{3}x_4 + \frac{4}{3}x_5 = 16 \tag{7-86}$$

$$x_1 + \frac{1}{3}x_3 + \frac{2}{3}x_4 - \frac{1}{3}x_5 = 0 \tag{7-87}$$

$$x_2 + \frac{4}{3}x_3 - \frac{1}{3}x_4 + \frac{2}{3}x_5 = 4 \tag{7-88}$$

这时也达到了最优解。等价问题的最优解为

$$x_1 = 0, x_2 = 4, \quad x_3 = 0, x_4 = 0, x_5 = 0, Z = 16$$

不难看出，由于在第 6 步中所选择的离基变量不同，求得最优解后的形式也会有所不同，但所有变量和目标函数的取值却完全一样。这是由于在第 6 步运算中，两个约束方程的右端常数与该方程中 x_2 的系数之比有相同的比值，无论让 x_2 在哪个方程中进基，x_2 的取值都是相同的，而该方程中的离基变量和另一个方程的基变量均取值为零。所以式(7-83)－式(7-85)和式(7－86)－式(7－88)虽然最优基的构成不同，但最优解还是唯一的。

这种存在一个或几个基变量取值为零的基本可行解称为退化解。上例的最优解就是一个退化解。如果在求解过程中存在退化解，那么在进一步迭代时所选取的约束右端项与进基变量系数的最小非负比值就有可能是零，这时取值为零的基变量离基，而迭代后产生的新基本可行解中新进基的变量取值也是零，并且目标函数值仍然和前一个基本可行解相同。如果在退化基本可行解中有多于一个的基变量取值为零，在进一步迭代时有可能进基变量在某些变量中反复循环，目标函数值却一直不发生变化，始终达不到最优解条件，这种现象称为循环。虽然理论上循环有可能发生，但在实际问题中出现循环的情况却是非常少见的，所以即使存在避免循环的单纯形法迭代规则，但在一般求解过程中并无必要使用，在此对这种迭代规则也不作介绍。

4.2 单纯形表

为了计算简便，我们设计了一张表来代替所研究的线性规则问题的表达式，其功能与解线性方程组的增广矩阵相似，称之为单纯形表。单纯形法的迭代运算就可以在单纯形表上进行。仍以例 7.13 为例，它改写后的等价问题为

$$\max Z - 6x_1 - 4x_2 = 0 \tag{7-89}$$

$$2x_1 + 3x_2 + x_3 = 100 \tag{7-90}$$

$$4x_1 + 2x_2 + x_4 = 120 \tag{7-91}$$

$$x_1, x_2, x_3, x_4 \geqslant 0$$

为此方程组记为增广矩阵的形式。因为字母 Z 只在目标函数方程中出现，且在迭代过程中并不参加运算，所以在单纯形表中将其略去，其单纯形表为

基向量	x_1	x_2	x_3	x_4	解
Z	－6	－4	0	0	0
x_3	2	3	1	0	100
x_4	4	2	0	1	120

此表中，变量 x_3 和 x_4 的系数构成单位矩阵，故令其为基变量。这样，在置 $x_1=x_2=0$ 的情况下，所得表中最右边“解”列的第一个数值就是此时的目标函数值，而该列其余的数分别为对应的基变量的值。有

$$x_3 = 100, x_4 = 120; \quad Z = 0$$

依上文介绍的方法进行迭代运算，选第二个约束方程中 x_1 的系数为主元，进行初等变换，得到新的单纯形表为

基向量	x_1	x_2	x_3	x_4	解
Z	0	-1	0	$\frac{6}{4}$	0
x_3	0	2	1	$-\frac{2}{4}$	40
x_1	1	$\frac{2}{4}$	0	$\frac{1}{4}$	30

由此表很容易得到一组新的基本可行解：

$$x_3=40, x_1=30;\quad Z=180$$

继续选第一个方程中 x_2 的系数为主元进行迭代运算，又得新单纯形表为

基向量	x_1	x_2	x_3	x_4	解
Z	0	0	$\frac{1}{2}$	$\frac{5}{4}$	200
x_2	0	1	$\frac{1}{2}$	$-\frac{1}{4}$	20
x_1	1	0	$-\frac{1}{4}$	$\frac{6}{16}$	20

得另一组新的基本可行解：

$$x_2=20, x_1=20;\quad Z=200$$

由于此时表中第一行（即目标函数方程）的所有系数已无负值，这说明已达最优解，上面最后列出的基本可行解就是原线性规划问题的最优解。

下面再来看一个例子，研究一下存在多个最优解时单纯形表所反映的情况。

例 7.16 线性规划问题：

$$\max Z=6x_1+4x_2$$

$$\begin{cases}2x_1+3x_2\leqslant 30\\3x_1+2x_2\leqslant 24\\x_1, x_2\geqslant 0\end{cases}$$

将其化为等价形式，列出单纯形表为

基向量	x_1	x_2	x_3	x_4	解
Z	-6	-4	0	0	0
x_3	2	3	1	0	30
x_4	3	2	0	1	24

初始基本可行解为：

$$x_3=30, x_4=24; \quad Z=0$$

进行单纯形法迭代。选第二约束方程中 x_1 的系数为主元，进行初等变换，得新的单纯性表为

基向量	x_1	x_2	x_3	x_4	解
Z	0	0	0	2	48
x_3	0	$\frac{5}{3}$	1	$-\frac{2}{3}$	14
x_1	1	$\frac{2}{3}$	0	$\frac{1}{3}$	8

此时得到一组新的基本可行解：

$$x_3=14, x_1=8; \quad Z=48$$

从这个单纯形表可以看到目标函数方程中的系数均已非负，所以这个基本可行解就是最优基本可行解。但此时 x_2 仍是非基变量，而它在目标函数方程中的系数为零，如果再让 x_2 进基，则目标函数方程根本不需要改变。即让 x_2 进基，不会改变目标函数值。由此可知原问题必定存在多个最优解。不妨再迭代一次，选 x_2 为进基变量，并选第一个约束方程中 x_2 的系数为主元，进行初等变换，又得另一新的单纯形表为

基向量	x_1	x_2	x_3	x_4	解
Z	0	0	0	2	48
x_2	0	1	$\frac{3}{5}$	$-\frac{2}{5}$	$\frac{42}{5}$
x_1	1	0	$\frac{2}{5}$	$\frac{9}{15}$	$\frac{36}{15}$

又得到另一组新的基本可行解：

$$x_2=\frac{42}{5}, x_1=\frac{36}{15}=\frac{12}{5}; \quad Z=48$$

这也是原线性规划问题的一组最优基本可行解。

如图 7-13 所示，第一个最优解对应图上的 D 点，第二个最优点对应图上的 C 点。可知，线段 CD 上所有的点都是最优解。

对于有多个最优解的线性规划问题，利用单纯形方法可以求出两个以上的角点。但利用单纯形方法的电子计算机程序求解，一般是求出一个最优解后，就停止运行，而不再寻找其他最优解了。

由此例可以得到如下结论：在单纯形法迭代达到最优解后，如果在目标函数方程中有一个或几个非基变量的系数为零，那么该问题就存在多个最优解。

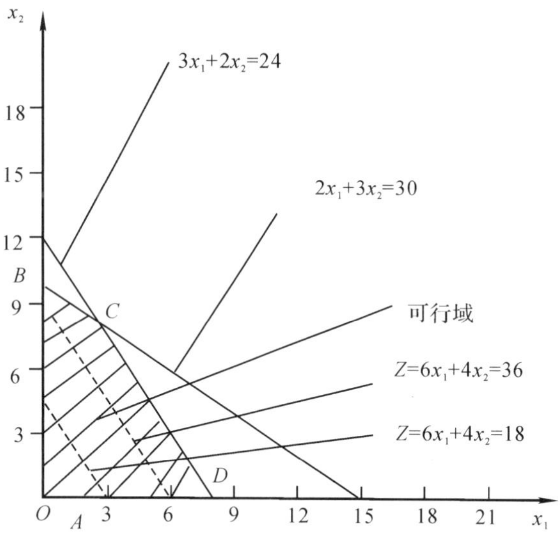

图 7-13

4.3 人工变量法

上节讨论的单纯形算法，只涉及到具有小于等于(≤)形式的约束条件，在它的等价问题中，松弛变量的系数构成一个单位矩阵，因而形成一个初始基本可行解。但是，如果在约束条件中还同时有大于等于(≥)形式的约束或等于(=)约束，那么在它的等价问题中就不能满足单纯形法所要求的在每个约束方程中各有一个变量，在该方程中其系数为1，而在所有其他方程中其系数都为零的条件，因而没有一个现成的初始基本可行解。这时可以考虑给它添加一个附加的变量，称为人工变量，从而构成一个初始基，以便于进行单纯形法迭代运算。

现在用例7.11说明人工变量的作用，该问题的等价形式为

$$\max Z = 6x_1 + 4x_2$$

$$2x_1 + 3x_2 + x_4 = 100 \tag{7-92}$$

$$4x_1 + 2x_2 + x_5 = 120 \tag{7-93}$$

$$x_1 = 14 \tag{7-94}$$

$$x_2 - x_3 = 22 \tag{7-95}$$

$$x_1, x_2, x_3, x_4, x_5 \geqslant 0$$

为了形成初始基本可行解，即使式(7-94)和式(7-95)已为等式，也要在其右端分别再加上一个变量 x_6 和 x_7，这个变量就称为人工变量。加上人工变量以后，由所有松弛变量和人工变量就可以构成一个初始基本解(简称初始基)。但是必须注意，人工变量仅仅提供了单纯形法开始的途径，只要它在基中取非零的正值，那么它就不是原始问题的基本可行解，因此在迭代过程中就要将它们从基变量中逐渐替换掉。如果经过若干次基的变换，基变量中不再含有人工变

量，这就表示找到了原始问题的一个基本可行解；反之，如果经过基的变换，最后在基中还存在一个或几个人工变量仍取非零的正值，这就意味着原始问题无可行解。

4.4 解线性规划问题的两阶段法

两阶段是处理人工变量的一种方法，这种方法是将增加人工变量后的线性规划问题分为两个阶段来求解。

第一阶段的目标是设法将人工变量从基内调出来，寻找原始问题的一个基本可行解。具体做法是构造一个辅助的目标函数，使所有人工变量的和最小。假如有 L 个人工变量，则有如下的辅助目标函数：

$$\min\widetilde{Z} = X_{n+1} + X_{n+2} + \cdots + X_{n+L}$$

如果原始线性规划问题存在基本可行解，那么该辅助目标函数的最优值一定为零。我们首先用单纯形法求解这个辅助目标函数和该问题的约束条件，在得到最优解后，如果辅助目标函数 $\widetilde{Z}=0$。这就表示没有一个人工变量在基内取正值，从而可得到原始问题的一个基本可行解。在第一阶段最后的单纯形表基础上，就可开始第二阶段的计算，具体做法是以第一阶段求得的最优解作为第二阶段的初始基本可行解，再按原问题的目标函数进行迭代，直到达到最优解（或目标函数无上界）为止。如果在第一阶段最后单纯形表中，$\widetilde{Z}$ 不等于零，就表示原始问题无可行解，应停止运算。

对例 7.11 的等价问题利用两阶段法求解过程如下。

首先是增加人工变量和构造辅助目标函数，这样等价问题就变为

$$\begin{aligned}
&\min\widetilde{Z} = x_6 + x_7 \\
&\max Z = 6x_1 + 4x_2 \\
&\qquad 2x_1 + 3x_2 + x_4 = 100 \\
&\qquad 4x_1 + 2x_2 + x_5 = 120 \\
&\qquad x_1 + x_6 = 14 \\
&\qquad x_2 - x_3 + x_7 = 22 \\
&\qquad x_1, x_2, x_3, x_4, x_5, x_5, x_7 \geqslant 0
\end{aligned}$$

将辅助目标函数化为求极大值问题：

$$\max Z' = -\widetilde{Z} = -x_6 - x_7$$

并且将上述线性规划问题改写为

$$\begin{aligned}
&\max Z' + x_6 + x_7 = 0 \\
&\max Z - 6x_1 + 4x_2 = 0 \\
&2x_1 + 3x_2 + x_4 = 100 \\
&4x_1 + 2x_2 + x_5 = 120 \\
&\quad x_1 + x_6 = 14
\end{aligned}$$

$$x_2 - x_3 + x_7 = 22$$

$$x_1, x_2, x_3, x_4, x_5, x_6, x_7 \geqslant 0$$

由此构成单纯形表为

基向量	x_1	x_2	x_3	x_4	x_5	x_6	x_7	解
Z'	0	0	0	0	0	1	1	0
Z	−6	−4	0	0	0	0	0	0
x_4	2	3	0	1	0	0	0	100
x_5	4	2	0	0	1	0	0	100
x_6	1	0	0	0	0	1	0	14
x_7	0	1	−1	0	0	0	1	22

为了使松弛变量和人工变量能够构成初始基，首先应该将辅助目标函数方程中 x_6 和 x_7 的系数消去，以满足前面介绍的单纯形法运算的条件。给上表中的第 5 行和第 6 行都乘以 −1 后，再加到第一行的辅助目标函数方程之上，就得到新的单纯形表为

基向量	x_1	x_2	x_3	x_4	x_5	x_6	x_7	解
Z'	−1	−1	1	0	0	0	0	−36
Z	−6	−4	0	0	0	0	0	0
x_4	2	3	0	1	0	0	0	100
x_5	4	2	0	0	1	0	0	100
x_6	1	0	0	0	0	1	0	14
x_7	0	1	−1	0	0	0	1	22

利用单纯形法进行迭代，直到辅助目标函数达到最优。换基运算后，得新的单纯形表为

基向量	x_1	x_2	x_3	x_4	x_5	x_6	x_7	解
Z'	0	−1	1	0	0	1	0	−22
Z	0	−4	0	0	0	6	0	84
x_4	0	3	0	1	0	−2	0	72
x_5	0	2	0	0	1	−4	0	64
x_1	1	0	0	0	0	1	0	14
x_7	0	1	−1	0	0	0	1	22

继续进行换基运算，有

基向量	x_1	x_2	x_3	x_4	x_5	x_6	x_7	解
Z'	0	0	0	0	0	1	1	0
Z	0	0	-4	0	0	6	4	172
x_4	0	0	3	1	0	-2	-3	6
x_5	0	0	2	0	1	-4	-2	20
x_1	1	0	0	0	0	1	0	14
x_2	0	1	-1	0	0	0	1	22

辅助目标函数已达最优,第一阶段的运算到此结束。由于辅助目标函数值为零,人工变量 x_6 和 x_7 已从基内调出,因此找到了原始问题的一个基本可行解。下面就开始第二阶段的运算,由于此时辅助目标函和人工变量已没有用处,将它们从现行单纯形表中去掉,再按原来的目标函数进行迭代。

上面的单纯形表去掉辅助目标函数和人工变量后,有如下形式:

基向量	x_1	x_2	x_3	x_4	x_5	解
Z	0	0	-4	0	0	172
x_4	0	0	3	1	0	6
x_5	0	0	2	0	1	20
x_1	1	0	0	0	0	14
x_2	0	1	-1	0	0	22

继续单纯形法迭代,得新的单纯形表为

基向量	x_1	x_2	x_3	x_4	x_5	解
Z	0	0	0	$\frac{4}{3}$	0	180
x_3	0	0	1	$\frac{1}{3}$	0	2
x_5	0	0	0	$-\frac{1}{3}$	1	16
x_1	1	0	0	0	0	14
x_2	0	1	0	$\frac{1}{3}$	0	24

此时目标函数方程中的系数已无负值,因此原始线性规划问题已达最优解:

$$x_3=2,\quad x_5=16,\quad x_1=14,\quad x_2=24$$

最优目标函数值 $Z=180$。

例 7.17 用单纯形法求解例 7.12 的线性规划问题。

该问题增加人工变量和辅助目标函数后变成：

$$\max \quad Z' = -x_5$$

$$\max \quad \hat{Z} = -2x_1 + 3x_2' + 3x_2''$$

$$2x_1 + x_2' - x_2'' - x_3 + x_5 = 4$$

$$x_1 - 2x_2' + 2x_2'' + x_4 = 6$$

$$x_1, x_2, x_3, x_4, x_5 \geqslant 0$$

构成如下单纯形表：

基向量	x_1	x_2'	x_3''	x_4	x_5	x_6	解
Z'	0	0	0	0	0	1	0
$\hat{Z}$	2	3	−3	0	0	0	0
x_5	2	1	−1	−1	0	1	4
x_4	1	−2	2	0	1	0	6

为了构成初始基，将第一个约束条件两边同乘以 −1，再加到辅助目标函数方程中去，就可以消去辅助目标函数方程中人工变量 x_5 的系数，从而得到新的单纯形表为

基向量	x_1	x_2'	x_2''	x_3	x_4	x_5	解
Z'	−2	−1	1	1	0	0	−4
$\hat{Z}$	2	3	−3	0	0	0	0
x_5	2	1	−1	−1	0	1	4
x_4	1	−2	2	0	1	0	6

以辅助目标函数方程作为判断依据，进行单纯形法迭代得

基向量	x_1	x_2'	x_2''	x_3	x_4	x_5	解
Z'	0	0	0	0	0	0	0
$\hat{Z}$	0	2	−2	1	0	−1	−4
x_1	1	$\frac{1}{2}$	$-\frac{1}{2}$	$-\frac{1}{2}$	0	$\frac{1}{2}$	2
x_4	0	$-\frac{5}{2}$	$\frac{5}{2}$	$\frac{1}{2}$	1	$-\frac{1}{2}$	4

此时辅助目标函数达到最优，其值为零，人工变量已由基内调出，第一阶段计算到此已经完成，下面就开始第二阶段计算。将辅助目标函数与人工变量从单纯形表中去掉，以原始目标函数作为判断依据进行迭代，得到

基向量	x_1	x_2'	x_{22}''	x_3	x_4	解
$\hat{Z}$	0	0	0	$\frac{7}{5}$	$\frac{4}{5}$	$-\frac{4}{5}$
x_1	1	0	0	$-\frac{4}{10}$	$\frac{1}{5}$	$\frac{14}{5}$
x_2''	0	-1	1	$\frac{1}{5}$	$\frac{2}{5}$	$\frac{8}{5}$

此时目标函数方程中已无负系数,说明已达最优解。该问题的最优解为

$$x_1=\frac{14}{5},x_2''=\frac{8}{5};\quad \hat{Z}=-\frac{4}{5}$$

从而得到原始问题的最优解为

$$x_1=\frac{14}{5},\quad x_2=x_2'-x_2''=0-\frac{8}{5}=-\frac{8}{5}$$

$$\hat{Z}=-Z=\frac{4}{5}$$

该问题图解方法如图 7-14 所示。

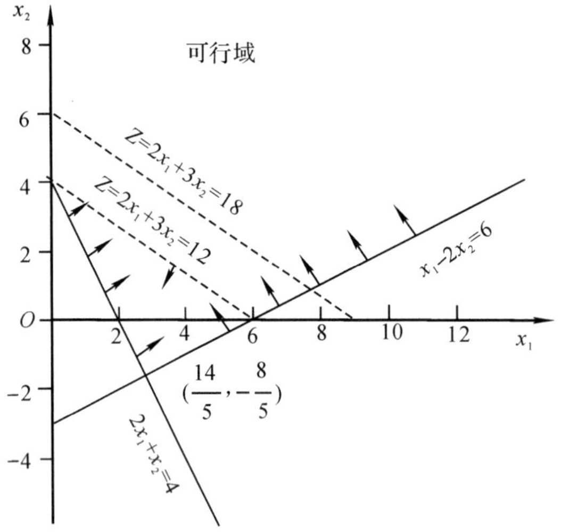

图 7-14

下面一个例题演示的是无可行解的情况。

例 7.18 求解下列线性规划问题:

$$\max Z=x_1+2x_2$$

$$\begin{cases}x_1+x_2\leqslant 10\\2x_1+x_2\geqslant 30\\x_1,x_2\geqslant 0\end{cases}$$

增加松弛变量、剩余变量、人工变量和辅助目标函数,形成单纯形表为

基向量	x_1	x_2	x_3	x_4	x_5	解
Z'	0	0	0	0	1	0
Z	−1	−2	0	0	0	0
x_4	1	1	0	1	0	10
x_5	2	1	−1	0	1	30

为构成初始基,消去辅助目标函数方程中人工变量 x_5 的系数,得到

基向量	x_1	x_2	x_3	x_4	x_5	解
Z'	−2	−1	1	0	0	−30
Z	−1	−2	0	0	0	0
x_4	1	1	0	1	0	10
x_5	2	1	−1	0	1	30

以辅助目标函数方程为判断依据进行单纯形法迭代,选第一个约束方程中变量 x_1 的系数为主元,进行初等变换,得新单纯形表为

基向量	x_1	x_2	x_3	x_4	x_5	解
Z'	0	1	1	2	0	−10
Z	0	−1	0	1	0	10
x_1	1	1	0	1	0	10
x_5	0	−1	−1	−2	1	10

此时辅助目标函数方程的系数已无负值,故它已达到最优,但其值(−10)不为零。此时人工变量 x_5 仍留在基内取非零的正值,即 $x_5=-10$,因此该问题无可行解。该例的图解方法如图7−10所示。

在两阶段法运算步骤中,需要注意的是在第一阶段辅助目标函数达最优后,有可能会出现这样一种情况,虽然辅助目标函数的最优值为零,但现行基变量中仍然包含一个或几个取值为零的人工变量,也就是说得到了一个退化解。由于式内还存在有人工变量,显然现行基不能作为原始问题的初始可行基。但是由于留在基内的人工变量取值为零,可以再进行一次换基运算,将人工变量从基内调出而让任意一个不是人工变量的非基变量进基,迭代后进基变量的取值也仍然是零,所以并不影响原来辅助目标函数的最优解。直到所有在基内取值为零的人工变量全部从基内调出,也就找到了原始问题的一个基本可行解,从而转入第二阶段的运算。

下面从一个例题入手来说明上述情况的求解步骤。

例 7.19　求解如下线性规划问题：

$$\max Z = x_1 + x_2 + 3x_3$$

$$\begin{cases} x_1 + 2x_2 + x_3 = 4 \\ 4x_1 - x_2 + 4x_3 \geqslant 16 \\ x_2 + x_3 \leqslant 3 \\ x_1, x_2, x_3 \geqslant 0 \end{cases}$$

增添剩余变量、松弛变量、人工变量和辅助目标函数，构成单纯形表：

基向量	x_1	x_2	x_3	x_4	x_5	x_6	x_7	解
Z'	0	0	0	0	0	1	1	0
Z	-1	-1	-3	0	0	0	0	0
x_6	1	2	1	0	0	1	0	4
x_7	4	-1	4	-1	0	0	1	16
x_5	0	1	1	0	1	0	0	3

为形成初始基，首先消去辅助目标函数方程中人工变量 x_6 和 x_7 的系数，有：

基向量	x_1	x_2	x_3	x_4	x_5	x_6	x_7	解
Z'	-5	-1	-5	1	0	0	0	-20
Z	-1	-1	-3	0	0	0	0	0
x_1	1	2	1	0	0	1	0	4
x_7	4	-1	4	-1	0	0	1	16
x_5	0	1	1	0	1	0	0	3

以辅助目标函数方程为判断依据，进行单纯形法迭代，选第一个约束中 x_1 的系数为主元，进行换基运算，得新的单纯形表为

基向量	x_1	x_2	x_3	x_4	x_5	x_6	x_7	解
Z'	0	9	0	1	6	5	0	0
Z	0	1	-2	0	0	1	0	4
x_6	1	2	1	0	0	1	0	4
x_7	0	-9	0	-1	0	-4	1	0
x_5	0	1	1	0	1	0	0	3

现行单纯形表中，辅助目标函数已达最优，其最优值亦为零。但此时人工变量并未全部由基内调出，人工变量 x_7 仍然留在基内，当然它的取值也是零。现行基不能做为原始线性规划问

题的初始可行基。下面再进行一次换基运算，由于在第二个约束中，基变量 x_7 的取值为零，如果让 x_7 离基，在该约束中让任意一个非基变量进基，变换后的单纯形表对辅助目标函数仍然会是最优的，因为新进基的变量也必定取值为零，所有变量的取值和目标函数值在变换时都将保持不变。任意选第二个约束中 x_2 的系数作主元。迭代后的单纯形表为

基向量	x_1	x_2	x_3	x_4	x_5	x_6	x_7	解
Z'	0	0	0	0	0	1	1	0
Z	0	0	-2	$-\frac{1}{9}$	0	$\frac{5}{9}$	$\frac{1}{9}$	4
x_1	1	0	1	$-\frac{2}{9}$	0	$\frac{1}{9}$	$\frac{2}{9}$	4
x_2	0	1	0	$\frac{1}{9}$	0	$\frac{4}{9}$	$-\frac{1}{9}$	0
x_5	0	0	1	$\frac{1}{9}$	1	$-\frac{4}{9}$	$\frac{1}{9}$	3

现行单纯形表就得到了原始问题的一个初始可行基。将辅助目标函数和人工变量去掉，以原来目标函数继续进行单纯形法运算。有

基向量	x_1	x_2	x_3	x_4	x_5	解
Z	0	0	0	$-\frac{3}{9}$	2	10
x_1	1	0	0	$-\frac{1}{9}$	-1	1
x_2	0	1	0	$\frac{1}{9}$	0	0
x_3	0	0	1	$-\frac{1}{9}$	1	3

继续迭代，得新的单纯形表为

基向量	x_1	x_2	x_3	x_4	x_5	解
Z	0	3	0	0	2	10
x_1	1	1	0	0	-1	1
x_4	0	9	0	1	0	0
x_3	0	1	1	0	1	3

此时目标函数方程中，非基变量的系数已无负值，得原线性规划问题的最优解：

$x_1=1$，$x_3=3$；其余变量均为零。

最优目标函数值 $Z=10$。

习 题 七

7.1 试写出下列(1)～(5)题的数学模型(不用求解)。

(1) 某化工厂生产某项化学产品，每单位标准重量为1 000 g，由 A，B，C3 种化学物混合而成。其组成成分是每单位产品中 A 不得超过 300 g，B 不得少于 150 g，C 不得少于 200 g，而 A，B，C 每克成本分别为 5 元，6 元，7 元。问如何配制此种化学产品，使成本最低。

(2) 某种产品质量为150 kg，要用 A，B 两种原料制成。每单位 A 种原料成本为2元，每单位 B 种原料成本为8元，该产品至少需要含 14 单位 B 种原料，最多含 20 单位 A 种原料。每单位 A 原料重 5 kg，每单位 B 种原料重 10 kg，为使成本最小，该产品中 A，B 两种原料应各占多少？

(3) 设某工厂有甲、乙、丙、丁 4 台机床，生产 A，B，C，D，E，F 6 种产品。加工每一件产品所需时间和每一件产品的单价都是已知的，可用下列表格来表示(见表 7-9)。

表 7-9

机床 \ 加工每件产品所需时间	产品 A	B	C	D	E	F
甲	1	1	1	3	3	3
乙	2			5		
丙					5	
丁			3			8
每件产品单价 / 元	40	28	32	72	64	80

加工产品的时间以工时作单位，表格中没有填数的表示这台机床不能加工这种零件，例如机床丙、丁就不能加工零件 A 等。假如在某一段时间内，甲、乙、丙、丁四台机床的最大工作能力分别为 850，700，600 和 900 工时，问在机床能力许可的条件下，每种产品各应生产多少才能使该厂总收入为最大。试建立此问题的数学模型。

(4) 某玩具公司制造 3 种玩具，每一种要求不同的制造技术。高级的需要 17 h加工装配劳动力，8 h 检验，每台利润 30 元；中级的需要 2 h 劳动力，半小时检验，利润 0.6 元；低级的需要 1.5 h 劳动力，1/3 小时检验，利润 0.5 元。可供利用的加工劳动力为 500 h，检验 100 h。

市场预测表明，对高级的需求量不超过 10 台，中级的不超过 30 台，低级的不超过 100 台。公司要决定采用一个能使总利润为最大的最优生产计划，试写出数学模型。

(5) 某医院每日至少需要下列数量的护士(见表 7-10)。

每班的护士在轮班开始时间向病房报到，连续工作 8 h。为满足每班所需要的护士数，最少需要多少护士。试写出上述问题的数学模型。

表 7-10

班　　次	时间(日夜服务)	最少护士人数
1	上午 6：00—上午 10：00	60
2	上午 10：00—下午 2：00	70
3	下午 2：00—下午 6：00	60
4	下午 6：00—下午 10：00	50
5	下午 10：00—上午 2：00	20
6	上午 2：00—上午 6：00	30

7.6　将下面线性规划问题转化成标准型

$$\min Z = -3x_1 + 4x_2 - 2x_3 + 5x_4$$

$$\begin{cases} 4x_1 - x_2 + 2x_3 - x_4 = -2 \\ x_1 + x_2 + 3x_3 - x_4 \leqslant 14 \\ -2x_1 + 3x_2 - x_3 + 2x_4 \geqslant 2 \\ x_1,\ x_2,\ x_3,\ x_4 \geqslant 0 \end{cases}$$

7.7　用图解法解下列线性规划问题

(1) $\min Z = -x_1 + 2x_2$

$$\begin{cases} x_1 - x_2 \geqslant -2 \\ x_1 + 2x_2 \leqslant 6 \\ x_1, x_2 \geqslant 0 \end{cases};$$

(2) $\max Z = -x_1 + 2x_2$

$$\begin{cases} x_1 - x_2 \geqslant -2 \\ x_1 + 2x_2 \leqslant 6 \\ x_1, x_2 \geqslant 0 \end{cases};$$

(3) $\max Z = 3x_1 + 6x_2$

$$\begin{cases} x_1 - x_2 \geqslant -2 \\ x_1 + 2x_2 \leqslant 6 \\ x_1, x_2 \geqslant 6 \end{cases};$$

(4) $\max Z = 3x_1 + 6x_2$

$$\begin{cases} x_1 - x_2 \leqslant -2 \\ x_1 + 2x_2 \leqslant -5 \\ x_1, x_2 \geqslant 0 \end{cases}$$

7.8　用单纯表方法求解

(1) $\max Z = 10x_1 + 25x_2 + 30x_3$

$$\begin{cases} x_1 - x_2 - x_3 \leqslant 12 \\ 2x_1 + 3x_2 \leqslant 20 \\ x_3 \leqslant 5 \\ x_1, x_2, x_3 \geqslant 0 \end{cases};$$

(2) $\min Z = 3x_1 + x_2 + x_3 + x_4$

$$\begin{cases} -2x_1 - 2x_2 + x_3 = 4 \\ 3x_1 - x_2 - x_4 = 6 \\ x_j \geqslant 0, j = 1,2,3,4 \end{cases}$$

(3) $\max Z = x_1 + 3x_2$

$$\begin{cases} x_1 \leqslant 5 \\ x_1 + 2x_2 \leqslant 10 \\ x_2 \leqslant 4 \\ x_1, x_2 \geqslant 0 \end{cases}$$

第8章　图　　论

在现实生活和生产实践中，存在许多管理、组织与计划方面的优化问题，如在企业管理中，如何制定管理计划和设备购置计划，使收益最大或费用最小；在组织生产中，如何使各工序衔接良好，才能使生产任务迅速完成；在现有交通网络中，如何使调运的物资数量多且费用最小等。这类问题均可借助于图论知识得以解决。本章将介绍有关图的一些基本概念和最短路问题的数学模型及其解法。

§1　图的基本概念

1.1　图的定义

现实世界中许多现象能用图形来表示，这种图形是由一些点和一些连接两点间的连线所组成的。

例 8.1　a，b，c，d　4 个篮球队进行友谊比赛。为了表示 4 个队之间比赛的情况，图 8－1 中 4 个小圆圈分别表示这 4 个篮球队，称之为节点。如果两队进行过比赛，则在表示该队的两个节点之间用一条线连接起来，称之为边。这样利用一个图形使各队之间的比赛情况一目了然。

如果节点 a，b，c，d 分别表示 4 个人，当某两个人互相认识时，则将其对应点之间用边连接起来。这时的图又反映了这 4 个人之间的认识关系。

也可以用点代表工厂，以连接两点的连线表示这两工厂间有业务往来关系。对于这种图形，我们的关注点在于有多少个点和哪些点之间有线连接。

例 8.2　图 8－2 是一个石油流向的管网示意图，v_1 代表石油开采地，v_7 代表石油汇集站，箭线旁的数字表示管线的长度，现在要从 v_1 地调运石油到 v_7 地，怎样选择管线可使路径最短？

也可以用点代表城市，以连接两点的连线表示城市间的道路，这样便可用图形描述城市间的交通网络。如果连线旁标注城市间道路的距离或单位运价，就可

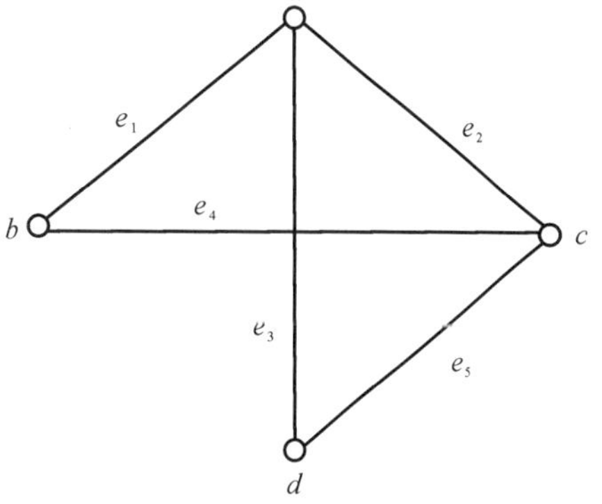

图　8－1

进一步研究从一个城市到另一个城市的最短路程或运费最省的运输方案。对它们进行数学抽象,得到以下的定义。

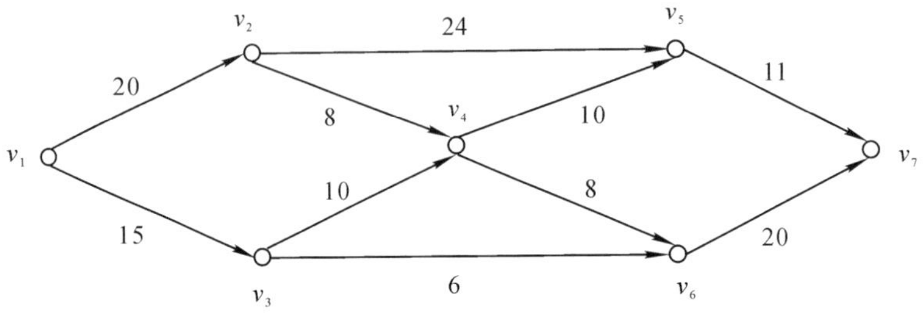

图 8-2　石油流向的管网示意图

定义 1　图 G 是一个有序二元组 $\langle V(G),\ E(G)\rangle$,其中 $V(G)=\{v_1,v_2,\cdots,v_n\}$ 是一个非空的集合。$V(G)$ 中的元素称为 G 的节点,$V(G)$ 称为图 G 的节点集;$E(G)$ 是 $V(G)$ 中不同元素的有序偶或无序偶的集合,$E(G)$ 中的元素称为 G 的边,$E(G)$ 称为图 G 的边集。

若边 e 所对应的节点对是有序偶 $\langle a,b\rangle$,则称 e 是有向边。a 叫边 e 的始点,b 叫边 e 的终点,统称为 e 的端点。若边 e 所对应的节点对是无序偶 (a,b),则称 e 是无向边。这时统称 e 与两个节点 a 和 b 互相关联。将节点 a,b 的无序节点对记为 (a,b),有序节点对记为 $\langle a,b\rangle$。

一个图 G 可用一个图形来表示且表示是不唯一的。参阅图 8-3。设 $G=<V(G),E(G)>$,其中

$$V(G)=\{a,b,c,d\},\quad E(G)=\{e_1,e_2,e_3,e_4,e_5,e_6,e_7\},\quad e_1=(a,b),\quad e_2=(a,c)$$

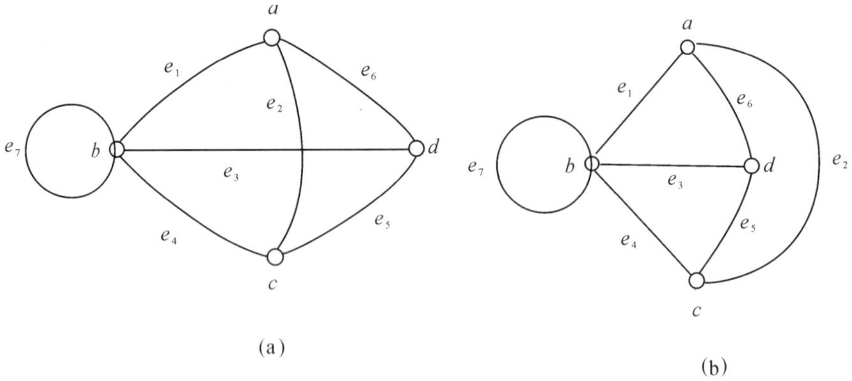

图　8-3

1.2　路与回路

定义 2　给定图 $G=\langle V,E\rangle$,设 $v_0,v_1,\cdots,v_k\in V$,$e_1,e_2,\cdots,e_k\in E$;其中 e_i 是关联于节点 v_{i-1} 和 v_i 的边,称节点和边的交替序列 $v_0e_1v_1e_2\cdots e_kv_k$ 为连接 v_0 到 v_k 的路,v_0 和 v_k 分别称为路的起点与终点。路中边的数目 k 称做路的长度。当 $v_0=v_k$ 时,这条路称为回路。

在简单图中一条路 $v_0e_1v_1e_2\cdots e_kv_k$ 由它的节点序列 $v_0v_1\cdots v_k$ 确定，所以简单图的路，可表示为 $v_0v_1\cdots v_k$。如图 8－1 表示的简单图中，路 $ae_1be_4ce_5d$ 可写成 $abcd$。

1.3　图 G 的分类

按照不同的分类标准，图 G 有不同的分类。

1.3.1　按 G 中关联于同一对节点的边数分为多重图和简单图。

自回路(环)：关联同一个节点的一条边((v,v) 或 $\langle v,v\rangle$)。

平行边(多重边)：关联同一对节点的多条边。

多重图：含有平行边的图(见图 8－4)。

简单图：不含平行边和自环的图(见图 8－1)。

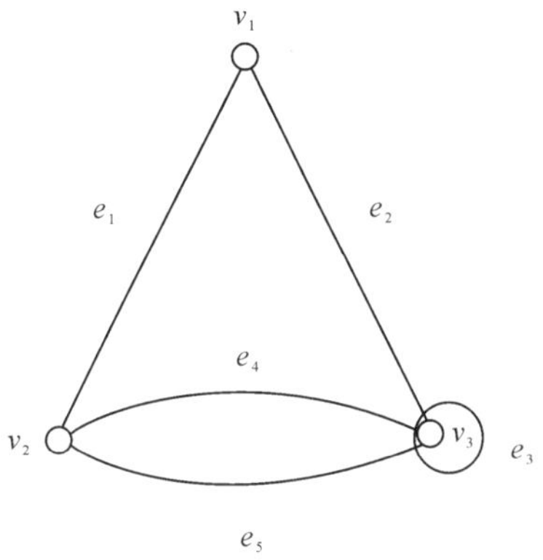

图　8－4

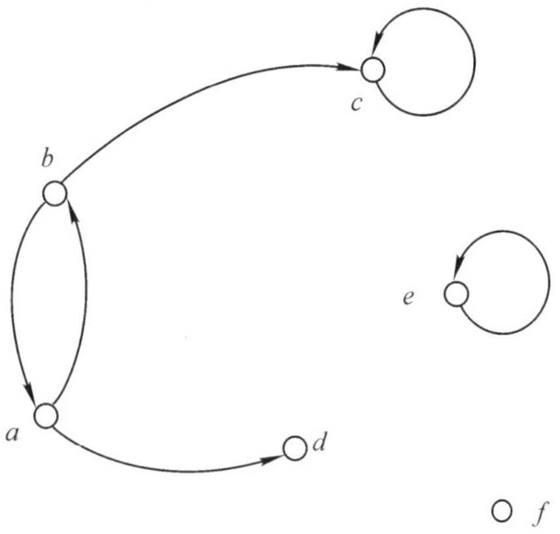

图　8－5

1.3.2　按 G 的边有序、无序分为有向图、无向图和混合图

有向图：每条边都是有向边的图称为有向图(见图 8－2)；

无向图：每条边都是无向边的图称为无向图(见图 8－1 和图 8－3)；

混合图：既有无向边，又有有向边的图称为混合图。

本章主要研究无向图和有向图。

1.3.3　按 G 的边旁有无数量特征分为赋权图(或称边权图)和无权图

赋权图：如果图 G 的每条边都被赋予一个权数 ω_{ij}，则称 G 为赋权图或边权图。这里的“权”可根据实际问题的需要赋予不同的含义，如距离、时间、费用等。图 8－2 就是一个赋权有向图。

无权图：如果图 G 的每条边旁都没有标注数量特征，则称 G 为无权图(见图 8－1 和图 8－3)。

1.3.4　按 G 的任意两个节点间有无路分为连通图和不连通图。

如果图 G 的任意两个节点间至少有一条路，则称 G 是连通图，否则称为不连通图。例如图 8－5 是一个不连通图，但去掉节点 f，则是一个连通图。

§ 2　最短路问题

2.1　问题的提出

求解给定网络图中某两点(一般常指始点和终点)的最短路径问题广泛应用于各个领域中。例如,求交通距离最短,完成各道工序所花时间最少,或费用最省等等,都可用求网络最短路径算法得到解决,而且解法简单、有效。

在动态规划中,最短路径问题可由贝尔曼最优化原理及其递推方程求解,在阶段明确情况下,用逆向逐段优化嵌套推进,这是一种反向搜索法;在阶段不明确情况下,可用函数迭代法逐步正向搜索,直到指标函数衰减稳定得解。这些算法都是依据同一个原理建立的。即在网络图中,如果 $v_1\cdots v_n$ 是从 v_1 到 v_n 的最短路径,则 $v_1\cdots v_{n-1}$ 也必然是从 v_1 到 v_{n-1} 的最短路径。

用图论来分析网络最短路径也是依据上述同一客观规律建立求解算法,只不过表达的形式相异。下面介绍求解最短路径问题的一种简便、有效的算法 —— 狄克斯特拉算法。

2.2　狄克斯特拉算法(双标号法)

1959 年狄克斯特拉(E. W. Dijkstra)提出了求网络最短路径的标号法,用给节点记标号来逐步形成起点到各点的最短路径及其距离值,被公认为是目前较好的一种算法。

狄克斯特拉算法也称为双标号法。所谓双标号,也就是对图中的点 v_i 赋予两个标号 $(P(v_i),\lambda_i)$:第一个标号 $P(v_i)$ 表示从起点 v_1 到 v_i 的最短路的长度,第二个标号 λ_i 表示在 v_1 到 v_i 的最短路上 v_i 前面一个邻点的下标,即用来表示路径,从而可对终点到始点进行反向追踪,找到 v_1 到 v_t 的最短路。

狄克斯特拉算法适用于每条边的权数都大于或等于零的情况。

基本步骤如下:

(1) 给起点 v_1 标号(0,1),从 v_1 到 v_1 的距离 $P(v_1)=0$,v_1 为起点。

(2) 找出已标号的点的集合 I,没有标号的点的集合 J,求出边集 $A=\{(v_i,v_j)\mid v_i\in I, v_j\in J\}$。

(3) 若上述边集 $A=\varnothing$,表明从所有已赋予标号的节点出发,不再有这样的边,它的另一节点尚未标号,则计算结束。对已有标号的节点,可求得从 v_1 到这个节点的最短路,对于没有标号的节点,则不存在从 v_1 到这个节点的路。

若边集 $A\neq\varnothing$,则转下一步。

(4) 对于边集 A 中的每一条边 (v_i,v_j),计算

$$T_{ij}=P(v_i)+\omega_{ij}$$

找出边 (v_s,v_t) 使得 $T_{st}=\min\{T_{ij}\}$。

须注意的是,若上述 T_{ij} 值为最小的边有多条,且这些边的另一节点 v_j 相同,则表明存在

多条最短路径，因此 v_j 应被赋予多个双标号。

(5) 给弧 (v_s, v_t) 的终点 v_t 赋予双标号 $(P(v_t), s)$。

返回步骤(2)。

经过上述一个循环的计算，将求出 v_1 到一个节点 v_j 的最短路径及其长度，从而使一个节点 v_j 被赋予双标号。若图中共有 n 个节点，故最多计算 $n-1$ 循环，即可得到最后结果。

例8.3 以图8-2给出的石油流向的管网示意图为例，v_1 代表石油开采地，v_7 代表石油汇集站，箭线旁的数字表示管线的长度，现在要从 v_1 地调运石油到 v_7 地，怎样选择管线可使路径最短？

解 (1) 赋予起点 v_1 标号(0,1)，从 v_1 到 v_1 的距离 $P(v_1)=0$，v_1 为起点。

(2) 标号的点的集合 $I=\{v_1\}$，没有标号的点的集合 $J=\{v_2, v_3, v_4, v_5, v_6, v_7\}$，

边集 $A=\{(v_i, v_j) \mid v_i \in I, v_j \in J\}=\{(v_1, v_2), (v_1, v_3)\}$，

$$T_{12}=P(v_1)+\omega_{12}=0+20=20$$

$$T_{13}=P(v_1)+\omega_{13}=0+15=15$$

$\min\{T_{12}, T_{13}\}=T_{13}=15$，赋予边 (v_1, v_3) 的终点 v_3 以双标号(15,1)。

(3) 标号的点的集合 $I=\{v_1, v_3\}$，没有标号的点的集合 $J=\{v_2, v_4, v_5, v_6, v_7\}$，

边集 $A=\{(v_i, v_j) \mid v_i \in I, v_j \in J\}=\{(v_1, v_2), (v_3, v_4), (v_3, v_6)\}$，

$$T_{34}=25, \quad T_{36}=21$$

$\min\{T_{34}, T_{56}, T_{12}\}=T_{12}=20$，赋予边 (v_1, v_2) 的终点 v_2 以双标号(20,1)。

(4) 标号的点的集合 $I=\{v_1, v_2, v_3\}$，没有标号的点的集合 $J=\{v_4, v_5, v_6, v_7\}$，

边集 $A=\{(v_i, v_j) \mid v_i \in I, v_j \in J\}=\{(v_2, v_4), (v_2, v_5), (v_3, v_4), (v_3, v_6)\}$，

$$T_{24}=P(v_2)+24=20+8=28$$

$$T_{25}=P(v_2)+25=20+24=44$$

$\min\{T_{24}, T_{25}, T_{34}, T_{36}\}=T_{36}=21$，赋予边 (v_3, v_6) 的终点 v_6 以双标号(21,3)。

(5) 标号的点的集合 $I=\{v_1, v_2, v_3, v_6\}$，没有标号的点的集合 $J=\{v_4, v_5, v_7\}$，

边集 $A=\{(v_i, v_j) \mid v_i \in I, v_j \in J\}=\{(v_2, v_4), (v_2, v_5), (v_3, v_4), (v_6, v_7)\}$，

$$T_{67}=P(v_6)+67=21+20=41$$

$\min\{T_{24}, T_{25}, T_{34}, T_{67}\}=T_{34}=25$，赋予边 (v_3, v_4) 的终点 v_4 以双标号(25,3)。

(6) 标号的点的集合 $I=\{v_1, v_2, v_3, v_4, v_6\}$，没有标号的点的集合 $J=\{v_5, v_7\}$，

边集 $A=\{(v_i, v_j) \mid v_i \in I, v_j \in J\}=\{(v_2, v_5), (v_4, v_5), (v_6, v_7)\}$，

$$T_{45}=P(v_4)+45=25+10=35$$

$\min\{T_{25}, T_{45}, T_{67}\}=T_{45}=35$，赋予弧 (v_4, v_5) 的终点 v_5 以双标号(35,4)。

(7) 标号的点的集合 $I=\{v_1, v_2, v_3, v_4, v_5, v_6\}$，没有标号的点的集合 $J=\{v_7\}$，

边集 $A=\{(v_i, v_j) \mid v_i \in I, v_j \in J\}=\{(v_5, v_7), (v_6, v_7)\}$，

$$T_{57}=P(v_5)+57=35+11=46$$

$\min\{T_{57}, T_{67}\}=T_{67}=41$，赋予边 (v_6, v_7) 的终点 v_7 以双标号(41,6)。

至此，全部顶点都已得到标号，计算结束。得到石油开采地 v_1 到汇集点 v_7 的最短路径，即：$v_1 \to v_3 \to v_6 \to v_7$，由 v_7 的第一个标号可知路程长为 41。

2.3　无向图上的狄克斯特拉算法

无向图中的任一条边 (v_i, v_j) 均可用方向相反的两条边 (v_i, v_j) 和 (v_j, v_i) 来代替。把原来的无向图变为有向图后，即可用上述的狄克斯特拉算法求解.

当然，也可以直接在原来的无向图上用狄克斯特拉算法求解。在无向图上求解与在有向图上求解的区别在于寻找邻点时不同：在无向图上，只要两节点之间有连线，就是邻点。因此，在无向图上的求解和在相应的有向图上求解相比，计算过程中的邻点个数可能增多，边集合中的边数也就随着增多。计算结束时，一定是所有节点都得到了标号，且其最优结果不会劣于相应有向图的最优结果。

习题八

8.1　求 v_1 到其余各点的最短路径（见图 8-6）。

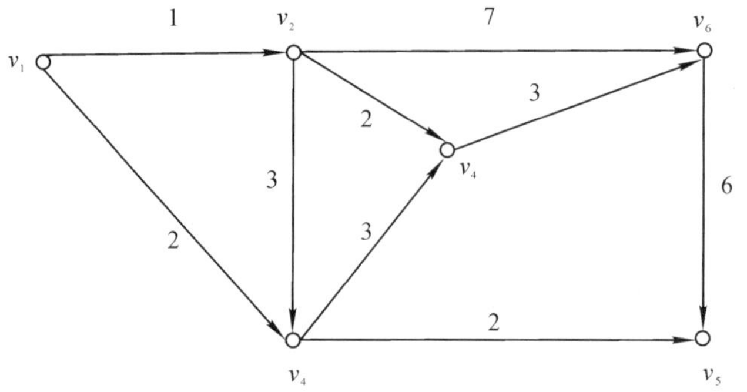

图　8-6

8.2　求 v_1 到其余各点的最短路径（见图 8-7）。

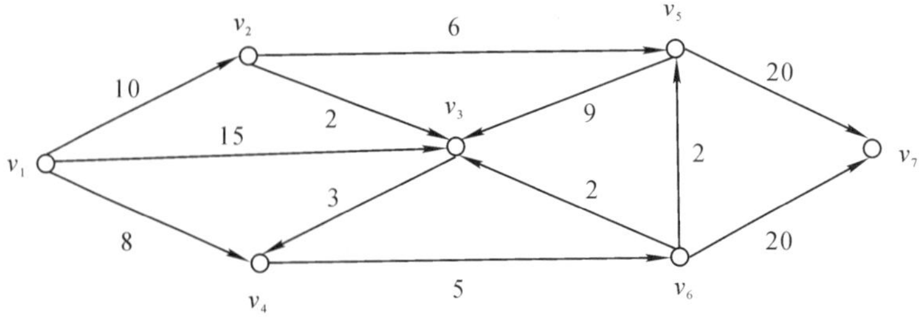

图　8-7

第9章 预测方法

§1 预测的基本概念和步骤

1.1 预测的基本概念

人们在经济活动、政治生活和社会交往中，在作出某一决策之前，总是对所关心的事物的未来情况有所估计，或对自己预期愿望的实现有较大的把握，即对事物未来发展变化的趋向以及人类实践活动的后果事先作出估计和测定，这便是预测。在社会经济活动中，由于影响社会经济现象的因素复杂，为了克服未知因素可能带来的消极后果，使我们对前景变化的估计尽可能准确，尽可能减少行动决策中所承担的风险，必须进行有科学根据的预测。

预测就是人们在观察和分析客观事物发展过程的历史及现状的基础上，通过对客观事物发展规律的认识，运用各种统计方法对现象发展变化的前景从数量上进行预计推测。它是把定性分析和定量分析相结合、以定量分析为主的一种预测方法。其主要特征表现为高度重视数据资料的统计和定量分析，并把数据资料作为预测的基础，以经济理论为指导，对事物发展的相互联系和内在规律性作出准确的判断，并以数学模型作为预测的手段进行预测。

1.2 预测的分类

预测从不同角度主要可以分成以下几类。

1. 宏观预测和微观预测

预测按预测范围不同，可分为宏观预测和微观预测。宏观预测是指全国范围内进行的各种综合性预测。如对全国工农业总产值的预测、人口预测，对全国城镇居民生活消费趋势的预测、对全国人才需求量的预测等。微观预测是指各基层企业进行的各种预测。如基层企业对产量、成本、销售量等进行的预测。

2. 定性预测和定量预测

预测按预测的性质不同，可分为定性预测和定量预测。定性预测是预测者根据所掌握的历史与现状资料，凭借个人的工作经验和分析能力，对事物未来的发展方向和所属性质作出的推测和判断。定性预测多采用调查研究的方式进行，虽然有时也有数量内容，但其本质是属于判断事物未来的变动方向，而不在于较准确地推算事物未来的数量特征。例如，对未来经济形势的估计、投资方向预测等。定量预测是以统计数据资料为依据，利用数学模型和统计方法进行的预测，它侧重于对事物未来的数量方面的预测。定性预测和定量预测的划分是相对的，实际上，定性预测可以应用某些定量预测分析的方法，而定量预测也要以定性分析为基础。

3. 动态预测和静态预测

预测按预测的时间状态不同，可以分为动态预测和静态预测。动态预测是指对现象未来发展的前景进行预测，如趋势预测、季节变动预测等。而静态预测是指在一定时间上对事物之间因果关系的预测，如回归分析预测和投入产出分析预测法等。

4. 长期预测、中期预测和短期预测

预测按预测的时间长短，可以分为长期预测、中期预测和短期预测。一般 5 年或 5 年以上的预测称为长期预测。它通常和社会经济发展的目标结合起来考虑，主要研究重大的综合性指标，如经济结构、投资方向等；中期预测指未来 3 ～ 5 年的预测，如涉及社会需求、物质生产条件以及周期性、季节性变动等；短期预测是指未来 1 ～ 2 年的预测，由于时间间隔短，预测次数频繁，适用于基层日常业务问题的预测。

1.3　预测的步骤

预测应有计划、有步骤地按照一定的程序进行。应用统计方法进行预测，一般要经过以下几个步骤：

1. 确定预测目的，广泛搜集资料

预测的目的必须密切联系实际，需要明确而具体，它在一定程度上，直接影响预测工作的效率和预测结果的质量。所以，确定预测的目的是进行预测工作必须首先解决的问题。

科学的预测是从实际出发的，因此确定目的后，就要按照目的和要求，广泛搜集所需的资料，包括历史资料和现实资料，同时还要注意对具体情况的了解和掌握。

2. 审核、整理统计资料，进行初步分析

对于所掌握的统计资料，要认真审核其指标口径、所属时期、计算方法、应用价格等，对不完整或不适用的资料进行必要的推算补缺或删除调整，以保证资料的完整性、准确性和可比性，为下一步预测工作奠定良好的基础。同时，综合运用各种统计分析方法，对经过审核和调整的资料进行初步分析，揭示事物的内在联系及其发展规律性，以便对所研究的现象有一个系统而全面的了解，有时可借助于统计图形，观察资料结构的性质，作为选择合适的数学模型的依据。

3. 选择适当的预测模型和预测方法，确定预测公式

预测模型和预测方法是多种多样的，应该从多方面权衡，从中选择适当的模型和相应的方法。选择时，要考虑预测所要达到的目的和要求，预测对象的性质和情况，预测准确度的要求，预测资料的情况等等。一定的预测模型与相应的预测方法相结合，就形成了预测公式。

4. 进行预测

一般在应用模型估计参数之前，还要对模型进行检验，验证模型中所含的变量及结合形

式、方向以及相关程度能否代表客观情况，线性关系是否显著，是否符合理论假设等。若通过检验，则利用所选定的预测公式和掌握的统计资料，计算出公式中有关参数值，然后利用有参数值的公式进行预测。预测的结果可以表现为具体的数值，也可以表现为一定的变动区间范围。

5. 分析预测结果，改进预测工作

预测结果与实际情况总会有偏差，这就是预测误差，预测误差的大小反映预测的准确程度，由于各种预测方法所求得的预测值和预测误差常常是不同的，因此必须对预测误差的大小及其产生的原因进行分析，为改进预测工作提供依据。如果预测误差超出了允许的范围，就要对照实际，分析原因，以修正预测方案，或重选预测变量改进预测模型，直到符合要求为止。最后根据预测结果，提出相应的建议、措施，作为决策的依据。

§2　专家调查法

专家调查法就是大量采用匿名调查表的方式，通过发函征求专家意见，对各种意见汇总整理，将其作为参考资料，再匿名寄回给各位专家，不断征询、修改、补充和完善，如此反复多次，直至多数专家看法一致，或不再修改自己意见时，最终得出一套完整的预测方案。这种方法是在专家会议法基础上加以改进而成，国外称为德尔菲法。此方法适用于资料少，未知因素多，希望靠专家的经验判断来作出预测的问题。专家调查法的一般做法是：

1.成立预测领导小组

领导小组要做许多工作，如：根据预测的目的和要求提出预测目标，拟定调查提纲，提供有关资料，选定有关专家，确定预测的期限和进度，编制预测设计调查表。应注意的是，预测目标的确定要有研究价值，应是对市场经济的发展有重大影响而又存在较大意见分歧的问题，其他的工作则要有条不紊，周到细致。

2.设计调查表和准备必要的背景材料

调查表的设计要简单明了，科学恰当，涉及的指标含义明确且不宜过多。背景材料是指对预测的问题能起某种限制作用或作为前提条件的资料，也可以是与预测问题性质相同的历史的或国外的比较资料，提供背景材料是为了避免专家答复过于分散。当然，所选材料一律不加分析，以免影响专家独立思考和判断。

3.选择专家

所谓专家是指在本专业领域中既有丰富的实际工作经验，又有较高的理论修养的人，他们可以是学者、部门内各层次的管理者、销售一线上的富有实践经验、熟悉情况、精通业务的销售人员等。选择专家时面要广一些，层次要多一些，要注意从预测的相关专业或领域来选，其方法可以是领导指定或组织推荐及有关专家推荐。如果不是从本部门内部而是从社会上选专家，那么要选择既热心又胜任此项工作的人，且要征得本人同意。选择专家的人数要根据预测的主题而定，人数太少，不能集思广益，易产生片面性；人数过多，会增加预测费用和重复劳动，因此一般以 10 ～ 50 人为宜。

4. 轮番调查与反馈

专家选定后，就要把调查表和背景材料寄送给每一位专家，请专家在规定的时间内记名或不记名填写后寄回。领导小组在收到反馈的信息后，进行数据处理，综合意见，设计第二轮调查表，再寄送给每一位专家。如此反复 3—4 次，直到专家的意见趋于一致或得到满意的结果为止。

5. 处理结果，作出预测

领导小组可以根据趋于一致的预测结果，写出总结报告，以供决策者参考。有时也会发生专家的意见差距不断扩大，经过几轮反馈无法集中的情况，这时应停止调查，加以总结。

下面举例加以说明。

例 9.1 某企业要成批生产一种新产品，为了摸清销路，该厂在进行投产前采用专家调查法预测了该类产品需求量。其做法是：

(1) 选择有丰富经验的经理、供销人员等 9 位专家；

(2) 将新产品的样品、说明书以及同类产品的价格和销售资料等连同调查表寄给 9 位专家，请他们做出个人判断后寄回；

(3) 汇总整理寄回的调查表，再反馈给每位专家，请他们作进一步判断，如此 3 次反馈，调查结果如表 9-1 所示。

表 9-1　某商店 3 种商品的价格和销售量

专家姓名	第 1 次判断销售量			第 2 次判断销售量			第 3 次判断销售量		
	最低	最可能	最高	最低	最可能	最高	最低	最可能	最高
A	10	15	18	12	15	18	11	15	18
B	4	9	12	6	10	13	8	10	13
C	8	12	16	10	14	16	10	14	16
D	15	18	30	12	15	30	10	12	25
E	2	4	7	4	8	10	6	10	12
F	6	10	15	6	10	15	6	12	15
G	5	6	8	5	8	10	8	10	12
H	5	6	10	7	8	12	7	8	12
I	8	10	19	10	11	20	6	8	12
平均	7	10	15	8	11	16	8	11	15

注： 本例来源于《经济预测的统计方法》，中国统计出版社，1997 年 3 月。

(4) 根据第 3 次判断，预测新产品的销售量：

第 1 种预测法，计算算术平均数：

$$\bar{x}=\frac{8+11+15}{3}=11.33\text{ 万件}$$

第 2 种预测法，对最低、最可能和最高销售量分别赋予 0.2，0.5 和 0.3 的不同权重，计算加权算术平均数：

$$\overline{x}=8\times0.2+11\times0.5+15\times0.3=11.6\text{ 万件}$$

第3种预测法，将9位专家的判断的9个最低销售量、最可能销售量和最高销售量分别以中位数作为它们的代表值，其分别为8,10,13，再计算加权算术平均数：

$$\overline{x}=8\times0.2+10\times0.5+13\times0.3=10.5\text{ 万件}$$

可将以上3种新产品销售量的预测值都提供给决策部门以供参考。

专家调查法的主要特征是：

(1) 匿名性。即背靠背方式，被邀请的专家互不见面，每位预测专家仅与预测组织直接接触，而且是通过信函的方式进行。这样专家可以排除心理因素及其他因素的的干扰，使预测结果更为客观。

(2) 多轮反馈性。信函调查在预测组织者和预测专家之间多次反馈，每一次都将前一次不同的预测结果反馈给所有参加预测的专家，以便专家了解不同的看法，修改自己的预测结果。

(3) 统计归纳性。可用平均数、中位数等指标对结果定量，也可以计算出专家意见的集中程度、协调程度等指标，了解预测的可靠程度。

对专家调查法预测的结果是否可用，按如下几个指标来评价：

$$\text{回收率}(R)=\frac{\text{回收份数}}{\text{发出份数}-\text{因公外出人数}}\times100\%$$

回收率反映专家对预测工作的态度，即关心和支持的程度。

$$\text{回答率}(A)=\frac{\text{实际回答人题数}}{\text{回收总人题数}}\times100\%$$

回答率反映专家对预测内容的熟悉程度。

$$\text{个人命中率}(S)=\frac{\text{专家命中题数}}{\text{回答人题数}}\times100\%$$

个人命中率反映预测结果的的准确程度。

一般地说，回收率和回答率在80%以上视为可用，个人命中率在50%以上，才可认为预测结果是大多数人的意见，否则可用性不强。专家选择是否得当，是专家调查法成败的关键。

§3 回归预测法

3.1 相关分析

3.1.1 变量之间的关系

在生产和经营活动中，经常要对变量之间的关系进行分析。变量之间的依存关系大致可以分成两种类型：一类是函数关系；另一类是相关关系。

函数关系是指变量之间存在一种严格的确定性的依存关系。表现为一个变量的数值完全由另一个(或一组)变量的数值所确定，并可用一个数学表达式反映出来。例如，圆的半径和面积之间的关系；自由落体下落的距离与所需时间的关系等都是函数关系。

相关关系是指变量之间确实存在的，但数量上不是严格一一对应的依存关系。在这种关系中，一个变量的数值不是由另一变量的数值唯一确定的。例如，成本的高低与利润的多少有密切关系，但某一确定的成本与相对应的利润却是不确定的。这是因为影响利润的因素除了成本外，还有价格、供求平衡、消费嗜好等因素以及其他偶然因素的影响；再如，家庭的消费支出与家庭收入之间，一般而言，收入高，支出也多些。但同样收入的家庭，其支出却可能有很大的差异，这是因为家庭消费支出除了收入高低的影响外，还有其他许多因素在起作用。总之，这种关系的数量规律性不能通过个别现象体现出来，必须在对大量同类现象的观察与研究中才能体现出来。

3.1.2 相关关系的种类

现象之间的相关关系从不同的角度可以划分为不同类型。

1. 按照相关形式不同划分

线性相关，又称直线相关，是指当一个变量变动时，另一变量随之发生大致均等的变动，从图形上看，其散点图近似地表现为一条直线。如图 9-1(a) 和图 9-1(b) 所示。

非线性相关，是指一个变量变动时，另一变量也随之发生变动，但这种变动不是均等的，从图形上看，其散点图近似地表现为一条曲线，如抛物线、指数曲线等，则称为非线性相关或曲线相关。如图 9-1(e) 所示。

2. 按照相关现象变化的方向不同划分

正相关。如果两个变量的变动方向相同，一个变量的数值增加(或减少)，另一个变量的数值也随之增加(或减少)，则称为正相关，如图 9-1(a) 所示。例如，工人劳动生产率提高，产品产量也随之增加；居民的消费水平随个人所支配收入的增加而增加。

负相关。如果两个变量的变动方向相反，一个变量的数值增加(或减少)时，另一变量的数值反而减少(或增加)，则称为负相关，如图 9-1(b) 所示。例如，商品流转额越大，商品流通费用越低；利润随单位成本的降低而增加。

3. 按相关程度划分

完全相关。当一个变量的数值完全由另一个(所示或一组)变量的数值变化所确定时，这些变量之间即为完全相关，如图 9-1(c) 和图 9-1(d) 所示。例如，在价格不变的条件下，销售额与销售量之间的正比例函数关系即为完全相关，此时相关关系便成为函数关系，因此也可以说函数关系是相关关系的一个特例。

不相关。当变量之间彼此互不影响，其数量变化各自独立时，则变量之间为不相关。例如，股票价格的高低与气温的高低一般情况下是不相关的。

不完全相关。如果两个变量的关系介于完全相关和不相关之间，称为不完全相关，如图 9-1(f) 所示。由于完全相关和不相关的数量关系是确定的或相互独立的，因此统计学中相关分析的主要研究对象是不完全相关。

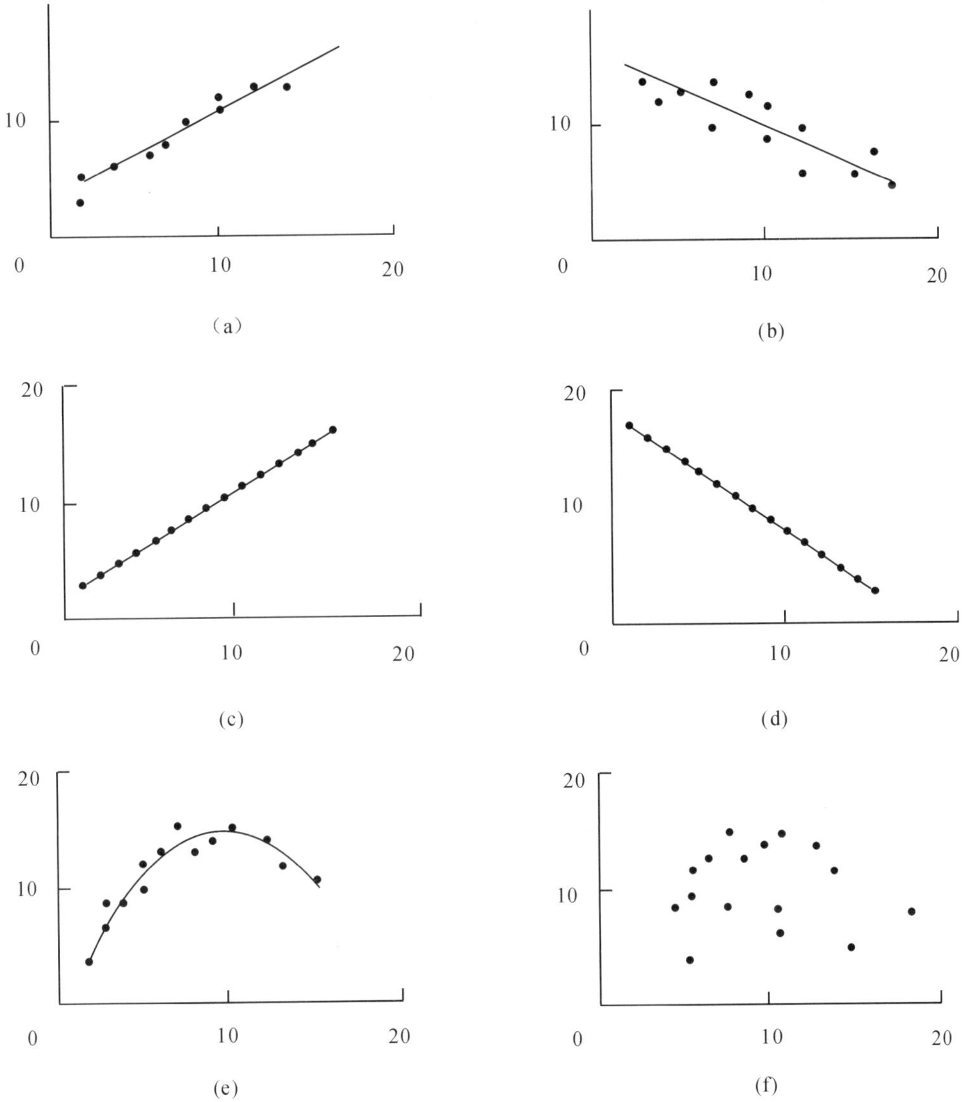

图 9－1　不同形态的散点图

(a) 正线性相关；(b) 负线性相关；(c) 完全正线性相关；(d) 完全负线性相关；(e) 非线性相关；(f) 不相关

3.1.3　相关分析

1. 相关分析的步骤

两个变量 X 和 Y，通过观察或试验可以得到若干组数据(X_i, Y_i)，$i=1,2,\cdots,n$。相关分析所要解决的问题是，根据这些数据确定变量之间是否存在相关关系？如果存在的话，如何描述它们之间的关系并对关系的密切程度进行测定？

相关分析的一般步骤为：

(1) 根据观测数据(X_i, Y_i)，$i=1,2,\cdots,n$ 绘制散点图(即将这 n 对观测数据在直角坐标系中描绘出来的图形)，借助于散点图判断变量之间有无相关关系，若有相关关系，进一步判断相关关系呈现的形态。

(2) 确定相关关系的密切程度。判断相关关系密切程度的主要方法是计算相关系数，同时也可根据散点图各点的分布来帮助判断。

(3) 对相关关系进行显著性检验。

2. 相关系数

为了定量地描述变量之间线性相关的程度和相关的方向，著名统计学家卡尔·皮尔森(Karl·Pearson)设计了一个指标：相关系数，其计算公式为

$$r=\frac{\sum_{i=1}^{n}(X_i-\overline{X})(Y_i-\overline{Y})}{\sqrt{\sum_{i=1}^{n}(X_i-\overline{X})^2\sum_{i=1}^{n}(Y_i-\overline{Y})^2}} \tag{9-1}$$

为使计算简便，可由式(9-1)推出下面的简化计算公式

$$r=\frac{n\sum_{i=1}^{n}X_iY_i-(\sum_{i=1}^{n}X_i\cdot\sum_{i=1}^{n}Y_i)}{\sqrt{n\sum_{i=1}^{n}X_i^2-(\sum_{i=1}^{n}X_i)^2}\sqrt{n\sum_{i=1}^{n}Y_i^2-(\sum_{i=1}^{n}Y_i)^2}} \tag{9-2}$$

可以证明，相关系数的取值范围是：$-1\leqslant r\leqslant 1$。

根据相关系数的大小，可以判断变量之间相关关系的密切程度和方向：

(1) 当 $r>0$ 时，表示两变量正相关；$r<0$ 时，两变量为负相关。

(2) 当 $|r|=1$ 时，表示两变量为完全线性相关，即为函数关系；当 $r=1$ 时，表示两变量完全正线性相关；当 $r=-1$ 时，表示两变量完全负线性相关。

(3) 当 $r=0$ 时，表示两变量间无线性相关关系，但此时并不说明两变量之间没有任何关系，它们之间可能存在非线性相关关系。因此，当 $r=0$ 时，不能轻易得出两个变量之间不存在相关关系的结论，而应结合散点图作出合理的解释。

当 $|r|$ 越接近 1，两变量间线性关系越密切；$|r|$ 越接近于 0，表示两变量的线性相关关系越弱。一般可将相关程度分为以下 4 种情况：

(1) $|r|\geqslant 0.8$ 为高度线性相关；

(2) $0.5\leqslant|r|<0.8$ 为中度线性相关；

(3) $0.3\leqslant|r|<0.5$ 为低度线性相关；

(4) $|r|<0.3$ 为线性相关关系极弱，视为不线性相关。

例 9.2 某财务软件公司在全国有许多代理商，为研究该公司的财务软件产品的广告投入与销售额的关系，统计人员随机选择 10 家代理商进行观察，搜集到年广告投入费和月平均

销售额的数据如表 9－2 所示。

表 9－2　广告费与月平均销售额相关表

年广告费投入	月均销售额／万元	年广告费投入	月均销售额／万元
12.5	21.2	34.4	43.2
15.3	23.9	39.4	49.0
23.2	32.9	45.2	52.8
26.4	34.1	55.4	59.4
33.5	42.5	60.9	63.5

从表中可以直观地看出，随着广告投入的增加，销售量增加，两者之间存在一定的正相关关系。根据表 9－2 的资料可以绘制散点图如图 9－2 所示。

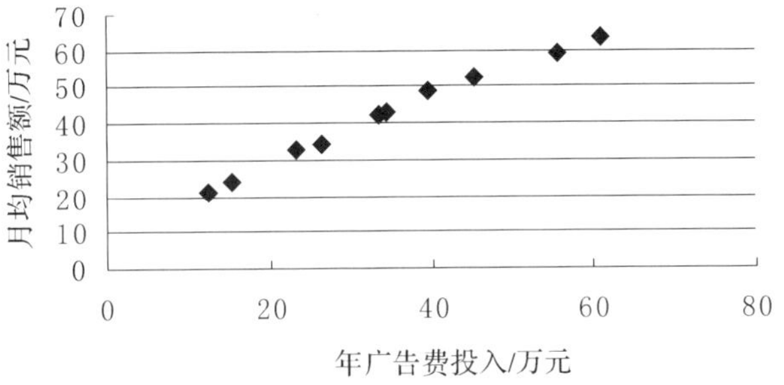

图 9－2　广告投入与销售额的相关图

从散点图可以直观地看出，年广告费投入与月平均销售额之间相关密切，且有正线性相关关系。根据表 9－2 的资料，可计算相关系数如表 9－3 所示。

表 9－3　相关系数计算表

序号	广告投入 x/ 万元	月均销售额 y/ 万元	x^2	y^2	xy
1	12.5	21.2	156.25	449.44	265.00
2	15.3	23.9	234.09	571.21	365.67
3	23.2	32.9	538.24	1 082.41	763.28
4	26.4	34.1	696.96	1 162.81	900.24
5	33.5	42.5	1 122.25	1 806.25	1 423.75
6	34.4	43.2	1 183.36	1 866.24	1 486.08
7	39.4	49.0	1 552.36	2 401.00	1 930.60
8	45.2	52.8	2 043.04	2 787.84	2 386.56
9	55.4	59.4	3 069.16	3 528.36	3 290.76
10	60.9	63.5	3 708.81	4 032.25	3 867.15
合计	346.2	422.5	14 304.52	19 687.81	16 679.09

$$r=\frac{n\sum_{i=1}^{n}X_iY_i-\sum_{i=1}^{n}X_i\sum_{i=1}^{n}Y_i}{\sqrt{n\sum_{i=1}^{n}X_i^2-(\sum_{i=1}^{n}X_i)^2}\sqrt{n\sum_{i=1}^{n}Y_i^2-(\sum_{i=1}^{n}Y_i)^2}}=$$

$$\frac{10\times 16\ 679.09-346.2\times 422.5}{\sqrt{10\times 14\ 304.52-346.2^2}\sqrt{10\times 19\ 687.81-422.5^2}}=0.9\ 942$$

相关系数为0.9 942,说明广告投入费与月平均销售额之间有高度的正线性相关关系。

3.相关关系的显著性检验

由于样本相关系数是根据样本而得到的统计量,所以其数值的大小带有一定的随机性。样本容量越小,这种随机性越大。例如,当X与Y各只有两个样本数据时,相关系数总是为1,但这时变量间并不一定完全线性相关。所以样本相关系数比较大时,并不一定说明总体相关系数也必然大,只有对样本相关系数进行检验后,才能下结论。

统计理论已经证明,样本相关系数是总体相关系数的一个无偏估计量,即有$E(r)=\rho$,并且有

$$\mathrm{Var}(r)=\frac{1-r^2}{n-2}$$

$$t=\frac{r\sqrt{n-2}}{\sqrt{1-r^2}}\sim t(n-2)$$

因此,可以提出假设:

$$H_0:\rho=0,\quad H_1:\rho\neq 0$$

并采用t作为检验统计量,对于给定的置信水平α,若$|t|>t_{\alpha/2}(n-2)$,则表明总体的两个变量之间存在显著的线性关系,从而拒绝原假设H_0;若$|t|\leqslant t_{\alpha/2}(n-2)$,则说明$r$在统计上不显著,即表明总体的两个变量之间不存在线性相关关系,从而接受原假设H_0。

例 9.3 根据表9-3计算的相关系数,检验广告投入与月均销售额之间的相关系数是否显著($\alpha=0.05$)。

解 分3个步骤:

(1) 提出假设:$H_0:\rho=0$, $H_1:\rho\neq 0$。

(2) 计算检验统计量

$$|t|=\frac{|r|\sqrt{n-2}}{\sqrt{1-r^2}}=|0.994\ 2|\sqrt{\frac{10-2}{1-0.9942^2}}=26.146\ 9$$

(3) 进行决策。根据显著性水平$\alpha=0.05$和自由度$n-2=10-2=8$,查t分布表得$t_{\alpha/2}(n-2)=2.306$。由于$|t|=26.1469>t_{\alpha/2}(n-2)=2.306$,所以拒绝原假设$H_0$,说明广告费投入与月均销售额之间存在着显著的正线性相关关系。

3.2 回归分析预测法

回归分析就是对具有相关关系的两个变量之间数量变化的一般关系进行测定,根据其关

系形态，选择一个合适的数学模型（称为回归方程），以便进行估计和预测的一种统计方法。回归分析预测法的主要内容和步骤是，首先根据理论和对问题的分析判断，将变量分为自变量和因变量；其次，设法找出合适的数学方程式（即回归模型）描述变量间的关系；由于涉及到的变量具有不确定性，接着还要对回归模型进行统计检验；统计检验通过后，最后是利用回归模型，根据自变量去估计、预测因变量，并给出这种估计或预测的置信度。

回归有不同种类，按照自变量的个数分，有一元回归和多元回归。只有一个自变量的叫一元回归，有两个或两个以上自变量的叫多元回归；按照回归曲线的形态分，有线性（直线）回归和非线性（曲线）回归。实际分析时应根据客观现象的性质、特点、研究目的和任务选取回归分析的方法。本节仅讨论一元回归分析预测法。

3.2.1 一元线性回归（Simple Linear Regression）预测

1. 一元线性回归模型的参数估计

对于具有线性相关关系的变量 X 和随机变量 Y，可以用如下一元线性回归模型来表示它们之间的关系：

$$Y = a + bX + \varepsilon \tag{9-3}$$

在一元线性回归模型中，Y 是 X 的线性函数（$a + bX$）加上误差项 ε。（$\alpha + bX$）反映了由于 X 的变化而引起的 Y 的变化；ε 被称为随机误差项，它反映了除 X 和 Y 之间的线性关系之外的随机因素对 Y 的影响。式中的 a 和 b 称为模型的参数。

式（9－3）称为理论回归模型，对这一模型通常有 3 个基本假定：

（1）误差项是一个期望值为 0 的随机变量，即 $E(\varepsilon)=0$。

这意味着在式（9－3）中，由于 a 和 b 都是常数，X 是变量而非随机变量，所以有 $E(a)=a$，$E(bX)=bX$。因此 Y 的期望值为 $E(Y)=a+bX$。

（2）对于所有的 X 值，ε 的方差 σ^2 都相同。

（3）误差项 ε 是一个服从正态分布的随机变量，即 $\varepsilon \sim N(0,\sigma^2)$ 且独立。

独立性意味着对于一个特定的 X 值，它所对应的 ε 与其他 X 值所对应的 ε 不相关。因此，对于一个特定的 X 值，它所对应的 Y 值与其他 X 所对应的 Y 值也不相关。

对每一组观察值（X_i，Y_i），都满足下面的关系：

$$Y_i = a + bX_i + \varepsilon_i \tag{9-4}$$

这里，ε_i 是残差项，是用 $a + bX_i$ 去估计因变量 Y_i 的值而产生的误差。实际预测时，ε_i 是无法预测的。回归预测是借助 $a + bX$ 得到预测对象 Y 的值 $\hat{Y}$，因而一元线性回归预测的预测方程为

$$\hat{Y} = a + bX \tag{9-5}$$

式中：a，b 是待定参数，其中 a 是回归直线在 y 轴上的截距，即 X 为 0 时 Y 的期望值；b 是回归系数（直线的斜率），表示自变量 X 每变动一个单位时，因变量 Y 平均变动 b 个单位。

一元线性回归预测方程中的待定参数 a，b，需要利用变量 X 和 Y 的实际观察值，采用最小二乘法作出估计。其计算公式为（推导过程略）：

$$\left.\begin{aligned}\hat{b} &= \frac{n\sum_{i=1}^{n}X_iY_i - \sum_{i=1}^{n}X_i\sum_{i=1}^{n}Y_i}{n\sum_{i=1}^{n}X_i^2 - (\sum_{i=1}^{n}X_i)^2}\\ \hat{a} &= \overline{Y} - \hat{b}\overline{X}\end{aligned}\right\} \quad (9-6)$$

求出 $\hat{a}$，$\hat{b}$，一元线性回归预测方程 $\hat{Y}=\hat{a}+\hat{b}X$ 便可确定了。由式(9－6)可知，当 $X=\overline{X}$，$\hat{y}=\overline{Y}$，即回归直线 $\hat{Y}=\hat{a}+\hat{b}X$ 通过点($\overline{X}$，$\overline{Y}$)。这是回归直线的重要特性之一，它对于回归直线的作图很有帮助。

例 9.4 根据例 9.2 的数据，求月均销售额对广告费投入的回归方程。

解 根据式(9－6)得

$$\begin{cases}\hat{b} = \dfrac{n\sum_{i=1}^{n}X_iY_i - \sum_{i=1}^{n}X_i\sum_{i=1}^{n}Y_i}{n\sum_{i=1}^{n}X_i^2 - (\sum_{i=1}^{n}X_i)^2} = \dfrac{10\times 16\ 679.09 - 346.2\times 422.5}{10\times 14\ 304.52 - 346.2^2} = 0.884\ 896\\ \hat{a} = \overline{Y} - b\overline{X} = 42.25 - 0.884\ 896\times 34.62 = 11.6\ 149\end{cases}$$

即月均销售额对广告费投入的回归方程为 $\hat{Y}=11.6\ 149+0.884\ 896X$。回归系数 $\hat{b}=0.884\ 896$，表示广告费投入每增加 1 万元，月均销售额平均增加 0.884 896 万元。

2. 回归直线的拟合优度

回归直线 $\hat{Y}=\hat{a}+\hat{b}X$ 在一定程度上描述了变量 X 与 Y 之间的数量关系，根据这一方程，可根据自变量 X 的取值来估计或预测因变量 Y 的取值。但估计或预测的精度如何将取决于回归直线对观测数据的拟合程度。可以想象，如果各观测数据的散点都落在这一直线上，那么这条直线就是对数据的完全拟合，此时用 X 来估计 Y 是没有误差的。观测点越是紧密围绕直线，说明直线对观测数据的拟合程度越好，反之则越差。我们把回归直线与各观测点的接近程度称为回归直线对数据的拟合优度(Goodnees of Fit)。为说明直线的拟合优度，须计算判定系数。

判定系数是对回归预测方程拟合程度的度量。为了说明它的含义，须对因变量取值的变差进行研究。

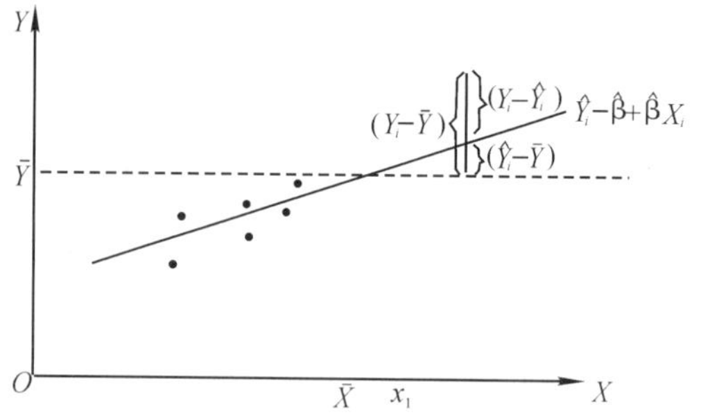

图 9－3 Y 的总离差分解图

如图 9－3 所示，因变量 Y 的的实际值(观测值)有大有小、上下波动，Y 取值的这种波动称为变差。对每一个具体的观测值来说，这种变差可以用实际观测值 Y_i 与其均值 $\overline{Y}$ 之差 $(Y_i-\overline{Y})$ 来表示。从图 9－3 中可以看出，$(Y_i-\overline{Y})$ 可被分解为两部分：一部分是回归估计值或预测值 $\hat{Y}_i$ 与 $\overline{Y}$ 的离差$(\hat{Y}_i-\overline{Y})$，其变动可以由回归直线解释；另一部分是实际观测值 Y_i 与回归估计值 $\hat{Y}_i$ 之间的离差$(Y_i-\hat{Y}_i)$，即残差 ε_i，这一部分变差回归直线无法解释。n 次观测值的总变差可由这些离差的平方和来表示，称为总离差平方和，记为 SST，即 $SST=\sum_{i=1}^{n}(Y_i-\overline{Y})^2$。令 $SSR=\sum_{i=1}^{n}(\hat{Y}_i-\overline{Y})^2$，$SSE=\sum_{i=1}^{n}(Y_i-\hat{Y}_i)^2$，称 SSR 为回归离差平方和，它表示在总离差平方和中，由于 X 与 Y 的线性关系而引起因变量 Y 变化的部分。称 SSE 为剩余平方和或残差平方和，它反映了自变量 X 对因变量 Y 的线性影响之外的一切因素(包括 X 对 Y 的非线性影响和测量误差等)对因变量 Y 的作用。容易证明它们具有如下关系：

$$SST=SSR+SSE$$

并且

$$SSR=\sum_{i=1}^{n}(\hat{Y}_i-\overline{Y})^2=\hat{a}\sum_{i=1}^{n}Y_i+\hat{b}\sum_{i=1}^{n}X_iY_i-n\overline{Y}^2$$

$$SSE=\sum_{i=1}^{n}(Y_i-\hat{Y}_i)^2=\sum_{i=1}^{n}Y_i^2-\hat{a}\sum_{i=1}^{n}Y_i-\hat{b}\sum_{i=1}^{n}X_iY_i$$

从图 9－3 中可以直观地看出，各观测点越靠近直线，SSR/SST 越大，直线拟合的越好，即在总的离差平方和中，回归平方和所占的比重越大，则线性回归效果越好；如果残差平方和所占的比重大，则回归直线与样本观测值拟合的就不理想。这里把回归平方和与总离差平方和之比定义为样本判定系数，记作 R^2，则有

$$R^2=\frac{SSR}{SST}=\frac{\sum_{i=1}^{n}(\hat{Y}_i-\overline{Y})^2}{\sum_{i=1}^{n}(Y_i-\overline{Y})^2}=1-\frac{\sum_{i=1}^{n}(Y_i-\hat{Y}_i)^2}{\sum_{i=1}^{n}(Y_i-\overline{Y})^2} \tag{9－7}$$

可以证明

$$R^2=\left[\frac{\sum_{i=1}^{n}(X_i-\overline{X})(Y_i-\overline{Y})}{\sqrt{\sum_{i=1}^{n}(X_i-\overline{X})^2}\sqrt{\sum_{i=1}^{n}(Y_i-\overline{Y})^2}}\right]^2=r^2 \tag{9－8}$$

即判定系数 R^2 正是样本相关系数 r 的平方(证明略) 所以 R^2 的值总在 0 和 1 之间。这一结论不仅可以使我们能由相关系数直接计算判定系数 R^2，也可以使我们进一步理解相关系数的意义。相关系数 r 从另一个角度说明了回归直线的拟合优度。$|r|$ 越接近于 1，表明回归直线对观测数据的拟合程度就越高。但应用中要注意它们在概念上的不同。判定系数说明样本各观测值的总离差平方和中有多大比例可以用回归直线来解释，反映了回归直线的拟合优度。相关系数只反映变量间线性相关关系的强弱和共同变动的方向，不能说明观测值总变动中有多大比例的部分可以由 X 来解释。比如，当 $r=0.5$ 时，表面上看似乎有一半的相关性，但 $R^2=0.25$，实

际上回归直线只能解释总变差的25%。

例9.2的判定系数为 $R^2=0.98843$，这说明在 Y 值与 $\overline{Y}$ 的偏差的平方和中有98.843%可以月均销售额与广告费投入之间的线性关系来解释，或者说，在月均销售额的变动中，有98.843%是由广告费投入的变动所决定的。可见月均销售额与广告费投入之间有较强的线性关系。

3. 回归方程的显著性检验

建立回归方程的主要目的是根据所建立的方程用自变量 X 来估计或预测因变量 Y 的取值。但当我们建立了回归方程后，还不能马上进行估计或预测，因为该回归方程是根据样本数据得出的，它是否真实地反映了变量 X 和 Y 之间的关系，需要通过检验后才能证实。回归方程的显著性检验是检验自变量 X 和因变量 Y 之间的线性关系是否显著，即它们之间是否能用一个线性模型 $Y=a+bX+\varepsilon$ 来表示。它是建立在对总离差平方和分解的基础上进行的，所采用的方法是 F 检验法，所用统计量是 $F=\dfrac{SSR}{SSE/(n-2)}$。可以证明

$$F=\frac{SSR}{SSE(n-2)}\sim F(1,n-2)\text{（证明过程从略）}$$

在总离差平方和 SST 中，SSE 大就意味着 SSR 小，SSR 越小表示变量间线性相关性越低，当且仅当 $b=0$ 时，SSR 是最小的。可见要检验总体两变量间是否真正线性相关，可以检验总体的回归系数 b 是否等于零。检验的具体步骤如下：

第1步　提出假设

$H_0:b=0$（变量之间线性关系不显著），$H_1:b\neq 0$；

第2步　计算检验统计量 $F=\dfrac{SSR}{SSE/(n-2)}$；

第3步　作出决策。确定显著性水平 α（$1-\alpha$ 表示检验的可靠度），查 F 分布表得到相应的临界值 $F_\alpha(1,n-2)$，如果 $F<F_\alpha(1,n-2)$，接受 H_0，（表明变量 X 与 Y 之间没有明显的线性关系，说明回归方程不显著）；如果 $F>F_\alpha(1,n-2)$，则拒绝 H_0，（说明 X 与 Y 有显著的线性关系，说明回归方程显著）。

对于回归方程的具体检验，可利用如下方差分析表（见表9-4）进行。

表9-4　一元线性回归方程显著性检验的方差分析表

方差来源	平方和	自由度	F值	临界值
回　归	$SSR=\sum_{i=1}^{n}(\hat{Y}_i-\overline{Y})^2$	1	$F=\dfrac{SSR}{SSE/(n-2)}$	$F_\alpha(1,n-2)$
残　差	$SSE=\sum_{i=1}^{n}(Y_i-\hat{Y}_i)^2$	$n-2$		
总变差	$SST=\sum_{i=1}^{n}(Y_i-\overline{Y})^2$	$n-1$		

例 9.5 以 $\alpha=0.05$ 的显著水平对例 9.4 中的回归方程的解释能力进行检验。

解 $H_0: b=0$（两个变量之间的线性关系不显著），$H_1: b\neq 0$；

根据表 9-3 的计算结果及例 9.4 的结果，得

$$SST=\sum_{i=1}^{n}(Y_i-\overline{Y})^2=1\ 837.185$$

$$SSR=\sum_{i=1}^{n}(\hat{Y}_i-\overline{Y})^2=\hat{a}\sum_{i=1}^{n}Y_i+\hat{b}\sum_{i=1}^{n}X_iY_i-n\overline{Y}^2=$$

$$11.6\ 149\times 422.5+0.884\ 896\times 16\ 679.09-10\times 42.25^2=1\ 815.930\ 275$$

$$SSE=\sum_{i=1}^{n}(Y_i-\hat{Y}_i)^2=\sum_{i=1}^{n}Y_i^2-\hat{a}\sum_{i=1}^{n}Y_i-\hat{b}\sum_{i=1}^{n}X_iY_i=$$

$$19\ 687.81-11.614\ 9\times 422.5-0.884\ 896\times 16\ 679.09=21.254\ 725\ 4$$

则有表 9-5。

表 9-5 广告投入与月均销售额线性回归方程显著性检验的方差分析表

方差来源	平方和	自由度	F 值	临界值
回　归	$SSR=1\ 815.930\ 275$	1	$F=683.492\ 3$	$F_{0.05}(1,8)=5.32$
残　差	$SSE=21.254\ 725\ 4$	8		
总变差	$SST=1\ 837.185$	9		

对于给定的 $\alpha=0.05$，查 F 分布表得临界值：$F_\alpha(1,8)=5.32$。

由于 $F>F_{0.05}(1,8)$，所以可以认为总体两变量间的线性相关关系是显著的，所拟合的线性回归方程的解释能力是明显的，且具有 95% 的可靠度（置信概率）。

4. 回归预测及应用

如果拟合的回归直线方程通过了各项检验，就可以利用回归模型进行预测。所谓预测，就是利用模型进行外推，对变量 Y 的可能值作出定量预测。预测有点预测和区间预测之分。点预测是将给定的 X 代入回归方程，求出 Y 的预测值 $\hat{Y}$；区间预测是在一定的概率下，给出 Y 的一个取值范围。预测是回归模型在统计中的重要应用。

（1）点预测。在月平均销售额与年广告投入额（见例 9.4）的研究中，回归方程为

$$\hat{Y}=11.614\ 9+0.884\ 896X$$

它提供了年广告投入额 X 与月平均销售额 Y 之间的一种线性关系。我们可以用回归方程来对给定某一特定 X 值时 Y 的值进行预测。例如，假定年广告投入额为 65 万元，运用回归方程，我们可以得到

$$\hat{Y}=11.6\ 149+0.884\ 896\times 65=69.133\ \text{万元}$$

因此当年广告投入额为 65 万元时，月平均销售额的预测值是 69.133 万元。

(2) 区间预测。对于预测问题，除了已知 $X=X_0$ 时 Y 的点预测值 $\hat{Y}_0$ 外，我们还希望知道预测的精度，即对预测值进行区间估计。这个问题也就是对于给定的显著水平 α，找一个区间 (T_1, T_2)，使对应于某特定的 X_0 的实际值 Y_0 以 $1-\alpha$ 的置信概率被区间 (T_1, T_2) 所包含。可以证明置信度为 $(1-\alpha)$ 的置信区间为

$$\left[\hat{Y}_0 \pm t_{\alpha/2}(n-2)\hat{\sigma}\sqrt{1+\frac{1}{n}+\frac{(X_0-\overline{X})^2}{\sum_{i=1}^{n}(X_i-\overline{X})^2}}\right]$$

其中 $\hat{\sigma}^2=\frac{SSE}{n-2}$，$\hat{\sigma}\sqrt{1+\frac{1}{n}+\frac{(X_0-\overline{X})^2}{\sum_{i=1}^{n}(X_i-\overline{X})^2}}$ 为 $\hat{Y}_0$ 的标准差。

由上式可知，对于给定的显著性水平 α，为了提高预测精度，样本容量 n 应越大越好，采集数据 $x_1, x_2, \cdots, x_n$ 不能太集中。在进行预测时，所给的 X_0 不能偏离 $\overline{X}$ 太大，如果偏离太大，会导致预测效果不好。统计预测时，当时间序列数据发生了较大变化，即要预测的未来太远时，X 的取值 X_0 与当时建模时采集样本的 $\overline{X}$ 相差太大，因此再用原模型去预测就不准确。

例 9.6 试根据例 9.4 的回归方程以 95% 的置信水平预测当年广告投入额为 65 万元时，月平均销售额的置信区间。

解 已知 $\hat{\sigma}=\sqrt{\frac{SSE}{n-2}}=\sqrt{\frac{21.2547254}{8}}=1.62998$，$n=10$，$\overline{X}=34.62$，$\sum_{i=1}^{n}(X_i-\overline{X})^2=2319.076$，$\hat{Y}_0=69.133$ 万元，$\alpha=0.05$，查表得：$t_{0.05}(8)=2.306$，则月平均销售额的 95% 置信度的置信行区间为

$$\left[\hat{Y}_0 \pm t_{\alpha/2}(n-2)\hat{\sigma}\sqrt{1+\frac{1}{n}+\frac{(X_0-\overline{X})^2}{\sum_{i=1}^{n}(X_i-\overline{X})^2}}\right]=$$

$$\left[69.133 \pm 2.306 \times 1.62998 \times \sqrt{1+\frac{1}{10}+\frac{(65-34.62)^2}{2319.076}}\right]=$$

$$[69.133 \pm 4.6411]=(64.4919, 73.7741)$$

在实际中，有时也会遇到一个变量受多种变量因素的共同作用的情况。如在进行月均销售额的分析时，可能受到年广告投入额和销售价格的共同影响，这时可根据若干历史时期的年广告投入额和销售价格资料，经分析、计量后，确定变动趋势 $Y=a+b_1X+b_2X_2$。这就是多元线性回归分析法。另外，在进行多元分析时，还要进行各种检验，检验通过后才能进行分析预测。

3.2.2 非线性回归预测

在许多问题中，变量 x, y 之间并不一定是线性关系，而是某种非线性关系，不能用线性关系进行描述，但其中有些方程仍可化为线性回归方程，只要进行适当的线性变换，即可使用线

性回归方程的结果。

如果样本(x_i, y_i)，$i=1,2,\cdots,n$的散点图大致围绕下列的某一曲线散布，就可采用与之相对应的变量替换，把非线性问题转化为线性问题来处理。

1. 双曲线型 $\quad \dfrac{1}{y}=a+\dfrac{b}{x}$

令$\begin{cases} y'=\dfrac{1}{y} \\ x'=\dfrac{1}{x} \end{cases}$ 则得 $\quad y'=a+bx'$

注意：容量为n的样本(x_i, y_i)，$i=1,2,\cdots,n$也要相应地换算成(x_i', y_i')，$i=1,2,\cdots,n$。根据样本(x_i', y_i')，$i=1,2,\cdots,n$估计出$\hat{a}$，$\hat{b}$，于是得到线性方程：$\hat{y}'=\hat{a}+\hat{b}x'$。

再将变量代回，即得曲线回归方程：$\dfrac{1}{\hat{y}}=\hat{a}+\dfrac{\hat{b}}{x}$。

下面的各种曲线也需要同样来处理。

2. 指数曲线型 $\quad y=ae^{bx}$

上式两边取对数，得 $\quad \ln y=\ln a+bx$

令$\begin{cases} y'=\ln y \\ a'=\ln a \end{cases}$ 则得 $\quad y'=a'+bx$

3. 幂函数曲线型 $\quad y=ax^b$

上式两边取对数，得 $\quad \ln y=\ln a+b\ln x$

令$\begin{cases} y'=\ln y \\ x'=\ln x \\ a'=\ln a \end{cases}$ 则得 $\quad y'=a'+bx'$

4. 对数曲线型 $\quad y=a+b\lg x$

令 $x'=\lg x$ 则得 $\quad y=a+bx'$

5. S 曲线型 $\quad y=\dfrac{1}{a+be^{-x}}$

上式两边取倒数，得 $\quad \dfrac{1}{y}=a+be^{-x}$

令$\begin{cases} y'=\dfrac{1}{y} \\ x'=e^{-x} \end{cases}$ 则得 $\quad y'=a+bx'$

6. 指数曲线型 $\quad y=ae^{\frac{b}{x}}$

上式两边取对数 ，得 $\quad \ln y=\ln a+\dfrac{b}{x}$

令 $\begin{cases} y' = \ln y \\ x' = \dfrac{1}{x} \\ a' = \ln a \end{cases}$ 则得 $$y' = a' + bx'$$

7. 双曲线型 $$y = \frac{ax+b}{cx+d}$$

注意到回归曲线通过散点图的几何重心$(\bar{x},\bar{y})$，即$(\bar{x},\bar{y})$应在双曲线 $y=\dfrac{ax+b}{cx+d}$ 上，即

$$\bar{y} = \frac{a\bar{x}+b}{c\bar{x}+d}$$

将原曲线方程与上式两边相减，有

$$y-\bar{y} = \frac{ax+b}{cx+d} - \frac{a\bar{x}+b}{c\bar{x}+d} = \frac{(ad-bc)(x-\bar{x})}{(cx+d)(c\bar{x}+d)}$$

两边同除以$(x-\bar{x})$，有

$$\frac{y-\bar{y}}{x-\bar{x}} = \frac{(ad-bc)}{(cx+d)(c\bar{x}+d)}$$

两边取倒数，有

$$\frac{x-\bar{x}}{y-y} = \frac{(cx+d)(c\bar{x}+d)}{ad-bc} = \frac{c(c\bar{x}+d)}{ad-bc}x + \frac{d(c\bar{x}+d)}{ad-bc}$$

令 $\begin{cases} y' = \dfrac{x-\bar{x}}{y-\bar{y}} \\ b' = \dfrac{c(c\bar{x}+d)}{ad-bc} \\ a' = \dfrac{d(c\bar{x}+d)}{ad-bc} \end{cases}$ 则得 $$y' = a' + b'x$$

还有一些可以化为线性问题来处理的其他曲线类型，在此就不一一列举了。

例 9.7 在色彩显像中，根据经验，形成燃料光学密度 y 与析出银的光学密度 x 之间有下面类型的关系式

$$y = ae^{-\frac{b}{x}}, \quad b > 0$$

根据 y 及 x 同时作 11 次观察(或实验)，获得 11 组数据(x_i, y_i)，$i=1,2,\cdots,11$，求出 a 及 b 的估计值。将这 11 组数据(x_i, y_i)列在表 9-6 中，并将这 11 个点标在图 9-4 上。

表 9-6

编号	x	y	$x' = \frac{1}{x}$	$y' = \ln y$	x'^2	$x'y'$
1	0.05	0.10	20.000	−2.303	400.00	−46.06
2	0.06	0.14	16.667	−1.968	277.78	−32.77

续表

编号	x	y	$x'=\frac{1}{x}$	$y'=\ln y$	x'^2	$x'y'$
3	0.07	0.23	14.286	−1.470	204.08	−21.00
4	0.10	0.37	10.000	−0.994	100.00	−9.94
5	0.14	0.59	7.143	−0.528	51.02	−3.77
6	0.20	0.79	5.000	−0.236	25.00	−1.18
7	0.25	1.00	4.000	0.000	16.00	0
8	0.31	1.12	3.226	0.113	10.41	0.36
9	0.38	1.19	2.625	0.174	6.93	0.46
10	0.43	1.25	2.326	0.223	5.41	0.52
11	0.47	1.29	2.128	0.255	4.53	0.54
合计	2.46	8.07	87.408	−6.732	1 101.16	−112.84

将 $y=ae^{-\frac{b}{x}}$ 两边取对数，得 $\qquad \ln y=\ln a-\frac{b}{x}$

令 $\begin{cases} y'=\ln y \\ x'=\dfrac{1}{x} \\ a'=\ln a \\ b'=-b \end{cases}$，得 $\qquad y'=a'+b'x'$

$$n=11,\quad \overline{x}'=\frac{87.408}{11}=7.95,\quad \overline{y}'=\frac{-6.732}{11}=-0.612$$

$$L_{x'x'}=\sum_{i=1}^{n}x'^2_i-\frac{1}{11}(\sum_{i=1}^{n}x'_i)^2=1\ 101.16-694.56=406.60$$

$$L_{x'y'}=\sum_{i=1}^{n}x'_iy'_i-\frac{1}{11}(\sum_{i=1}^{n}x'_i)(\sum_{i=1}^{n}y'_i)=-112.84+53.49=-59.35$$

于是 $\qquad \hat{b}'=\dfrac{-59.35}{406.60}=-0.146,\quad \hat{a}'=-0.612+0.146\times7.95=0.549$

$$\hat{b}=0.146,\quad \ln\hat{a}=\hat{a}'=0.549,\quad \hat{a}=e^{0.549}=1.73$$

所以得到曲线回归方程为 $\qquad \hat{y}=1.73e^{-\frac{0.146}{x}}$

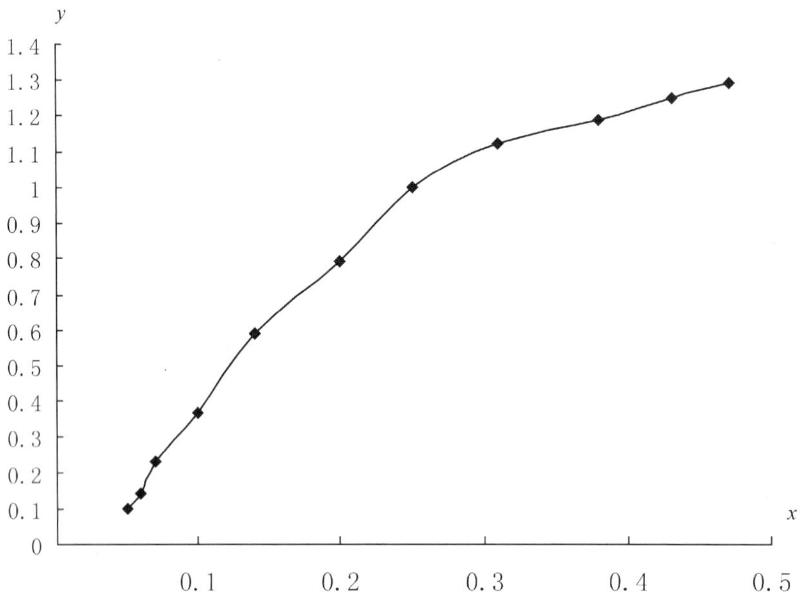

图　9-4

§4　时间序列预测法

一个多年的时间数列，为了算出逐年的趋势值，可以考虑对原始数据拟合一条数学曲线。例如，如果趋势是线性的，就可以拟合直线方程；如果趋势是指数曲线型的，则可考虑拟合指数曲线方程。在测定现象长期趋势值时首先要解决的问题是曲线方程的选择。选择曲线方程有两个途径：一是在以时间 t 为横轴，变量 Y 为纵轴的直角坐标系中作时间序列数值的散点图，根据散点的分布形状来确定应拟合的曲线方程；二是对时间序列的数值作一些分析，根据分析的结果来确定应选择的曲线方程。其次，要确定实际方程式，即根据前面确定的曲线方程和原有数列的资料，求出曲线方程中的参数，得出确定长期趋势的实际方程式；再次，按照实际方程式计算各期的趋势值；最后，绘制长期趋势直线或曲线进行预测。下面结合一些典型和常用的趋势曲线来讨论曲线方程的选择和拟合。

4.1　线性趋势方程预测

根据线性函数的特性：

$$\Delta Y_t = Y_{t+1} - Y_t = a + b(t+1) - a - bt = b$$

如果一个多年的数据序列，直观上其各点基本位于一条直线上，或其相邻两期数据的一阶差近似为一常数，就可以拟合一直线：$Y_t = a + bt$，然后，用最小二乘法来求解参数 a,b。

由于所求的趋势线 $Y_t = a + bt$，根据最小二乘法原理，得

$$\sum[Y-(a+bt)]^2=\text{最小值}$$

上式中：t 代表时间；a 代表直线趋势方程的起点值；b 代表直线趋势方程的斜率，即 t 每变动一个单位时，长期趋势值增加(或减少) 的数值。

令
$$Q=\sum[Y-(a+bt)]^2$$

为使其达到最小，则它对 a 和 b 的偏导数应等于 0，即

$$\begin{cases}\dfrac{\partial Q}{\partial a}=-2\sum(Y-a-bt)=0\\[2ex]\dfrac{\partial Q}{\partial b}=-2\sum(Y-a-bt)t=0\end{cases}\text{，整理得}\begin{cases}\sum Y=na+b\sum t\\[1ex]\sum tY=a\sum t+b\sum t^2\end{cases}$$

解得
$$\left.\begin{aligned}b&=\frac{n\sum tY-\sum t\sum Y}{n\sum t^2-(\sum t)^2}\\a&=\overline{Y}-b\overline{t}\end{aligned}\right\}\qquad(9-9)$$

其中，n 代表时间数列的项数，$\overline{Y}=\sum Y/n$，$\overline{t}=\sum t/n$，其他符号所代表的意义不变。

在对时间数列按最小二乘法进行趋势拟合的运算时，为使计算更简便些，当时间数列的项数 n 为奇数时，以中间一期时间指标为原点，时间数列中各期的时间指标设定为 $\left(-\dfrac{n-1}{2},\cdots,-2,-1,0,1,2,\cdots,\dfrac{n-1}{2}\right)$；而当时间数列的项数 n 为偶数时，将时间数列中各期的时间指标设定为$(-(n-1),\cdots,-5,-3,-1;1,3,5,\cdots,(n-1))$从而使 $\sum t=0$。则求解公式简化为

$$\left.\begin{aligned}b&=\frac{\sum tY}{\sum t^2}\\a&=\overline{Y}\end{aligned}\right\}\qquad(9-10)$$

例 9.8 某游览点历年观光游客资料如表 9-7 所示，用最小二乘法进行长期趋势分析。

表 9-7 某游览点历年观光游客的最小二乘法计算表

年份	时间 t	游客 Y/百人	t^2	tY	Y_t
1994	1	100	1	100	99.08
1995	2	112	4	224	112.72
1996	3	125	9	375	126.36
1997	4	140	16	560	140.00
1998	5	155	25	775	153.64
1999	6	168	36	1 008	167.28
2000	7	180	49	1 260	180.92
合计	28	980	140	4 302	980.00

解　由表 9-7 得，$\sum t=28$，$\sum Y=980$，$\sum t^2=140$，$\sum tY=4\ 302$，代入公式得

$$\begin{cases} b=\dfrac{n\sum tY-\sum t\sum Y}{n\sum t^2-(\sum t)^2}=\dfrac{7\times 4\ 302-28\times 980}{7\times 140-28\times 28}=\dfrac{2\ 674}{196}=13.64 \\ a=\overline{Y}-b\overline{t}=980/7-13.64\times 4=140-54.56=85.44 \end{cases}$$

从而求得直线趋势方程：$Y_t=85.44+13.64t$。

把各 t 值代入上式，便求得相对应的趋势值 Y_t，如表 9-7 的右栏。这里需要指出的是：对表 9-7 的历年游客数用直线趋势拟合，是因为各年的逐期增长量大体相当，具备了直线型时间数列的特征。

表 9-8　某游览点历年观光游客的最小二乘法计算表

年份	时间 t	游客 Y/百人	t^2	tY	Y_t
1994	−3	100	9	−300	99.08
1995	−2	112	4	−224	112.72
1996	−1	125	1	−125	126.36
1997	0	140	0	0	140.00
1998	1	155	1	155	153.64
1999	2	168	4	336	167.28
2000	3	180	9	540	180.92
合计	0	980	28	382	980.00

表 9-8 是表 9-7 中的资料按简捷公式的计算的结果。

由简捷公式得

$$\begin{cases} b=\dfrac{\sum tY}{\sum t^2}=\dfrac{382}{28}=13.64 \\ a=\overline{Y}=\dfrac{980}{7}=140 \end{cases}$$

即

$$Y_t=140+13.64t$$

将各 t 值代入上式，便求得各期的趋势值 Y_t，如表 9-8 的右栏。

最小二乘法在对原数列作长期趋势的测定时，通过趋势值 Y_t 来修匀原数列，得到比较接近原值的趋势值。利用所求的直线趋势方程还能对近期的数列值做出预测，例如，根据表 9-8 求出直线趋势方程，代入 $t=4$，便能预测 2001 年的游客人数，即

$$Y_t=140+13.64\times 4=196.56\ 百人$$

特别要提醒注意的是，作为较长期的一种趋势，利用所拟合的数学方程式进行预测时，必须假定趋势变化的因素到预测年份仍然起作用。还需要指出的是，例题只是为了说明分析计算的方法，所以一般选用的数据都比较少，实际应用时，数据应丰富些方能更好地反映长期趋势。

4.2 指数趋势方程预测

由于指数曲线具有如下特性：

$$Y = Y_t = ab^t, \quad Y_{t+1} = ab^{t+1}, \quad \frac{Y_{t+1}}{Y_t} = \frac{ab^{t+1}}{ab^t} = b$$

所以，当时间序列的各期数值大致按某一相同比率增长时，可以考虑配合指数方程。一般的自然增长及大多数经济数列都有指数变化趋势，指数曲线是一种常用的典型趋势线。指数曲线的一般形式为

$$Y_t = ab^t \tag{9-11}$$

式中 a，b 为未知常数。若 $b>1$，增长率随着时间的增加而增加；若 $b<1$，增长率随着时间 t 的增加而降低。

为了确定指数曲线中的常数 a，b，可采取“线性化”手段将其化为对数直线形式，即两端取对数，得

$$\lg Y_t = \lg a + t\lg b \tag{9-12}$$

然后根据最小二乘法原理，按直线形式的常数确定方法，得

$$\begin{cases} \lg b = \dfrac{n\sum t\lg Y - \sum t \sum \lg Y}{n\sum t^2 - (\sum t)^2} \\ \lg a = \overline{\lg Y} - \bar{t}\lg b \end{cases} \tag{9-13}$$

求出 $\lg a$，$\lg b$ 后，再取其反对数，即得常数 a，b。其中 $\overline{\lg Y} = \sum \lg Y/n$，其他符号所代表的意义不变。

类似地，若将时间数列中各期的时间指标设定为 $\left(-\dfrac{n-1}{2},\cdots,-2,-1,0,1,2,\cdots,n\dfrac{n-1}{2}\right)$（$n$ 为奇数）或（$-(n-1)$，…，-5，-3，-1；1，3，5，…，$(n-1)$）（n 为偶数），则有 $\sum t = 0$，求解公式简化为：

$$\begin{cases} \lg b = \dfrac{\sum t\lg Y}{\sum t^2} \\ \lg a = \overline{\lg Y} \end{cases} \tag{9-14}$$

例 9.9 某企业 1995—2000 年的总产量资料如表 9-9 所示。试求该企业总产量的长期趋势，计算出各期的趋势值并预测期 2001 年的总产量。

表 9-9 某企业 1995—2000 年的总产量资料及指数趋势函数计算表

（单位：万件）

年份	序号 t	t^2	Y	环比增长速度 /(%)	$Y' = \lg Y$	tY'	趋势值 Y_t
1995	−5	25	5.3		0.724 3	−3.621 5	5.33
1996	−3	9	7.2	36	0.857 3	−2.571 9	7.15
1997	−1	1	9.6	33	0.982 3	−0.982 3	9.59

续表

年份	序号 t	t^2	Y	环比增长速度 /(%)	$Y'=\lg Y$	tY'	趋势值 Y_t
1998	1	1	12.9	34	1.110 6	1.110 6	12.86
1999	3	9	17.1	33	1.233 0	3.699 0	17.25
2000	5	25	23.2	36	1.365 5	6.827 5	23.13
合计	0	70	75.3		6.273 0	4.461 4	75.31

解　根据所给资料，计算其环比增长速度，由于环比增长速度序列可以看出，各年总产量几乎按同一比例增长，所以，可以考虑拟合指数曲线：$Y_t=ab^t$.

首先计算 $Y'=\lg Y$ 及 tY'，具体计算见表 9-9。根据上面的结果，有：

$$\begin{cases}\lg b=\dfrac{\sum t\lg Y}{\sum t^2}=\dfrac{4.4614}{70}=0.063\ 7\\ \lg a=\overline{\lg Y}=\dfrac{6.2730}{6}=1.045\ 5\end{cases}$$

故 $b=1.158\ 0, a=11.104\ 5$. 因此得到总产量的长期趋势函数为

$$Y_t=11.104\ 5\times 1.158\ 0^t$$

将 t 代入方程即得，1995—2000 年总产量的趋势值，见表 9-9。若要预测 2001 年产量，则有

$$Y_{2001}=11.104\ 5\times 1.158\ 0^7=31.01\text{ 万件}$$

4.3　指数平滑预测法

指数平滑法是对不同时期的观察值用递减加权的方法修匀时间数列的波动，从而对现象的发展趋势进行预测的方法。

由于移动平均法具有需要舍去首尾若干项数据且又不适合于预测的缺点，为了克服这两个缺点，需要对移动平均法进行改进。移动平均法是用简单算术平均数对不同时间的观察值进行修匀，在简单移动平均中，各期观察值的权数都是一样的。按照事物发展由量变到质变，趋势变化由远期到近期逐步演进的过程，不同时期的观察值资料对现象的趋势发展产生不同强度的影响。因此，在进行趋势分析和趋势预测中，应对不同时期的资料给予不同的权数，方能体现远期资料的长期影响和近期资料的突出影响。指数平滑法对每期的资料分别给予不同大小的权数，越是近期资料给予的权数越大，越是远期资料给予的权数越小。这种趋势修匀方法计算简便、实用，适用于预测呈长期趋势变动和季节变动的评估对象，在各种社会经济现象的预测中得到广泛应用。指数平滑法可分为一次指数平滑法和多次指数平滑法。本节中介绍一次指数平滑法的应用。

设有时间序列 $Y_1, Y_2, \cdots, Y_t$，一次指数平滑法的基本公式如下：

$$\hat{Y}_{t+1}=\alpha Y_t+(1-\alpha)\hat{Y}_t$$

式中：Y 表示实际观察值，$\hat{Y}$ 表示预测值；t 表示不同时期（t 可理解为本期，$t+1$ 为下一期或

预测期，$t-1$ 为上一期）；α 称为平滑系数（$0 \leqslant \alpha \leqslant 1$），是人为确定的。预测期的预测值是根据本期实际发生的数值与本期预测值加权平均的结果。这是由于本期实际发生的数值反映现象的最新信息，而本期预测值则是以往长期资料提供的各种信息的综合结果。选用一个大于 0，小于 1 的权数对本期的观察值和预测值进行加权，可以排除最新信息中偶然因素影响和长期信息中陈旧信息的影响，得出的加权平均数可以较好地代表下一期的预测结果。

本期预测值则可根据公式递推产生

$$\hat{Y}_t = \alpha Y_{t-1} + (1-\alpha)\hat{Y}_{t-1}$$

上期预测值可由上上期的观察值和预测值加权产生

$$\hat{Y}_{t-1} = \alpha Y_{t-2} + (1-\alpha)\hat{Y}_{t-2}$$

由此，每期的预测值都可以依此上推。把上述指数平滑公式逐项展开，可构成如下计算公式：

$$\begin{aligned}\hat{Y}_{t+1} &= \alpha Y_t + (1-\alpha)\hat{Y}_t = \alpha Y_t + (1-\alpha)[\alpha Y_{t-1} + (1-\alpha)\hat{Y}_{t-1}] = \\ &\alpha Y_t + \alpha(1-\alpha)Y_{t-1} + (1-\alpha)^2\hat{Y}_{t-1} = \\ &\alpha Y_t + \alpha(1-\alpha)Y_{t-1} + (1-\alpha)^2[\alpha Y_{t-2} + (1-\alpha)\hat{Y}_{t-2}] = \\ &\alpha Y_t + \alpha(1-\alpha)Y_{t-1} + \alpha(1-\alpha)^2 Y_{t-2} + (1-\alpha)^3\hat{Y}_{t-2} = \\ &\alpha Y_t + \alpha(1-\alpha)Y_{t-1} + \alpha(1-\alpha)^2 Y_{t-2} + (1-\alpha)^3[\alpha Y_{t-3} + (1-\alpha)\hat{Y}_{t-3}] = \\ &\alpha Y_t + \alpha(1-\alpha)Y_{t-1} + \alpha(1-\alpha)^2 Y_{t-2} + \alpha(1-\alpha)^3 Y_{t-3} + (1-\alpha)^4\hat{Y}_{t-3} = \\ &\cdots = \\ &\alpha Y_t + \alpha(1-\alpha)Y_{t-1} + \alpha(1-\alpha)^2 Y_{t-2} + \cdots + \alpha(1-\alpha)^{t-1}Y_1 + (1-\alpha)^t\hat{Y}_1\end{aligned}$$

从以上递推展开的指数平滑公式可以看出：

(1) 指数平滑法是一种以 α 为权数的特殊加权平均数，它对不同时期的数据资料分别给予不同的权数。由于 α 是一个介于 $0 \sim 1$ 之间的小数，α 与 $(1-\alpha)$ 的乘积必小于 α，因此，随着时间的往上推移，权数中 α 值最大，$\alpha(1-\alpha)$ 次之，$\alpha(1-\alpha)^2$，$\alpha(1-\alpha)^3$，$\alpha(1-\alpha)^4$，… 按此顺序越来越小。如果远期资料的权数太小，以致对预测值的影响微不足道，可以省略不计。

(2) α 的取值是由人们主观决定的，如果 α 取值大一些，可以加重近期资料对预测值的影响，远期资料的影响将弱一些；如果 α 取值小一些，可加重长期资料对预测值的影响。一般情况下，当时间序列呈较稳定的水平趋势时，α 应取小一些，如 $0.1 \sim 0.3$，以减小修正幅度，突出以往资料中长期趋势对预测值的影响；当时间序列波动较大时，宜选择居中的 α 值，如 $0.3 \sim 0.5$。当时间序列波动很大，呈现明显且迅速的上升或下降趋势时，α 应取大些，如 $0.6 \sim 0.8$，这样可以加重近期观察值对预测值的影响，以使预测模型灵敏度高些，能迅速跟上数据的变化。实际工作中，当较难做出很有把握的判断时，可以试算几个不同 α 值，计算不同 α 值条件下每期观察值与预测值的离差平方和，和计算离差绝对值总和，即计算 $\sum (Y-\hat{Y})^2$ 或 $\sum |Y-\hat{Y}|$，

取离差平方和或离差绝对值总和较小的 α 值作平滑系数。

(3) 从公式(指数平滑法的展开式)可见,指数平滑法对预测值的逐步递推,必然要涉及到一个最早的预测值,成为初始预测值和起动值。当时间数列无明显的线性趋势,呈水平状波动时,或当数据数列的项数较多(如 $n \geqslant 30$),或当 α 取值较大($\alpha \geqslant 0.6$),经过长期平滑和一段时间平滑递推,初始值的影响往往变得很小,以至对预测期预测值不产生多少影响,此时可用第一期的数据和最初几期数据的平均数作为初始预测值。如果数列表现为明显的线性趋势,且数列项数不多,或 α 的取值不太大时,可用如下估计公式推算初始预测值:

$$\hat{Y}_1 = Y_1 - \frac{b}{\alpha}$$

式中:$b = \frac{Y_t - Y_1}{t-1}$,$Y_1$ 为第一期的观察值,Y_t 为最近一期的观察值,α 为平滑系数,t 为数据项数。

例 9.10 某公司 2001 年前 8 个月销售额资料如表 9-10 所示,用指数平滑法进行长期趋势分析。已知 1 月份预测值为 150.8 万元,α 分别取 0.2 和 0.8。

解

表 9-10 某公司 2000 年各月销售额预测表 (单位:万元)

月份	实际销售额	一次指数平滑预测数	
		$\alpha = 0.2$	$\alpha = 0.8$
1	154	150.80	150.80
2	148	$0.2 \times 154 + (1-0.2) \times 150.8 = 151.44$	153.36
3	142	150.75	149.07
4	151	149.00	143.41
5	145	149.40	149.48
6	154	148.52	145.90
7	157	149.62	152.38
8	151	151.10	156.08
9		151.08	152.02

例 9.11 设某企业 1999 年各月销售额资料如表 9-11 所示,取 α 为 0.7,试计算各月的趋势预测值,并推算 2000 年 1 月份该企业销售额的预测值(由最初期 3 个月的平均数做初始值和用估计公式推算初始预测值两种方法计算)。

表 9-11 某企业 1999 年各月销售额预测值计算表 ($\alpha = 0.7$)

月份	销售额 Y/万元	按第一种方法计算的预测值 $\hat{Y}$	按第二种方法计算的预测值 $\hat{Y}$
1	16.8		16.38
2	15.6		16.67
3	17.1		15.92

续表

月份	销售额 Y/万元	按第一种方法计算的预测值 $\hat{Y}$	按第二种方法计算的预测值 $\hat{Y}$
4	16.9	16.5	16.75
5	17.6	16.78	16.86
6	17.4	17.35	17.38
7	18.5	17.39	17.39
8	19.2	18.17	18.17
9	19	18.89	18.89
10	18.4	18.97	18.97
11	19.6	18.57	18.57
12	20	19.29	19.29

按第一种方法确定初始预测值，是以 1，2，3 月的销售额平均数作为 4 月份的预测值：

$$\hat{Y}_{4\text{月份}} = \frac{16.8 + 15.6 + 17.1}{3} = 16.5 \text{ 万元}$$

以后各月的预测值为

$$\hat{Y}_{5\text{月份}} = \alpha Y_{4\text{月}} + (1-\alpha)\hat{Y}_{4\text{月}} = 0.7 \times 16.9 + 0.3 \times 16.5 = 16.78 \text{ 万元}$$

$$\hat{Y}_{6\text{月份}} = \alpha Y_{5\text{月}} + (1-\alpha)\hat{Y}_{5\text{月}} = 0.7 \times 17.6 + 0.3 \times 16.78 = 17.35 \text{ 万元}$$

按此推算，2000 年 1 月份该企业销售额预测值为

$$\hat{Y}_{2000.1} = \alpha Y_{12\text{月}} + (1-\alpha)\hat{Y}_{12\text{月}} = 0.7 \times 20 + 0.3 \times 19.29 = 19.79 \text{ 万元}$$

按第二种方法确定初始预测值，是以估计公式推算：

$$b = \frac{Y_t - Y_1}{t-1} = \frac{20 - 16.8}{12 - 1} = 0.290\ 9$$

$$\hat{Y}_{1\text{月}} = Y_1 - \frac{b}{\alpha} = 16.8 - \frac{0.290\ 9}{0.7} = 16.384\ 4 \text{ 万元}$$

以后各月仍按指数平滑公式推算：

$$\hat{Y}_{2\text{月}} = \alpha Y_{1\text{月}} + (1-\alpha)\hat{Y}_{1\text{月}} = 0.7 \times 16.8 + 0.3 \times 16.38 = 16.67 \text{ 万元}$$

$$\hat{Y}_{3\text{月}} = 0.7 \times 15.6 + 0.3 \times 16.67 = 15.92$$

2000 年 1 月份的预测值为

$$\hat{Y}_{2000.1} = 0.7 \times 20 + 0.3 \times 12.29 = 19.79 \text{ 万元}$$

本例销售额资料呈线性发展趋势，α 取值又比较大，所以根据两种方法确定的初始值对预测结果几乎没有什么区别。

若用公式(指数平滑法的展开式) 直接预测 2000 年 1 月份的销售额：

$$\hat{Y}_{2000.1}=\alpha Y_{12}+\alpha(1-\alpha)Y_{11}+\alpha(1-\alpha)^2Y_{10}+\alpha(1-\alpha)^3Y_9+\cdots+\alpha(1-\alpha)^8Y_4=$$
$$0.7\times 20+0.7\times 0.3\times 19.6+0.7\times 0.3^2\times 18.4+$$
$$0.7\times 0.3^3\times 19+\cdots+0.7\times 0.3^8\times 16.9=19.79\text{ 万元}$$

由于 α 值较大，公式展开到 4 月份时，平滑系数 $0.7\times 0.3^8=0.000\ 045\ 927$，与实际观察值 16.9 相乘后，只对 2000 年 1 月份的预测值产生 0.000 776 166 的微小影响。因此不必再往上展开，计算结果与逐月往下递推的计算方法基本一致。

用原销售额资料与预测值资料进行比较可以看出，经过指数平滑后的预测值数列，修匀了原数列的波动程度。从表 9－11 可以看出，当原始数列存在线性发展趋势时，预测值往往存在滞后效应，即预测值小于实际值。这是因为在指数平滑法的公式中，$t+1$ 期的预测值 $\hat{Y}_{t+1}$，是根据 t 期的观察值和预测值计算的，而 t 期的预测值又是根据 $t-1$ 期的观察值、预测值计算的，以此类推，预测值在时间上始终落后了一期，由此造成预测值偏小，这正是一次指数平滑法的局限性。因此，上述方法只适用于分析呈水平状态波动，无明显线性趋势变动的资料。当原始数列有较明显的长期线性趋势时，须在一次指数平滑的基础上进行二次、三次指数平滑。二次指数平滑适用于建立直线趋势方程，能比较有效地克服一次指数平滑的滞后效应，且能进行隔月或隔年的跳跃式预测。三次指数平滑适用于建立曲线趋势方程，它们比一次指数平滑法具有更多的使用价值。对于多次指数平滑这里不再介绍。

利用指数平滑法模型进行预测，从基本模型中可以看出，只需一个 t 期的实际值 Y_t，一个 t 期的趋势值 $\hat{Y}_t$ 和一个 α 值，所用数据量和计算量都很少，这是移动平均法所不能及的。

§5　增长曲线模型预测法

5.1　修正指数曲线模型

在一般指数曲线方程右边增加一个常数 k，即可得到修正指数曲线方程：

$$Y_t=k+ab^t$$

式中：k,a,b 为未知常数，$k>0,a\neq 0,0<b\neq 1$。该曲线可用于描述这样一种常见的成长现象：初期增长迅速，随后增长率逐渐降低，最终则以 k 为增长极限。例如，某种刚刚问世的新产品，初期销售量迅速增长，当社会拥有量接近饱和时，其销售量逐渐趋于某一稳定的水平。现实生活中有许多事物的发展过程符合修正指数曲线形式。该曲线图形如图 9－5 所示。

根据修正指数曲线的性质，若时间序列中相邻两个时期的数值的一阶差之比(Δ_t/Δ_{t-1}) 接近于一常数，则可对其拟合修正的指数曲线。

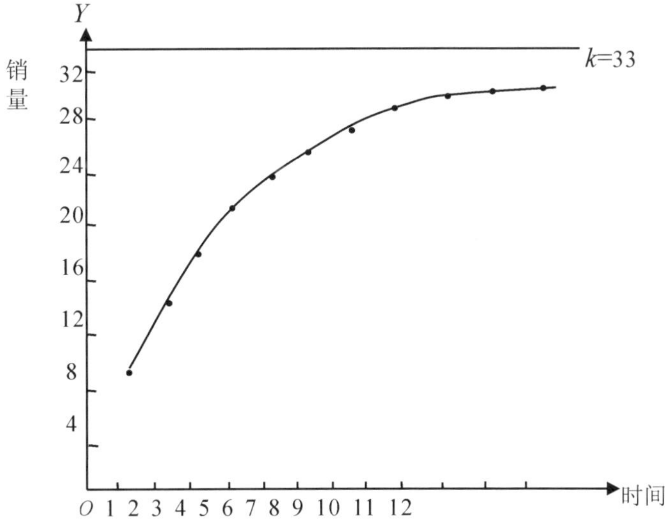

图 9-5　修正指数曲线图

由于修正指数曲线不易转变为线性形式，所以不能用最小二乘法估计参数。可以考虑用下述方法：

(1) 将时间序列分成 3 个相等的部分，每部分包括 m 个数据。

(2) 求出每部分的和，得到

$$S_1=\sum_{t=1}^{m}Y_t=mk+a\sum_{t=1}^{m}b^t,\quad S_2=\sum_{m+1}^{2m}Y_t=mk+a\sum_{t=m+1}^{2m}b^t,\quad S_3=\sum_{2m+1}^{3m}Y_t=mk+a\sum_{t=2m+1}^{3m}b^t$$

(3) 根据 S_1,S_2,S_3 的 3 个等式，就可以联立求出 3 个未知数 k,a 和 b。

$$\left.\begin{aligned} b&=\left(\frac{S_3-S_2}{S_2-S_1}\right)^{\frac{1}{m}}\\ a&=(S_2-S_1)\,\frac{b-1}{b(b^m-1)^2}\\ k&=\frac{1}{m}\left(S_1-\frac{ab(b^m-1)}{b-1}\right)\end{aligned}\right\}\qquad(9-15)$$

这种方法是基于趋势值的 3 个局部总数分别等于原资料的 3 个局部总数而得到的。

例 9.12　我国 1983—2000 年糖产量数据如表 9-12 所示。试据此资料拟合趋势线，计算出各期的趋势值，预测 2001 年的糖产量。

解　根据对表中数据的分析，其一阶差之比大致相似，可以考虑拟合修正的指数曲线。设所求趋势方程为

$$Y_t=k+ab^t$$

表 9－12　我国 1983—2000 年糖产量数据　（单位:万吨）

年度	1983	1984	1985	1986	1987	1988	1989	1990	1991
销量	377	380	451	525	506	501	582	640	829
年度	1992	1993	1994	1995	1996	1997	1998	1999	2000
销量	771	592	559	640	703	826	861	700	623

资料来源:《中国统计年鉴 2001》,中国统计出版社,2001 年。

原始数据共 18 项,可以分成 3 段,每段为 6 年。有关计算过程如表 9－13 所示。

表 9－13　我国 1983—2000 年糖产量修正曲线计算表

年度	t	销售量 Y	趋势值 $\hat{Y}_t$
1983	1	377	294.8
1984	2	380	376.6
1985	3	451	443.7
1986	4	525	499.0
1987	5	506	544.3
1988	6	501	581.6
S_1		2 740	2 740.0
1989	7	582	612.3
1990	8	640	637.5
1991	9	829	658.2
1992	10	771	675.2
1993	11	592	689.2
1994	12	559	700.7
S_2		3 973	3 973.0
1995	13	640	710.1
1996	14	703	717.9
1997	15	826	724.3
1998	16	861	729.5
1999	17	700	733.8
2000	18	623	737.4
S_3		4 353	4 353.0

故有 $$b=\left(\frac{S_3-S_2}{S_2-S_1}\right)^{\frac{1}{6}}=\left(\frac{4\ 353-3\ 973}{3\ 973-2\ 740}\right)^{\frac{1}{6}}=0.82\ 187$$

$$a=(S_2-S_1)\frac{b-1}{b(b^6-1)^2}=(3\ 973-2\ 740)\times\frac{0.82\ 187-1}{0.82\ 187\times(0.82\ 187^6-1)^2}=-558.37\ 179$$

$$k=\frac{1}{6}\times\left(S_1-\frac{ab(b^6-1)}{b-1}\right)=$$

$$\frac{1}{6}\times\left[2\ 740-\frac{-558.37\ 179\times0.82\ 187\times(0.82\ 187^6-1)}{0.82\ 187-1}\right]=753.71\ 415$$

于是得到糖产量的修正指数曲线趋势方程为

$$Y_t=Y_t=753.71\ 415-558.37\ 179\times0.82\ 187^t$$

将 t 代入方程即得我国各年糖产量的趋势值，如表 9－13 所示。将 $t=19$ 代入方程即可得到 2001 年糖产量的预测值为

$$Y_t=753.71\ 415-558.37\ 179\times0.82\ 187^{19}=740.3 \text{ 万吨}$$

这一方程说明，从 1983—2000 年这一时期的统计数据来看，我国糖产量最终将以 753.71 415 万吨 作为极限。从图 9－5 可以看出，我国糖产量在经过前几年的迅速增长后，逐渐接近于增长上限 753.71 415 万吨。

5.2　龚柏兹曲线模型

龚柏兹曲线，是英国统计学家和数学家龚柏兹(B. Gompertz) 首先提出用作控制人口增长率的一种数学模型。它的模型为

$$\hat{Y}_t=k\cdot a^{b^t}$$

式中 k,a,b 为未知常数，$k>0,0<a\neq1,0<b\neq1$。它的图形是一条 S 形曲线。该曲线所描述的现象的特点是：初期增长缓慢，以后逐渐加快，当达到一定程度后，增长率又逐渐降低，最后达到饱和状态。因此，它通常用于描述事物的发展由萌芽、成长到饱和的周期过程。现实生活中有许多现象符合龚柏兹曲线，如工业生产的增长、产品的寿命周期、一定时期内的人口增长等，因而该曲线被广泛应用于现象的趋势变动研究。

为了确定模型中的参数，通常把模型改写为对数形式：

$$\lg\hat{Y}_t=\lg k+(\lg a)b^t$$

这正是修正指数曲线模型。依照修正指数曲线估计参数的方法，可得 $\lg a,\lg k$，取 $\lg a,\lg k$ 的反对数求得 a 和 k。计算公式为

$$\left.\begin{aligned}b&=\left(\frac{S_3-S_2}{S_2-S_1}\right)^{\frac{1}{m}}\\ \lg a&=(S_2-S_1)\frac{b-1}{b(b^m-1)^2}\\ \lg k&=\frac{1}{m}\left(S_1-\frac{b(b^m-1)}{b-1}\times\lg a\right)\end{aligned}\right\}\qquad(9-16)$$

其中，$S_1=\sum_{t=1}^{m}\lg Y_t$，$S_2=\sum_{m+1}^{2m}Y_t$，$S_3=\sum_{2m+1}^{3m}\lg Y_t$ 这里 m 为时间序列中总项数的 1/3。

由于龚柏兹曲线的对数形式为修正指数曲线，因而根据修正指数曲线模型的特点，可知龚柏兹曲线模型的特点是，其对数一阶差分的环比为一常数。因此，当时间序列的对数一阶差分的环比近似一常数时，可配合龚柏兹曲线模型来预测。

例 9.13 试据表 9-13 中的我国 1983—2000 年糖产量数据，确定龚柏兹曲线方程，计算出各期的趋势值，预测 2001 年的糖产量。

解 设所求趋势方程为

$$\lg\hat{Y}_t=\lg k+(\lg a)b^t$$

有关计算过程和结果如表 9-14 所示。

表 9-14 我国 1983—2000 年糖产量龚柏兹曲线趋势计算表

年度	t	销售量 Y	$\lg Y$	趋势值 $\hat{Y}_t$
1983	1	377	2.576 341	343.4
1984	2	380	2.579 784	404.8
1985	3	451	2.654 177	461.5
1986	4	525	2.720 159	512.4
1987	5	506	2.704 151	557.0
1988	6	501	2.699 838	595.4
S_1		2 740	15.934 449	2 874.4
1989	7	582	2.764 923	627.9
1990	8	640	2.806 180	655.1
1991	9	829	2.918 555	677.6
1992	10	771	2.887 054	696.1
1993	11	592	2.772 322	711.3
1994	12	559	2.747 412	723.6
S_2		3 973	16.896 445	4 091.6
1995	13	640	2.806 180	733.6
1996	14	703	2.846 955	741.7
1997	15	826	2.916 980	748.2
1998	16	861	2.935 003	753.4
1999	17	700	2.845 098	757.6
2000	18	623	2.794 488	761.0
S_3		4 353	17.144 705	4 495.7

$$b=\left(\frac{S_3-S_2}{S_2-S_1}\right)^{\frac{1}{6}}=\left(\frac{17.144\ 705-16.896\ 445}{16.896\ 445-15.934\ 449}\right)^{\frac{1}{6}}=0.797\ 913$$

$$\lg a=(S_2-S_1)\ \frac{b-1}{b(b^6-1)^2}=$$

$$(16.896\ 445-15.934\ 449)\times\frac{0.797\ 913-1}{0.797\ 913\times(0.797\ 913^6-1)^2}=-0.442\ 626$$

$$\lg k=\frac{1}{6}\times\left(S_1-\frac{ab(b^6-1)}{b-1}\right)=$$

$$\frac{1}{6}\times\left[15.934\ 449-\frac{0.797\ 913\times(-0.442\ 426\times(0.797\ 913^6-1)}{0.797\ 913-1}\right]=2.871\ 843$$

从而　$k=774.462\ 393, a=0.360\ 897, b=0.797\ 913$。

于是得到糖产量的龚柏兹曲线方程为

$$Y_t=774.462\ 393\times 0.360\ 897^{0.7\ 979\ 131^t}$$

将 t 代入方程即得我国各年糖产量的趋势值，如表 9－14 所示。将 $t=19$ 代入方程即可得到 2001 年糖产量的预测值为：

$$Y_{2001}=774.462393\times 0.360897^{0.7\ 979\ 131^{19}}=763.7\ \text{万吨}$$

习题九

9.1　某地高校教育经费(X)与高校学生人数(Y)连续 6 年的统计资料见表 9－15。

表　9－15

教育经费 x/万元	316	343	373	393	418	455
在校学生数 y/万人	11	16	18	20	22	25

要求：(1) 建立回归直线方程

(2) 估计教育经费为 500 万元的在校学生数。

9.2　在其他条件不变的情况下，某种商品的需求量(Y)与该商品的价格(X)有关，现对给定时期内的价格与需求量进行观察，得到一组数据见表 9－16。

表　9－16

价格 x/元	10	6	8	9	12	11	9	10	12	7
需求量 y/吨	60	72	70	56	55	57	57	53	54	70

要求：(1) 计算价格与需求量之间的简单相关系数。

(2) 拟合需求量对价格的回归直线。

(3) 确定当价格为 15 元时，需求量的估计值

9.3　某公司所属 8 个企业的产品销售资料见表 9－17。

表　9－17

企业编号	产品销售额 / 万元	销售利润 / 万元
1	170	8.1
2	220	12.5
3	390	18.0
4	430	22.0
5	480	26.5
6	650	40.0
7	950	64.0
8	1 000	69.0

要求：(1) 计算产品销售额与利润额之间的相关系数。

(2) 确定利润额对产品销售额的直线回归方程。

(3) 确定产品销售额为 1 200 万元时利润额的预测值。

9.4　一元线性回归模型表示如下：

$$Y=\beta_0+\beta_1 X+u,\quad E(Y)=\beta_0+\beta_1 X$$

(1) 现已知 $n=62$，$\sum_{i=1}^{62}X_i=620$，$\sum_{i=1}^{62}Y_i=1240$，$L_{XX}=\sum_{i=1}^{62}(X_i-\overline{X})^2=40$，$L_{YY}=\sum_{i=1}^{62}(Y_i-\overline{Y})^2=250$，$L_{XY}=\sum_{i=1}^{62}(X_i-\overline{X})(Y_i-\overline{Y})=-80$。

试确定 Y 对 X 的直线回归方程。

(2) 解释 β_1 的含义。

9.5　有 8 个企业的可比产品成本降低率和销售利润资料见表 9－18。

表　9－18

企业号	可比产品成本降低率 X/(%)	销售利润 Y/ 万元
1	2.1	4.1
2	2	4.5
3	3	8.1
4	3.2	10.5
5	4.5	25.4
6	4.3	25
7	5	35
8	3.9	23.4

试计算：

(1) 建立 Y 关于 X 的直线回归方程。

(2) 当可比产品成本降低率为 6% 时，估计的销售利润是多少？

9.6　根据表 9－19 的数据拟合生产费用对产量的回归直线，并预测当产量升至 150 时的生产费用是多少？

表　9－19

企业编号	产量 X	生产费用 Y	X^2	Y^2	XY
1	40	130	1 600	16 900	5 200
2	42	150	1 764	22 500	6 300
3	50	155	2 500	24 025	7 750
4	55	140	3 025	19 600	7 700
5	65	150	4 225	22 500	9 750
6	78	154	6 084	23 716	12 012
7	84	165	7 056	27 225	13 104
8	100	170	10 000	28 900	17 000
9	116	167	13 456	27 889	19 372
10	125	180	15 625	32 400	22 500
11	130	175	16 900	30 625	22 750
12	140	185	19 600	34 225	25 900
合计	1 025	1 921	101 835	310 505	170 094

第10章　决策方法

§1　决策的概念和程序

1.1　决策的基本概念

1. 决策的含义

决策是指人们为达到一定的目标，从若干个可能的策略中选取最佳方法的过程。简单地说，决策就是决定的意思。决策是人们日常生活、企业经营管理以及国家宏观调控中普遍存在的一种行为。由于决策者所持的态度不同或是对未来不确定性的把握程度不同，使得决策的效果通常也存在较大的差异。本章将要介绍的是如何进行科学的决策，以取得较为满意的决策效果。

2. 决策的模型

决策的模型通常包括以下一些基本要素：

决策者(Decision Maker)：是进行决策的人或单位。

备选方案(Alternative)：即决策者可以采取的行动方案。最终的行动方案由决策者来决定。

自然状态(State of Nature)：是指环境中可能出现的与决策问题相关的每一种状态。

收益(Payoff)：是指衡量决策结果对决策者的价值的量化指标。多数情况下，收益以货币价值表示。也有少部分情况以效用的形式表示收益。如水果商选择不同的进货量所获得的利润应属收益范畴。

3. 决策的分类

从不同角度出发，可对决策进行不同的分类。这里主要介绍两种分类方法，第一种分类方法是根据未来状态的把握程度不同将决策问题分为以下 3 种类型。

(1) 确定型决策：确定型决策是指决策环境是完全确定的，作出选择的结果也是确定的。这种情况下的决策特点是决策者确切知道将要发生什么事，决策只须考虑一种事件，即从已知的各种方案中选出最好的方案即可。

(2) 不确定型决策：在具有多个自然状态的决策问题中，如果决策者无法获得各种自然状态在未来发生的可能性信息，那么，这类问题就属于不确定型决策。这种情况下，决策者有时只能凭主观倾向进行决策。

(3) 风险型决策：风险型决策是指决策的环境不是完全确定的，但每一种自然状态发生的概率是已知的。此时，决策者即可根据概率和统计学的知识，作出统计意义下的决策。由于这种决策总要冒一定的风险，故称风险型决策。

第二种分类方法是按照决策过程的复杂程度不同将决策问题分为单项决策和序列决策两种。

(1) 单项决策又可称为单阶段决策：是指决策过程只作一次决策便可得到结果。例如下面介绍的不确定型决策便属于单项决策。

(2) 序列决策又称多阶段决策：是指整个决策过程由一系列决策组成。经济活动中的决策问题多半属于序列决策，在这些序列决策中往往有几个关键环节要作决策，可以把这些关键环节的决策分别看做单项决策。有关序列决策的其他内容将在 §4 决策树部分进行介绍。

1.2 决策原则

决策者要想作出正确决策，应遵循下列原则。

(1) 可行性原则。决策是为达到某个目标而采取的行动。因此为实施决策方案并取得预期效果，不仅要求方案是可行的，而且要求目标也是可行的。

(2) 效益性原则。通过多方案分析比较而选定的决策方案应具有明显的效益。这里的效益应是综合效益。

(3) 合理性原则。决策结果最优化当然是决策者所希望的理想目标，但是，由于受主、客观条件因素影响，往往难以得到最优解。这时，与其费力耗时寻求最优解方案，倒不如选择令人满意的准优解或次优解更为合理。

1.3 决策的程序

一个完整的决策过程，一般包括以下几个步骤：

(1) 确定决策目标。决策目标是在一定环境和条件下所希望达到的某种结果。合理的决策目标应能满足以下两条基本要求：① 含义准确，易于评估；② 既具有现实的可能性，又富于挑战性。

(2) 拟定行动方案。分析目标实现的可能途径，拟定行动方案是决策重要的一步。拟定行动方案是一个创新过程，必须广泛搜集与决策对象及环境有关的各种信息，拓展思路，从多角度预测各种可能达到目标的途径，定出新颖可行的多种不同行动方案以供比较和选择。

(3) 预测各种自然状态下每一种行动方案的可能得失。每种行动方案在不同的状态下都会有一定的价值得失，必须用货币或效用单位测量确定；否则难以对各行动方案作出评价和选择。

(4) 方案抉择。在完成了以上几个步骤后，最后根据预定的决策目标和所建立的价值标准，对各行动方案进行比较，从中选出最优行动方案。

(5) 方案实施。方案确定以后，就应当积极组织实施。在实施过程中，要加强监督，及时反馈信息，当发生偏差或出现与预测有较大出入的情况，应根据新情况及时修正或更换行动方案。

§2 不确定型决策方法

设某企业须对一种新产品是否投产进行决策。可供选择的方案，自然状态及可获得的收益如表10-1所示。由于无法获得未来状态发生概率的估计值，那么这种类型的问题便属于不确定型的决策。

表 10-1 某企业新产品投产的收益表

方案 \ 收益/万元 \ 状态	自然状态			
	畅销	尚好	较差	滞销
大量生产 a_1	80	40	-30	-70
中等批量 a_2	55	37	-15	-40
小批试产 a_3	31	31	9	-1

不确定型问题的决策在不同情况下，由于各决策者所采取的具体立场、观点和方法的不同，决策准则会有所差异，因而决策结果也不一样，下面分别介绍五种主要的决策准则。

2.1 乐观准则(Max Max)

乐观准则是指决策者所持的态度是乐观的，不放弃任何一个可能得最好结果的机会，充满着乐观冒险精神，争取各方案最大收益值的最大值。决策的步骤一般为：

(1) 从决策表中选出各方案的收益的最大值。

(2) 在这些选出的收益最大值中，再选出最大值。该最大值所对应的方案就是乐观型决策者所认为的最优方案。

例 10.1 对表 10-1 所述问题按乐观准则进行决策。

(1) 选出各方案的最大收益值：

方案一：$\max(80, 40, -30, -70)=80$ 万元；

方案二：$\max(55, 37, -15, -40)=55$ 万元；

方案三：$\max(31, 31, 9, -1)=31$ 万元。

将这些收益值记入表 10-2 的最右列。

表 10－2　乐观准则下的决策表

收益/万元 \ 状态 方案	自然状态				各方案的收益最大值
	畅销	尚好	较差	滞销	
大量生产 a_1	80	40	－30	－70	80
中等批量 a_2	55	37	－15	－40	55
小批试产 a_3	31	31	9	－1	31
最优收益值/万元					80

(2) 选出上面三个值中的最大值

$$\text{Max}(80, 55, 31) = 80 \text{ 万元}$$

将该值记入表 10－2 的最下行，它所对应方案即大量生产为最优方案。

按乐观准则决策，实际上是选取整个收益矩阵中的最大值，但实际中也常会使决策者陷入最坏的情况，如本例中选方案一也可能导致最终的收益为－70 万元。通常情况下，当决策者拥有较强的经济实力，且即使最坏的状态发生也不会对他产生较大的影响时，可以采用乐观准则进行决策。

2.2　悲观准则(Max Min)

按悲观准则决策时，决策者是非常谨慎保守的，它总是从每个方案最坏的情况出发，然后从这些可能最坏的结果中选择一个相对最好的结果。该准则又称保守主义决策准则。决策步骤为：

(1) 从决策表中选出各方案中收益的最小值。

(2) 从这些选出的收益最小值中选择最大者，并以此所对应的方案为最优方案。

例 10.2　对表 10－1 所述问题按悲观准则进行决策，可得表 10－3。

表 10－3　悲观准则下的决策表

收益/万元 \ 状态 方案	自然状态				各方案的收益最小值
	畅销	尚好	较差	滞销	
大量生产 a_1	80	40	－30	－70	－70
中等批量 a_2	55	37	－15	－40	－40
小批试产 a_3	31	31	9	－1	－1
最优收益值/万元					－1

最优收益值对应的方案为方案三，即选择小批试产，最优收益值为 -1 万元。

2.3 等可能性准则(Laplace)

等可能性准则是 19 世纪数学家拉普拉斯(Laplace)提出的。他认为，当决策者面临着几种自然状态可能发生时，在没有确切理由说明某一自然状态有更多的发生机会时，那么只能认为各种自然状态发生的机会是均等的，即每一自然状态发生的概率为：1/ 自然状态数。

该决策方法的主要步骤为：

(1) 计算各方案的收益平均值

平均值 = 该方案在各种自然状态下收益的和 / 自然状态数

(2) 在这些收益平均值中选出最大者，并以它所对应的方案为最优方案。

例 10.3 对表 10-1 所述问题按等可能性准则进行决策，按上述步骤可得表 10-4。

表 10-4 等可能性准则下的决策表

收益/万元 \ 状态 方案	自然状态				各方案的收益平均值
	畅销	尚好	较差	滞销	
大量生产 a_1	80	40	-30	-70	5
中等批量 a_2	55	37	-15	-40	9.25
小批试产 a_3	31	31	9	-1	17.5
最优收益值/万元					17.5

最优收益值对应的方案为方案三，即选择小批试产。

2.4 折中准则

某些情况下，仅用乐观准则或悲观准则来处理问题可能比较极端，这就需要对它们进行综合。所谓折中准则就是指在乐观准则与悲观准则之间的折中。折中准则中，用乐观系数 α 表示乐观的程度，$0 \leqslant \alpha \leqslant 1$，那么悲观系数即为$(1-\alpha)$。折中准则的决策步骤如下：

(1) 计算折衷收益值：

$$H_i = \alpha A_{i\max} + (1-\alpha) A_{i\min}$$

(2) 其中 $A_{i\max}$ 和 $A_{i\min}$ 分别表示第 i 个方案可能实现的最大收益值和最小收益值2，从计算出的折中收益值中选出最大者，并以此对应的方案为最优方案。

例 10.4 对表 10-1 所述问题按折中准则进行决策，假设取乐观系数 $\alpha=0.4$，按照上述步骤可得表 10-5。

表 10-5　折中准则下的决策表

收益/万元 \ 状态 方案	自然状态				各方案的折中收益值 $H_i(\alpha)$
	畅销	尚好	较差	滞销	
大量生产 a_1	80	40	−30	−70	−10
中等批量 a_2	55	37	−15	−40	−2
小批试产 a_3	31	31	9	−1	11.8
最优收益值/万元					11.8

依折中准则决策的最优收益值为 11.8 万元，即对应方案三：小批试产。

2.5　后悔值准则

后悔值准则又称最小机会损失准则或 Savage 决策准则，其含义是：当某一自然状态发生后，由于决策者没有选择收益最大的方案，而形成的后悔或损失值。后悔值准则的决策步骤为：

(1) 将收益矩阵转变为相应的后悔值矩阵，后悔值计算方法为

$$\text{后悔值} = \text{同一自然状态下的最大收益值} - \text{收益值}$$

(2) 选出后悔值矩阵中每个方案的最大值；

(3) 选择这些最大后悔值中的最小者，并以此所对应的方案为最优方案。

例 10.5　对表 10-1 所述问题按后悔值准则进行决策，可得表 10-6：

表 10-6　后悔值准则下的决策表

收益/万元 \ 状态 方案	自然状态				各方案的最大后悔值 $H_i(\alpha)$
	畅销	尚好	较差	滞销	
大量生产 a_1	0	0	39	69	69
中等批量 a_2	25	3	24	39	39
小批试产 a_3	49	9	0	0	49
最小后悔值/万元					39

依后悔值准则进行决策的最小后悔值为 39 万元，即对应方案二：中等批量生产为最优方案。

不确定型问题的决策，常常由于采用的决策准则不同，最终得到的决策方案也是不一样的。因此，为了提高决策的可靠性，还应尽量掌握各种自然状态发生的概率，从而将不确定型的决策问题转化为风险型的决策问题。

§3 风险型决策方法

经济活动中存在大量的投资决策问题，如项目投资、证券投资等。这些投资决策原本可能属于不确定型决策问题，但决策者为了提高决策的可能性，总是努力收集各种信息，以确定各种自然状态发生的概率，从而将不确定型决策转变成风险型决策问题。风险型决策方法与所选择的决策准则直接相关，一般有以下四种决策准则。

3.1 最大期望收益决策准则

最大期望收益决策准则是依各种自然状态发生的概率，计算出各行动方案收益期望值。然后从各期望值中选择期望收益最大的方案为最优方案。

最大期望收益准则进行决策的步骤是：

(1) 依各种自然状态发生的概率，计算各行动方案收益期望值。各个方案的期望收益值由以下公式计算得到

$$E(A_i)=\sum_{j=1}^{m}X_{ij}P(\theta_j)$$

式中，$E(A_i)$ 为第 i 个方案的期望收益值；x_{ij} 表示第 i 个方案在第 j 种状态下的收益值；$P(\theta_j)$ 表示第 j 种状态发生的概率；m 为总共可能发生的状态数目。

(2) 从各方案期望收益值中选择期望收益值最大的方案为最优方案。

例 10.6 某施工单位决定下月是否开工。若开工，开工后天气好按时完工可获利 5 万元；开工后天气不好不能按时完工将损失 1 万元；若不开工，则无论天气好坏，都将损失 0.1 万元。根据历年气象统计资料，天气坏的概率是 0.8，天气好的概率是 0.2。试按最大期望收益准则进行决策。

解 (1) 根据题意，可列出收益如表 10－7 所示。

表 10－7 某施工单位的收益表

方案 ＼ 收益/万元 ＼ 状态 / 概率	θ_1：天气好	θ_2：天气坏
	0.2	0.8
A_1：开工	5	－1.0
A_2：不开工	－0.1	－0.1

(2) 以 A_1 代表开工，A_2 代表不开工，计算得到两种方案的期望收益值如下：

$$E(A_1)=5\times0.2+(-1)\times0.8=0.2\text{ 万元}$$

$$E(A_2)=-0.1\times0.2+(-0.1)\times0.8=-0.1\text{ 万元}$$

按最大期望收益准则:应选取期望收益最大者:max {0.2 ,−0.1}=0.2 万元。

所以应选择开工的方案。

例 10.7 某公司产品每 1 000 件装成一箱出售。已知每箱中不合格率可能为 5%,10%,15%。该公司准备采用的行动方案是,或者产品出厂前检验整箱全部产品,或者装箱前不检验,顾客一旦购得不合格品准予退换。如果检验产品,每件产品的检验费是 0.1 元,退还产品每件的损失是 1.25 元。各种不合格率发生的概率如表 10-8 所示,试用最大期望收益决策准则进行决策。

表 10-8 某公司每箱产品付酬表

方案 \ 费用额/元 \ 概率 \ 状态	不合格品率		
	5%	10%	15%
	0.6	0.3	0.1
A_1:整箱检验	100	100	100
A_2:整箱不检验	62.5	125	187.5

解 根据表 10-8 提供的数据,设 A_1 为整箱检验,A_2 为整箱不检验,计算得到两种方案的期望支付额为

$$E(A_1)=100\times0.6+100\times0.3+100\times0.1=100\text{ 元}$$

$$E(A_2)=62.5\times0.6+125\times0.3+187.5\times0.1=93.75\text{ 元}$$

按最大期望收益准则应选取期望支付额最小者

$$\min\{100,93.75\}=93.75\text{ 元}$$

所以,应选择整箱不检验的方案。

3.2 最小机会损失决策准则

最小机会损失决策准则主要是指当决策者没有选择某一状态下的最优收益值时,可能会形成一定的损失。由于决策时还不能确定哪种自然状态即将发生,此时决策者可以通过比较各个方案的期望损失值得出最优方案。

最小机会损失决策准则的一般步骤为:

(1) 将收益值矩阵转变成损失值(或后悔值)矩阵,即以每种自然状态下的最大收益值减去该状态下的各收益值。

(2) 依各自然状态发生的概率计算出各方案的期望损失值。

(3) 从得出的期望损失值中选择最小者,并以此所对应的方案为最优方案。

例 10.8 某投资者打算以 10 000 元来投资 A,B,C 三种证券中的一种,当前他所获得的信息如表 10-9 所示。按最小机会损失决策准则对实例中的问题进行决策。

表 10 - 9　证券投资决策收益

收益值/元 自然状态 方案	θ_1(经济形势好) $P(\theta_1)=0.3$	θ_2(经济形势一般) $P(\theta_2)=0.5$	θ_3(经济形势差) $P(\theta_3)=0.2$
A_1:投资证券 A	800	550	300
A_2:投资证券 B	650	600	500
A_3:投资证券 C	250	400	1 000

解　(1) 先将收益值矩阵转变为损失值矩阵,如表 10 - 10 所示。

表 10 - 10　损失值矩阵

收益值/元 自然状态 方案	θ_1(经济形势好) $P(\theta_1)=0.3$	θ_2(经济形势一般) $P(\theta_2)=0.5$	θ_3(经济形势差) $P(\theta_3)=0.2$
A_1: 投资证券 A	0	50	700
A_2:投资证券 B	150	0	500
A_3:投资证券 C	550	200	0

(2) 根据不同自然状态的概率计算投资每种证券的期望损失值:

$$E(A_1)=0\times0.3+50\times0.5+700\times0.2=165 \text{ 元}$$

$$E(A_2)=150\times0.3+0\times0.5+500\times0.2=145 \text{ 元}$$

$$E(A_3)=550\times0.3+200\times0.5+0\times0.2=265 \text{ 元}$$

(3) 选择这三个期望损失值中的最小者,即以期望损失值为 145 元的方案作为最优方案,因此投资者依据最小机会损失准则决策的结果是对证券 B 进行投资。

说明:采用最大期望收益决策准则与最小机会损失决策准则所得出的决策结果是相同的。

3.3　最大可能性决策准则

当各种自然状态出现的概率相差较大,且有一种状态出现的概率明显地高于其他自然状态的概率时,则可以只考虑概率最大的那个自然状态下各行动方案的损益值,从中择优选取最佳方案,而这就是以最大可能性为准则的决策方法。

例 10.9　目前市场上流行羊绒服装,某服装厂打算在原有的基础上增加羊绒大衣的生产。现有两种方案:方案一,引进一条新的生产线进行大批量生产;方案二,利用原有设备挖掘潜力进行小批量试生产。通过对市场的调查、分析测算,得到的收益如表 10 - 11 所示。

表 10-11　某服装厂生产羊绒大衣的收益表

方案　收益/万元　概率　状态	θ_1:羊绒服装热继续	θ_2:羊绒服装热下降	期望收益/万元
	$P(\theta_1)=0.25$	$P(\theta_2)=0.75$	
A_1:引进新生产线	240	−50	22.5
A_2:不引进新生产线	50	10	20

虽然根据最大期望收益决策准则,引进新生产线大批量生产的期望收益较高,但从一次性损益考虑,既然"羊绒服装热下降"的可能性很大,采用最大可能性准则进行择优较为合理。在自然状态"羊绒服装热下降"下,不引进新生产线收益高于引进新生产线的收益,所以应选择方案二:利用原有设备挖掘潜力进行小批量试生产的方案。

3.4　效用决策准则

1. 效用的含义

在决策中,效用指决策者对于收益或损失的独特兴趣、感觉或者反应,是决策者对价值的一种主观测度,代表着决策者对于风险的态度。

效用值表示决策者对某一种行动方案期望损益的偏好程度。通常,最高的效用值为1,最低的效用值为0,对某一决策者来说,效用值越大,与它对应的收益值所代表的方案越可取,效用值越小,与它对应的收益所代表的方案越不可取。

2. 效用曲线

对于具有不同风险的相同期望损益,不同的决策者会给出不同的效用值。用横坐标表示期望损益值,纵坐标表示效用值,将各期望值与其相应的效用值在该坐标图上画点连线,就可以得到效用曲线。

求解效用曲线的一个通常的方法是N-M心理实验法。下面通过一个实例来说明这种方法的原理。

例 10.10　决策者面临两种方案:A_1:以0.5的概率获利4 000元,以0.5的概率损失2 000元;A_2:以100%的把握获利500元。试找出决策者的效用曲线。

解　(1) 首先找出各方案的最大收益值和最大亏损值,令最大收益值的效用值为1,最大损失值的效用值为0。

在该例中,最大收益值是4 000元,令 $U=(4\ 000)=1$;最大损失额是2 000元,则令 $U(-2\ 000)=0$。这样,我们得到了以损益值为横轴,效用值为纵轴的坐标图中的两点:$(-2\ 000,0)$,$(4\ 000,1)$。

(2) 接着开始向决策者提问,寻找第一个平衡点,即一笔无风险的收益与有风险的期望收益效用值相等的点。

在此例中，方案 A_2 正好是一笔确定收益，因此问决策者 A_1，A_2 两方案选择哪一个。假如决策者选择 A_2，说明 A_2 效用高于 A_1 方案的期望值，未能等价。这时提问者需要调整问题，例如，将确定收益降为 -200 元后请决策者选择，假如决策者选择了 A_1，依然未找到平衡点，因此还要调整问题，继续提问，直至找到平衡点。假如，当问题调整为确定收益 0 元时，决策者认为选确定收益 0 元的方案与选 A_1 方案没有区别，任选其一即可。则 0 元就是平衡点的横坐标，其效用值与方案 A_1 的期望值效用相等，因此可利用这一关系求出平衡点的效用值

$$U(0)=0.5U(4\ 000)+0.5U(-2\ 000)=0.5\times 1+0.5\times 0=0.5$$

于是得到效用曲线的又一个点(0,0.5)。

(3) 用第一平衡点的收益值与其相邻的两个损益值组成两个新的风险决策方案，然后寻找这两个方案的平衡点。

在此例中，用 0 元与其相邻的收益值 4 000 元组成一个新的风险决策方案，即以 0.5 的概率获得 0 元，0.5 的概率获得 4 000 元。然后，将这个新的方案与一确定收益比较，请决策者选择，反复提问调整，直到找到平衡点。假如，当提出确定收益为 1 500 元时，决策者认为选择 1 500 元确定收益与选择方案：0.5 概率获利 0 元，0.5 概率获利 4 000 元都一样，则得到又一个平衡点，并有

$$U(1\ 500)=0.5U(0)+0.5U(4\ 000)=0.5\times 0.5+0.5\times 1=0.75$$

因此得到效用曲线的又一点(1500,0.75)。

再将 0 元与相邻的损失额 $-2\ 000$ 元组成一个新的风险方案，用同样的办法找出与其等效用的确定收益值。假如为 $-1\ 100$，则得到第三个平衡点，有

$$U(-1\ 100)=0.5U(0)+0.5U(-2\ 000)=0.5\times 0.5+0.5\times 0=0.25$$

于是有效用曲线的又一个点(−1 100,0.25)。

至此已得到效用曲线的 5 个点，一般而言，连同端点有 5 个点，就可以描绘出一条效用曲线了。当然，如果想得到更精确得曲线，可以依上述方法继续提问，以求出更多得平衡点。提问时必须注意一点，在每次构成新的决策方案时，都要用与已知效用值的收益值相邻的收益值，不能跳跃式的组合，否则将会出现前后矛盾的情况。

(4) 描点连线，画出效用曲线图。此例根据 5 个点绘出的效用曲线图如图 10-1 所示。

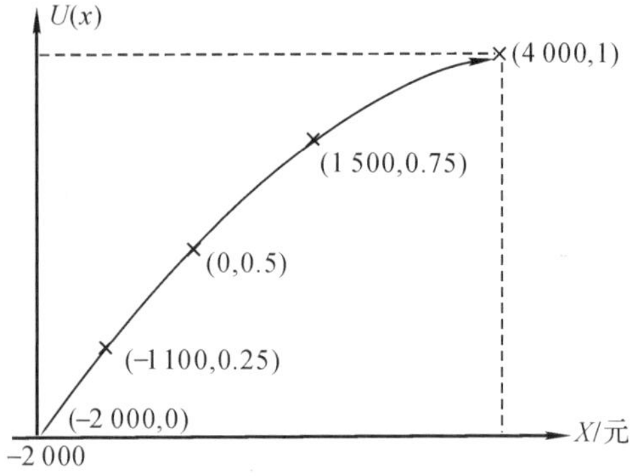

图 10-1　决策者的效用曲线图

效用曲线因人而异，但基本上可以归结为三种类型，三种类型的曲线如图 10-2 所示。

曲线 A 是一条上凸曲线，反映决策者对损失反应特别敏感，对收益反应较不敏感，决策者是一种不求大利、小心谨慎较为保守的人。曲线 C 是一条下凸曲线，反映决策者对收益反应特别敏感，对损失反应较为迟钝，属于为谋求高利敢冒险的积极进

取的人。曲线 B 是一条直线。此类决策者认为等额的确定收益值和有风险的期望值具有相同的效用,他们在决策时仅仅考虑收益的大小,而不考虑风险。这种效用曲线说明决策者是一种循规蹈矩和按常规办事的人。

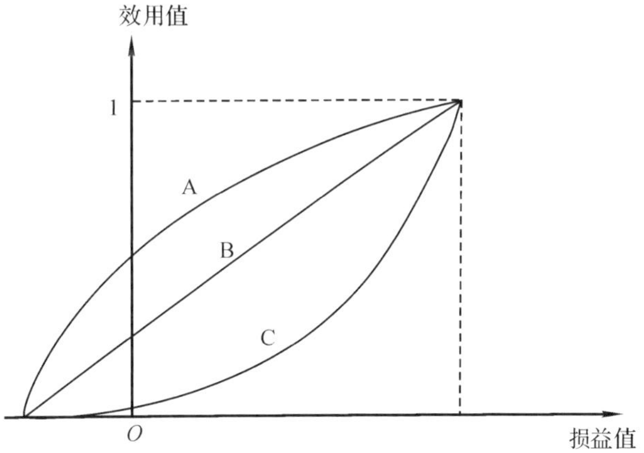

图 10-2　三种类型的效用曲线图

3. 效用准则决策方法

应用效用准则决策,就是通过对各行动方案期望效用值的比较,选出期望效用值最大的方案作为最优的方案。

例 10.11　某公司打算生产一种新产品,有两个备选方案:大批量生产和小批量生产。根据市场预测,未来市场销路好的可能性为 0.6,销路不好的可能性为 0.4。若销路好,大批量生产年利润为 1 000 万元,小批量生产年利润为 500 万元;若销路不好,大批量生产年利润为－500 万元,小批量生产年利润为 0 元。问该公司应选择哪一种方案。

解　(1) 首先根据题目所给条件按期望准则进行决策,决策分析表如表 10-12 所示。

表 10-12　各方案在各种状态下的利润

方案 \ 利润额/万元 \ 概率 \ 状态	销路好	销路差	期望利润
	0.6	0.4	
大批量生产	1 000	－500	400
小批量生产	500	0	300

大批量生产的期望利润比小批量生产多 100 万元,因此应选大批量生产。

(2) 按效用准则进行决策。首先,按 N-M 心理实验法找出效用曲线。该系统中最大收益为 1 000 万元,最小收益为－500 元,故令 $U(1\,000)=1$, $U(-500)=0$。 假设根据提问结果,找

出 －500 万元与 1 000 元之间的若干个点，得到的效用曲线如图 10－3 所示。

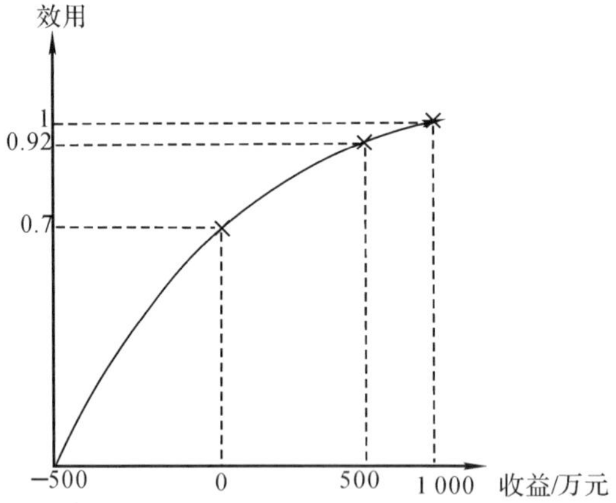

图 10－3　某公司决策者的效用曲线图

接着，从效用曲线上找出决策系统中所有收益值对应的效用值，即

$$U(1\ 000)=1,\quad U(-500)=0,\quad U(500)=0.92,\quad U(0)=0.7$$

最后，编制效用决策分析表如表 10－13 所示。

表 10－13　期望效用决策分析表

方案 \ 状态 / 概率 / 效用值	销路好	销路差	期望效用
	0.6	0.4	
大批量生产	1	0	0.6
小批量生产	0.92	0.7	0.832

计算结果表明，采用大批量生产的期望效用值低于采用小批量生产的效用值，于是选择小批量生产。

两种决策准则选择结果正好相反。由图 10-3 的效用曲线可知，该公司决策人员比较保守稳健，因而选择方案时力求降低风险。

§4　决策树方法

无论是期望值准则决策法还是最大可能准则决策法，都是通过对损益矩阵的计算分析来选择方案。但是当各方案面临的自然状态不同，从而不能用损益矩阵来表列数据资料时，当所需要进行的决策一次不能完成，必须在前阶段决策基础上进行第二次、第三次等进一步的决策时，就需要用决策树的方法来表现决策所面临的各种状态、条件、方案和可能结果，以便从中择优抉择。

决策树是对决策局面的一种图解。顾名思义，是一种类似于一棵树的图。

4.1 决策树的结构

决策树的结构如图 10－4 所示，一般由 4 个基本要素组成。

从图 10－4 看到，决策树由以下几部分构成：

(1) 决策点与方案枝。在决策树中，呈"□"状的图形称为决策点。由决策点向右侧引出的线条称为方案枝，每条线条都代表一个方案方案枝上应标明方案内容。

(2) 状态点与概率枝。在方案枝末端呈"○"状的图形称为状态点。由状态点向右侧引出的线条称为概率枝，每条线都是代表一种状态。状态枝上应标明状态及其出现的概率。状态枝末可以连接另一个机会点，也可以连接决策点或终点。

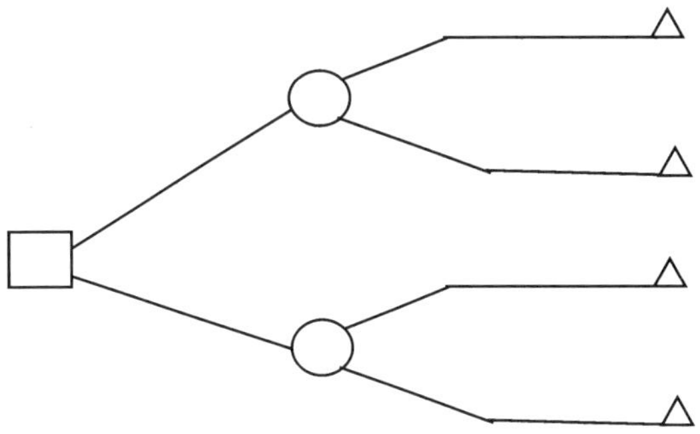

图 10－4 决策树的结构

为了分析计算方便，可将各决策点和状态点依顺序编上号。

(3) 终点与付酬值。在概率枝末端呈"△"状的记号称为终点。在终点右侧应标明付酬值，即相应状态下采用某种方案可能造成的损益值。

如果整棵决策树上只有一个决策点，称为单级决策树；如果不止一个决策点，则称之为多级决策树。图 10－4 是一个单级决策树。

4.2 决策树制作及决策步骤

制作决策树时，应从决策点开始，按照从左向右的顺序逐步展开，在各条方案枝上标明方案内容，在各条概率枝上标明状态和概率，并在终点旁标明相应的付酬值。

利用决策树进行决策分析时，则应从终点开始，按照从右向左的顺序逐步分析计算期望损益值（如果是按期望值决策准则决策），并将计算结果标明在相应的状态点旁，在分析比较各方案期望损益值后，只留下所选择的方案枝，其他方案枝都要画上记号"‖"表示该方案枝已被剪掉。

下面通过实例来说明如何利用决策树进行决策。

4.3 决策树应用实例

1. 单级决策树

例 10.12 某公司为生产某种新产品而设计了两种基本建设方案，一个方案是建大厂，另一个方案是建小厂，建大厂需投资 280 万元，建小厂需投资 160 万元，两者的使用期都是 10 年，无残值。估计在寿命期内产品销路好的概率是 0.7，产品销路差的概率是 0.3，两种方案的年度损益值如表 10－14 所示。试用决策树进行决策。

表 10－14 年度损益表

方案 \ 收益值/万元 \ 状态 / 概率	销路好	销路差
	0.7	0.3
建大厂	100	－20
建小厂	40	30

解 (1) 首先根据资料画出决策树，如图 10－5 所示。

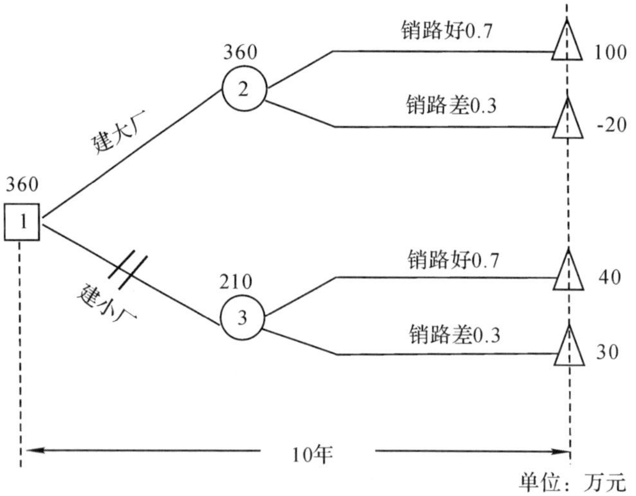

图 10－5 决策树示意图

(2) 计算各状态点的期望收益值。

点 2：$[100\times0.7+(-20)\times0.3]\times10-280=360$ 万元；

点 3：$(40\times0.7+30\times0.3)\times10-160=210$ 万元。

将计算结果填入决策树中相应的状态点。

(3) 作出抉择。比较两个状态节点上的期望值，显然建大厂方案的期望值高于建小厂方案的期望值，因此应选择方案“建大厂”，将选择结果画在决策树上，剪去被淘汰的方案枝(在方案枝上作记号“∥”)，将选择的方案所能带来的期望利润值填在决策点旁。

例 10.13 承前例，但分为前 3 年和后 7 年两个时期考虑。经市场预测前 3 年销路好的概率为 0.7，若前 3 年销路好，则后 7 年销路也好的概率为 0.9；前 3 年销路差的概率为 0.3，若前 3 年销路差，则后 7 年销路也差的概率为 0.9。试用决策树进行决策。

解 (1) 画出决策图，见图 10－6。

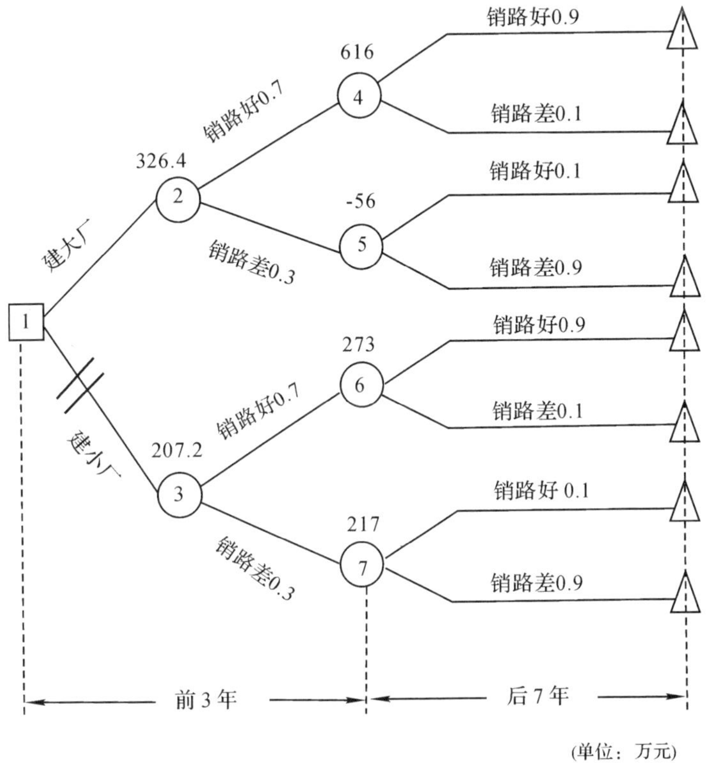

图 10－6 决策树示意图

(2) 计算各状态点的期望收益值。

点 4：$[100\times0.9+(-20)\times0.1]\times7=616$ 万元；

点 5：$[100\times0.1+(-20)\times0.9]\times7=-56$ 万元；

点 2：$(100\times0.7\times3+616\times0.7)+[(-20)\times0.3\times3+(-56)\times0.3]-280=326.4$ 万元；

点 6：$(40\times0.9+30\times0.1)\times7=273$ 万元；

点 7：$(40\times0.1+30\times0.9)\times7=217$ 万元；

点 3：$(40\times0.7\times3+273\times0.7)+(130\times0.3\times3+217\times0.3)-160=207.2$ 万元；

将计算结果填入各状态点。

(3) 作出抉择。由于建大厂的期望利润高于建小厂，因此选择方案建大厂，将方案枝“建小厂”剪去，将建大厂可能获得的期望收益值填在决策点旁，表示所作的抉择，如图 10－6 所示。

2. 多级决策树

多级决策树指包括两个及两个以上决策点的决策树。

例 10.14 某无线电厂主要生产收录机。目前该厂正着手制定改革工艺计划，拟定了两个方案：方案 1 是向国外购买专利，估计谈判成功的可能性为 0.8；方案 2 是自行研制，估计成功的可能性是 0.6 自行研制的费用较购买专利便宜 10 万元。无论采用哪个方案，只要工艺改革成功，生产规模就可以扩大，扩大的程度可以自行选择，或者是增加 1 倍产量，或者是增加两倍产量。工艺改革不成功，则只能维持原产量。根据市场预测，今后相当一段时间，对该厂生产的收录机的需求量较高的可能性为 0.3，较低的可能性为 0.2，一般水平的可能性为 0.5。经测算，已得出各种情况下的利润值如表 10－15 所示。试对此问题作出决策。

表 10－15　利润表

方案 \ 收益值/万元 \ 概率 \ 状态		市场需求量高	市场需求量中	市场需求量低
		0.3	0.5	0.2
按原工艺生产		150	10	－100
购买专利成功	增产 1 倍	500	250	0
	增产 2 倍	700	400	－200
自行研制成功	增产 1 倍	500	100	0
	增产 2 倍	800	300	－200

解　这是一个两阶段决策问题。最后的决策是在购买专利和自行研制两方案中选择，而这两个方案的选择则有赖于生产规模方案的选择。显然，这种情况的决策问题用损益表不能解决，因此需要用决策树图来帮助进行决策分析。

(1) 首先根据题意，画出决策树如图 10－7 所示。

(2) 计算状态点 8，9，10，11，12，13 的期望利润值。

点 8：$500\times0.3+250\times0.5+0\times0.2=275$ 万元；

点 9：$700\times0.3+400\times0.5+(-200)\times0.2=370$ 万元；

点 10：$150\times0.3+10\times0.5+(-100)\times0.2=30$ 万元；

点 11：$500\times0.3+100\times0.5+0\times0.2=200$ 万元；

点 12：$800\times0.3+300\times0.5+(-200)\times0.2=350$ 万元；

点 13：$150\times0.3+10\times0.5+(-100)\times0.2=30$ 万元。

将计算结果填在各状态点旁。

(3) 根据以上计算结果，作出第一阶段的决策，在决策点 4，5，6 和 7 后各自的方案枝中选出期望最大的方案枝，其他的方案枝则剪去。即：决策点 4 选方案“增产两倍”；决策点 5 选方案

"维持原产量";决策点 6 选方案"增产两倍";决策点 7 选方案"维持原产量"。

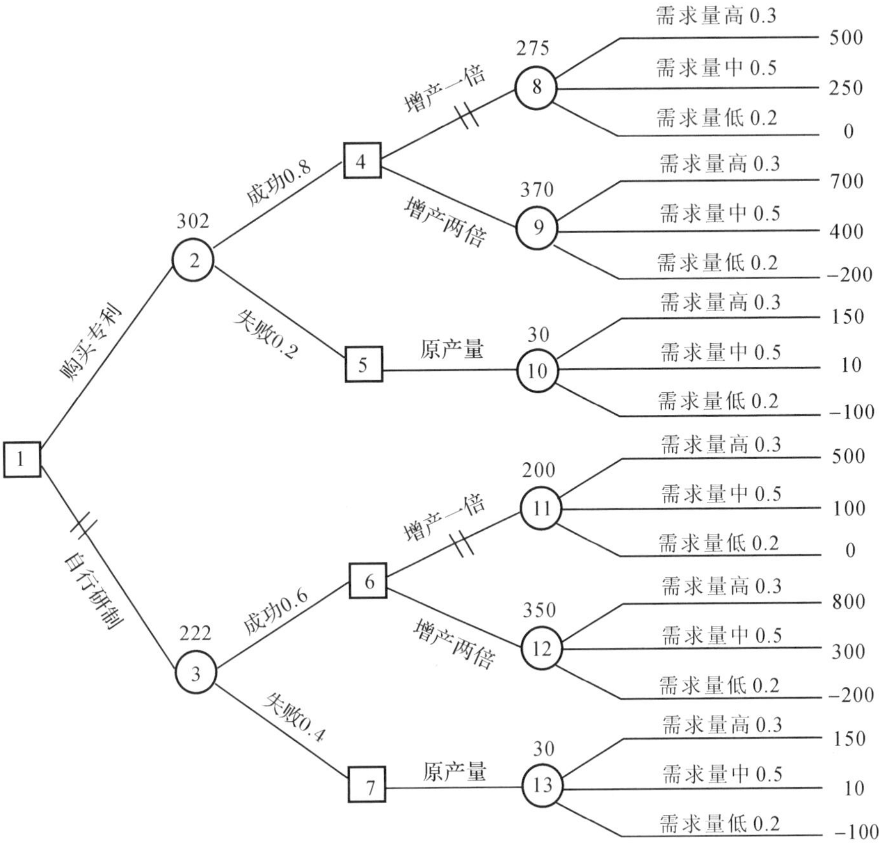

图 10-7　两阶段决策树示意图

(4) 进一步计算状态点 2 和 3 的期望利润值,得

点 2:$370\times0.8+30\times0.2=302$ 万元;

点 3:$350\times0.6+30\times0.4=222$ 万元。

(5) 进行最后阶段决策。由于购买专利的期望利润高于自行研制,所以最后的选择是购买专利。

3. 决策树案例

某投标单位面临 A,B 两项工程投标,因受本单位资源条件的限制,只能选择一项工程投标,或者两项工程均不投标。根据过去类似工程投标的经验数据,A 工程投高标的中标概率为 0.3,投低标的中标概率为 0.6,编制投标文件的费用为 3 万元;B 工程投高标的中标概率为 0.4,投低标的中标概率为 0.7,编制投标文件的费用为 3 万元。

各方案承包的效果、概率及损益情况如表 10-16 所示。

表 10－16　各方案投标方案效果概率及损益表

方案	效果	概率	损益值／万元
A 高	好 中 差	0.3 0.5 0.2	150 100 50
A 低	好 中 差	0.2 0.7 0.1	110 60 0
B 高	好 中 差	0.4 0.5 0.1	110 70 30
B 低	好 中 差	0.2 0.5 0.3	70 30 －10

试根据以上资料编制决策树。

解　计算树中各点的损益值：

点 6：$150 \times 0.3 + 100 \times 0.5 + 50 \times 0.2 = 105$ 万元；

点 2：$105 \times 0.3 - 3 \times 0.7 = 29.4$ 万元；

点 7：$110 \times 0.2 + 60 \times 0.7 + 0 \times 0.1 = 64$ 万元；

点 3：$64 \times 0.6 - 3 \times 0.4 = 37.2$ 万元；

点 8：$110 \times 0.4 + 70 \times 0.5 + 30 \times 0.1 = 82$ 万元；

点 4：$82 \times 0.4 - 3 \times 0.6 = 31.0$ 万元；

点 9：$70 \times 0.2 + 30 \times 0.5 - 10 \times 0.3 = 26$ 万元；

点 5：$2.6 \times 0.7 - 3 \times 0.3 = 17.3$ 万元。

根据最大期望损益决策原理，可以确定 *A* 方案中的低方案为中标方案。

$$\max\{29.4, 37.2, 31, 17.3\} = 37.2$$

根据决策者的效用类型及效用曲线的确定，就可以将决策树中的损益值转换为对应的效用值。图 10－8 中假设数据对应关系如表 10－17 所示。

表 10－17　效用值数据表

损益值	－10	－3	0	30	50	60	70	100	110	150
效用值	0	0.06	0.1	0.25	0.35	0.45	0.55	0.75	0.80	1

损益值由效用值代替后，效用决策树中各点效用期望值的计算结果如下：

点 6：$0.35 \times 0.2 + 0.75 \times 0.5 + 1 \times 0.3 = 0.745$；

点 7：$0.80 \times 0.2 + 0.45 \times 0.7 + 0.1 \times 0.1 = 0.485$；

点 8:0.80×0.4+0.50×0.5+0.25×0.1=0.595;
点 9:0.55×0.2+0.25×0.5+0×0.3=0.235。

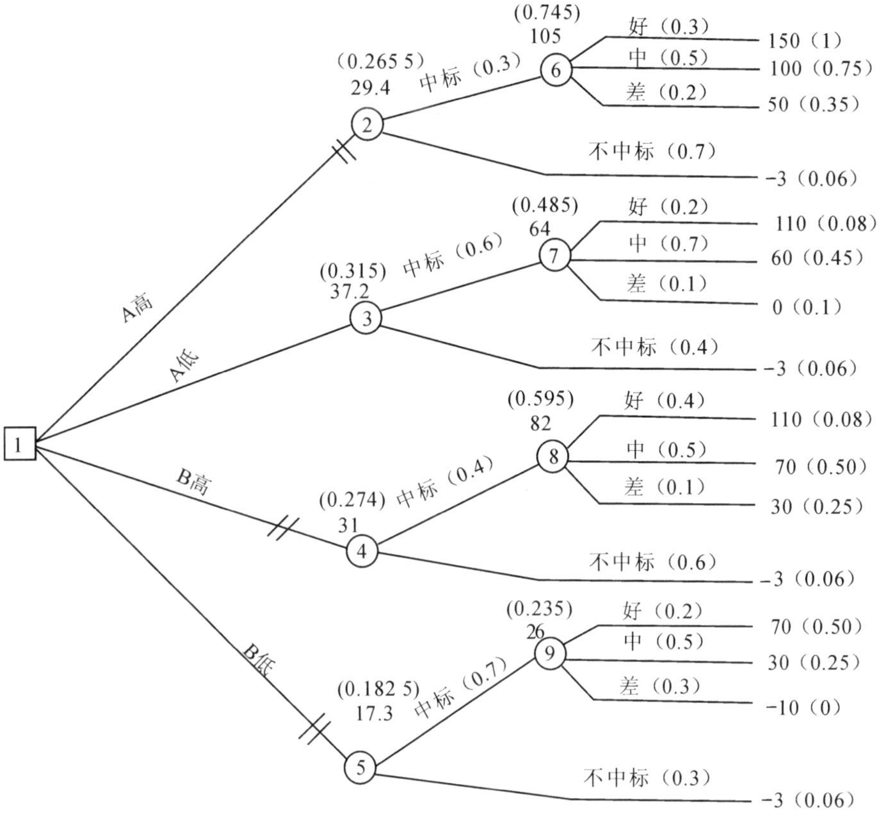

图 10-8 决策树图

注:图中()内数据为损益值对应的效果值。

点 2:0.06×0.7+0.745×0.3=0.265 5;
点 3:0.06×0.4+0.485×0.6=0.315;
点 4:0.06×0.6+0.595×0.4=0.274;
点 5:0.06×0.3+0.235×0.7=0.182 5。

根据效用决策树中数据计算结果可以确定 A 方案中低标方案应该作为选中方案。

§5 贝叶斯(*Bayes*)决策方法

5.1 贝叶斯决策的概念

根据历史资料或主观估计的方法得到的状态概率为先验概率。如果通过调查、试验或统计分析取得新的信息,并根据新的信息计算出状态概率,显然能够提高所估计的概率的准确性。这种改进了的概率就是后验概率。利用后验概率进行的决策分析称为后验概率决策。由于后验概率的计算方法是著名的贝叶斯定理,所以后验概率决策一般称为贝叶斯决策。

在已经具备了先验概率的条件下,一个完整的贝叶斯决策要经历如下步骤:

(1) 进行后验预分析决定是否值得搜集补充新资料。因为多数情况下为取得补充的新资料,都必须组织调查或试验活动,须耗费一定的人力、财力和时间,所以在调查前要权衡利弊得失。

(2) 如果后验预分析的结论是值得搜集补充资料,则应通过组织调查或其他的方式取得所需资料,并利用贝叶斯定理计算出后验概率。

(3) 用后验概率重新进行决策。

5.2 后验预分析

后验预分析是在调查之前进行的一种分析。后验预分析的目的有两个:一是预计调查的各种可能结果,在每种调查结果出现的情况下,作出最优方案的选择;二是通过分析决定是否要进行调查以取得计算后验概率的补充信息。下面通过例题来说明后验预分析的方法。

例 10.15 某化工厂正研制一种新型营养护肤品,并考虑是否正式投产。如果投产获得成功将可获利 80 万元;如果失败则将损失 50 万元,经主观分析认为成功与失败的可能各占一半。根据企业曾组织的一次关于新护肤品看法的小型抽样调查资料,假定在认为新护肤品好与不好的顾客中对新护肤品的未来销售前景都存在 3 种看法,即乐观、折中和悲观。令 Q_i 代表新产品好与不好;X_i 代表对新产品前景的看法;则小型抽样调查所获得的资料如表 10－18 所示。

表 10－18 抽样调查提供的条件概率

条件概率 $P(X_j/Q_i)$ \ 补充信息 x_j \ 自然状态 Q_i	调查结果		
	乐观态度 X_1	折中态度 X_2	悲观态度 X_3
Q_1:新产品好	0.8	0.1	0.1
Q_2:新产品不好	0.2	0.1	0.7

假定进行大型的调查费用为 10 万元,要求根据所给资料进行后验预分析。

解 (1) 首先根据已给资料进行先验概率决策分析,分析结果如表 10－19 所示。

表 10－19 先验概率决策分析表

方案 \ 收益/万元 \ 概率 \ 状态	新产品好 Q_1	新产品不好 Q_2	期望利润值
	0.5	0.5	
A_1:投产	80	－50	15
A_2:不投产	0	0	0

计算结果表明应该投产。

(2) 根据所给资料利用贝叶斯定理计算后验概率 $P(Q_i/X_j)$，计算过程及结果如表 10－20 所示。

表 10－20　后验概率计算表

X_j	先验概率 $P(Q_i)$	条件概率 $P(X_j/Q_i)$	联合概率 $P(Q_i)\times P(X_j/Q_i)$	边际概率 $P(X_j)=\sum P(Q_i)\times P(X_j/Q_i)$	后验概率 $P(Q_i/X_j)$
乐观 X_1	0.5	0.8	0.4	$0.4+0.1=0.5$	0.8
	0.5	0.2	0.1		0.2
折中 X_2	0.5	0.1	0.05	$0.05+0.05=0.1$	0.5
	0.5	0.1	0.05		0.5
悲观 X_3	0.5	0.1	0.05	$0.05+0.35=0.4$	0.125
	0.5	0.7	0.35		0.875

(3) 对各种可能调查结果进行决策分析。

1) 如果出现 X_1，即调查结果为持乐观态度，则进行投产的期望利润为

$$80\times P(Q_1/X_1)+(-50)\times P(Q_2/X_1)=80\times 0.8+(-50)\times 0.2=54(\text{万元})$$

不投产的期望利润为 0；因此决策选定的方案仍然是“投产”，与先验概率决策的结论一致。

2) 如果出现 X_2，即调查结果为持折中态度，则投产的期望利润为

$$80\times P(Q_1/X_2)+(-50)\times P(Q_2/X_2)=80\times 0.5+(-50)\times 0.5=15\ \text{万元}$$

不投产的期望利润为 0；因此决策选定的方案仍然是“投产”。

3) 如果出现 X_3，即调查结果为悲观态度，则投产的期望利润为

$$80\times P(Q_1/X_3)+(-50)\times P(Q_2/X_3)=80\times 0.125+(-50)\times 0.875=-33.75\ \text{万元}$$

不投产的期望利润为 0。因此此时应选择的方案是“不投产”，预计利润为 0 元。

(4) 权衡得失决定是否进行大规模的调查以取得上述的补充信息。

首先计算调查的期望收益，即调查所有可能选择的方案的期望收益的加权平均值，即

$$54\times P(X_1)+15\times P(X_2)+0\times P(X_3)=54\times 0.5+15\times 0.1+0\times 0.4=28.5\ \text{万元}$$

其次，将调查的期望收益与调查费用相减，得到的差额就是调查的期望净收益

$$28.5-10=18.5\ \text{万元}$$

由于 18.5 万元高于不做调查的期望收益 15 万元，所以值得进行大规模的调查。

由于后验预分析层次、头绪较多，因此用决策树方法有助于理清思路，辨明层次的效果。上例中整个后验预分析的过程可以用决策树表示如图 10－9 所示。

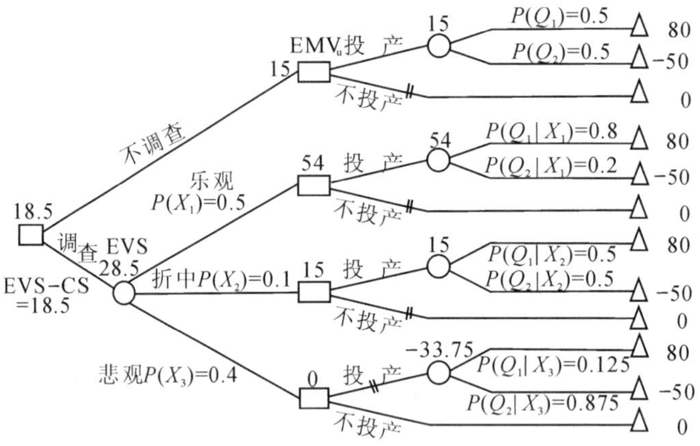

图 10-9　后验预分析决策树

例 10.16　某工厂研制开发了一种新型捕鱼网具。经过市场分析认为：当新产品销路好时，投产新产品可获利 8 万元，继续生产老产品，将因其他竞争者开发新产品而使老产品滞销，估计将造成 4 万元的亏损；当新产品销路不好时，投产新产品将发生 3 万元的亏损，若不投产新产品，而是将更多的资金发展老产品可获利 10 万元。估计新产品销路好的概率为 0.6，销路差的概率为 0.4。根据过去市场调查的经验知道市场调查的结果不是完全准确的，表 10-21 所列的是以真实自然状态为条件的各种调查结果的条件概率。例如当真实自然状态是销路好时，调查结果是销路好的条件概率为 0.8，而真实自然状态是销路差时，调查结果是销路差的条件概率是 0.1 等等，具体各条件概率值请参阅表 10-21。试帮助该企业领导进行是否要投产新型捕鱼网具的后验分析。

表 10-21　调查结果的条件概率

条件概率 $P(X_j/Q_i)$ 调查结果 / 状态	销路好 x_1	销路不好 x_2	不确定 x_3
Q_1：销路好	0.8	0.1	0.10
Q_2：销路不好	0.1	0.75	0.15

解　(1) 首先计算后验概率 $P(Q_i/X_j)$，用以修正先验概率(见表 10-22，10-23)。

表 10-22　联合概率和边际概率计算表

调查结果	X_1	X_2	X_3	$P(Q_i)$
$P(Q_1)P(X_j/Q_1)$	$0.8\times0.6=0.48$	$0.1\times0.6=0.06$	$0.1\times0.6=0.06$	0.6
$P(Q_2)P(X_j/Q_2)$	$0.1\times0.4=0.04$	$0.75\times0.4=0.3$	$0.15\times0.4=0.06$	0.4
$P(X_j)$	0.52	0.36	0.12	1.0

表 10-23　后验概率计算表

调查结果	X_1	X_2	X_3
$P(Q_1/X_j)$ $P(Q_2/X_j))$	0.48/0.52 = 0.923 0.04/0.52 = 0.077	0.06/0.36 = 0.167 0.3/0.36 = 0.833	0.06/0.12 = 0.5 0.06/0.12 = 0.5

(2) 根据表 10-23 的计算结果和题目原有的资料,用决策树进行决策分析如图 10-10 所示。

从决策树图上可以看出,如果只进行先验分析,按期望值准则应选择方案 d_1,该方案的期望利润为 3.6 万元。如果进行后验预分析,则可能的期望利润为 6.84 万元,则由于进行后验预分析而带来的净利润为:6.84－3.6＝3.24 万元。

因此,只要调查费用小于 3.24 万元,就有必要进行调查以修正先验概率。

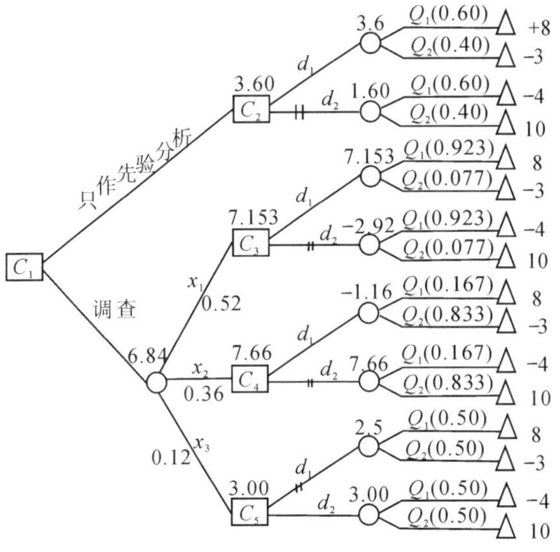

图 10-10　新型捕鱼网具后验预分析决策树

5.3　贝叶斯决策

如果根据后验预分析结果决定进行调查采集新的补充信息,那么,根据调查结果的新信息重新分析,计算各方案的期望损益值,选择最优行动方案的决策过程就称为贝叶斯决策。

例 10.17　某厂设计出一种新产品,有两种方案可供选择:一是进行批量生产,二是出售专利。这种新产品投放市场,估计有 3 种可能:畅销、中等、滞销,这 3 种情况发生的可能性依次估计为:0.2,0.5 和 0.3。方案在各种情况下的利润及期望利润如表 10-24 所示。

表 10-24　新产品利润表

方案 \ 利润/万元 \ 状态 先验概率	畅销 θ_1 0.2	中等 θ_2 0.5	滞销 θ_3 0.3	期望利润
批量生产 d_1	80	20	-5	24.5
出售专利 d_2	40	7	1	11.8

假定根据后验预分析决定进行市场前景调查，于是工厂委托专业的市场调查机构调查这种产品的销售前景。调查结果表明该产品的未来销售状况属于中等。根据以往资料知当真实市场销售状况为中等时，调查对销售前景的预测也是中等的概率为 0.8；当真实市场销售状况为畅销时，调查的预测结果是中等的概率为 0.1；当真实市场销售状况为滞销时，调查的预测结果是中等的概率为 0.2。试根据市场调查机构的调查结果对产品是否批量生产的问题重新进行选择。

解　根据先验概率，按照期望值决策准则作出的选择是批量生产。现在市场调查结果是未来的市场销售前景是中等，因此需利用新的信息重新进行决策分析。

首先计算后验概率如下：令 X_i 为调查的预测结果——"畅销"、"中等"和"滞销"。

已知：$P(\theta_1)=0.2$，$P(X_2/\theta_1)=0.1$；$P(\theta_2)=0.5$，$P(X_2/\theta_2)=0.8$；$P(\theta_3)=0.3$，$P(X_2/\theta_3)=0.2$，则可以计算后验概率 $P(\theta_j/X_2)$ 如下：

$$P(\theta_1/X_2)=\frac{0.2\times0.1}{0.2\times0.1+0.5\times0.8+0.3\times0.2}=0.042$$

$$P(\theta_2/X_2)=\frac{0.5\times0.8}{0.2\times0.1+0.5\times0.8+0.3\times0.2}=0.833$$

$$P(\theta_3/X_2)=\frac{0.3\times0.2}{0.2\times0.1+0.5\times0.8+0.3\times0.2}=0.125$$

于是，根据后验概率重新计算各方案的期望利润，进行决策。计算结果如表10-25所示。

表 10-25　后验概率决策分析表

利润/万元 \ 自然状态及其概率 \ 方案	畅销 θ_1	中等 θ_2	滞销 θ_3	期望利润
	后验概率			
	0.042	0.833	0.125	
批量生产 d_1	80	20	-5	19.395
出售专利 d_2	40	7	1	7.636

根据后验概率计算结果，仍以批量生产为最优方案。

以上例子可以看出，贝叶斯决策与后验预分析的主要不同之处在于，贝叶斯决策只要考虑调查后出现的某种确定的结果，而后预分析则要考虑调查中的所有可能出现结果。

下面给出一个具体的贝叶斯决策案例。

例 10.18 某投资者打算用 10 000 元来投资 A，B，C 三种证券中的一种，当前他所获得的信息见表 10－26 所示。现在无法获得经济形势的完全情报，但可通过某些经济指标预测未来的经济形势，根据历史经验，在经济形势好的情况下，经济形势预测结果为好的概率为 0.75；经济形势一般的情况下，形势预测结果为好的概率为 0.2；经济形势差的情况下，预测结果为好的概率为 0.05。现在已知补充情报：经济形势预测结果为好。试利用贝叶斯公式进行概率修正并作出决策。

表 10－26 证券投资决策信息

自然状态 / 先验概率及收益值/元 / 方案	θ_1（经济形势好）	θ_2（经济形势一般）	θ_3（经济形势差）
	$P(\theta_1)=0.3$	$P(\theta_2)=0.5$	$P(\theta_3)=0.2$
A_1：投资证券 A	800	550	300
A_2：投资证券 B	650	600	500
A_3：投资证券 C	250	400	1 000

解 （1）列出自然状态发生的先验概率：

$$P(\theta_1)=0.3,\quad P(\theta_2)=0.5,\quad P(\theta_3)=0.2$$

（2）已知补充情报：经济形势预测结果为好，记为"事件 A 发生"。列出事件 A 在各种自然状态下的条件概率：

$$P(A\mid\theta_1)=0.75,\quad P(A\mid\theta_2)=0.2,\quad P(A\mid\theta_3)=0.05$$

根据贝叶斯公式计算各种自然状态下的后验概率。在经济形势预测结果为好的情况下，经济形势确为好的概率：

$$P(\theta_1\mid A)=\frac{P(\theta_1)P(A\mid\theta_1)}{\sum_{i=1}^{3}P(\theta_i)P(A\mid\theta_i)}=0.67$$

同理，经济形势一般的概率：$P(\theta_2\mid A)=0.30$；

经济形势差的概率：$P(\theta_3\mid A)=0.03$。

（3）根据后验概率调整决策：按照最大期望收益决策准则，有

$$E(A_1)=800\times0.67+550\times0.30+300\times0.03=710$$

$$E(A_2)=650\times0.67+600\times0.30+500\times0.03=630.5$$

$$E(A_3)=250\times0.67+400\times0.30+1\,000\times0.03=317.5$$

从计算的三个收益值中选择最大者 710 元，即通过贝叶斯方法所得出的最优方案为方案 A_1，

决策：投资证券 A_1。

§6 层次分析方法

层次分析法（Analytic Hierarchy Process，简称 AHP 法）是美国运筹学家沙旦（T. L. Saaty）于20世纪70年代提出的，是以一种定性与定量分析相结合的多目标决策分析方法。特别是将决策者的经验给于量化，对目标结构复杂且缺乏必要的数据的情况下更为实用。在电力、机械、工程设计、自然资源评估、科技、军事、交通等领域得到了广泛的应用。

6.1 层次分析法原理

例如某工厂在扩大企业自主权后，有一笔企业留成的利润，这时工厂领导要合理的使用这笔资金，根据各方面反映和意见，提出可供领导的决策方案有：① 作为奖金发给职工；② 扩建职工食堂、托儿所；③ 开办职工业余技术学校和培训班；④ 建立图书馆；⑤ 引进新技术扩大生产规模等等。领导在决策时，要考虑到职工劳动的积极性，提高职工的文化技术水平，改善职工的物质文化生活状况等方面。对这些方案的优劣性进行评价、排队后，才能做出决策。

面对这类复杂的决策系统，处理的方法是，先对问题所涉及的因素进行分类，然后构造一个各因素之间相互连接的层次结构模型。因素分类：一为目标类，如合理使用今年企业留利 X 万元，以促进企业的发展；二为准则类，这是衡量目标能否实现的标准，如调动职工劳动的积极性，提高企业的生产技术水平；三为措施类，是实现目标的方案、方法、手段等，如发奖金，扩建集体福利设施，引进技术等等。按目标到措施的自上而下地将各类因素之间的直接影响关系排列于不同的层次，并构成一个层次结构图，如图 10－11 所示。

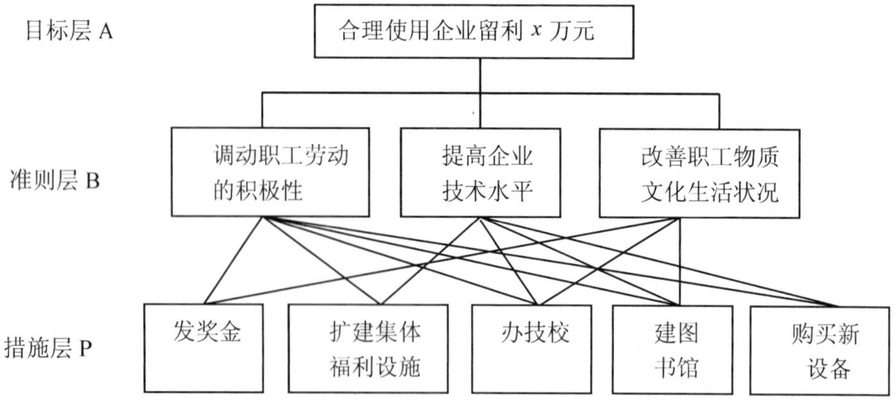

图 10－11 层次结构图

构造好各类问题的层次结构图是一项细致的分析工作，要有一定的经验。根据层次结构图确定每一层的各因素的相对重要性的权数，直至计算出措施层各方案的相对权数，这就给出了各方案的优劣次序，以便供领导决策。

层次分析法的原理是这样的：设有 n 件物体 $A_1, A_2, \cdots, A_n$；他们的质量分别为 $\omega_1, \omega_2, \cdots, \omega_n$。若将他们两两地比较质量，则其比值可构成 $n \times n$ 矩阵 $\boldsymbol{A}$。

$$\boldsymbol{A} = \begin{pmatrix} \omega_1/\omega_1 & \omega_1/\omega_2 & \cdots & \omega_1/\omega_n \\ \omega_2/\omega_1 & \omega_2/\omega_2 & \cdots & \omega_2/\omega_n \\ \vdots & \vdots & & \vdots \\ \omega_n/\omega_1 & \omega_n/\omega_2 & \cdots & \omega_n/\omega_n \end{pmatrix}$$

$\boldsymbol{A}$ 矩阵具有如下性质：若用质量

$$\boldsymbol{W} = (\omega_1, \omega_2, \cdots, \omega_n)^{\mathrm{T}}$$

右乘矩阵 $\boldsymbol{A}$，得到

$$\boldsymbol{AW} = \begin{pmatrix} \omega_1/\omega_1 & \omega_1/\omega_2 & \cdots & \omega_1/\omega_n \\ \omega_2/\omega_1 & \omega_2/\omega_2 & \cdots & \omega_2/\omega_n \\ \vdots & \vdots & & \vdots \\ \omega_n/\omega_1 & \omega_n/\omega_2 & \cdots & \omega_n/\omega_n \end{pmatrix} \cdot \begin{pmatrix} \omega_1 \\ \omega_2 \\ \vdots \\ \omega_n \end{pmatrix} = n \begin{pmatrix} \omega_1 \\ \omega_2 \\ \vdots \\ \omega_n \end{pmatrix} = n\boldsymbol{W}$$

即

$$(\boldsymbol{A} - n\boldsymbol{I})\boldsymbol{W} = \boldsymbol{0}$$

根据矩阵理论可知，n 为矩阵 A 的特征值，$\boldsymbol{W}$ 为特征值 n 的相应特征向量。若 $\boldsymbol{W}$ 为未知时，则可根据决策者对物体之间两两相比的关系，主观做出比值的判断，或用第 9 章 §2 的专家调查法来确定这些比值，使 $\boldsymbol{A}$ 矩阵为已知，称其为判断矩阵。

根据矩阵理论，可以证明：若 $\boldsymbol{A}$ 矩阵有以下特点（$a_{ij} = \omega_i/\omega_j$）：

(1) $a_{ii} = 1$；

(2) $a_{ij} = 1/a_{ji} \quad (i, j = 1, 2, \cdots, n)$；

(3) $a_{ij} = a_{ik}/a_{jk} \quad (i, j = 1, 2, \cdots, n)$。

该矩阵具有唯一非零的最大特征值 $\lambda_{\max}$，且 $\lambda_{\max} = n$。

若给出判断矩阵 $\boldsymbol{A}$ 具有上述特征，则该矩阵具有完全一致性。然而人们对复杂事物的各因素，采用两两比较时，不可能做到判断的完全一致性，而存在估计误差，这必然导致特征值及特征向量也有偏差。这时 $\boldsymbol{AW} = \lambda_{\max}\boldsymbol{W}$，这里 $\lambda_{\max}$ 是矩阵 $\boldsymbol{A}$ 的最大特征值，$\boldsymbol{W}$ 便是带有偏差的相对权向量。这就是由判断不相容而引起的误差。为了避免误差太大，所以要衡量 $\boldsymbol{A}$ 矩阵的一致性。当 $\boldsymbol{A}$ 矩阵完全一致时，因 $a_{ii} = 1$，$\sum_{i=1}^{n} \lambda_i = \sum_{i=1}^{n} a_{ii} = n$，存在唯一非零 $\lambda = \lambda_{\max} = n$，而当 $\boldsymbol{A}$ 矩阵判别不一致时，一般是 $\lambda_{\max} \geqslant n$。这时

$$\lambda_{\max} - \sum_{i \neq \max} \lambda_i = \sum_{i=1}^{n} a_{ii} = n$$

于是 $\lambda_{\max} - n = \sum_{i \neq \max} \lambda_i$ 若以其平均值 $C \cdot I = \dfrac{\lambda_{\max} - n}{n - 1}$ 作为检验判断矩阵一致性的指标。当

$\lambda_{max}=n$，$C\cdot I=0$，为完全一致；$C\cdot I$ 值越大，判断矩阵的完全一致性越差。判断矩阵的阶数 n 越大，判断矩阵的一致性也越差，故应放宽对高阶判断矩阵一致性的要求。于是引入修正值 $R\cdot I$，如表 10-27 所示。

表　10-27

阶数	1	2	3	4	5	6	7	8	9
$R\cdot I$	0.00	0.00	0.58	0.90	1.12	1.24	1.32	1.41	1.45

将更为合理的 $C\cdot R$ 值作为衡量判断矩阵的一致性指标，称为平均随机一致性指标。一般只要

$$C\cdot R=\frac{C\cdot I}{R\cdot I}\leqslant 0.10$$

就认为判断矩阵的一致性可以接受，否则重新进行两两比较判断，直到判断矩阵一致性可以接受。为了使各因素之间进行两两比较得到量化的判断矩阵，引入 1 ～ 9 的**标度**。根据心理学家的研究：人们区分信息等级的极限能力为 7 ± 2，特制表 10-28。

可见 $n\times n$ 矩阵，只需要给出 $\frac{n(n-1)}{2}$ 个判断数值。

除表 10-28 的标度方法以外，还可以用其他标度方法。

表　10-28

标度 a_{ij}	定　　义
1	i 因素与 j 因素相同重要
3	i 因素比 j 因素略重要
5	i 因素比 j 因素较重要
7	i 因素比 j 因素非常重要
9	i 因素比 j 因素绝对重要
2,4,6,8	为以上两判断之间的中间状态对应的标度值
倒数	若 i 因素与 j 因素比较，得到判断值为 $a_{ij}=1/a_{ji}$，　$a_{ii}=1$

6.2　层次结构模型

根据具体问题一般分为目标层、准则层和措施层。复杂的问题可分为总目标层、子目标层、准则层（或制约因素层）、方案措施层，或分为层次更多的结构。按图 10-11 所示的层次结构模型。

目标层为 A、准则层 B（有 k 个准则因素）、措施层 P（或方案层 P，设有 n 个方案）。由决策者用其他方法给出各层因素之间的两两比较判断矩阵。

A—B 判断矩阵为(1)

A	B_1	B_2	$\cdots$	B_k
B_1	a_{11}	a_{12}	$\cdots$	a_{1k}
B_2	a_{21}	a_{22}	$\cdots$	a_{2k}
$\vdots$	$\vdots$	$\vdots$		$\vdots$
B_k	a_{k1}	a_{k2}	$\cdots$	a_{kk}

(1)

B_i	P_1	P_2	$\cdots$	P_n
P_1	b_{11}	b_{12}	$\cdots$	b_{1n}
P_2	b_{21}	b_{22}	$\cdots$	b_{2n}
$\vdots$	$\vdots$	$\vdots$		$\vdots$
P_n	b_{n1}	b_{n2}	$\cdots$	b_{nn}

(2)

然后分别给出 B_i—P 的判断矩阵(2)($i=1,2,\cdots,k$)。

6.3 层次分析法的基本步骤

层次分析法包括五个基本步骤。

1.建立层次结构模型

在深入分析系统所考虑的决策之后,根据具体问题建立层次结构模型。一般分为目标层、准则层和措施层。复杂的问题可分为总目标层、子目标层、准则层(或制约因素层)、方案措施层,或分为层次更多的结构。

2.构造判断矩阵,检验其一致性

一般只要平均随机一致性指标

$$C \cdot R=\frac{C \cdot I}{R \cdot I} \leqslant 0.10$$

就认为判断矩阵的一致性可以接受,否则重新进行两两比较判断,直到判断矩阵的一致性可以接受。

3.层次单排序

层次单排序是指根据判断矩阵计算对于上一层某元素而言,本层次与之有联系的元素相对重要性次序的权值。层次单排序要计算判断矩阵 $\boldsymbol{B}$ 的特征根和特征向量,即计算满足

$$\boldsymbol{BW}=\lambda_{\max}\boldsymbol{W}$$

的特征向量 $\boldsymbol{W}$(取正规化特征向量),其分量 w_i 为相应元素排序的权值。

4.层次总排序

利用同一层次中所有层次单排序的结果,就可以计算针对上一层次而言,本层次所有元素相对重要性的权值,即层次总排序。层次总排序从上到下逐层顺序进行。

如果上一层所有元素 $A_1,A_2,\cdots,A_m$ 的总排序已经完成,得到的权值分别为 $a_1,a_2,\cdots,a_m$,且与 A_i 相应的本层次元素 $B_1,B_2,\cdots,B_m$ 的单排序结果为 $b_1^i,b_2^i,\cdots,b_n^i$($i=1,2,\cdots,m$),且若 B_j 与 A_i 无联系时,$b_j^i=0$,则层次总排序可按表 10-29 进行,显然有 $\sum_{j=1}^{n}\sum_{i=1}^{m}a_ib_j^i=1$。

表　10－29

层次B \ 层次A	A_1	A_2	…	A_m	B层次总排序
	a_1	a_2	…	a_m	
B_1	b_1^1	b_1^2	…	b_1^m	$\sum_{i=1}^{m} a_i b_1^i$
B_2	b_2^1	b_2^2	…	b_2^m	$\sum_{i=1}^{m} a_i b_2^i$
⋮	⋮	⋮		⋮	⋮
B_n	b_n^1	b_n^2	…	b_n^m	$\sum_{i=1}^{m} a_i b_n^i$

5.层次总排序一致性检验

为评价层次总排序计算结果的一直性，也需计算与层次单排序相类似的检验量。

其计算公式为

$$C \cdot I = \sum_{i=1}^{m} a_i C \cdot I_i$$

CI_i 为与 A_i 相对应的 B 层次中判断矩阵的一致性指标。

$$R \cdot I = \sum_{i=1}^{m} a_i R \cdot I_i$$

RI_i 为与 A_i 相对应的 B 层次中判断矩阵的随机一致性指标。并取

$$C \cdot R = \frac{C \cdot I}{R \cdot I}$$

当 $C \cdot R \leqslant 0.10$，认为层次总排序的结果具有满意的一致性。

6.4　层次分析法应用案例(地区技术环境评价问题)

例 10.19　一个地区的技术环境，可包括客观因素和主观因素两类。客观因素反映地区发展技术所需的人、财、物等客观条件极其发展现状，它一般由若干个定量指标构成。主观因素反映人们为促进技术发展所作的各种努力，它一般由若干定性指标来说明。技术环境的主观因素评价属于多因素、多准则的系统决策分析问题。应用层次分析法评价 8 个地区的技术环境。

解　首先确定技术环境的主观因素评价的层次结构，如图 10－12 所示。

为了保证评价的客观性，根据上述递阶层次结构按专家调查法设计了咨询表，向 15 名从事科技管理和科技政策研究的专家发函咨询，根据回函的情况，整理出 7 份内容完整的咨询结果作为评价计算的依据。

每一专家评判总排序，即 $C_i(i=1,2,\cdots,8)$ 关于总目标 A(技术环境) 的相对权重如下：

专家 1：$W_1=(\omega_{11},\omega_{12},\cdots,\omega_{18})=(0.3228,0.0191,0.0254,0.0646,0.3147,0.0890,$

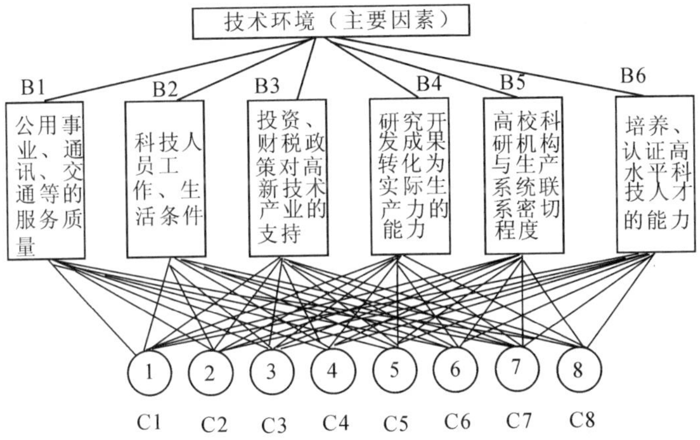

图 10 - 12　地区技术环境评价层次结构图

0.035 7,0.056 0)；

专家 2：$W_2=(\omega_{21},\omega_{22},\cdots,\omega_{28})$=(0.176 1,0.079 7,0.036 8,0.111 6,0.262 0,0.211 8,0.072 6,0.051 2)；

专家 3：$W_3=(\omega_{31},\omega_{32},\cdots,\omega_{38})$=(0. 221 8,0.112 1,0.052 2,0.091 3,0.230 7,0.010 11,0.121 3,0.069 5)；

专家 4：$W_4=(\omega_{41},\omega_{42},\cdots,\omega_{48})$=(0.274 2,0.137 7,0.050 1,0.075 3,0.232 3,0.095 1,0.089 4,0.045 8)；

专家 5：$W_5=(\omega_{51},\omega_{52},\cdots,\omega_{58})$=(0.109 2,0.050 2,0.025 1,0.100 1,0.331 8,0.200 2,0.065 5,0.011 7)；

专家 6：$W_6=(\omega_{61},\omega_{62},\cdots,\omega_{68})$=(0.207 6,0.123 5,0.061 8,0.136 9,0.220 3,0.120 2,0.064 0,0.665 6)；

专家 7，$W_7=(\omega_{71},\omega_{72},\cdots,\omega_{78})$=(0.207 0,0.062 3,0.034 3,0.121 8,0.277 0,0.138 6,0.066 5,0.092 4)

将每位专家的评价排序值进行几何平均得出各地区关于总目标(技术环境) 的综合排序为

$$u_j=\left(\prod_{i=1}^{7}\omega_{ij}\right)^{\frac{1}{7}},\quad j=1,2,\cdots,8$$

有

$u=(u_1,u_2,\cdots,u_8)$=(0.204 7,0.097 4,0.047 2,0.105 8,0.253 4,0.135 7,0.078 8,0.077 0)

可以看出，从技术环境的主观因素的多项指标来衡量，条件比较好的地区为 5，1，6，条件差的地区是 3 和 8。

习 题 十

10.1 某机械厂拟对其生产的某种机器是否改型以及如何改型作出决策。有 3 个方案可供选择：方案 d_1，机芯、机壳同时改型；方案 d_2，机芯改型、机壳不改型；方案 d_3，机壳改型，机芯不改型。改型后的机器可能遇到 3 种自然状态：高需求、中需求和低需求，其费用损失矩阵见下表，试分别按照乐观决策准则、悲观决策准则和后悔值决策准则进行决策(见表 10－30)。

表 10－30

费用额 / 万元　状态 方案	高需求 θ_1	中需求 θ_2	低需求 θ_3
d_1	0	16.5	21.5
d_2	22.5	0	13.5
d_3	7.5	17.5	0

10.2　某企业打算生产一种新型童车，根据分析和估计，各种生产方案及未来各种情况下的收益值见表 10－31。

表 10－31

费用额 / 万元　状态 方案	销路好 θ_1	销路一般 θ_2	销路差 θ_3
大批生产 d_1	30	23	－15
中批生产 d_2	25	20	0
小批生产 d_3	12	12	12

(1) 试分别用乐观准则、悲观决策准则及后悔值决策准则进行决策；

(2) 若根据实际情况分析决定取乐观系数为 0.6，试按乐观系数准则进行决策；

(3) 试按等可能性准则进行决策。

10.3　某公司对未来 5 年的市场需求做了预测，认为本公司生产的 A 产品市场需求高的概率为 0.3，需求中等的概率为 0.5，需求低的概率为 0.2，可以采用新建厂、扩建老厂或对老厂设备进行技术改造 3 个方案。有关收益值及投资额如表 10－32 所示，问公司应采用哪个方案较好。

10.4　某工厂为生产一种新产品而设计了两种建设方案：一个方案是建大厂，大工厂需要投资 500 万元，使用期为 10 年；另一个方案是先建小厂，如果销路好，3 年后再决定是否要扩建，建小厂需投资 300 万元，使用期也是 10 年，扩建需投资 240 万元，扩建后工厂可使用 7 年，扩建后的工厂每年的收益与大厂相同。据估计这种产品销路好的概率为 0.7，销路差的概率为 0.3。建大厂，如销路好，每年可获利 60 万元，如销路不好，每年获利 40 万元。试利用决策树进行决策。

表 10-32

	高需求	中需求	低需求	投资额
	0.3	0.5	0.2	
新建	120	40	-30	100
扩建	100	50	0	50
改造	40	30	20	20

10.5 某建筑公司考虑安排一项工程的开工计划。假定影响工程的唯一因素是天气情况。如能安排开工按期完工，可获利润5万元；但如遇开工后天气不好而拖延工期，则将亏损1万元。根据气象资料，估计最近天气好的概率是0.2，天气不好的概率是0.8。如果最近不安排开工，则将负担推迟开工损失费1 000元。该公司的目标是获得最多利润，为了进一步分析，公司可以从气象咨询事务所购买气象情报，但这项情报索价1 000元。过去的经验表明，该事务所在天气好时预报天气好的可能性为0.7；在天气坏时预报天气坏的可能性是0.8。试通过决策分析，确定这项情报是否值得购买。

10.6 A城市的报纸发行部门考虑在B城市发行报纸。经分析，发行利润主要受两个因素的影响：一是由A城到B城的运输方式，甲法是用火车运输，乙法是用汽车运输；二是B城50 000户居民对该报纸的订阅率。根据历史经验并进行分析，得到如表10-33所示的先验概率和收益值。

表 10-33

B城订户数	订阅率(自然状态) θ_i	先验概率 $P(\theta_i)$	每天利润(策略)/元	
			甲法	乙法
20 000	0.4	0.3	900	1 200
25 000	0.5	0.5	1 500	1 500
30 000	0.6	0.2	2 200	1 800

为了了解B城实际订阅情况，从B城50 000户居民中随机抽取了25户，向他们提供了A城报纸样品，其中14户表示愿意订阅。试利用样本信息对先验概率进行决策。

10.7 某儿童玩具厂拟对一种新的玩具是否投产作出决策。第一阶段先要考虑是否要试销，第二阶段要考虑是否要向全国推销。根据分析，如果试销，成功与失败的概率各占0.5；如果不试销就直接向全国推销，成功的概率为0.4，失败的概率为0.6。在试销成功时，第二阶段在全国销售成功的概率为0.8，失败的概率为0.2；而在试销失败时，第二阶段在全国销售成功的概率仅为0.1，失败的概率为0.9。又如，如果在全国销售成功，可获利润500万元；如果失败，则亏损100万元。若放弃这个计划，不影响企业利润。若第一阶段试销，需投入10万元试销费用，请帮助进行决策。

附录 统计表

表 1 常用分布表

名称	概率函数或密度函数	图形	数字特征
退化分布 (单点分布)	$P\{X=c\}=1$	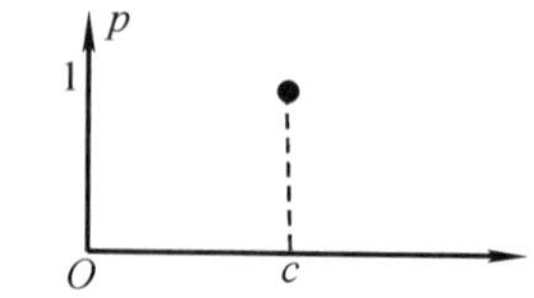	$E(X)=c$ $D(X)=0$
两点分布	$p_0=q,p_1=p$ p,q 非负,且 $p+q=1$	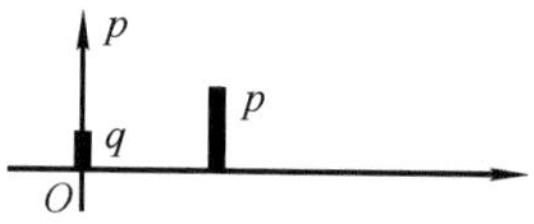	$E(X)=p$ $D(X)=pq$
二项分布	$p_k=C_n^k p^k q^{n-k}$ $p>0,q>0$,且 $p+q=1$ $k=0,1,\cdots,n$	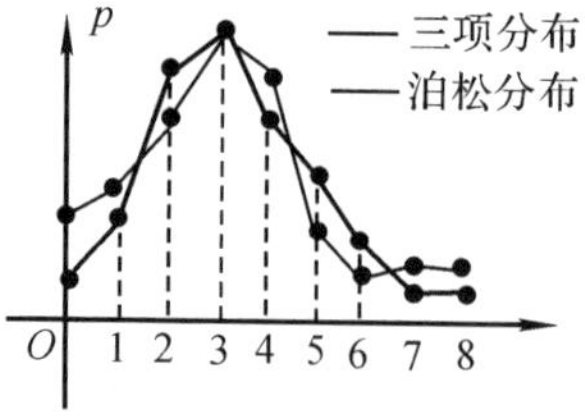	$E(X)=np$ $D(X)=npq$
泊松分布	$p_k=\frac{\lambda^k}{k!}e^{-\lambda},\lambda>0$ $k=0,1,\cdots$		$E(X)=D(X)=\lambda$
均匀分布	$f(x)=\begin{cases}\frac{1}{b-a}, & a\leqslant x\leqslant b\\ 0, & 其他\end{cases}$	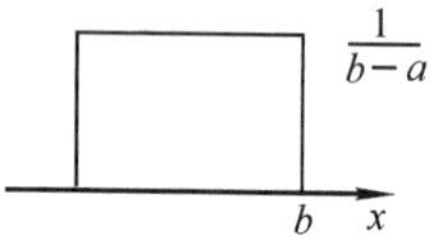	$E(X)=\frac{b+a}{2}$ $D(X)=\frac{(b-a)2}{12}$
正态分布 $N(\mu,\sigma^2)$	$f(x)=\frac{1}{\sqrt{2\pi}\sigma}e-\frac{1}{2\sigma^2}(x-\mu)^2$ 常数 $\sigma>0$	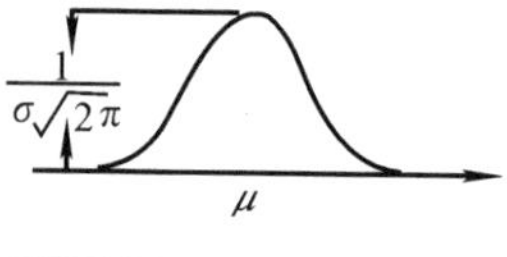	$E(X)=\mu$ $D(X)=\sigma^2$
指数分布	$f(x)=\begin{cases}\lambda e^{-\lambda x}, & x\geqslant 0\\ 0, & x<0\end{cases}$ $\lambda>0$	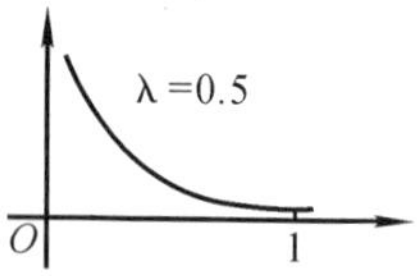	$E(X)=\frac{1}{\lambda}$ $D(X)=\frac{1}{\lambda^2}$

续表

名　称	概率函数或密度函数	图　形	数字特征
韦布分布	$f(x)=\begin{cases}\frac{m}{x_0}(x-v)^{m-1}e^{-\frac{(x-v)^m}{x_0}}, & x\geqslant v\\ 0, & x<v\end{cases}$ $m>0$ $x_0>0$,v 均为常数	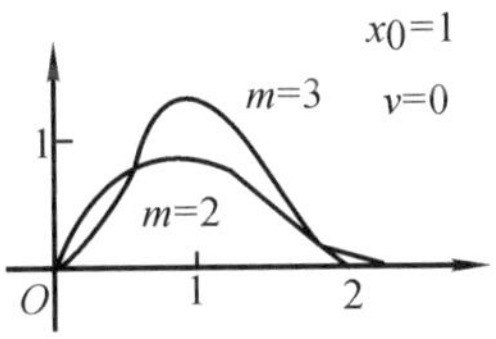	$E(X)=x_0^{\frac{1}{m}}\Gamma(\frac{1}{m}+1)+v$ $D(X)=x_0^{\frac{2}{m}}\cdot[\Gamma(\frac{2}{m}+1)-\Gamma(\frac{1}{m}+1)]$
Γ 分布	$f(x)=\begin{cases}\frac{x^{\alpha}e^{-\frac{x}{\beta}}}{\beta^{\alpha+1}\Gamma(\alpha+1)}, & x\geqslant 0\\ 0, & x<0\end{cases}$ $\beta>0,\alpha>-1$	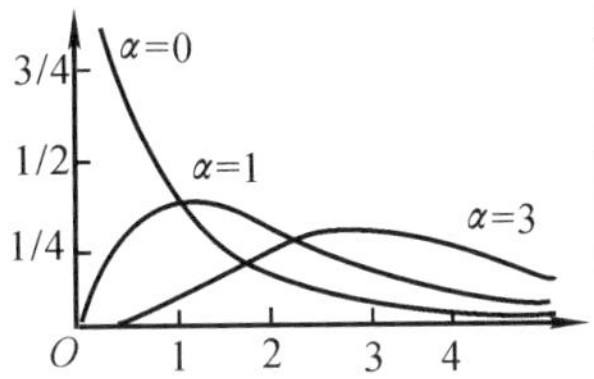	$E(X)=\beta(\alpha+1)$ $D(X)=\beta^2(\alpha+1)$
对数正态分布	$f(x)=\begin{cases}\frac{\lg e}{\sqrt{2\pi}\sigma x}e^{-\frac{1}{2}(\frac{\lg x-\mu}{\sigma})^2}, & x>0\\ 0, & x\leqslant 0\end{cases}$	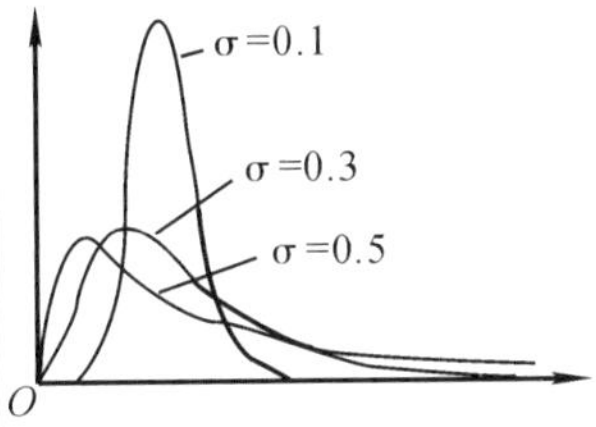	$E(X)=10^{\mu+\frac{\sigma^2\ln 10}{2}}$ $D(X)=10^{2\mu+\sigma^2\ln 10}\cdot(10^{\sigma^2\ln 10-1})$
哥西分布	$f(x)=\frac{1}{\pi}\frac{\lambda}{\lambda^2+(x-\mu)^2}$	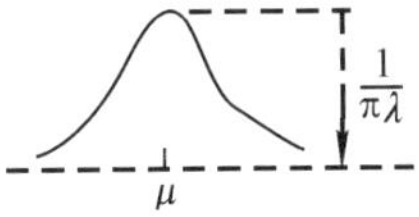	各阶矩都不存在
三角形分布	$f(x)=\begin{cases}\frac{1}{4}(2+x), & -2\leqslant x<0\\ \frac{1}{4}(2-x), & 0\leqslant x\leqslant 2\\ 0, & \mid x\mid>2\end{cases}$	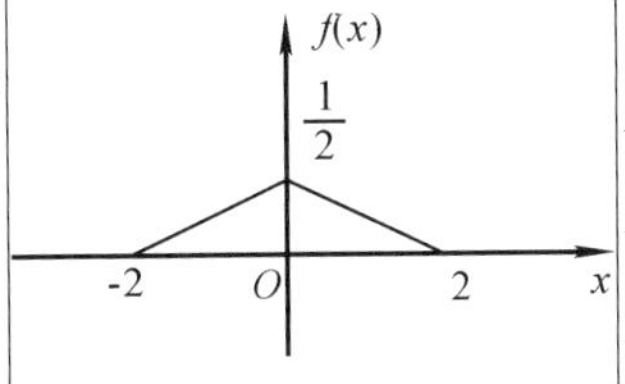	$E(X)=0$ $D(X)=\frac{2}{3}$
χ^2 分布	$f(x)=\begin{cases}\frac{1}{2^{\frac{n}{2}}\Gamma(\frac{n}{2})}x^{\frac{n}{2}-1}e^{-\frac{x}{2}}, & x\geqslant 0\\ 0, & x<0\end{cases}$	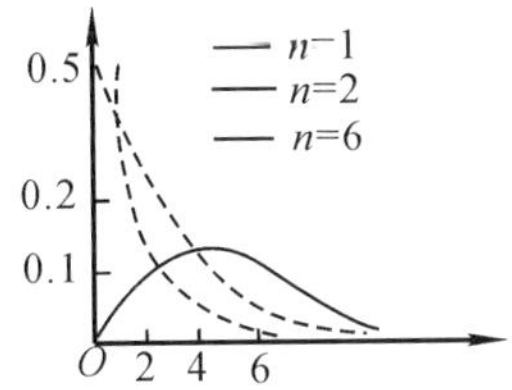	$E(X)=n$ $D(X)=2n$

续表

名　称	概率函数或密度函数	图　　形	数字特征
t 分布	$f(x)=\dfrac{\Gamma(\frac{n+1}{2})}{\sqrt{n\pi}\,\Gamma(\frac{n}{2})}\cdot(1+\dfrac{x^2}{n})^{-\frac{n+1}{2}}$ n 为正整数	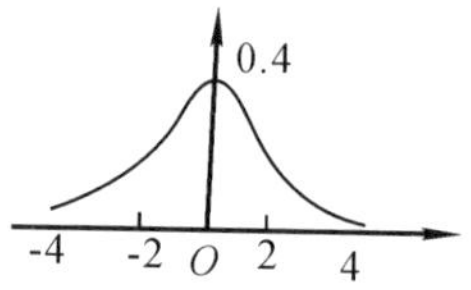 n=3时	$E(X)=0\quad(n>1)$ $D(X)=\dfrac{n}{n-2}\quad(n>2)$
F 分布	$f(x)=\begin{cases}\dfrac{\Gamma(\frac{m+n}{2})n^{\frac{m}{2}}n^{\frac{n}{2}}}{\Gamma(\frac{m}{2})\Gamma(\frac{n}{2})}\cdot\dfrac{x^{\frac{m}{2}-1}}{(mx+n)^{\frac{m+n}{2}}} & x>0\\ 0, & x\leqslant 0\end{cases}$	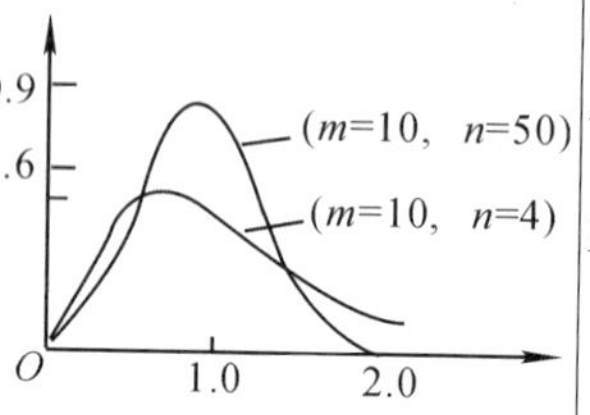	$E(X)=\dfrac{n}{n-2}(n>2)$ $D(X)=\dfrac{2n^2(n+m-2)}{m(n-2)^2(n-4)}$ $(n>4)$

表 2　标准正态分布表

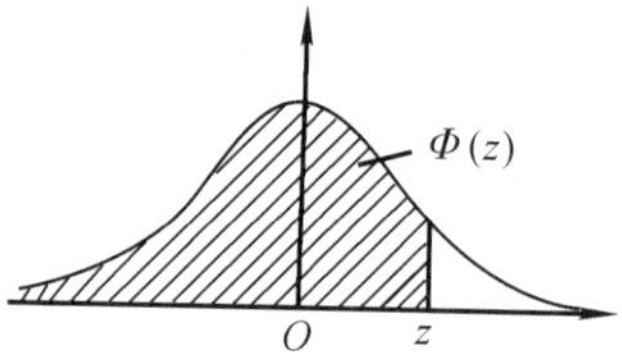

$$\Phi(z)=\int_{-\infty}^{z}\frac{1}{\sqrt{2\pi}}\mathrm{e}^{-u^2/2}\mathrm{d}u=P(Z\leqslant z)$$

z	0	1	2	3	4	5	6	7	8	9
0.0	0.5 000	0.5 040	0.5 080	0.5 120	0.5 160	0.5 199	0.5 239	0.5 279	0.5 319	0.5 359
0.1	0.5 398	0.5 438	0.5 478	0.5 517	0.5 557	0.5 596	0.5 636	0.5 675	0.5 714	0.5 753
0.2	0.5 793	0.5 832	0.5 871	0.5 910	0.5 948	0.5 987	0.6 026	0.6 064	0.6 103	0.6 141
0.3	0.6 179	0.6 217	0.6 255	0.6 293	0.6 331	0.6 368	0.6 406	0.6 443	0.6 480	0.6 517
0.4	0.6 554	0.6 591	0.6 628	0.6 664	0.6 700	0.6 736	0.6 772	0.6 808	0.6 844	0.6 879
0.5	0.6 915	0.6 950	0.6 985	0.7 019	0.7 054	0.7 088	0.7 123	0.7 157	0.7 190	0.7 224
0.6	0.7 257	0.7 291	0.7 324	0.7 357	0.7 389	0.7 422	0.7 454	0.7 486	0.7 517	0.7 549
0.7	0.7 580	0.7 611	0.7 642	0.7 673	0.7 703	0.7 734	0.7 764	0.7 794	0.7 823	0.7 852
0.8	0.7 881	0.7 910	0.7 939	0.7 967	0.7 995	0.8 023	0.8 051	0.8 078	0.8 106	0.8 133
0.9	0.8 159	0.8 186	0.8 212	0.8 238	0.8 264	0.8 289	0.8 315	0.8 340	0.8 365	0.8 389

续表

z	0	1	2	3	4	5	6	7	8	9
1.0	0.8 413	0.8 438	0.8 461	0.8 485	0.8 508	0.8 531	0.8 554	0.8 577	0.8 599	0.8 621
1.1	0.8 643	0.8 665	0.8 686	0.8 708	0.8 729	0.8 749	0.8 770	0.8 790	0.8 810	0.8 830
1.2	0.8 849	0.8 869	0.8 888	0.8 907	0.8 925	0.8 944	0.8 962	0.8 980	0.8 997	0.9 015
1.3	0.9 032	0.9 049	0.9 066	0.9 082	0.9 099	0.9 115	0.9 131	0.9 147	0.9 162	0.9 177
1.4	0.9 192	0.9 207	0.9 222	0.9 236	0.9 251	0.9 265	0.9 278	0.9 292	0.9 306	0.9 319
1.5	0.9 332	0.9 345	0.9 357	0.9 370	0.9 382	0.9 394	0.9 406	0.9 418	0.9 430	0.9 441
1.6	0.9 452	0.9 463	0.9 474	0.9 484	0.9 495	0.9 505	0.9 515	0.9 525	0.9 535	0.9 545
1.7	0.9 554	0.9 564	0.9 573	0.9 582	0.9 591	0.9 599	0.9 608	0.9 616	0.9 625	0.9 633
1.8	0.9 641	0.9 648	0.9 656	0.9 664	0.9 671	0.9 678	0.9 686	0.9 693	0.9 700	0.9 706
1.9	0.9 713	0.9 719	0.9 726	0.9 732	0.9 738	0.9 744	0.9 750	0.9 756	0.9 762	0.9 767
2.0	0.9 772	0.9 778	0.9 783	0.9 788	0.9 793	0.9 798	0.9 803	0.9 808	0.9 812	0.9 817
2.1	0.9 821	0.9 826	0.9 830	0.9 834	0.9 838	0.9 842	0.9 846	0.9 850	0.9 854	0.9 857
2.2	0.9 861	0.9 864	0.9 868	0.9 871	0.9 874	0.9 878	0.9 881	0.9 884	0.9 887	0.9 890
2.3	0.9893	0.9 896	0.9 898	0.9 901	0.9 904	0.9 906	0.9 909	0.9 911	0.9 913	0.9 916
2.4	0.9 918	0.9 920	0.9 922	0.9 925	0.9 927	0.9 929	0.9 931	0.9 932	0.9 934	0.9 936
2.5	0.9 938	0.9 940	0.9 941	0.9 943	0.9 945	0.9 946	0.9 948	0.9 949	0.9 951	0.9 952
2.6	0.9 953	0.9 955	0.9 956	0.9 957	0.9 959	0.9 960	0.9 961	0.9 962	0.9 963	0.9 964
2.7	0.9 965	0.9 966	0.9 967	0.9 968	0.9 969	0.9 970	0.9 971	0.9 972	0.9 973	0.9 974
2.8	0.9 974	0.9 975	0.9 976	0.9 977	0.9 977	0.9 978	0.9 979	0.9 979	0.9 980	0.9 981
2.9	0.9 981	0.9 982	0.9 982	0.9 983	0.9 984	0.9 984	0.9 985	0.9 985	0.9 986	0.9 986
3.0	0.9 987	0.9 990	0.9 993	0.9 995	0.9 997	0.9 998	0.9 998	0.9 999	0.9 999	1.0 000

注:表中末行系函数 $\Phi(3.0),\Phi(3.1),\cdots,\Phi(3.9)$。

表 3　泊松分布表

$$1-F(x-1)=\sum_{r=x}^{r=\infty}\frac{e^{-\lambda}\lambda^{r}}{r!}$$

x	$\lambda=0.2$	$\lambda=0.3$	$\lambda=0.4$	$\lambda=0.5$	$\lambda=0.6$
0	1.0 000 000	1.0 000 000	1.0 000 000	1.0 000 000	1.0 000 000
1	0.1 812 692	0.2 591 818	0.3 296 800	0.323 469	0.451 188
2	0.0 175 231	0.0 369 363	0.0 615 519	0.090 204	0.121 901
3	0.0 011 485	0.0 035 995	0.0 079 263	0.014 388	0.023 115
4	0.0 000 568	0.0 002 658	0.0 007 763	0.001 752	0.003 358
5	0.0 000 023	0.0 000 158	0.0 000 612	0.000 172	0.000 394
6	0.0 000 001	0.0 000 008	0.0 000 040	0.000 014	0.000 039
7			0.0 000 002	0.000 001	0.000 003

续表

x	$\lambda = 0.7$	$\lambda = 0.8$	$\lambda = 0.9$	$\lambda = 1.0$	$\lambda = 1.2$
0	1.0 000 000	1.0 000 000	1.0 000 000	1.0 000 000	1.0 000 000
1	0.503 415	0.550 671	0.593 430	0.632 121	0.698 806
2	0.155 805	0.191 208	0.227 518	0.264 241	0.337 373
3	0.034 142	0.047 423	0.062 857	0.080 301	0.120 513
4	0.005 753	0.009 080	0.013 459	0.018 988	0.033 769
5	0.000 786	0.001 411	0.002 344	0.003 660	0.007 746
6	0.000 090	0.000 184	0.000 343	0.000 594	0.001 500
7	0.000 009	0.000 021	0.000 043	0.000 083	0.000 251
8	0.000 001	0.000 002	0.000 005	0.000 010	0.000 037
9				0.000 001	0.000 005
10					0.00 0001

x	$\lambda = 1.4$	$\lambda = 1.6$	$\lambda = 1.8$		
0	1.000 000	1.000 000	1.000 000		
1	0.753 403	0.798 103	0.834 701		
2	0.408 167	0.475 069	0.537 163		
3	0.166 502	0.216 642	0.269 379		
4	0.053 725	0.078 813	0.108 708		
5	0.014 253	0.023 682	0.036 407		
6	0.003 201	0.006 040	0.010 378		
7	0.000 622	0.001 336	0.002 569		
8	0.000 107	0.000 260	0.000 562		
9	0.000 016	0.000 045	0.000 110		
10	0.000 002	0.000 007	0.000 019		
11		0.000 001	0.000 003		

x	$\lambda = 2.5$	$\lambda = 3.0$	$\lambda = 3.5$	$\lambda = 4.0$	$\lambda = 4.5$	$\lambda = 5.0$
0	1.000 000	1.000 000	1.000 000	1.000 000	1.000 000	1.000 000
1	0.917 915	0.950 213	0.969 803	0.981 684	0.988 891	0.993 262
2	0.712 703	0.800 852	0.864 112	0.908 422	0.938 901	0.959 572
3	0.456 187	0.576 810	0.679 153	0.761 897	0.826 422	0.875 348
4	0.242 424	0.352 768	0.463 367	0.566 530	0.657 704	0.734 974
5	0.108 822	0.184 737	0.274 555	0.371 163	0.467 896	0.559 507
6	0.042 021	0.083 918	0.142 386	0.214 870	0.297 070	0.384 039
7	0.014 187	0.033 509	0.065 288	0.110 674	0.168 949	0.237 817
8	0.004 247	0.011 905	0.026 739	0.051 134	0.086 586	0.133 372

续表

x	$\lambda = 2.5$	$\lambda = 3.0$	$\lambda = 3.5$	$\lambda = 4.0$	$\lambda = 4.5$	$\lambda = 5.0$
9	0.001 140	0.003 803	0.009 874	0.021 363	0.040 257	0.068 094
10	0.000 277	0.001 102	0.003 315	0.008 132	0.017 093	0.031 828
11	0.000 062	0.000 292	0.001 019	0.002 840	0.006 669	0.013 695
12	0.000 013	0.000 071	0.000 289	0.000 915	0.002 404	0.005 453
13	0.000 002	0.000 016	0.000 076	0.000 274	0.000 805	0.002 019
14		0.000 003	0.000 019	0.000 076	0.000 252	0.000 698
15		0.00 0001	0.000 004	0.000 020	0.000 074	0.000 226
16			0.00 0001	0.000 005	0.000 020	0.000 069
17				0.00 0001	0.000 005	0.0 000 020
18					0.00 0001	0.000 005
19						0.00 0001

表 4　t 分布表

$$P\{t(n) > t_\alpha(n)\} = \alpha$$

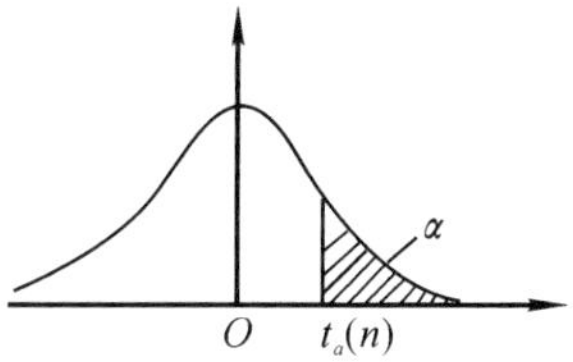

n	$\alpha = 0.25$	$\alpha = 0.10$	$\alpha = 0.05$	$\alpha = 0.025$	$\alpha = 0.01$	$\alpha = 0.005$
1	1.0 000	3.0 777	6.3 138	12.7 062	31.8 207	63.6 574
2	0.8 165	1.8 856	2.9 200	4.3 027	6.9 646	9.9 248
3	0.7 649	1.6 377	2.3 534	3.1 824	4.5 407	5.8 409
4	0.7 407	1.5 332	2.1 318	2.7 764	3.7 409	4.6 041
5	0.7 267	1.4 759	2.0 150	2.5 706	3.3 649	4.0 322
6	0.7 176	1.4 398	1.9 432	2.4 469	3.1 427	3.7 074
7	0.7 111	1.4 149	1.8 946	2.3 646	2.9 980	3.4 995
8	0.7 064	1.3 968	1.8 595	2.3 060	2.8 965	3.3 554
9	0.7 027	1.3 830	1.8 331	2.2 622	2.8 214	3.2498
10	0.6 998	1.3 722	1.8 125	2.2 281	2.7 638	3.1 693
11	0.6 974	1.3 634	1.7 959	2.2 010	2.7 181	3.1 058
12	0.6 955	1.3 562	1.7 823	2.1 788	2.6 810	3.0 545
13	0.6 938	1.3 502	1.7 709	2.1 604	2.6 503	3.0 123
14	0.6 924	1.3 450	1.7 613	2.1 448	2.6 245	2.9 768
15	0.6 912	1.3 406	1.7 531	2.1 315	2.6 025	2.9 467

续表

n	$\alpha=0.25$	$\alpha=0.10$	$\alpha=0.05$	$\alpha=0.025$	$\alpha=0.01$	$\alpha=0.005$
16	0.6 901	1.3 368	1.7 459	2.1 199	2.5 835	2.9 208
17	0.6 892	1.3 334	1.7 396	2.1 098	2.5 669	2.8 982
18	0.6 884	1.3 304	1.7 341	2.1 009	2.5 524	2.8 784
19	0.6 876	1.3 277	1.7 291	2.0 930	2.5 395	2.8 609
20	0.6 870	1.3 253	1.7 247	2.0 860	2.5 280	2.8 453
21	0.6 864	1.3 232	1.7 207	2.0 796	2.5 177	2.8 314
22	0.6 853	1.3 212	1.7 171	2.0 739	2.5 083	2.8 188
23	0.6 853	1.3 195	1.7 139	2.0 687	2.4 999	2.8 073
24	0.6 848	1.3 178	1.7 109	2.0 639	2.4 922	2.7 969
25	0.6 844	1.3 163	1.7 081	2.0 595	2.4 851	2.7 874
26	0.6 840	1.3 150	1.7 056	2.0 555	2.4 786	2.7 787
27	0.6 837	1.3 137	1.7 033	2.0 518	2.4 727	2.7 707
28	0.6 834	1.3 125	1.7 011	2.0 484	2.4 671	2.7 633
29	0.6 830	1.3 114	1.6 991	2.0 452	2.4 620	2.7 564
30	0.6 828	1.3 104	1.6 973	2.0 423	2.4 573	2.7 500
31	0.6 825	1.3 095	1.6 955	2.0 395	2.4 528	2.7 440
32	0.6 822	1.3 086	1.6 939	2.0 369	2.4 487	2.7 385
33	0.6 820	1.3 077	1.6 924	2.0 345	2.4 448	2.7 333
34	0.6 818	1.3 070	1.6 909	2.0 322	2.4 411	2.7 284
35	0.6 816	1.3 062	1.6 896	2.0 301	2.4 377	2.7 238
36	0.6 814	1.3 055	1.6 883	2.0 281	2.4 345	2.7 195
37	0.6 812	1.3 049	1.6 871	2.0 262	2.4 314	2.7 154
38	0.6 810	1.3 042	1.6 860	2.0 244	2.4 286	2.7 116
39	0.6 808	1.3 036	1.6 849	2.0 227	2.4 258	2.7 079
40	0.6 807	1.3 031	1.6 839	2.0 211	2.4 233	2.7 045
41	0.6 805	1.3 025	1.6 829	2.0 195	2.4 208	2.7 012
42	0.6 804	1.3 020	1.6 820	2.0 181	2.4 185	2.6 981
43	0.6 802	1.3 016	1.6 811	2.0 167	2.4 163	2.6 951
44	0.6 801	1.3 011	1.6 802	2.0 154	2.4 141	2.6 923
45	0.6 800	1.3 006	1.6 794	2.0 141	1.4 121	2.6 893

表 5　χ^2 分布表

$$P\{\chi^2(n) > \chi_\alpha^2(n)\} = \alpha$$

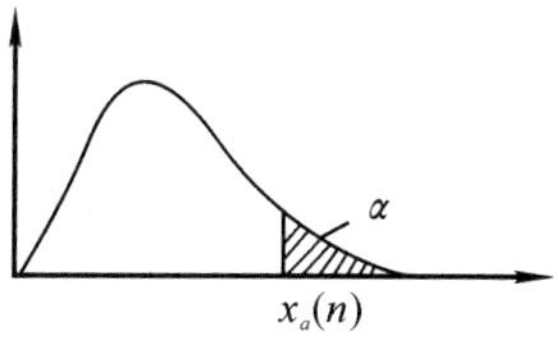

n	$\alpha=0.995$	$\alpha=0.99$	$\alpha=0.975$	$\alpha=0.95$	$\alpha=0.90$	$\alpha=0.75$
1			0.001	0.004	0.016	0.102
2	0.010	0.020	0.051	0.103	0.211	0.575
3	0.072	0.115	0.216	0.352	0.584	1.213
4	0.207	0.297	0.484	0.711	1.064	1.923
5	0.412	0.554	0.831	1.145	1.610	2.675
6	0.676	0.872	1.237	1.635	2.204	3.455
7	0.989	1.239	1.690	2.167	2.833	4.255
8	0.344	1.646	2.180	2.733	3.490	5.071
9	1.735	2.088	2.700	3.325	4.168	5.899
10	2.156	2.558	3.247	3.940	4.865	6.737
11	2.603	3.053	3.816	4.575	5.578	7.584
12	3.074	3.571	4.404	5.226	6.304	8.438
13	3.565	4.107	5.009	5.892	7.042	9.299
14	4.075	4.660	5.629	6.571	7.790	10.165
15	4.601	5.229	6.262	7.261	8.547	11.037
16	5.142	5.812	6.908	7.962	9.312	11.912
17	5.697	6.408	7.564	8.672	10.085	12.792
18	6.265	7.015	8.231	9.390	10.865	13.675
19	6.844	7.633	8.907	10.117	11.651	14.562
20	7.434	8.260	9.591	10.851	12.443	15.752
21	8.034	8.897	10.283	11.591	13.240	16.344
22	8.643	9.542	10.982	12.338	14.042	17.240
23	9.260	10.196	11.689	13.091	14.848	18.137
24	9.886	10.856	12.401	13.848	15.659	19.037
25	10.520	11.524	13.120	14.611	16.473	19.939
26	11.160	12.198	13.844	15.379	17.292	20.843
27	11.808	12.879	14.573	16.151	18.114	21.749
28	12.461	13.565	15.308	16.928	18.939	22.657
29	13.121	14.257	16.047	17.708	19.768	23.567
30	13.787	14.954	16.791	18.493	20.599	24.478
31	14.458	15.655	17.539	19.281	21.434	25.390
32	15.134	16.362	18.291	20.072	22.271	26.304
33	15.815	17.074	19.047	20.867	23.110	27.219

续表

n	$\alpha=0.25$	$\alpha=0.10$	$\alpha=0.05$	$\alpha=0.025$	$\alpha=0.01$	$\alpha=0.005$
34	16.501	17.789	19.806	21.664	23.952	28.136
35	17.192	18.509	20.569	22.465	24.797	29.054
36	17.887	19.233	21.336	23.269	25.643	29.973
37	18.586	19.960	22.106	24.075	26.492	30.893
38	19.289	20.691	22.878	24.884	27.343	31.815
39	19.996	21.426	23.654	25.695	28.196	32.737
40	20.707	22.164	24.433	26.509	29.051	33.660
41	21.421	22.906	25.215	27.326	29.907	34.585
42	22.138	23.650	25.999	28.144	30.765	35.510
43	22.859	24.398	26.785	28.965	31.625	36.436
44	23.584	25.148	27.575	29.787	32.487	37.363
45	24.311	25.901	28.366	30.612	33.350	38.291

n	$\alpha=0.25$	0.10	0.05	0.025	0.01	0.005
1	1.323	2.706	3.841	5.024	6.635	7.879
2	2.773	4.605	5.991	7.378	9.210	10.597
3	4.108	6.251	7.815	9.348	11.345	12.838
4	5.385	7.779	9.488	11.143	13.277	14.860
5	6.626	9.236	11.071	12.833	15.086	16.750
6	7.841	10.645	12.592	14.449	16.812	18.548
7	9.037	12.017	14.067	16.013	18.475	20.278
8	10.219	13.362	15.507	17.535	20.090	21.955
9	11.389	14.684	16.919	19.023	21.666	23.589
10	12.549	15.987	18.307	20.483	23.209	25.188
11	13.701	17.275	19.675	21.920	24.725	26.757
12	14.845	18.549	21.026	23.337	26.217	28.299
13	15.984	19.812	22.362	24.736	27.688	29.819
14	17.117	21.064	23.685	26.119	29.141	31.319
15	18.245	22.307	24.996	27.488	30.578	31.801
16	19.369	23.542	26.296	28.845	32.000	34.267
17	20.489	24.769	27.587	30.191	33.409	35.718
18	21.605	25.989	28.869	31.526	34.805	37.156
19	22.718	27.204	30.144	32.852	36.191	38.582
20	23.828	28.412	31.410	34.170	37.566	39.997
21	24.935	29.615	32.671	35.479	39.932	41.401
22	26.039	30.813	33.924	36.781	40.289	42.796

续表

n	$\alpha=0.25$	$\alpha=0.10$	$\alpha=0.05$	$\alpha=0.025$	$\alpha=0.01$	$\alpha=0.005$
23	27.141	32.007	35.172	38.076	41.638	44.181
24	28.241	33.196	36.415	39.364	42.980	45.559
25	29.339	34.382	37.652	40.646	44.314	46.928
26	30.435	35.563	38.885	41.923	45.642	48.290
27	31.528	36.741	40.113	43.194	46.963	49.645
28	32.620	37.916	41.337	44.461	48.278	50.993
29	33.711	39.087	42.557	45.722	49.588	52.336
30	34.800	40.256	43.773	46.979	50.892	53.672
31	35.887	41.422	44.985	48.232	52.191	55.003
32	36.973	42.585	49.194	49.480	53.486	56.328
33	38.058	43.745	47.400	50.725	54.776	57.648
34	39.141	44.903	48.602	51.966	56.061	58.964
35	40.223	46.059	49.802	53.203	57.342	60.275
36	41.304	47.212	50.998	54.437	58.619	61.581
37	42.383	48.363	52.192	55.668	59.892	62.883
38	43.462	49.513	53.384	56.896	61.162	64.181
39	44.539	50.660	54.572	58.120	62.428	65.476
40	45.616	51.805	55.758	59.342	63.691	66.766
41	46.692	52.949	56.942	60.561	64.950	68.053
42	47.766	54.090	58.124	61.777	66.206	69.336
43	48.840	55.230	59.304	62.990	67.459	70.616
44	49.913	56.369	60.481	64.201	69.710	71.893
45	50.985	57.505	61.656	65.410	69.957	73.166

表 6　F 分布表

$$P\{F(n_1,n_2) > F_\alpha(n_1,n_2)\} = \alpha$$

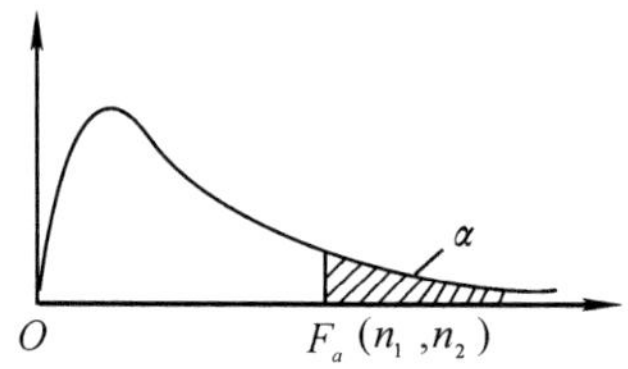

n_2 \ n_1	1	2	3	4	5	6	7	8	9	10	12	15	20	24	30	40	60	120	∞
										$\alpha=0.10$									
1	39.86	49.50	53.59	55.83	57.24	58.20	58.91	59.44	59.86	60.19	60.71	61.22	61.74	62.00	62.26	62.53	62.89	63.06	63.33
2	8.53	9.00	9.16	9.24	9.29	9.33	9.35	9.37	9.38	9.39	9.41	9.42	9.44	9.45	9.46	9.47	9.47	9.48	9.49
3	5.54	5.46	5.39	5.34	5.31	5.28	5.27	5.25	5.24	5.23	5.22	5.20	5.18	5.18	5.17	5.16	5.15	5.14	5.13
4	4.54	4.32	4.19	4.11	4.05	4.01	3.98	3.95	3.94	3.92	3.90	3.87	3.84	3.83	3.82	3.80	3.79	3.78	3.76
5	4.06	3.78	3.62	3.52	3.45	3.40	3.37	3.34	3.32	3.30	3.27	3.24	3.21	3.19	3.17	3.16	3.14	3.12	3.10
6	3.78	3.46	3.29	3.18	3.11	3.05	3.01	2.98	2.96	2.94	2.90	2.87	2.84	2.82	2.80	2.78	2.76	2.74	2.72
7	3.59	3.26	3.07	2.96	2.88	2.83	2.78	2.75	2.72	2.70	2.67	2.63	2.59	2.58	2.56	2.54	2.51	2.49	2.47
8	3.46	3.11	2.92	2.81	2.73	2.67	2.62	2.59	2.56	2.54	2.50	2.46	2.42	2.40	2.38	2.36	2.34	2.32	2.29
9	3.36	3.01	2.81	2.69	2.61	2.55	2.51	2.47	2.44	2.42	2.38	2.34	2.30	2.28	2.25	2.23	2.21	2.18	2.16
10	3.29	2.92	2.73	2.61	2.52	2.46	2.41	2.38	2.35	2.32	2.28	2.24	2.20	2.18	2.16	2.13	2.11	2.08	2.06
11	3.23	2.86	2.66	2.54	2.45	2.39	2.34	3.20	2.27	2.25	2.21	2.17	2.12	2.10	2.08	2.05	2.03	2.00	1.97
12	3.18	2.81	2.61	2.48	2.39	2.33	2.28	2.24	2.21	2.19	2.15	2.10	2.06	2.04	2.01	1.99	1.96	1.93	1.90
13	3.14	2.76	2.56	2.43	2.35	2.28	2.23	2.20	2.16	2.14	2.10	2.05	2.01	1.98	1.96	1.93	1.90	1.88	1.85
14	3.10	2.73	2.52	2.39	2.31	2.24	2.19	2.15	2.12	2.10	2.05	2.01	1.96	1.91	1.91	1.89	1.86	1.83	1.80
15	3.07	2.70	2.49	2.36	2.27	2.21	2.16	2.1.2	2.09	2.06	2.02	1.97	1.92	1.90	1.87	1.85	1.82	1.79	1.76
16	3.05	2.67	2.46	2.33	2.24	2.18	2.13	2.09	2.06	2.03	1.99	1.94	1.89	1.87	1.84	1.81	1.78	1.75	1.72
17	3.03	2.64	2.44	2.31	2.22	2.15	2.10	2.06	2.03	2.00	1.96	1.91	1.86	1.84	1.81	1.78	1.75	1.72	1.69
18	3.01	2.62	2.42	2.29	2.20	2.13	2.08	2.04	2.00	1.98	1.93	1.89	1.84	1.81	1.78	1.75	1.72	1.69	1.66
19	2.99	2.61	2.40	2.27	2.18	2.11	2.06	2.02	1.98	1.96	1.91	1.86	1.81	1.79	1.76	1.73	1.70	1.67	1.63
20	2.97	2.59	2.38	2.25	2.16	2.09	2.04	2.00	1.96	1.94	1.89	1.84	1.79	1.77	1.74	1.71	1.68	1.64	1.61
21	2.96	2.57	2.36	2.23	2.14	2.08	2.02	1.98	1.95	1.92	1.87	1.83	1.78	1.75	1.72	1.69	1.66	1.62	1.59
22	2.95	2.56	2.35	2.22	2.13	2.06	2.01	1.97	1.93	1.90	1.86	1.81	1.76	1.73	1.70	1.67	1.64	1.60	1.57
23	2.94	2.55	2.34	2.21	2.11	2.05	1.99	1.95	1.92	1.89	1.84	1.80	1.74	1.72	1.69	1.66	1.62	1.59	1.55
24	2.93	2.54	2.33	2.19	2.10	2.04	1.98	1.94	1.91	1.88	1.83	1.78	1.73	1.70	1.67	1.64	1.61	1.57	1.53
25	2.92	2.53	2.32	2.18	2.09	2.02	1.97	1.93	1.89	1.87	1.82	1.77	1.72	1.69	1.66	1.63	1.59	1.56	1.52
26	2.91	2.52	2.11	2.17	2.08	2.01	1.96	1.92	1.88	1.86	1.81	1.76	1.71	1.68	1.65	1.61	1.58	1.54	1.50
27	2.90	2.51	2.30	2.17	2.07	2.00	1.95	1.91	1.87	1.85	1.80	1.75	1.70	1.67	1.64	1.60	1.57	1.53	1.49

续表

n_2 \ n_1	1	2	3	4	5	6	7	8	9	10	12	15	20	24	30	40	60	120	∞
28	2.89	2.50	2.29	2.16	2.06	2.00	1.94	1.90	1.87	1.84	1.79	1.74	1.69	1.66	1.63	1.59	1.56	1.52	1.48
29	2.89	2.50	2.28	2.15	2.06	1.99	1.93	1.89	1.86	1.83	1.78	1.73	1.68	1.65	1.62	1.58	1.55	1.51	1.47
30	2.88	2.49	2.28	2.14	2.05	1.98	1.93	1.88	1.85	1.82	1.77	1.72	1.67	1.64	1.61	1.57	1.54	1.50	1.46
40	2.84	2.44	2.23	2.09	2.00	1.93	1.87	1.83	1.79	1.76	1.71	1.66	1.61	1.57	1.54	1.51	1.47	1.42	1.38
60	2.79	2.39	2.18	2.04	1.95	1.87	1.82	1.77	1.74	1.71	1.66	1.60	1.54	1.51	1.48	1.44	1.40	1.35	1.29
120	2.75	2.35	2.13	1.99	1.90	1.82	1.77	1.72	1.68	1.65	1.60	1.55	1.48	1.45	1.41	1.37	1.32	1.26	1.19
∞	2.17	2.30	2.08	1.94	1.85	1.77	1.72	1.67	1.63	1.60	1.55	1.49	1.42	1.38	1.34	1.30	1.24	1.17	1.00

$\alpha = 0.05$

n_2 \ n_1	1	2	3	4	5	6	7	8	9	10	12	15	20	24	30	40	60	120	∞
1	161.4	199.5	215.7	224.6	230.2	234.0	236.8	238.9	240.5	241.9	243.9	245.9	248.0	249.1	250.1	251.1	252.2	253.3	254.3
2	18.51	19.00	19.16	19.25	19.30	19.33	19.35	19.37	19.38	19.40	19.41	19.43	19.45	19.45	19.46	19.47	19.48	19.49	19.50
3	10.12	9.55	9.28	9.12	9.01	8.94	8.89	8.85	8.81	8.79	8.74	8.70	8.66	8.64	8.62	8.59	8.57	8.55	8.53
4	7.71	6.94	6.59	6.39	6.26	6.16	6.09	6.04	6.00	5.96	5.91	5.86	5.80	5.77	5.75	5.72	5.69	5.66	5.63
5	6.61	5.79	5.41	5.19	5.05	4.95	4.88	4.82	4.77	4.74	4.68	4.62	4.56	4.53	4.50	4.46	4.43	4.40	4.36
6	5.99	5.14	4.76	4.53	4.39	4.28	4.21	4.15	4.10	4.06	4.00	3.94	3.87	3.84	3.81	3.77	3.74	3.70	3.67
7	5.59	4.74	4.35	4.12	3.97	3.87	3.79	3.73	3.68	3.64	3.57	3.51	3.44	3.41	3.38	$.34	3.30	3.27	3.23
8	5.32	4.46	4.07	3.84	3.69	3.58	3.50	3.44	3.39	3.35	3.28	3.22	3.15	3.12	3.08	3.04	3.01	2.97	2.93
9	5.12	4.26	3.86	3.63	3.48	3.37	3.29	3.23	3.18	3.14	3.07	3.01	2.9.1	2.90	2.86	2.83	2.79	2.75	2.71
10	4.96	4.10	3.71	3.48	3.33	3.22	3.14	3.07	3.02	2.98	2.91	2.85	2.77	2.74	2.70	2.136	2.62	2.58	2.54
11	4.84	3.98	3.59	3.36	3.20	3.09	3.01	2.95	2.90	2.85	2.79	2.79	2.65	2.61	2.57	2.53	2.49	2.45	2.40
12	4.75	3.89	3.49	3.26	3.11	3.00	2.91	2.85	2.80	2.75	2.69	2.69	2.54	2.51	2.47	2.43	2.38	2.34	2.30
13	4.67	3.81	3.41	3.18	3.03	2.92	2.83	2.77	2.71	2.67	2.60	2.53	2.46	2.42	2.38	2.34	2.30	2.25	2.21
14	4.60	3.74	3.34	3.11	2.96	2.85	2.76	2.70	2.65	2.60	2.53	2.46	2.39	2.35	2.31	2.27	2.22	2.18	2.13
15	4.54	3.68	3.29	3.06	2.90	2.79	2.71	2.61	2.59	2.54	2.18	2.40	2.33	2.29	2.25	2.20	2.16	2.11	2.07
16	4.49	3.63	3.24	3.01	2.85	2.74	2.66	2.59	2.54	2.49	2.42	2.35	2.28	2.24	2.19	2.15	2.11	2.06	2.01
17	4.45	3.59	3.20	2.96	2.81	2.70	2.61	2.55	2.49	2.45	2.38	2.31	2.23	2.19	2.15	2.10	2.06	2.01	1.96
18	4.41	3.55	3.16	2.93	2.77	2.66	2.58	2.51	2.46	2.41	2.34	2.27	2.19	2.15	2.11	2.06	2.02	1.97	1.92
19	4.38	3.52	3.13	2.90	2.74	2.63	2.54	2.48	2.42	2.38	2.31	2.23	2.16	2.11	2.07	2.03	1.98	1.93	1.88
20	4.35	3.49	3.10	2.87	2.71	2.60	2.51	2.45	2.19	2.35	2.28	2.20	2.12	2.08	2.04	1.99	1.95	1.90	1.84
21	4.32	3.47	3.07	2.84	2.68	2.57	2.19	2.42	2.37	2.32	2.25	2.18	2.10	2.05	2.01	1.96	1.92	1.87	1.91
22	4.30	3.44	3.05	2.82	2.66	2.55	2.46	2.10	2.34	2.30	2.23	2.15	2.07	2.03	1.98	1.94	1.89	1.81	1.78
23	4.28	3.42	3.03	2.80	2.64	2.53	2.44	2.37	2.32	2.27	2.20	2.13	2.05	2.01	1.96	1.91	1.86	1.81	1.76
24	4.26	3.40	3.01	2.78	2.62	2.51	2.42	2.36	2.30	2.25	2.18	2.11	2.03	1.98	1.94	1.89	1.84	1.79	1.73

续表

n_2 \ n_1	1	2	3	4	5	6	7	8	9	10	12	15	20	24	30	40	60	120	∞
25	4.24	3.39	2.99	2.76	2.60	2.49	2.40	2.34	2.28	2.24	2.16	2.09	2.01	1.96	1.92	1.87	1.82	1.77	1.71
26	4.23	3.37	2.98	2.74	2.59	2.47	2.39	2.32	2.27	2.22	2.15	2.07	1.99	1.95	1.00	1.85	1.80	1.75	1.69
27	4.21	3.35	2.96	2.73	2.57	2.46	2.37	2.31	2.25	2.20	2.13	2.06	1.97	1.93	1.88	1.84	1.79	1.73	1.67
28	4.20	3.34	2.95	2.71	2.56	2.45	2.36	2.29	2.94	2.19	2.12	2.04	1.96	1.1	1.87	1.82	1.77	1.71	1.65
29	4.18	3.33	2.93	2.70	2.55	2.43	2.35	2.28	2.22	2.18	2.10	2.03	1.94	1.90	1.85	1.81	1.75	1.70	1.64
30	4.17	3,32	2.92	2.69	2.53	2.42	2.33	2.27	2.21	2.16	2.09	2.01	1.93	1.89	1.84	1.79	1.74	1.68	1.62
40	4.08	3.23	2.84	2.61	2.45	2.34	2.25	2.18	2.12	2.08	2.00	1.92	1.84	1.79	1.74	1.69	1.64	1.58	1.51
60	4.00	3.15	2.76	2.53	2.37	2.25	2.17	2.10	2.04	1.99	1.92	1.84	1.75	1.70	1.65	1.59	1.53	1.47	1.39
120	3.92	3.07	2.68	2.45	2.29	2.17	2.09	2.02	1.96	1.91	1.83	1.75	1.66	1.61	1.55	1.50	1.43	1.35	1.25
∞	3.84	3.00	2.60	2.37	2.21	2.10	2.01	1.94	1.88	1.83	1.75	1.67	1.57	1.52	1.46	1.39	1.32	1.22	1.00

$\alpha = 0.025$

n_2 \ n_1	1	2	3	4	5	6	7	8	9	10	12	15	20	24	30	40	60	120	∞
1	647.8	799.5	864.2	899.6	921.8	937.1	948.2	956.7	963.3	368.6	976.7	984.9	993.1	997.2	1001	1006	1010	1014	1018
2	38.51	39.00	39.17	39.25	39.30	39.33	39.36	39.87	39.39	39.40	39.41	39.43	39.45	39.46	39.46	39.47	39.48	39.49	39.50
3	17.44	16.04	15.44	15.10	14.88	14.73	14.62	14.54	14.47	14.42	I4.34	14.25	14.17	14.12	14.08	14.04	13.99	13.95	13.90
4	12.22	10.65	9.98	9.96	9.36	9.20	9.07	8.98	8.90	8.84	8.75	8.66	8.56	8.51	8.46	8.41	8.36	8.31	8.26
5	10.01	8.43	7.76	7.39	7.15	6.98	6.85	6.76	6.68	6.62	6.52	6.43	6.33	6.28	6.23	6.18	6.12	6.07	6.02
6	8.81	7.26	6.60	6.23	5.99	5.82	5.70	5.60	5.52	5.46	5.37	5.27	5.17	5.12	5.07	5.01	4.96	4.90	4.85
7	8.07	6.54	5.89	5.52	5.29	5.12	4.99	4.90	4.82	4.76	4.67	4.57	4.47	4.42	4.36	4.31	4.25	4.20	4.14
8	7.57	6.06	5.42	5.05	4.82	4.65	4.53	4.43	4.33	4.30	4.20	4.10	4.00	3.95	3.89	3.84	3.78	3.73	3.67
9	7.21	5.71	5.08	4.72	4.48	4.32	4.20	4.10	4.03	3.96	3.87	3.77	3.67	3.61	3.56	3.51	3.45	3.39	3.33
10	6.94	5.46	4.83	4.47	4.24	4.07	3.95	3.85	3.78	3.72	3.62	3.52	3.42	3.37	3.31	3.26	3.20	3.14	3.08
11	6.72	5.26	4.63	4.28	4.04	3.88	3.76	3.66	3.59	3.53	3.43	3.33	3.23	3.17	3.12	3.06	3.00	2.94	2.88
12	6.55	5.10	4.47	4.12	3.89	3.73	3.61	3.51	3.44	3.37	3.28	3.18	3.07	3.02	2.96	2.91	2.85	2.79	2.72
13	6.41	4.97	4.35	4.00	3.77	3.60	3.48	3.39	3.31	3.25	3.15	3.05	2.95	2.89	2.84	2.78	2.72	2.66	2.60
14	6.30	4.86	4.24	3.89	3.66	3.50	3.38	3.29	3.21	3.15	3.05	2.95	2.84	2.79	2.73	2.67	2.61	2.55	2.49
15	6.20	4.77	4.15	3.80	3.58	3.41	3.29	3.20	3.12	3.06	2.96	2.86	2.76	2.70	2.64	2.59	2.52	2.46	2.40
16	6.12	4.69	4.08	3.73	3.50	3.34	3.22	3.12	3.05	2.99	2.89	2.79	2.68	2.63	2.57	2.51	2.45	2.38	2.32
17	6.04	4.62	4.01	3.66	3.44	3.28	3.16	3.06	2.98	2.92	2.82	2.72	2.62	2.56	2.50	2.44	2.38	2.32	2.25
18	5.98	4.56	3.95	3.61	3.38	3.22	3.10	3.01	2.93	2.87	2.77	2.67	2.56	2.50	2.44	2.38	2.32	2.26	2.16
19	5.92	4.51	3.90	3.56	3.33	3.17	3.05	2.96	2.88	2.82	2.72	2.62	2.51	2.45	2.39	2.33	2.27	2.20	2.13
20	5.87	4.46	3.86	3.51	3.29	3.13	3.01	2.91	2.84	2.77	2.68	2.57	2.46	2.41	2.35	2.29	2.22	2.16	2.09
21	5.83	4.42	3.82	3.48	3.25	3.09	2.97	2.87	2.80	2.73	2.64	2.53	2.42	2.37	2.31	2.25	2.18	2.11	2.04

续表

n_2 \ n_1	1	2	3	4	5	6	7	8	9	10	12	15	20	24	30	40	60	120	∞
22	5.79	4.38	3.78	3.44	3.22	3.05	2.93	2.84	2.76	2.70	2.60	2.50	2.39	2.33	2.27	2.21	5.14	2.08	2.00
23	5.75	4.35	3.75	3.41	3.18	3.02	2.90	2.81	2.73	2.67	2.57	2.47	2.36	2.30	2.24	2.18	2.11	2.04	1.97
24	5.72	4.32	3.72	3.38	3.15	2.99	2.87	2.78	2.70	2.64	2.54	2.44	2.33	2.27	2.21	2.15	2.08	2.01	1.94
25	5.69	4.29	3.69	3.35	3.13	2.97	2.85	2.75	2.68	2.61	2.51	2.41	2.30	2.24	2.18	2.15	2.05	1.98	1.91
26	5.66	4.57	3.67	3.33	3.10	2.94	2.82	2.73	2.65	2.59	2.49	2.39	2.28	2.22	2.16	2.09	2.03	1.95	1.88
27	5.63	4.24	3.65	3.31	3.08	2.92	2.80	2.71	2.63	2.57	2.47	2.36	2.25	2.19	2.13	2.07	2.00	1.93	1.85
28	5.61	4.22	3.63	3.29	3.06	2.90	2.78	2.69	2.61	2.55	2.45	2.34	2.23	2.17	2.11	2.05	1.98	1.91	1.83
29	5.59	4.20	3.61	3.27	3.04	2.88	2.76	2.67	2.59	2.53	2.43	2.32	2.21	2.15	2.09	2.03	1.96	1.89	1.81
30	5.57	4.18	3.59	3.25	3.03	2.87	2.75	2.65	2.57	2.51	2.41	2.31	2.20	2.14	2.07	2.01	1.94	1.87	1.79
40	5.42	4.05	3.46	3.13	2.90	2.74	2.62	2.53	2.45	2.39	2.29	2.18	2.07	2.01	1.94	1.88	1.80	1.72	1.64
60	5.29	3.93	3.34	3.01	2.79	2.63	2.51	2.41	2.33	2.27	5.17	2.06	1.94	1.88	1.82	1.74	1.67	1.58	1.48
120	5.15	3.80	3.23	2.89	2.67	2.52	2.39	2.10	2.22	2.16	2.05	1.94	1.82	1.76	1.69	1.61	1.53	1.43	1.31
∞	5.02	3.69	3.12	2.79	2.57	2.41	2.29	2.19	2.11	2.05	1.94	1.83	1.71	1.64	1.57	1.48	1.39	1.27	1.00
										$\alpha = 0.01$									
1	4 052	4 999.5	5 403	5 625	5 764	5 859	5 928	5 982	6 022	6 056	6 106	6 157	6 209	6 235	6 261	6 287	6 313	6 339	6 366
2	98.50	99.00	99.17	99.25	99.30	99.33	99.36	99.37	99.39	99.40	99.42	99.43	99.45	99.46	99.47	99.47	99.48	99.49	99.50
3	34.12	30.82	29.46	28.71	28.24	27.91	27.67	27.49	27.35	27.23	27.05	26.87	26.69	26.60	26.50	26.41	26.32	26.22	26.13
4	21.20	18.00	16.69	15.98	15.52	15.21	14.98	14.80	14.66	14.55	14.37	14.20	14.02	13.93	13.84	13.75	13.65	13.56	13.46
5	16.26	13.27	12.06	11.39	10.97	10.67	10.46	10.29	10.16	10.05	9.89	9.72	9.55	9.47	9.38	9.29	9.20	9.11	9.02
6	13.75	10.92	9.78	9.15	8.75	8.47	8.26	8.10	7.98	7.87	7.72	7.56	7.40	7.31	7.23	7.14	7.06	6.97	6.88
7	12.25	9.55	8.45	7.85	7.46	7.19	6.99	6.84	6.72	6.62	6.47	6.31	6.16	6.07	5.99	5.91	5.82	5.74	5.65
8	11.26	8.65	7.59	7.01	6.63	6.37	6.18	6.03	5.91	5.81	5.67	5.52	5.33	5.28	5.20	5.12	5.03	4.95	4.88
9	10.56	8.02	6.99	6.42	6.06	5.80	5.61	5.47	5.35	5.26	5.11	4.96	4.81	4.73	4.65	4.57	4.48	4.40	4.31
10	10.04	7.56	6.55	5.99	5.64	5.39	5.20	5.06	4.94	4.85	4.71	4.56	4.41	4.33	4.25	4.17	4.08	4.00	3.91
11	9.65	7.21	6.22	5.67	5.32	5.07	4.89	4.74	4.63	4.54	4.40	4.25	4.10	4.02	3.94	3.86	3.78	3.69	3.60
12	9.33	6.93	5.95	5.41	5.06	4.82	4.64	4.50	4.39	4.30	4.16	4.01	3.86	3.78	3.70	3.62	3.54	3.45	3.36
13	9.07	6.70	5.74	5.21	4.86	4.62	4.44	4.30	4.19	4.10	3.96	3.82	3.66	3.59	3.51	3.43	3.34	3.25	3.17
14	8.86	6.51	5.56	5.04	4.69	4.46	4.28	4.14	4.03	3.94	3.80	3.66	3.51	3.43	3.35	3.27	3.18	3.09	3.00
15	8.68	6.36	5.42	4.89	4.56	4.32	4.14	4.00	3.89	3.80	3.67	3.52	3.37	3.29	3.21	3.13	3.05	2.96	2.87
16	8.53	6.23	5.29	4.77	4.44	4.20	4.03	3.89	3.78	3.69	3.55	3.41	3.26	3.18	3.10	3.02	2.93	2.84	2.75
17	8.40	6.11	5.18	4.67	4.34	4.10	3.93	3.79	3.68	3.59	3.16	3.31	3.16	3.08	3.00	2.92	2.83	2.75	2.65
18	8.29	6.01	5.09	4.58	4.25	4.01	3.84	3.71	3.60	3.51	3.37	3.23	3.08	3.00	2.92	2.84	2.75	2.66	2.57

续表

n_2 \ n_1	1	2	3	4	5	6	7	8	9	10	12	15	20	24	30	40	60	120	∞
19	8.18	5.93	5.01	4.50	4.17	3.94	3.77	3.63	3.52	3.43	3.30	3.15	3.00	2.92	2.84	2.76	2.67	2.58	2.49
20	8.10	5.85	4.94	4.43	4.10	3.87	3.70	3.56	3.46	3.37	3.23	3.09	2.94	2.86	2.78	2.69	2.61	2.52	2.42
21	8.02	5.78	4.87	4.37	4.04	3.81	3.64	3.51	3.40	3.31	3.17	3.08	2.88	2.80	2.72	2.64	2.55	2.46	2.36
22	7.9S	5.72	4.82	4.31	3.99	3.76	3.59	3.45	3.35	3.26	3.12	2.98	2.83	2.75	2.67	2.58	2.50	2.40	2.31
23	7.88	5.66	4.76	4.26	3.94	3.71	3.54	3.41	3.30	3.21	3.07	2.93	2.78	2.70	2.62	2.54	2.45	2.35	2.26
24	7.82	5.61	4.72	4.22	3.90	3.67	3.50	3.36	3.26	3.17	3.03	2.89	2.74	2.66	2.58	2.49	2.40	2.31	2.21
25	7.77	5.57	4.68	4.18	3.85	3.63	3.46	3.32	3.22	3.13	2.99	2.85	2.70	2.62	2.54	2.45	2.36	2.27	2.17
26	7.72	5.53	4.61	4.14	3.82	3.59	3.42	3.29	3.18	3.09	2.96	2.81	2.66	2.58	2.50	2.42	2.33	2.23	2.13
27	7.68	5.49	4.60	4.11	3.78	3.56	3.39	3.26	3.15	3.06	2.93	2.78	2.63	2.55	2.47	2.38	2.29	2.20	2.10
28	7.64	5.45	4.57	4.07	3.75	3.53	3.36	3.23	3.12	3.03	2.90	2.75	2.60	2.52	2.44	2.35	2.26	2.17	2.06
29	7.60	5.42	4.54	4.04	3.73	3.50	3.33	3.20	3.09	3.00	2.87	2.73	2.57	2.49	2.41	2.33	2.23	2.14	2.03
30	7.56	5.39	4.51	4.02	3.70	3.47	3.30	3.17	3.07	2.98	2.84	2.70	2.55	2.47	2.39	2.30	2.21	2.11	2.01
40	7.31	5.18	4.31	3.83	3.51	3.29	3.12	2.99	2.89	2.80	2.66	2.52	2.37	2.29	2.20	2.11	2.02	1.92	1.80
60	7.08	4.98	4.13	3.65	3.34	3.12	2.95	2.82	2.72	2.63	2.50	2.35	2.20	2.12	2.03	1.94	1.84	1.73	1.60
120	6.85	4.79	3.95	3.48	3.17	2.96	2.79	2.66	2.56	2.47	2.34	2.19	2.03	1.95	1.86	1.76	1.66	1.53	1.38
∞	6.63	4.61	3.78	3.32	3.02	2.80	2.64	2.51	2.41	2.32	2.18	2.04	1.88	1.79	1.70	1.59	1.47	1.32	1.00

$\alpha = 0.005$

1	16 211	20 000	21 615	22 500	23 056	23 437	23 715	23 925	24 091	24 224	24 426	24 630	24 836	24 940	25 044	25 148	25 253	25 359	25 465
2	198.5	199.0	199.2	199.2	199.3	199.3	199.4	199.4	199.4	199.4	199.4	199.4	199.4	199.5	199.5	199.5	199.5	199.5	199.5
3	55.55	49.80	47.47	46.19	45.39	44.84	44.43	44.13	43.88	43.69	43.39	43.08	42.78	42.62	42.47	42.31	42.15	41.99	41.83
4	31.33	26.28	24.26	23.15	22.46	21.97	21.62	21.35	21.14	20.97	20.70	20.44	20.17	20.03	19.89	19.75	19.61	19.47	19.32
5	22.78	18.31	16.53	15.56	14.94	14.51	14.20	13.96	13.77	13.62	13.38	13.15	1.90	12.78	12.66	12.53	12.40	12.27	12.14
6	18.53	14.54	12.92	12.03	11.46	11.07	10.79	10.57	10.39	10.25	10.03	9.81	9.59	9.47	9.36	9.24	9.12	9.00	8.88
7	16.24	12.40	10.88	10.05	9.52	9.16	8.89	8.68	8.51	8.38	8.18	7.97	7.75	7.65	7.53	7.42	7.31	7.19	7.08
8	14.69	11.04	9.60	8.81	8.30	7.95	7.69	7.50	7.34	7.21	7.01	6.81	6.61	6.50	6.40	6.29	6.18	6.06	5.95
9	13.61	10.11	8.72	7.96	7.47	7.13	6.88	6.69	6.54	6.42	6.23	6.03	5.83	5.73	5.62	5.52	5.41	5.30	5.19
10	12.83	9.43	8.08	7.34	6.87	6.54	6.30	6.12	5.97	5.85	5.66	5.47	5.27	5.17	5.07	4.97	4.86	4.75	4.64
11	12.23	8.91	7.60	6.88	6.42	6.10	5.86	5.68	5.54	5.42	5.24	5.05	4.86	4.76	4.65	4.55	4.44	4.34	4.23
12	11.75	8.51	7.23	6.52	6.07	5.76	5.52	5.35	5.20	5.09	4.91	4.72	4.53	4.43	4.33	4.23	4.12	4.01	3.90
13	11.37	8.19	6.93	6.23	5.79	5.48	5.25	5.08	4.94	4.82	4.64	4.46	4.27	4.17	4.07	3.97	3.87	3.76	3.65
14	11.06	7.92	6.68	6.00	5.56	5,26	5.03	4.86	4.72	4.60	4.43	4.25	4.06	3.96	3.86	3.76	3.66	3.55	3.44
15	10.80	7.70	6.48	5.80	5.37	5.07	4.85	4.67	4.54	4.42	4.25	4.07	3.88	3.79	3.69	3.58	3.48	3.37	3.26

续表

n_2 \ n_1	1	2	3	4	5	6	7	8	9	10	12	15	20	24	30	40	60	120	∞
16	10.58	7.51	6.30	5.64	5.21	4.91	4.69	4.52	4.38	4.27	4.10	3.92	3.73	3.64	3.54	3.44	3.33	3.22	3.11
17	10.38	7.35	6.16	5.50	5.07	4.78	4.56	4.39	4.25	4.14	3.97	3.79	3.61	3.51	3.41	3.31	3.21	3.10	2.98
18	10.22	7.21	6.03	5.37	4.96	4.66	4.44	4.28	4.14	4.03	3.86	3.68	3.50	3.40	3.30	3.20	3.10	2.99	2.87
19	10.07	7.09	5.92	5.27	4.85	4.56	4.34	4.18	4.04	3.93	3.76	3.59	3.40	3.31	3.21	3.11	3.00	2.89	2.78
20	9.91	6.99	5.82	5.17	4.76	4.47	4.26	4.09	3.96	3.85	3.68	3.50	3.32	3.22	3.12	3.02	2.92	2.81	2.69
21	9.83	6.89	5.73	5.09	4.68	4.39	4.18	4.01	3.88	3.77	3.60	3.43	3.24	3.15	3.05	2.95	2.84	2.73	2.61
22	9.73	6.81	5.65	5.02	4.61	4.32	4.11	3.94	3.81	3.70	3.54	3.36	3.18	3.08	2.98	2.88	2.77	2.66	2.55
23	9.63	6.73	5.58	4.95	4.54	4.26	4.05	3.88	3.75	3.64	3.47	3.30	3.12	3.02	2.92	2.82	2.71	2.60	2.48
24	9.55	6.66	5.52	4.89	4.49	4.20	3.99	3.83	3.69	3.59	3.42	3.25	3.06	2.97	2.87	2.77	2.66	2.55	2.43
25	9.48	6.60	5.46	4.84	4.43	4.15	3.94	3.78	3.64	3.54	3.37	3.20	3.01	2.92	2.82	2.72	2.61	2.50	2.38
26	9.41	6.54	5.41	4.79	4.38	4.10	3.89	3.73	3.60	3.49	3.33	3.15	2.97	2.87	2.77	2.67	2.56	2.45	2.33
27	9.34	6.49	5.36	4.74	4.34	4.06	3.85	3.69	3.56	3.45	3.28	3.11	2.93	2.83	2.73	2.63	2.52	2.41	2.29
28	9.28	6.44	5.32	4.70	4.30	4.02	3.81	3.65	3.52	3.41	3.25	3.07	2.89	2.79	2.69	2.59	2.48	2.37	2.25
29	9.23	6.40	5.28	4.66	4.26	3.98	3.77	3.61	3.48	3.38	3.21	3.04	2.86	2.76	2.66	2.56	2.45	2.33	2.21
30	9.18	6.35	5.24	4.62	4.23	3.95	3.74	3.58	3.45	3.34	3.18	3.01	2.82	2.73	2.63	2.52	2.42	2.30	2.18
40	8.83	6.07	4.98	4.37	3.99	3.71	3.51	3.35	3.22	3.12	2.95	2.78	2.60	2.50	2.40	2.30	2.18	2.00	1.93
60	8.49	5.79	4.73	4.14	3.76	3.49	3.29	3.13	3.01	2.90	2.74	2.57	2.39	2.29	2.19	2.08	1.96	1.83	1.89
120	8.18	5.54	4.50	3.92	3.55	3.28	3.09	2.93	2.81	2.71	2.54	2.37	2.19	2.09	1.98	1.87	1.75	1.61	1.43
∞	7.88	5.30	4.28	3.72	3.35	3.09	2.90	2.74	2.62	2.52	2.36	2.19	2.00	1.90	1.79	1.67	1.53	1.36	1.00

$\alpha = 0.001$

n_2 \ n_1	1	2	3	4	5	6	7	8	9	10	12	15	20	24	30	40	60	120	∞
1	4 053+	5 000+	5 404+	5 625+	5 764+	5 859+	6 929+	5 981+	6 023+	6 056+	6 107+	6 158+	6 209+	6 235+	6 261+	6 287+	6 313+	6 340+	6 366+
2	998.5	999.0	999.2	999.2	999.3	999.3	999.4	999.4	999.4	999.4	999.4	999.4	999.4	999.5	999.5	999.5	999.5	999.5	999.5
3	167.0	148.5	141.1	137.1	134.6	132.8	131.6	130.6	129.9	129.2	128.3	127.4	125.9	125.9	125.4	125.0	124.5	124.0	123.5
4	74.14	61.25	56.18	53.44	51.71	50.53	19.66	49.00	48.47	48.05	47.41	46.76	46.10	45.77	45.43	45.09	44.75	44.40	44.05
5	47.18	37.12	33.20	31.09	29.75	28.84	28.16	27.64	27.24	26.92	26.42	25.91	25.39	25.11	24.87	24.60	24.33	24.06	23.79
6	35.51	27.00	23.70	21.92	20.81	20.03	19.46	19.03	18.69	18.41	17.99	17.56	17.12	16.89	16.67	16.44	16.21	15.99	15.75
7	29.25	2.1.69	18.77	17.19	16.21	15.52	15.02	14.63	14.33	14.08	13.71	13.32	12.93	12.73	12.53	12.33	12.12	11.91	11.70
8	25.42	18.49	15.83	14.39	13.49	12.86	12.40	12.04	11.77	11.54	11.19	10.84	10.48	10.30	10.11	9.92	9.73	9.53	9.33
9	22.86	16.39	13.90	12.56	11.71	11.13	10.70	10.37	10.11	9.89	9.57	9.24	8.90	8.72	8.55	8.37	8.19	8.00	7.81
10	21.04	14.91	12.55	11.28	10.48	9.92	9.52	9.20	8.96	8.75	8.45	8.13	7.80	7.64	7.47	7.80	7.12	6.94	6.76
11	19.69	13.81	11.56	10.35	9.58	9.05	8.66	8.35	8.12	7.92	7.63	7.32	7.01	6.85	6.68	6.52	6.35	6.17	6.00
12	18.64	12.97	10.80	9.63	8.89	8.38	8.00	7.71	7.48	7.29	7.00	6.71	6.40	6.25	6.09	5.93	5.76	5.59	5.42

续表

n_2 \ n_1	1	2	3	4	5	6	7	8	9	10	12	15	20	24	30	40	60	120	∞
13	17.81	12.31	10.21	9.07	8.35	7.86	7.49	7.21	6.98	6.80	6.52	6.23	5.93	5.78	5,63	5.47	5.30	5.14	4.97
14	17.14	11.78	9.73	8.62	7.92	7.43	7.08	6.80	6.58	6.47	6.13	5.85	5.56	5.41	5.25	5.10	4.94	4.77	4.60
15	16.59	11.34	9.34	8.25	7.57	7.09	6.74	6.47	6.26	6.08	5.81	5.54	5.25	5.10	4.95	4.80	4.64	4.47	4.31
16	16.12	10.97	9.00	7.94	7.27	6.81	6.46	6.19	5.98	5.81	5.55	5.27	4.99	4.85	4.70	4.54	4.39	4.23	4.06
17	15.72	10.66	8.73	7.68	7.02	7.56	6.22	5.96	5.75	5.58	5.32	5.05	4.78	4.63	4.48	4.33	4.18	4.02	3.85
18	15.38	10.39	8.49	7.46	6.81	6.35	6.02	5.76	5.56	5.39	5.13	4.87	4.59	4.45	4.30	4.15	4.00	3.84	3.67
19	15.08	10.16	8.28	7.26	6.62	6.18	5.85	5.59	5.39	5.22	4.97	4.70	4.43	4.29	4.14	3.99	3.84	3.68	3.51
20	14.82	9.95	8.10	7.10	6.46	6.02	5.69	5.44	5.24	5.08	4.82	4.56	4.29	4.15	4.00	3.86	8.70	3.54	3.38
21	14.59	9.77	7.94	6.95	6.32	5.88	5.56	5.31	5.11	4.95	4.70	4.44	4.17	4.03	3.88	3.74	3.58	3.42	3.26
22	14.38	9.51	7.80	6.81	6.19	5.76	5.44	5.19	4.99	4.83	4.58	4.33	4.06	3.92	3.78	3.63	3.48	3.32	3.15
23	14.19	9.47	7.67	6.69	6.08	5.65	5.33	5.07	4.89	4.73	4.48	4.23	3.96	3.82	3.68	3.58	8.38	3.22	3.05
24	14.03	9.34	7.55	6.59	5.98	5.55	5.23	4.99	4.80	4.64	4.39	4.14	3.87	3.74	3.59	3.45	3.29	3.14	2.97
25	13.88	9.22	7.45	6.49	5.88	5.46	5.15	4.91	4.71	4.56	4.31	4.06	3.79	3.66	3.52	3.37	3.22	3.06	2.89
26	13.74	9.12	7.36	6.41	5.80	5.38	5.07	4.83	4.64	4.48	4.24	3.99	3.72	3.59	3.44	3.30	3.15	2.99	2.82
27	13.61	9.02	7.27	6.33	5.73	5.31	5.00	4.76	4.57	4.41	4.17	3.92	3.66	3.52	3.38	3.23	3.08	2.92	2.75
28	13.50	8.93	7.19	6.25	5.66	5.24	4.93	4.69	4.50	4.35	4.11	3.86	3.60	3.46	3.32	3.18	3.02	2.86	2.69
29	13.39	8.85	7.12	6.19	5.59	5.18	4.87	4.64	4.45	4.29	4.05	3.80	3.54	3.41	3.27	3.12	2.97	2.81	2.64
30	13.29	8.77	7.05	6.12	5.53	5.12	4.82	4.58	4.39	4.24	4.00	3.75	3.49	3.36	3.22	3.07	2.92	2.76	2.59
40	12.61	8.5	6.60	5.70	5.13	4.73	4.44	4.21	4.02	3.87	3.64	3.40	3.15	3.01	2.87	2.73	2.57	2.41	2.23
60	11.97	7.76	6.17	5.31	4.76	4.37	4.09	3.87	3.69	3.54	3.31	3.08	2.83	2.69	2.55	2.41	2.25	2.08	1.89
120	11.38	7.32	5.79	4.95	4.42	4.04	3.77	3.55	3.38	3.24	3.02	2.78	2.53	2.40	2.26	2.11	1.95	1.76	1.54
∞	10.85	6.91	5.42	4.62	4.10	3.74	3.47	3.27	3.10	2.96	2.74	2.51	2.27	2.13	1.99	1.84	1.66	1.45	1.00

参考文献

[1] (美)奈特J,瓦萨尔曼 W,惠特莫尔 G A. 应用统计学. 于九如,等,译. 天津:天津翻译出版公司,1991.

[2] (美)斯皮格尔 M R,斯蒂芬斯 L J. 统计学. 杨纪龙,等,译. 北京:科学出版社,2002.

[3] David Freedman,等. 统计学. 魏宗舒,等,译. 北京:中国统计出版社,1997.

[4] 汉伯格 M. 决策统计分析. 北京:中国统计出版社,1991.

[5] (美)福尔克斯 J L. 统计思想. 魏宗舒,吕乃刚,译. 上海:上海翻译出版社,1987.

[6] Terry Sincich. Business Statistics by Example,5th ed. 1996 by Prentice-Hall,Inc.

[7] (美)科克伦 W G. 抽样技术. 张尧庭,吴辉,译. 北京:中国统计出版社,1985.

[8] 贾俊平. 统计学. 北京:清华大学出版社,2004.

[9] 钱颂迪,甘应爱,田丰. 运筹学. 北京:清华大学出版社,1990.

[10] 现代工程数学手册编委会. 现代工程数学手册(第Ⅳ卷). 武汉:华中工学院出版社,1987.

[11] 徐永权,韩天锡,王鹏涛. 工程数学. 天津:天津科技出版社,1996.

[12] 张世英,张文泉,王京芹. 技术经济预测. 天津:天津大学出版社,1994.

[13] 运筹学教材编写组. 运筹学(修订版). 北京:清华大学出版社,1990.

[14] 肖淑芳. 管理统计学基础. 北京:北京理工大学出版社,2002.

[15] 李心愉. 应用经济统计学. 北京:北京大学出版社,1999.

[16] 吴可杰. 统计学原理. 南京:南京大学出版社,1999.

[17] 于涛. 社会经济统计原理. 武汉:武汉大学出版社,1992.

[18] 王健,付红妍. 统计学教程. 北京:经济科学出版社,1998.

[19] 柯惠新,黄京华,沈浩. 调查研究中的统计分析方法. 北京:北京广播学院出版社,1992.

[20] 梁之舜,邓集贤,杨维权. 概率论及数理统计. 北京:高等教育出版社,1990.